DM 48.–

# Die Aktualität des Ästhetischen

# Die Aktualität des Ästhetischen

herausgegeben
von
Wolfgang Welsch

in Zusammenarbeit mit
Ivo Frenzel, Bernd Kauffmann, Bernd-Olaf Küppers,
Roland Simon-Schaefer und Thomas Ziehe

Wilhelm Fink Verlag · München

Umschlagabbildung:
Christoph Rihs, „mondo mio", 1984

Der Kongreß „Die Aktualität des Ästhetischen" (2.–5. September 1992) wurde von der Stiftung Niedersachsen veranstaltet.

Die Deutsche Bibliothek – CIP-Einheitsaufnahme

Die **Aktualität des Ästhetischen** / [der Kongress „Die Aktualität des Ästhetischen" (2.–5. September 1992) wurde von der Stiftung Niedersachsen veranst.]. Hrsg. von Wolfgang Welsch in Zusammenarb. mit Ivo Frenzel. – München: Fink, 1993
ISBN 3-7705-2896-4
NE: Welsch, Wolfgang [Hrsg.]; Kongress Die Aktualität des Ästhetischen < 1992, Hannover > ; Stiftung Niedersachsen

ISBN 3-7705-2896-4

Herstellung: Ferdinand Schöningh GmbH, Paderborn

# Inhalt

# VORWORT

*Differenziertheit ist eine ästhetische Kategorie sowohl wie eine der Erkenntnis.*
Theodor W. Adorno

Im Jahre 1742 hielt Alexander Gottlieb Baumgarten erstmals Vorlesungen über Ästhetik. In den folgenden Jahrhunderten hat die damals neu begründete Disziplin beträchtliche Veränderungen erlebt. Heute jedoch, 250 Jahre nach Baumgarten, stellen wir wieder ähnliche Fragen wie er – allerdings unter stark veränderten Bedingungen. Wie damals steht auch heute nicht die Kunst, sondern die Wahrnehmung – die aisthesis, die der Disziplin ihren Namen gab – im Zentrum der ästhetischen Reflexion; ebenso gehört der Einfluß des Ästhetischen auf Lebenswelt und Erkenntnis zu den vordringlichen Fragen; und wieder wird Ästhetik so weit verstanden, wie es schon Baumgarten vorschwebte. Aber während die Ästhetik zu Baumgartens Zeiten nur eine Randdisziplin war, der es erst Anerkennung zu verschaffen galt, ist sie mittlerweile zu einem Schlüsselphänomen unserer Kultur geworden. Spricht man heute vom Ästhetischen, so tut man es inmitten seiner alltäglichen Präsenz. Das Ästhetische ist prominent und aktuell geworden. Diese Aktualität des Ästhetischen soll im vorliegenden Band dargestellt und überprüft werden.

Die Aktualität hat vordergründige und tiefgründigere Aspekte. Jedermann kennt die vordergründigen: Bei den Individuen nimmt das Styling zu; Verschönerungswellen ergießen sich über Stadt und Land; Politik und Politiker werden immer kosmetischer und rhetorischer; soziale Kommunikation hat zunehmend Animation und Amüsement zum Ziel; mediale Kommunikation präsentiert Wirklichkeit als ästhetisches Konstrukt; Design wird zu einer universellen Kategorie.

Die Beiträge dieses Bandes thematisieren zunächst diese vordergründige Aktualität. Welche Gewinne und Verluste bringt sie mit sich? Inwieweit ist sie zwar für den individuellen Alltag angenehm, für Ethik und Politik aber desaströs? Hebt sie soziale Unterschiede auf oder schafft sie neue Klassen? Wirkt sie sich auf die Kunst befreiend oder hemmend aus? Wieviel Anästhetik produziert die neue Ästhetisierung?

Die Beitrage wollen jedoch vor allem auch die tiefergehende Aktualität des Ästhetischen beleuchten. Das Ästhetische ist heute auch in Sphären wichtig geworden, die ehedem von ihm unbetroffen schienen. Ästhetik gehört nicht mehr nur zur Oberfläche, sondern prägt ebenso die Substrukturen, findet sich nicht mehr nur im Überbau, sondern auch in der Basis. Unsere Produktionsweisen und unser Verständnis von Wirklichkeit sowie unsere Erkenntnisformen weisen zunehmend ästhetische Züge auf. Diese Veränderungen werfen zugleich neue Fragen auf: Inwieweit werden ehedem außerästhetische Sphären, wenn sie in den Sog der Ästhetisierung geraten, im Kern verfälscht? Wie modifiziert der ästhetische Einfluß der Mikroelektronik und der Neuen Medien unsere Produktions- und Reflexionsformen? Vollziehen Wissenschaft und Wissenschaftstheorie heute einen ›aesthetic turn‹? Wie steht die Philosophie dazu? Wird das Ästhetische nicht nur universal, sondern gar grundlegend?

Diese Fragen waren Gegenstand eines internationalen Kongresses, der im September 1992 unter dem Titel »Die Aktualität des Ästhetischen« in Hannover stattfand. Veranstalter war die Stiftung Niedersachsen. Der wissenschaftlichen Vorbereitungsgruppe gehörten Ivo Frenzel, Bernd Kauffmann, Bernd-Olaf Küppers, Roland Simon-Schaefer, Wolfgang Welsch und Thomas Ziehe an. Unterstützt wurden sie von Ursula Meyer-Petersen und Rosemarie Pohl. Der vorliegende Band enthält eine Auswahl der Vorträge dieses Kongresses.

Eine zureichende Thematisierung des Ästhetischen muß heute weite Wege gehen, weil das Ästhetische nicht mehr primär oder ausschließlich in der Sphäre der Kunst beheimatet ist, sondern mehr noch außerhalb ihrer vordringlich wurde: in Lebenswelt und Politik, in Kommunikation und Medien, in Design und Werbung, in Wissenschaft und Erkenntnistheorie. Daher sucht dieser Band die Aktualität des Ästhetischen zunächst in diesen Feldern auf, bevor er sie anschließend im Spiegel der Kunst und in den Reflexionen der philosophischen Ästhetik betrachtet.

Für diese neuartigen Fragen stand von vornherein keine einheitliche Antwort zu erwarten. Auch wurden bewußt nicht nur Befürworter, sondern ebenso ausgesprochene Kritiker der Ästhetisierung um Beiträge gebeten. Nicht also, daß die Aktualität des Ästhetischen rundum gutzuheißen sei, sondern daß man, ohne sie zu thematisieren, nichts Zutreffendes über unsere Gegenwart werde sagen können, war die gemeinsame Prämisse. Vielleicht kann sie durch den Band ein Stück weit zur Überzeugung des Lesers werden. Der Dank des Herausgebers gilt den Autoren, die sich aus unterschiedlichen Perspektiven um eine Klärung dieser kontroversen Fragen bemüht haben.

W. W.

# THESE UND GEGENTHESE

Wolfgang Welsch

# Das Ästhetische – Eine Schlüsselkategorie unserer Zeit?

*Lebe mit deinem Jahrhundert, aber sei nicht sein Geschöpf;*
*leiste deinen Zeitgenossen,*
*aber was sie bedürfen, nicht was sie loben.*
Friedrich Schiller, Über die ästhetische Erziehung des Menschen in einer Reihe von Briefen

*Vielleicht aber wird es überhaupt anstössig sein,*
*ein aesthetisches Problem so ernst genommen zu sehn.*
Friedrich Nietzsche, Die Geburt der Tragödie aus dem Geiste der Musik

Die folgenden Überlegungen umfassen vier Teile. Als erstes will ich ein Tableau der gegenwärtigen Ästhetisierungsprozesse skizzieren. Da es sehr unterschiedliche Aspekte beinhaltet, werde ich als zweites zu klären haben, was der Begriff ›ästhetisch‹ in diesen verschiedenen Verwendungen bedeutet und wie mit ihm korrekt umzugehen ist. Im dritten Teil werde ich eine tiefergehende Erklärung der Ästhetisierungsprozesse versuchen. Der vierte Teil wird dann eine Bewertung der Ästhetisierungsprozesse vornehmen und Perspektiven der Kritik benennen.

## *I. Tableau der gegenwärtigen Ästhetisierungsprozesse*

Zweifellos erleben wir gegenwärtig einen Ästhetik-Boom. Er reicht von der individuellen Stilisierung über die Stadtgestaltung und die Ökonomie bis zur Theorie. Immer mehr Elemente in der Wirklichkeit werden ästhetisch überformt, und zunehmend gilt uns Wirklichkeit im ganzen als ästhetisches Konstrukt.

Das folgende Tableau von Ästhetisierungsprozessen versucht, erstens Übersicht in die zum Teil bekannten, aber verwirrend diskutierten Phänomene zu bringen. Zweitens und vor allem soll deutlich werden, daß es nicht nur eine Oberflächenästhetisierung, sondern auch eine Tiefenästhetisierung gibt. Die erste ist vielberedet und reichlich verspottet; die zweite ist weniger geläufig, jedoch gewichtiger, und sie verläßlich zu kritisieren, dürfte schwieriger sein. Wer, wie das leider meist geschieht, unter dem Stichwort ›Ästhetisierung‹ nur von der Oberfläche spricht und die Tiefenästhetisierung außer acht läßt, bleibt unter dem heute nötigen diagnostischen Niveau.

## 1. Oberflächenästhetisierung: Verhübschung, Animation, Erlebnis

### *a. Ästhetische Ausstaffierung der Wirklichkeit*

Am offenkundigsten ist die Ästhetisierung im urbanen Raum, wo so gut wie alles in den letzten Jahren einem Facelifting unterzogen wurde. Die Einkaufszonen wurden elegant, chic, animatorisch gestaltet. Längst sind nicht mehr nur die Innenstädte, sondern ebenso die Randzonen und ländlichen Refugien von diesem Trend betroffen. Kaum ein Pflasterstein, keine Türklinke und kein öffentlicher Platz blieb vom Ästhetisierungs-Boom verschont. Sogar die Ökologie ist weithin zu einer Verschönerungsbranche geworden. Könnte diese Gesellschaft ganz, wie sie wollte, sie würde die urbane, industrielle und natürliche Umwelt wohl in toto zu einem hyperästhetischen Szenario umbilden.

Dabei wird Welt zum Erlebnisraum. »Erlebnis« ist ein zentrales Stichwort in diesen Verschönerungs- oder Verhübschungsprozessen.[1] Jede Boutique und jedes Café wird heute »erlebnisaktiv« gestaltet. Die deutschen Bahnhöfe heißen nicht mehr Bahnhöfe, sondern nennen sich, seit sie mit Kunst garniert werden, »Erlebniswelt mit Gleisanschluß«. Alltäglich gehen wir vom Erlebnis-Büro zum Erlebnis-Kauf, erholen uns in der Erlebnis-Gastronomie und landen schließlich zu Hause im Erlebnis Wohnen. Es gibt sogar Vor-

[1] Vgl. Gerhard Schulze, *Die Erlebnisgesellschaft. Kultursoziologie der Gegenwart*, Frankfurt a.M. 1992.

schläge, Gedenkstätten — beispielsweise des Nazi-Terrors — als »Erlebnisräume« zu inszenieren.

Auch der Kunstbetrieb fügt sich der Erlebnismaschinerie ein und zeugt sich gemäß der Dialektik solcher Pseudoerlebnisse fort: Die Enttäuschung über die Erlebnisse, die in Wahrheit keine sind, treibt die Menschen immer schneller von einem Erlebnis zum nächsten. Die letzte Documenta belegte es erneut: Man nannte sie wieder einmal schlechter als alle vorausgegangenen und überhaupt rundum enttäuschend — aber wieder übertrafen die Besucherzahlen alle Erwartungen. Sie war die erste Documenta, die ohne Defizit abschloß. Je schlechter, desto erfolgreicher — dieses Gesetz der Unterhaltungsindustrie scheint auch für die Subbranche Kunst zu gelten.

Auf dieser ersten, vordergründigen Ebene bedeutet Ästhetisierung soviel wie Ausstattung der Wirklichkeit mit ästhetischen Elementen, Überzuckerung des Realen mit ästhetischem Flair. Gewiß knüpft dies an ein altes und elementares Bedürfnis nach schöner, unseren Sinnen- und Gestaltwünschen entsprechender Wirklichkeit an. Hinzukommt, zumal in den Provinzen, die Fortschrittssymbolik: »Seht, nicht nur in den Metropolen, sondern auch bei uns gibt es diese ästhetischen Inszenierungen — und bei uns sogar besser, weil mit menschlichem Maß.« Der alte Traum, das Leben und die Wirklichkeit durch Einbringung von Ästhetik zu verbessern, scheint sich einzulösen. Aber unübersehbar ist, daß hier von der Kunst nur die vordergründigsten Momente übernommen und in verflachter Form realisiert werden. Die schönen Ensembles geraten allenfalls hübsch, und die erhabenen Inszenierungen gleiten ins Lächerliche ab — schon Napoleon hatte darauf hingewiesen, daß es vom Erhabenen zum Lächerlichen nur ein Schritt sei.

Bei dieser alltäglichen Ästhetisierung handelt es sich nicht, wie manche Theoretiker meinen, um eine — obgleich unbefriedigende — Einlösung avantgardistischer Erweiterungs- und Entgrenzungsprogramme der Kunst. Im Gegenteil: Wenn Beuys oder Cage für eine Erweiterung oder Entgrenzung des Kunstbegriffs plädierten, so dachten sie daran, daß etwas, was nicht Kunst sei, als kunstartig begriffen — und der Begriff der Kunst dadurch verändert oder erweitert — werden solle. In der heutigen Ästhetisierung aber werden, genau umgekehrt, traditionelle Eigenschaften der Kunst auf die Wirklichkeit übertragen, wird der Alltag mit Kunstcharakter vollgepumpt. Das entspricht nicht den Programmen der Avantgarde, sondern allenfalls älteren Ästhetisierungsprogrammen à la Schiller, Systemprogramm, Werkbund, etc. Freilich lösen auch diese sich in der gegenwärtigen Ästhetisierung anscheinend nur als Verkitschungsprogramme ein.

*b. Hedonismus als neue Matrix der Kultur*

In dieser Oberflächenästhetisierung dominiert der vordergründigste ästhetische Wert: die Lust, das Amusement, der Genuß ohne Folgen. Dieser animatorische Trend reicht heute über die ästhetische Überformung einzelner Alltagsbestände – über das Styling von Objekten und erlebnisträchtigen Ambientes – bei weitem hinaus. Er bestimmt zunehmend die Form unserer Kultur im ganzen. Erlebnis und Entertainment sind in den letzten Jahren zu Leitlinien der Kultur geworden. Die expandierende Festival- und Fun-Kultur dient der Lust- und Unterhaltungsversorgung einer Freizeit- und Erlebnisgesellschaft. Und während man über allzu schrille Ästhetisierungsblüten oder über einzelne Strategien von Wirklichkeitskosmetik lächeln mag, kann einem bei der Ausdehnung auf die Kultur im ganzen das Lachen vergehen.

*c. Ästhetisierung als ökonomische Strategie*

Vieles an dieser alltäglichen Ästhetisierung dient ökonomischen Zwecken. Durch Verbindung mit Ästhetik läßt sich auch Unverkäufliches verkaufen und Verkäufliches zwei und drei mal verkaufen. Denn da die ästhetischen Moden besonders kurzlebig sind, entsteht nirgendwo so schnell und so sicher Ersatzbedarf wie bei ästhetisch durchgestylten Produkten: noch bevor die ohnehin schon auf Verschleiß angelegten Artikel funktionell unbrauchbar werden, sind sie ästhetisch out. Zudem lassen sich Produkte, die aus moralischen oder gesundheitlichen Gründen zunehmend unverkäuflich werden, durch ästhetische Nobilitierung neu salon- und verkaufsfähig machen. Der Konsument erwirbt dann primär die ästhetische Aura und nur nebenbei den Artikel. Das hat vor allem die Zigarettenindustrie erkannt, die seit langem ästhetisch avanciert zu nennen ist. Sie hat schon in den 80er Jahren Werbeformen entwickelt, in denen weder der Produkt- noch der Firmenname auftauchte, sondern die allein durch ästhetische Raffinesse bestachen.

Das Verfahren ist aufschlußreich. Man kann an ihm zwei Umstellungen ablesen, die von allgemeiner, über die Ökonomie hinausreichender Signifikanz sind. Erstens kommt es zu einer Vertauschung von Ware und Verpackung, Sein und Schein, hardware und software. Der Artikel, ehedem die hardware, ist nur noch Beiwerk; die Ästhetik hingegen, ehedem die software, wird zur Hauptsache. Zweitens verraten diese Werbestrategien, daß Ästhetik zu einem autonomen Leitwert – um nicht gar zu sagen: zur Leitwährung – der Gesellschaft geworden ist. Gelingt es der Werbung, ein Produkt mit einer für den Konsumenten interessanten Ästhetik zu verbinden, so wird das Produkt, was immer seine realen Eigenschaften sein mögen, gekauft. Man erwirbt nicht eigentlich den Artikel, sondern kauft sich mittels seiner in den Lifestyle ein, den die Werbung mit ihm assoziiert hat. Und da die Lifestyles heute ihrerseits überwiegend ästhetisch geprägt sind, ist Ästhetik insgesamt nicht nur Vehikel, sondern Essenz.

## 2. Tiefenästhetisierung: Positionstausch zwischen hardware und software und neuartige Priorität des Ästhetischen

Ästhetisierungen breiten sich heute nicht nur an der Oberfläche aus, sondern die Ästhetisierung reicht auch in tiefere Schichten. Die beiden soeben genannten Vorgänge – die Vertauschung von hardware und software und die neue Priorität des Ästhetischen – charakterisieren nicht nur die Oberflächenprozesse, sondern auch Tiefenprozesse der Ästhetisierung, von denen nun die Rede sein soll.

### *a. Veränderungen im Produktionsprozeß – neue Materialtechnologien*

Als erstes ist auf die neuen Materialtechnologien hinzuweisen. Im Gefolge der Mikroelektronik wird die klassische hardware, die Materie, zunehmend zu einem ästhetischen Produkt. Neue industrielle Werkstoffe werden heute bis zur Endfertigung hin rein computer-simulatorisch konzipiert und erprobt. Die Simulation – ein ästhetischer Vorgang, der sich auf der Bildfläche des Monitors abspielt – hat nicht mehr nachahmende, sondern produktive Funktion. Auch hier also rückt Ästhetik an die erste Stelle, und zwar sowohl was das Verfahren, als auch was die gewünschten Ergebnisse angeht. Die einst für hart gehaltene Wirklichkeit erweist sich als veränderbar, neu kombinierbar und offen für die Realisierung beliebiger ästhetischer Wünsche. Wenn Technikexperten heute sagen, es sei unglaublich, was wir alles könnten, so meint dieses ›unglaublich‹ nicht mehr wie früher eine selbstbewußte Machtfülle, sondern das Erstaunen darüber, daß die materielle Wirklichkeit so wenig Widerstand bietet. Durch intelligente Eingriffe in ihre Mikrostruktur ist sie in jeder Faser veränderbar. Die Wirklichkeit ist – von heutiger technologischer Warte aus gesehen – aus formbarstem, leichtestem Stoff. Noch extreme Materialhärten sind ein Effekt weicher, ästhetischer Prozeduren.

Ästhetische Prozesse überformen nicht erst fertig vorgegebene Materien, sondern bestimmen schon deren Struktur, betreffen nicht erst die Hülle, sondern bereits den Kern. Ästhetik gehört nicht mehr bloß zum Überbau, sondern zur Basis. Man sieht: Heutige Ästhetisierung ist keineswegs bloß eine Sache von Schöngeistern oder der postmodernen Muse des Amusements oder ökonomischer Oberflächenstrategien, sondern resultiert ebensosehr aus grundlegenden technologischen Veränderungen, aus harten Fakten des Produktionsprozesses.

Diese Ästhetisierung des Materiellen, wie ich diese Vorgänge nenne, hat zugleich eine immaterielle Ästhetisierung zur Folge. Der tägliche Umgang mit mikroelektronischen Produktionsverfahren bewirkt eine Ästhetisierung unseres Bewußtseins und unserer gesamten *Auffassung* von Wirklichkeit. Wer ständig mit CAD arbeitet, weiß um die Virtualität und Manipulierbarkeit von Wirklichkeit; er hat erfahren, wie wenig wirklich die Wirklichkeit ist, wie sehr sie ästhetisch modellierbar ist. – Vielleicht verstehen wir Älteren noch zu wenig, wie leicht eine jüngere Generation sich in künstlichen Welten einzurichten beginnt.

### *b. Wirklichkeitskonstitution durch die Medien*

Daran schließt der nächste Aspekt an. Auch die soziale Wirklichkeit ist, seit sie primär durch Medien, insbesondere televisionäre

Medien, vermittelt und geprägt wird, tiefgreifenden Entwirklichungs- und Ästhetisierungsvorgängen ausgesetzt. Vor dem Wirklichkeitsspender Fernsehen muß unser alter Realitätsglaube definitiv zusammenbrechen. Denn die televisionäre Wirklichkeit ist nicht mehr verbindlich und unentrinnbar, sondern im Gegenteil wählbar, wechselbar, verfügbar, fliehbar. Paßt einem etwas nicht, schaltet man weiter. Im Zapping und im Switchen zwischen den Kanälen übt der fortgeschrittene Fernsehkonsument die Derealisierung des Realen ein, die auch sonst gilt. Die Bilder der Medien bieten keine dokumentarische Gewähr mehr für Realität, sondern sind weithin arrangiert und künstlich und werden auch zunehmend dieser Virtualität gemäß präsentiert.[2] Wirklichkeit wird medial zu einem Angebot, das bis in seine Substanz hinein virtuell, manipulierbar, ästhetisch modellierbar ist.[3]

---

[2] Im Zeitalter der Pixeltechnik ist auch das Foto, früher unmittelbares Dokument von Wirklichkeit, prinzipiell unzuverlässig geworden. Mit dem alten Verläßlichkeitsglauben noch rechnen, sich aber gleichzeitig neuer, manipulatorischer Technik bedienen zu können, eröffnet Möglichkeiten perfekter Täuschung.

[3] Videospiele ziehen die Konsequenz daraus. Sie sind die von Berichtspflichten und Realitätsbezügen definitiv losgelöste, interaktive Form von Television. Daß sie überwiegend nicht schöne, sondern dramatische, kriegerische und schreckliche Wirklichkeiten präsentieren, ist Indiz einer Bedarfsfolge der Ästhetisierung. Ästhetisierung als solche macht auf Dauer alles beliebig und schal und weckt daher den Bedarf nach immer stärkeren Reizen. Zugleich glaubt man, diese im Medium des Ästhetischen unverfänglich liefern zu können. Deshalb bietet man in Videospielen ersatzweise die harte Realität, die im Alltag durch Ästhetisierungsprozesse zunehmend entschwindet. – Auch ein gut Teil der Kunst sieht heute seine Aufgabe darin, harte Wirklichkeit, Körperlichkeit, drastische Erfahrungen zu vermitteln – also all das, was uns in der Wirklichkeit infolge von Ästhetisierungsprozessen abhanden gekommen ist. Ebenso bemüht sich die Abenteuerindustrie des Alltags um die unriskante Darbietung des Ernstfalls. Video-Kriegsspiele, Körperkunst und Bungie-Jumping bilden eine Familie. Freilich: Opponierende ästhetische Strategien können sich dieser oder jener Ästhetisierungsform entgegenstellen, nicht aber der Ästhetisierung insgesamt entziehen.

*

Ich war in meinem Tableau gegenwärtiger Ästhetisierungsprozesse von der zunehmenden Ausstattung der Wirklichkeit mit ästhetischen Elementen, von ihrer Überzuckerung mit ästhetischem Flair ausgegangen. Dann habe ich darauf hingewiesen, daß diese Oberflächenästhetisierung nicht nur einzelne Momente innerhalb der Wirklichkeit betrifft, sondern auch die Form der Kultur im ganzen berührt und daß sie zunehmend universal wird. Des weiteren kommt zur Oberflächenexpansion – Stichwort Universalisierung – eine Tiefenexpansion – Stichwort Fundamentalisierung – hinzu. Darin gelangen der Positionstausch zwischen software und hardware und die neue Priorität des Ästhetischen, wie sie zunächst an Strategien der Ökonomie und Werbung abzulesen war, voll zum Tragen. Sowohl auf der materiellen wie auf der sozialen Ebene zeigt sich Wirklichkeit im Gefolge der neuen Technologien bzw. der televisionären Medien zunehmend durch ästhetische Prozesse bestimmt; sie wird zu einer immer stärker ästhetischen Angelegenheit – ›ästhetisch‹ hier natürlich nicht im Sinn von Schönheit, sondern von Virtualität und Modellierbarkeit gemeint. Auf diese Prozesse reagiert dann ein neuartiges, prinzipiell ästhetisches Wirklichkeitsbewußtsein. Tiefer als jene vordergründige, materielle Ästhetisierung reicht diese immaterielle Ästhetisierung. Sie betrifft nicht bloß einzelne Bestände der Wirklichkeit, sondern die Seinsweise der Wirklichkeit und unsere Auffassung von ihr im ganzen.

Vergleichbares ist zu beobachten, wenn man nun von der materiellen und sozialen Wirklichkeit zur subjektiven Wirklichkeit, zur Existenzform der Individuen übergeht. Auch hier gibt es eine vordergründige und offenkundige Ästhetisierung, aber auch dieser liegt eine tiefere Ästhetisierung zugrunde.

## 3. Styling von Subjekten und Lebensformen – auf dem Weg zum Homo aestheticus?

Bei den Individuen scheint die gegenwärtige Ästhetisierung ihre Vollendung zu erreichen. Allenthalben erleben wir ein Styling von Körper, Seele und Geist – und was die schönen neuen Menschen sonst noch alles haben mögen (oder sich zulegen). In Schönheitsstudios und Fitnesszentren betreiben sie die ästhetische Perfektionierung ihrer Körper und in Meditationskursen und Toscana-Seminaren die ästhetische Spiritualisierung ihrer Seelen. Künftige Generationen sollen es dann gleich schon leichter haben: ihnen wird vorab die Gentechnologie zu Hilfe gekommen sein, diese neue Ästhetisierungsbranche, die uns eine Welt voll perfekt gestylter Vorführmodelle in Aussicht stellt.

Auch der Umgang der Individuen miteinander ist zunehmend ästhetisch bestimmt. In einer Welt, in der moralische Normen schwinden, scheinen Tischsitten und Umgangsformen – die Wahl des richtigen Glases und der passenden Begleitung zum jeweiligen Anlaß – noch am ehesten Halt geben zu können. Ästhetische Kompetenz soll den Verlust moralischer Standards ausgleichen.

In diesen Prozessen wird der Homo aestheticus zur neuen Leitfigur. Er ist sensibel, hedonistisch, gebildet, und vor allem von erlesenem Geschmack – und er weiß: über Geschmack läßt sich nicht streiten. Das gibt neue Sicherheit inmitten rundum bestehender Unsicherheit. Fundamentalistischer Illusionen ledig, lebt er alle Möglichkeiten in spielerischer Distanz. Die Kierkegaard-Literatur nimmt wieder zu.[4]

Auch diese vordergründigen Narzißmen haben allerdings einen tieferen Hintergrund. Für das moderne Bewußtsein haben seit langem sämtliche Lebensformen, Orientierungsweisen und ethischen

---

[4] Ihre affirmative Version stammt heute von Foucault, der allzu pauschal als subversiv eingeschätzt wird. Foucaults »Ästhetik der Existenz« ist in weiten Teilen eine zeitgeistige Anpreisung ästhetischer Selbststilisierung. Man soll aus dem eigenen Leben »ein Werk [...] machen [...], das gewisse ästhetische Werte trägt und gewissen Stilkriterien entspricht« (Michel Foucault, *Der Gebrauch der Lüste*, Frankfurt a.M. 1986, S. 18). Zwar meint Foucault, daß auf diesem Weg selbstbestimmte und widerstandsfähige Subjekte entstünden. Aber de facto fallen sie eher angepaßt aus und fügen sich wie Dekorationspuppen der objektiven Ästhetisierung ein. Botho Strauß und Robert Wilson haben uns diesen neuen Typ von Zombies vor Augen geführt. Die schönen neuen Subjekte in der schönen neuen Welt sind in Wahrheit weniger selbstbestimmt und eigensinnig als angepaßt und steuerbar. Noch ihre Authentizität hat den Charakter des Aufgedrehten, des willentlich Gemachten.

Normen eine eigentümlich ästhetische Qualität angenommen. Spätestens seit dem Historismus des 19. Jahrhunderts betrachtet man sie nicht mehr als verbindliche Standards, sondern als geschichtliche, soziale oder individuelle Entwürfe, die allenfalls situativ – für eine bestimmte Lage und Zeitspanne – passend sind. Andere Entwürfe stehen ihnen entgegen, und jeder kann verändert und ersetzt werden. Die Moralen gelten als Gebilde von geradezu künstlerischem Rang – aber auch von eher schwebender als verbindlicher Geltung. Selbst wenn ihre Aussagen rigid sind, trägt ihre Verfassung im ganzen ästhetische Züge. Und die Kriterien, aufgrund derer man sich zwischen verschiedenen Moralen entscheidet, werden letztlich ästhetischer Natur sein.

Es trifft zwar zu, daß diese prinzipielle Ästhetisierung unserer lebenspraktischen Einstellungen und moralischen Orientierungen heute zu exzessiven Erscheinungen führt, aber unübersehbar gilt die zugrundeliegende Denkform schon seit langem. Und wiederum ist es zwar leicht, über diese oder jene Erscheinungsform zu spotten, aber außerordentlich schwer, gegen die tieferen Gründe der Situation auch nur ein einziges verläßliches Argument vorzubringen.

## 4. Generaltrend Ästhetisierung – auf unterschiedliche Weisen

Das billigste Verhalten gegenüber der neuartigen und bedrängenden Aktualität des Ästhetischen besteht darin, die Phänomene einfach zu leugnen – weil nicht sein kann, was nicht sein darf; und weil nicht ist, was man nicht wahrnimmt. Allzu leicht bedient man sich des begrifflichen Tricks, von Ästhetik per definitionem nur im Blick auf Kunst zu sprechen – schon ist man die bedrängenden Fragen losgeworden und im sicheren Hafen traditioneller Fragestellungen gelandet. Solcher Eskapismus mag für ängstliche Seelen nötig sein. Aber er taugt nicht zum philosophischen Begreifen dessen, was ist. Er setzt Abwehr an die Stelle von Diagnose und Selbstberuhigung an die Stelle begrifflicher Anstrengung. Er folgt dem magischen Glauben, durch Wegsehen die Phänomene zum Verschwinden bringen zu können, bzw. dem Theoriewahn, nicht erklären, sondern bloß dekretieren zu müssen. – Im Unterschied zu solchem Eskapismus gilt es, die diversen Ästhetisierungen unverkürzt in den Blick zu nehmen, zu unterscheiden und zu reflektieren. Nur so kann man zu begründeten Optionen gelangen.

Blicken wir noch einmal auf das Tableau der Ästhetisierungsprozesse zurück: Auf einer vordergründigen Ebene nehmen in der objektiven wie der subjektiven Wirklichkeit ästhetische Elemente zu: die Fassaden werden hübscher, die Geschäfte animatorischer, die Nasen perfekter; aber die Ästhetisierung reicht auch tiefer, sie betrifft grundlegende Strukturen der Wirklichkeit als solcher: der materiellen Wirklichkeit im Gefolge der neuen Materialtechnologien, der sozialen Wirklichkeit infolge ihrer medialen Vermittlung und der subjektiven Wirklichkeit infolge der Ablösung moralischer Standards durch Selbststilisierungen.

Zusammengenommen ergibt sich ein genereller Ästhetisierungsbefund. ›Ästhetisierung‹ bedeutet ja grundsätzlich, daß Nichtästhetisches ästhetisch gemacht oder als ästhetisch begriffen wird. Genau das erleben wir gegenwärtig allenthalben. Zwar folgt diese Ästhetisierung nicht überall dem gleichen Muster, und der Typ des Ästhetischen, der auf das ehedem Nichtästhetische aufgeblendet wird, kann von Fall zu Fall ein anderer sein: in der urbanen Umwelt meint Ästhetisierung das Vordringen des Schönen, Hübschen, Gestylten; in der Werbung und im Selbstverhalten meint sie das Vordringen von Inszenierung und Lifestyle; im Blick auf die technologische Bestimmung der objektiven Welt und die mediale Vermitteltheit der sozialen Welt hat ›ästhetisch‹ vor allem die Bedeutung der Virtualisierung; und die Ästhetisierung des Bewußtseins schließlich bedeutet: wir sehen keine ersten oder letzten Fundamente mehr, sondern Wirklichkeit nimmt für uns eine Verfassung an, wie wir sie bislang nur von der Kunst her kannten – eine Verfassung des Produziertseins, der Veränderbarkeit, der Unverbindlichkeit, des Schwebens, etc. Im einzelnen also erfolgt die Ästhetisierung auf unterschiedliche Weise, zusammengenommen aber ergibt sich ein Generalbefund von Ästhetisierung.

## *II. Begriffsklärungen*

### 1. Ist semantische Polyvalenz gleichbedeutend mit Unbrauchbarkeit?

Vielleicht sollte ich aber, bevor ich von diesem Befund aus weitergehe, erst auf einen möglichen Einwand antworten. Ich habe soeben davon gesprochen, daß der Ausdruck ›ästhetisch‹ nicht in allen vorangegangenen Beispielen die gleiche Bedeutung hatte. Mal bezog er sich auf Schönes oder auch nur Hübsches, mal auf Stilisierung, mal auf Virtualisierung usw. Zudem war sein Bezugspunkt unterschiedlich: mal ging es um Eigenschaften von Gegenständen, mal um assoziative Dimensionen, mal um die Seinsweise von Wirklichkeit.

Darf man so mit einem Begriff umgehen? Oder anders gefragt: Wenn solch unterschiedliche Verwendungsweisen zur Grammatik des Ausdrucks ›ästhetisch‹ gehören – verurteilt dies den Ausdruck dann nicht zur Unbrauchbarkeit? Macht derlei Polyvalenz aus einem Begriff nicht einen Scheinbegriff? Sollte am Ende gar die diagnostizierte Universalität des Ästhetischen nur eine Folge der Vielgesichtigkeit des Ausdrucks und somit ein Scheineffekt sein? Ist ›ästhetisch‹ eine Passepartout-Vokabel, die nur deshalb auf alles paßt, weil sie nichts besagt? Müßte man dann aber den Ausdruck nicht gänzlich fallenlassen, weil Unexaktheit bei Begriffen gleichbedeutend ist mit Unbrauchbarkeit?

Das Problem der semantischen Uneindeutigkeit des Ästhetischen ist so alt wie die Disziplin namens Ästhetik. Baumgarten, der sie begründet hat,[5] bestimmte die Ästhetik als »Wissenschaft vom sinnlichen Erkennen«.[6] Ästhetik sollte primär nicht mit Kunst zu tun haben, sondern ein Zweig der Erkenntnistheorie sein. Hegel hingegen wollte, gut ein halbes Jahrhundert später, unter

---

[5] Baumgarten hielt erstmals 1742 Vorlesungen über Ästhetik, so daß 1992 das 250-jährige Jubiläum einer Vortragstätigkeit in Sachen Ästhetik zu begehen war – Anlaß vielleicht auch für den in diesem Band dokumentierten Kongreß.

[6] Alexander Gottlieb Baumgarten, *Aesthetica*, Frankfurt a.d. Oder 1750, § 1.

Ästhetik dezidiert eine »Philosophie der Kunst« und genauer »der schönen Kunst« verstanden wissen.[7] Dagegen erhob, wieder einige Jahrzehnte später, ein Experte wie Konrad Fiedler Einspruch: »Ästhetik«, sagte er, »ist nicht Kunstlehre«; die »Zusammenstellung des Schönen und der Kunst« ist vielmehr das *»protos pseudos* auf dem Gebiete der Ästhetik«.[8] Der Katalog solch konträrer Bestimmungen der Ästhetik ließe sich schier endlos fortsetzen. Mal soll es um das Sinnliche, mal um das Schöne, mal um Natur, mal um Kunst, mal um Wahrnehmung, mal um Beurteilung, mal um Erkenntnis gehen; und ›ästhetisch‹ soll abwechselnd sinnlich, lustvoll, künstlerisch, scheinhaft, fiktional, poietisch, virtuell, spielerisch, unverbindlich usw. bedeuten.

Diese Vieldeutigkeit könnte einen in der Tat an Sinn und Brauchbarkeit des Ausdrucks verzweifeln lassen. Jeder Ästhetiktheoretiker sagt etwas Interessantes, aber jeder sagt etwas anderes. »Es stimmt alles; und nichts.« »[...] in dieser Lage befindet sich«, wer »in der Aesthetik [...] nach Definitionen sucht« – so hat Wittgenstein dies einmal formuliert.[9]

## 2. Familienähnlichkeit

### *a. Vorbild Wittgenstein*

Wittgenstein weist uns aber auch einen Ausweg aus dieser Schwierigkeit. Er zeigt, daß bei Termini mit unterschiedlichen Verwendungsweisen zwar eine Kohärenz dieser Verwendungsweisen nötig ist, daß diese Kohärenz sich aber nicht einem einheitlichen Wesen zu verdanken braucht, sondern auch auf andere Art zustandekommen kann: durch semantische Überschneidungen von einer

---

[7] Georg Wilhelm Friedrich Hegel, *Ästhetik,* hrsg. v. Friedrich Bassenge, 2 Bde., Frankfurt a.M. o. J., Bd. I, S. 13.

[8] Konrad Fiedler, »Kunsttheorie und Ästhetik«, in: ders., *Schriften zur Kunst,* hrsg. von Gottfried Boehm, 2 Bde, München ²1991, Bd. II, S. 9–24, hier S. 9.

[9] Ludwig Wittgenstein, *Philosophische Untersuchungen,* in: ders., Schriften 1, Frankfurt a.M. 1969, S. 329 [77].

Verwendungsweise zur nächsten. Die unterschiedlichen Bedeutungen haben dann, wie Wittgenstein sagt, »garnicht Eines gemeinsam«[10] – also kein Element, das zu dekretieren erlaubte, was *das* Ästhetische ist –, sondern ihr Zusammenhang resultiert einzig aus diesen Überschneidungen. Eine solche Struktur bezeichnet Wittgenstein als »Familienähnlichkeit«.

Genau so ist meines Erachtens der Terminus ›ästhetisch‹ verfaßt. Familienähnlichkeiten bestimmen seine Grammatik. Man könnte in Anlehnung an eine berühmte Passage von Wittgensteins *Philosophischen Untersuchungen* geradezu formulieren: »Statt etwas anzugeben, was allem, was wir ästhetisch nennen, gemeinsam ist, sage ich, es ist diesen Erscheinungen garnicht Eines gemeinsam, weswegen wir für alle das gleiche Wort verwenden, – sondern sie sind mit einander in vielen verschiedenen Weisen *verwandt.* Und dieser Verwandtschaft, oder dieser Verwandtschaften wegen nennen wir sie alle ›ästhetisch‹.«[11] – Ich habe in dem Zitat nur ›Sprache‹ durch ›ästhetisch‹ ersetzt.

*b. ›ästhetisch‹ – ein Terminus im Sinn von Familienähnlichkeit*

Aus Platzgründen kann ich hier nur die Idee dieser Familienähnlichkeit des Ästhetischen skizzieren – ihre genaue Darlegung würde den Rahmen dieses Beitrages sprengen. Insgesamt sind ohnehin die Konsequenzen wichtiger, auf die ich nachher eingehen werde.

Die erste Bedeutung des Ästhetischen ist natürlich – dem Wortsinne nach – das Sinnliche. Aber hier kommt es schon zu einer ersten Gabelung. Das Sinnliche hat einerseits Erkennntnisbedeutung, andererseits Gefühlsbedeutung. Die eine Ausrichtung entspricht der Wahrnehmung, die genuine Sinnesqualitäten wie Farben, Töne, Geschmäcke, Gerüche erfaßt. Die andere Ausrichtung entspricht der Empfindung, welche die sinnlichen Gegebenheiten im Horizont von Lust und Unlust bewertet.

Auf der Empfindungsseite kommt es dann unter Einwirkung der Erkenntnisseite zu einer weiteren Verzweigung. Zunächst ist

10 Ebd., S. 324 [65].

11 Ebd.

die Lust natürlich Sinnenlust und von vitalen Interessen bestimmt. Die Wahrnehmung hingegen muß um des Erkennens willen von solch unmittelbaren Empfindungen möglichst absehen, muß über sie sich erheben, um ohne Rücksicht auf sinnliches Wohlgefallen oder Mißfallen (appetitanregend, reizend, bedrohlich usw.) die sinnlichen Prädikate als solche (blau, hoch, glatt usw.) festzustellen.

Diese Erkenntniseinstellung im Sinnlichen – dieses Abzielen auf ein reines Wahrnehmen – führt auf der Empfindungsseite zur Konstitution einer zweiten, höheren Sphäre von Lust und Unlust über der ersten, unmittelbar-sinnlichen Sphäre. Der Horizont der Lust wird nicht etwa verabschiedet, sondern modifiziert, er wird gleichsam aufgestockt: Über dem Erdgeschoß der sinnlichen Lust erhebt sich nun das *piano nobile* einer spezifisch ästhetischen Lust. Dies ist die Geburtsstätte des ästhetischen Sinns: des Geschmacks. Er bewertet seine Gegenstände nicht mehr nach vitalen Interessen (etwa als aufreizend, wohlschmeckend oder ekelerregend), sondern er beurteilt sie nach Gesichtspunkten eines höheren, reflexiven Wohlgefallens oder Mißfallens: als schön, harmonisch, häßlich oder gestört.

Die in Erkenntnishinsicht nötige Übersteigung der unmittelbaren Emotion motiviert also parallel auch das Empfinden, über seine Primärverfassung hinauszugehen und sich einer höher-sinnlichen, einer spezifisch ästhetischen Lust zuzuwenden.[12] Sinnliche Schätzung gibt es fortan zweifach: gemäß dem Sinnen-Geschmack und gemäß dem Reflexions-Geschmack, wie Kant diesen Unterschied benannt hat.[13]

Damit ist das Tableau für alles weitere vorgegeben: Es gibt zwei Stämme des Ästhetischen, einen kognitiven (›Wahrnehmung‹) und einen emotiven (›Empfindung‹); der letztere aber erfährt zusätzlich eine Veredelung bzw. Verdoppelung: dem Stamm der sinnlichen

---

12 Äußerst feinteilig hat diese Verhältnisse schon Aristoteles analysiert. Vgl. Wolfgang Welsch, *Aisthesis. Grundzüge und Perspektiven der Aristotelischen Sinneslehre,* Stuttgart 1987.

13 Vgl. Immanuel Kant, *Kritik der Urteilskraft,* B 22. Übrigens bezeichnet Kant beide Urteilsarten als »ästhetisch«. In beiden Fällen wird das Urteil über den Gegenstand nämlich »bloß in Ansehung des Verhältnisses seiner Vorstellung zum Gefühl der Lust und Unlust« gefällt (ebd.).

Lust wird das Reisig der Geschmackslust aufgepropft, und dieses wird in Werken der Kunst und der ästhetischen Reflexion erblühen. – Hier ist schon zu erkennen, wie zwischen den unterschiedlichen Dimensionen des Ästhetischen Übergänge und Querverbindungen bestehen: Die höhere Lust entsteht durch eine spezifische Transformation des vorausliegenden Lustpotentials, und diese erfolgt unter Quereinwirkung des anderen, des erkenntnisorientierten Stammes der Sinnlichkeit. Das lehrt, wie zum Ästhetischen von Anfang an sowohl Differenzen als auch Überschneidungen gehören – der Weg zur Familienähnlichkeit ist von Beginn an beschritten.

Ich will nur noch kurz andeuten, wie es dann zu den weiteren Bedeutungsmomenten des Ästhetischen kommt. Die zuletzt dargestellte Konstitution der höheren, spezifisch ästhetischen Lust ist allgemein mit einer Forderung nach Sublimierung verbunden. Diese bildet den Ausgangspunkt für eine Reihe weiterer Bestimmungen. Auf der Ebene der Zwecke führt sie zum Konzept einer Kultivierung durch Ästhetisierung, auf der pragmatischen Ebene zur Bestimmung der ästhetischen Gestaltung als Überformung von Vorgegebenem, auf der ontologischen Ebene zur Oppositionsbestimmung des Ästhetischen als Schein gegenüber Sein, Virtualität gegenüber Wirklichkeit, Fiktionalität gegenüber Faktizität usw.

Von hier aus kann es dann schließlich dazu kommen, daß man die ästhetischen Bestimmungen von ihren Herkünften und Verflechtungen gänzlich abzuspalten versucht. Das geschieht in den Konzepten der ästhetischen Autonomie und der autonomen Kunst. ›Ästhetisch‹ bezeichnet dann einerseits einen Lebenstypus – die ästhetizistische Haltung der spielerischen Distanz zu allem Wirklichen, das gekonnte Ausleben von Möglichkeitssinn und Virtualitätsgenuß –, und andererseits wird es gleichbedeutend mit ›artistisch‹. Am Ende kann ›ästhetisch‹ sogar nurmehr so viel bedeuten wie ›der Theorie des Ästhetischen gemäß‹ – so weit hat sich der Ausdruck dann von seiner ursprünglichen Bedeutung, dem Sinnlichen, entfernt.

Aber auch in diesen Fällen entdeckt eine genauere Analyse stets, daß die Abspaltungen nur die Vorder- und Schauseite von Operationen sind, die den Bezug auf andere Bedeutungen des Ästhetischen nicht einfach abzulegen vermögen. Die in den Hintergrund gedrängten Bedeutungen schlagen sogar in der scheinbar autonomisierten Sphäre selbst erneut hervor. So tritt dem Programm einer ›Kunst um der Kunst willen‹ das Konzept ›Kunst und Leben‹ gegenüber, und selbst Plädoyers für das Grob-Sinnliche, das doch mit der Zuwendung zum Reflexions-Geschmack prinzipiell distanziert worden war, werden in Situationen überzogener Idealisierung wieder aktuell, so beispielsweise in den Strategien der art brut und in materialistischen Ästhetiken. – Die einzelnen Bedeutungen des Ästhetischen bleiben also dem Begriffsfeld des Ästhetischen, das stets auch andere Bedeutungen umfaßt, unweigerlich verbunden. Deshalb klingen – negatorisch oder affirmativ – in jedem Gebrauch des Ausdrucks auch andere Bedeutungen mit an. Die individuellen Bedeutungen werden sozusagen ihre Familie nicht los, unterhalten allerdings zu den einzelnen Familienmitgliedern recht unterschiedliche Beziehungen.

Mit dieser knappen Skizze des Bedeutungsfächers von ›ästhetisch‹ wollte ich zweierlei zu erkennen geben: erstens, wie hier jeweils eine Bedeutung an eine vorhergehende anschließt, wie sie aus dieser gleichsam hervorwächst, so daß im ganzen Überschneidungen und Querverbindungen bestehen und in der Tat die Struktur einer Familienähnlichkeit vorliegt;[14] und zweitens, daß es jeweils auf die Position einer Verwendungsweise im Gesamtfeld der Bedeutungen zu achten gilt; dann kann man sowohl die einzelnen Verwendungsweisen präzis bestimmen als auch der Bedeutungsvielfalt des Ästhetischen gerecht werden.

---

[14] Der Übergang von einer Verwendungsweise des Ausdrucks zur nächsten vollzieht sich in etwa so, wie Wittgenstein es durch Vergleich mit der Entstehung eines Fadens ausgedrückt hat: »[...] wir dehnen unseren Begriff [...] aus, wie wir beim Spinnen eines Fadens Faser an Faser drehen« (Wittgenstein, *Philosophische Untersuchungen,* a.a.O., S. 325 [Nr. 67]). Und der Zusammenhalt des Fadens – analog also der eines Terminus wie ›ästhetisch‹ – resultiert nicht etwa daraus, »daß irgend eine Faser durch seine ganze Länge läuft«, sondern daraus, »daß viele Fasern einander übergreifen« (ebd.). »Wir sehen ein kompliziertes Netz von Ähnlichkeiten, die einander übergreifen und kreuzen. Ähnlichkeiten im Großen und Kleinen.« (ebd., S. 324 [66])

## 3. Konsequenzen

Wenn also ›ästhetisch‹ ein Ausdruck ist, dessen unterschiedliche Verwendungsweisen durch Familienähnlichkeit zusammenhängen, und wenn diese Verwendungsweisen zugleich hinreichend unterscheidbar sind, welche Konsequenzen hat dies dann für den korrekten Umgang mit diesem Ausdruck?

1. Der Ausdruck ist trotz seiner semantischen Polyvalenz leistungsfähig. Die Unterschiedlichkeit von Verwendungsweisen desavouiert einen Begriff gerade nicht, sondern kann – bei korrektem Gebrauch – sogar seine besondere Leistungsfähigkeit begründen. ›Unexakt‹ ist nicht gleichbedeutend mit ›unbrauchbar‹.[15] Weiß man die verschiedenen Bedeutungen auseinanderzuhalten, so kann man sich des Ausdrucks mit großem Gewinn bedienen.

2. Ein solches Vorgehen ist nicht nur legitim und sinnvoll, sondern sogar nötig. Wer eine Ästhetik im vollen Sinn des Wortes entwickeln will, muß allen Verwendungsweisen des Ausdrucks gerecht werden können. Alles andere ergäbe allenfalls eine Partialästhetik. Eine umfassende, eine wirklich vollständige Ästhetik – für deren Entwicklung ich plädiere – darf nicht von willkürlichen Selektionen ihren Ausgang nehmen. Philosophisch bzw. ästhetiktheoretisch wäre es falsch und antiquiert, partout einen einzigen, ultimativen Begriff des Ästhetischen geben oder diktieren zu wollen. Aus den diversen Bedeutungen des Ästhetischen Teile, die einem nicht passen, dekretorisch auszuschließen oder eine bestimmte Bedeutung zur Grundbedeutung oder einzig legitimen Bedeutung zu erklären, verstößt gegen die Phänomene. Dieser imperiale Gestus suggeriert Klarheit, verzeichnet aber de facto das Feld des Ästhetischen. Schlechte Philosophie kokettiert mit solch traditioneller Erwartung, man müsse die Vielfalt von Bedeutungen unter allen Umständen auf eine Grundbedeutung reduzieren. Darin erfüllt sie

---

[15] Wittgenstein: »Verstehen wir aber nur, was ›unexakt‹ bedeutet! Denn es bedeutet nun nicht ›unbrauchbar‹.« (ebd., S. 335 [88])

eigene Herrschaftsbedürfnisse und die jener, denen begriffliche Kahlschläge lieber sind als die Analyse komplexer Phänomene.

3. Eine Ästhetik, die sich der Weite des Ästhetischen stellt, verlangt mehr Weitblick und Differenzierungsvermögen als eine Partialästhetik. Sie ist, kurz gesagt, schwieriger. Sie fordert, die unterschiedlichen semantischen Provinzen, Versionen und Gruppen des Ästhetischen mit ihren Überschneidungen und Verflechtungen zu berücksichtigen und jeweils angeben zu können, mit welchem semantischen Akzent man gerade operiert und welcher Überschneidungen man sich bedient. Nur auf diesem Weg kann man der Komplexität des Ästhetischen gerecht werden.

4. Diese Hinweise haben ihre Pointe im Einspruch gegen die konventionellste aller ästhetikeinschlägigen Verengungen, die heute wieder beliebt zu werden scheint: gegen die Einschränkung des Ästhetischen auf die Kunst. Wer den Begriff des Ästhetischen exklusiv an die Provinz Kunst binden und seine Grenze gegenüber dem Alltag und der Lebenswelt partout dicht machen möchte, betreibt ästhetiktheoretischen Provinzialismus.[16] Er

---

[16] Bekanntlich hat Karl Heinz Bohrer den politischen Provinzialismus der Bundesrepublik beklagt und dagegen mehr Ästhetik in der Politik gefordert. Umgekehrt vertritt er in der Ästhetik selbst einen Provinzialismus: einen dezidiert artistischen Provinzialismus. Bohrer plädiert für die Beschränkung des Ästhetischen auf die Kunst, gar auf die große oder emphatische Kunst. Damit erklärt er die artistische Provinz zur Welt des Ästhetischen schlechthin. Das nenne ich ästhetiktheoretischen Provinzialismus, denn nicht, daß man in einer besonderen Provinz zuhause ist, sondern daß man diese Provinz für die einzige hält und mit der Welt verwechselt, macht einen zum Provinzler. – Bohrers Optionen sind nicht nur unterschiedlich, sondern untereinander widersprüchlich. Wenn er für die Politik mehr Ästhetik einklagt, hat er selber eine transartistische Bedeutung des Ästhetischen im Sinn, die das Ästhetische »nicht nur als Kriterium der künstlerischen Phantasie, sondern vielmehr auch für die Art des Miteinanderumgehens« verstehen möchte (Karl Heinz Bohrer, *Nach der Natur. Über Politik und Ästhetik,* München 1988, S. 19). Wenn er jedoch von Ästhetik in bezug auf die Kunst spricht, setzt er auf Autonomie ohne Praxisbezug. So dementieren seine politische Ästhetik und seine artistische Ästhetik einander wechselseitig.

thematisiert eine einzige Provinz des Ästhetischen, während er von der Welt des Ästhetischen zu sprechen vorgibt. Damit verfehlt er aber nicht nur den vollen und legitimen Begriff des Ästhetischen, sondern – in objektiver Ironie – noch den Begriff dessen, dem zu dienen er vorgibt: den der Kunst. Denn die Kunst will sich in der Moderne nicht mehr in den goldenen Käfig der Autonomie einschließen lassen, sondern verweigert sich solch ästhetiktheoretischer Ghettoisierung.[17]

Die Kunst ist gewiß eine besonders wichtige Provinz im Universum der Bedeutungen des Ästhetischen. Aber sie ist nicht die einzige. Die heutige Aktualität des Ästhetischen resultiert gerade daraus, daß die konventionelle Gleichsetzung von Ästhetik und Kunst unhaltbar geworden ist und andere Dimensionen des Ausdrucks in den Vordergrund gerückt sind. Man muß daher – zugunsten des vollen Begriffs der Ästhetik und auch zugunsten der Kunst – der artistischen Engführung des Ästhetischen entgegentreten, muß die Ästhetik von dieser obsoleten Verengung freihalten.[18]

---

[17] Ohnehin hätte man das Autonomietheorem, wenn man es absolut nehmen wollte, stets mißverstanden. Das war schon bei Baudelaire zu lernen, der l'art pour l'art zugleich als das einzig verbleibende Existenzideal für wenige proklamierte; theoretisch haben den Zusammenhang von Autonomietheorem und Gesellschaftsbezug Gehlen und Adorno formuliert, indem sie (natürlich jeder auf seine Weise) zeigten, wie die Autonomie stets eine präzise gesellschaftliche Funktion zur Kehrseite hat.

[18] Die Kunst ist heute, auch wo sie sich der alltäglichen Ästhetisierung entgegenstellt, gleichwohl von dieser gebeizt. Sie opponiert ihr hoffnungsvoll, angestrengt oder verzweifelt – oft auch vergeblich. Ohnehin darf man nicht übersehen, daß die Kunst immer wieder sehr bewußt auf den gesellschaftlichen Zustand des Ästhetischen reagiert hat. Wo in der Welt die Sinnlichkeit unter die Räder zu kommen droht, kann die Kunst sich, ihrer alten Bindung ans Sinnliche eingedenk, als Künderin und Retterin des Sinnlichen verstehen (Dubuffet); wo allenthalben Verhübschung grassiert, kann sie ihre Aufgabe darin sehen, dieser entgegenzutreten und sich dezidiert spröde zu verhalten (arte povera, Concept art) – so wie sie früher, in einer ästhetisch kargeren Welt, Schönheit als Elysium vor Augen geführt hat. Kunst reagiert nicht nur auf Kunst, sondern stets auch auf Wirklichkeit, und im besonderen auf den Zustand des Ästhetischen in dieser.

## *III. Die epistemologische Ästhetisierung*

Im Konvolut der im I. Teil geschilderten Ästhetisierungsprozesse finden sich viele bedenkliche Erscheinungen, angesichts derer es töricht wäre, behaupten zu wollen, durch Ästhetisierung werde alles besser. Diese Hoffnung der Ästhetisierungsprogramme seit dem späten 18. Jahrhundert können wir nicht mehr teilen. Im Gegenteil: Proklamationen wie die Schillersche, daß erst der ästhetische Mensch ein ganzer Mensch sein werde,[19] oder die Hegel-Schellingsche, daß »Wahrheit und Güte nur in der Schönheit verschwistert« seien,[20] entpuppen sich angesicht der heutigen Einlösungsformen solcher Ästhetisierungsprogramme als dubios.

Wie aber ließe sich eine Trennungslinie zwischen den Positiva und Negativa der Ästhetisierung ziehen und wie wäre eine Kritik an einzelnen Erscheinungsformen der Ästhetisierung zu begründen? Dafür kommen, allgemein gesprochen, entweder Kriterien der Wahrheit oder solche der Moral oder ästhetische Kriterien in Betracht. Man kann sich um Beistand bei der Wissenschaft, der Ethik oder der Ästhetik bemühen.

Der Versuch, ausgerechnet von der Ästhetik eine Kritik der Ästhetisierung zu erwarten, mutet allzu paradox an. Ebenso dürfte die Ethik heute nicht der beste Gewährsmann für eine Kritik der Ästhetisierung sein, denn derzeit ist die Ethik – von neoaristotelischen Ansätzen bis hin zu Foucault – selber dabei, zu einer Subdisziplin der Ästhetik zu werden. Bleibt also offenbar nur, auf die Wissenschaft und damit auf die Karte Wahrheit zu setzen.

---

[19] Schiller meinte, »daß unter allen Zuständen des Menschen gerade das Spiel und nur das Spiel es ist, was ihn vollständig macht und seine doppelte Natur auf einmal entfaltet« [...] »der Mensch [...] *ist nur da ganz Mensch, wo er spielt«* (Friedrich Schiller, »Über die ästhetische Erziehung des Menschen in einer Reihe von Briefen«, in: ders., *Sämtliche Werke,* Bd. 5, hrsg. von Gerhard Fricke und Herbert G. Göpfert, München [6]1980, S. 570–669, hier S. 616 f. bzw. S. 618).

[20] *Mythologie der Vernunft. Hegels ›ältestes Systemprogramm des deutschen Idealismus‹,* hg. von Christoph Jamme, Helmut Schneider, Frankfurt a.M. 1984, S. 12.

## 1. Kritik der Ästhetisierung im Namen der Wahrheit?

Und in der Tat: Viele Intellektuelle ziehen heute im Namen der Wahrheit gegen die Ästhetisierung zu Felde. Sie sagen, eine universale Ästhetisierung laufe auf die Auflösung der Wahrheit und auf eine Zerstörung von Wissenschaft, Aufklärung und Vernunft hinaus. Die Wissenschaft drohe unterminiert zu werden, wenn rhetorische Brillanz wichtiger werde als die Begründung von Aussagen. Die Aufklärung gerate ziellos, wenn das ästhetische Gesetz der Fiktion an die Stelle der Wahrheit und wenn Pluralität an die Stelle von Verbindlichkeit trete. Vernunft schließlich werde, wo Grundfragen zu Fragen des Geschmacks werden, in skandalöser Weise mißachtet.

Diese Warnungen sind allerdings Reprisen. In ihnen lebt der alte Streit zwischen Wahrheit und Schönheit, Sein und Schein, fundamentalistischer Verbindlichkeit und fiktionaler Freiheit noch einmal auf – ein Streit, der das Abendland seit Platons Dichterkritik, Bernhard von Clairvauxs Polemik gegen die Gotik und seit dem Konflikt zwischen Idealismus und Romantik in mannigfachen Formen durchzog.

Aber ich meine: Die Grundlagen dieses Streits haben sich verändert. Er ist zunehmend entschieden. Und zwar ist er – anders als die Altvorderen glaubten – zugunsten der Ästhetik entschieden. Dazu kam es – so meine These – infolge der Entwicklung der wissenschaftlichen Rationalität selbst. Durch sie ist Wahrheit weithin zu einer ästhetischen Kategorie geworden. In dem einleitenden Tableau von Ästhetisierungen habe ich nämlich die allereinschneidendste und am tiefsten reichende Ästhetisierung noch gar nicht erwähnt: die Ästhetisierung unserer Erkenntnis- und Wirklichkeitskategorien einschließlich der Kategorie Wahrheit, wie sie durch die Leitinstanz der Moderne, die Wissenschaft, verfügt wurde. Durch sie ist den vorgeblich ›rationalen‹ Einreden gegen die Ästhetisierung längst auf ihrem eigenen Terrain der Boden entzogen.

## 2. Epistemologische Ästhetisierung – seit zweihundert Jahren

Ich muß diesen Punkt also nachtragen, kann diese Geschichte der modernen Ästhetisierung des Wissens hier aber natürlich nur als

Kurzgeschichte erzählen, denn sie hat schon vor ca. 200 Jahren begonnen. Kant, der Revolutionär der modernen Philosophie, bildet auch hier den Ausgangspunkt.

### *a. Kant: Ästhetik als epistemologische Fundamentaldisziplin*

Kant zeigte in der *Kritik der reinen Vernunft* unter dem Titel einer »transzendentalen Ästhetik«, daß ästhetische Momente für unser Wissen grundlegend sind. Kants »Revolution der Denkart« zufolge erkennen wir »von den Dingen nur das a priori [...], was wir selbst in sie legen«,[21] und das sind eben zuallererst *ästhetische* Vorgaben, die Anschauungsformen von Raum und Zeit nämlich. Durch sie sind uns Gegenstände überhaupt erst gegeben. Und genau so weit, wie diese Anschauungsformen sich erstrecken, reicht unser Erkennen und unsere Wirklichkeit. Insofern ist bei Kant die Ästhetik – als Lehre von diesen Anschauungsformen, also als *transzendentale* Ästhetik, nicht etwa als Theorie der Kunst – epistemologisch fundamental geworden.[22] Seit Kant wissen wir um die ästhetischen

---

[21] Immanuel Kant, *Kritik der reinen Vernunft*, B XI bzw. XVIII.

[22] Mit dieser Feststellung will ich nicht die Art, wie Kant diese Wahrnehmungsformen im einzelnen auslegte, verteidigen, sondern nur auf die prinzipielle Tatsache hinweisen, daß die Ästhetik bei Kant zu einer Fundamentaldisziplin der theoretischen Philosophie geworden ist. Gewiß ist vieles an Kants Durchführung problematisch und unhaltbar: die Ungeschichtlichkeit des transzendentalen Apriori, Details der Explikation von Raum und Zeit, die Beschränkung auf allein diese beiden Anschauungsformen. Aber die Idee dieser transzendentalen Ästhetik war ein zündender Gedanke, der durch seine späteren Verwandlungen – von denen einige sogleich zu benennen sein werden – zunehmend haltbarere Gestalt annahm.

Übrigens hat Kant zu Beginn dieser transzendentalen Ästhetik erwogen, ob es nicht besser sei, Ästhetik im eben zuvor erst von Baumgarten entwickelten Sinn – also (wie Kant Baumgarten verstand) als Versuch, »die kritische Beurteilung des Schönen unter Vernunftprinzipien zu bringen« – wieder eingehen zu lassen, um den Titel Ästhetik allein »derjenigen Lehre aufzubehalten, die wahre Wissenschaft ist« (ebd., B 35 f.). In den »Allgemeinen Anmerkungen zur transzendentalen Ästhetik« unterstrich Kant zusätzlich, daß seine transzendentale Ästhetik »so gewiß und ungezweifelt sei, als jemals von einer Theorie gefordert werden kann, die zum Organon dienen soll« (ebd., B 63). – Die Tatsache, daß Kant die transzen-

Fundamente allen Erkennens, um eine prinzipielle Protoästhetik der Kognition.

*b. Nietzsche: der ästhetisch-fiktionale Charakter des Erkennens*

Nietzsche – vielleicht der ästhetische Denker par excellence – hat die Kantische Grundlegung fortgeführt und so überzeugend gemacht, daß man seitdem zwar noch gegen die ästhetische Verfassung unseres Erkennens anreden mag, aber kaum noch etwas gegen sie vorbringen kann.

Nietzsche zeigte, daß unsere Wirklichkeitsentwürfe nicht nur grundlegend ästhetische Elemente enthalten, sondern im ganzen von ästhetischer Art sind. Wirklichkeit ist ein Konstrukt, das wir wie Künstler mit fiktionalen Mitteln – durch Anschauungsformen, Projektionen, Phantasmen, Bilder usw. – hervorbringen. Erkennen ist eine grundlegend metaphorische Tätigkeit. Der Mensch ist ein animal fingens.

In dem Manuskript *Ueber Wahrheit und Lüge im aussermoralischen Sinne* von 1873 schreibt Nietzsche: »Man darf [...] den Menschen wohl bewundern als ein gewaltiges Baugenie, dem auf beweglichen Fundamenten und gleichsam auf fliessendem Wasser das Aufthürmen eines unendlich complicirten Begriffsdomes gelingt; freilich, um auf solchen Fundamenten Halt zu finden, muss es ein Bau, wie aus Spinnefäden sein, so zart, um von der Welle mit fortgetragen, so fest, um nicht von dem Winde auseinander geblasen zu werden«.[23] – So stellt sich Erkennen in ästhetischer Perspektive dar. Wie Künstler oder geniale Konstrukteure schaffen wir Orientierungsformen, die so beweglich und elastisch verfaßt

---

dentale Ästhetik dezidiert als *Ästhetik* bezeichnete und für die primäre Ästhetik hielt, sollte all denjenigen eine Warnung sein, die meinen, man könne diese transzendentale Ästhetik mit leichter Hand aus dem Kreis legitimer Ästhetikbegriffe ausschließen. Kant sah es genau umgekehrt. Er war von der späteren Engführung von Ästhetik und Kunst eben noch frei.

[23] Friedrich Nietzsche, »Ueber Wahrheit und Lüge im aussermoralischen Sinne«, in: ders., *Sämtliche Werke. Kritische Studienausgabe in 15 Bänden,* hg. von Giorgio Colli, Mazzino Montinari, München 1980, Bd. 1, S. 873–890, hier S. 882.

sein müssen, wie die Wirklichkeit fließend und veränderlich ist. All unsere Orientierungen sind poietisch erzeugt, fiktional strukturiert und ihrer Seinsweise nach so schwebend, aber auch fragil, wie man es traditionell nur von ästhetischen Phänomenen gesagt – und auch nur von ihnen geglaubt hat.

*c. Die Durchsetzung der epistemologischen Ästhetisierung im zwanzigsten Jahrhundert*

aa. Wissenschaftstheorie

Vertreten eine solch ästhetische Sicht des Erkennens nur exquisite – oder überspannte – Ästhetiker wie Nietzsche? Nein. Nietzsches Einsichten wurden im 20. Jahrhundert zunehmend allgemein. Selbst die Wissenschaftstheorie dieses Jahrhunderts ist sukzessiv ›nietzscheanisch‹ geworden. So hat Otto Neurath (der keineswegs artistisch gesonnen war, sondern einer der härtesten wissenschaftstheoretischen Schulen, dem »Wiener Kreis«, angehörte) unsere Situation ganz ähnlich wie Nietzsche beschrieben: »Wie Schiffer sind wir, die ihr Schiff auf offener See umbauen müssen, ohne es jemals in einem Dock zerlegen und aus besten Bestandteilen neu errichten zu können.«[24] Dieser Satz Neuraths wurde auch zum Leitspruch des analytischen Philosophen Willard van Orman Quine.[25] Und selbst bei Karl Popper lesen wir, »daß dort, wo wir auf festem und sicherem Boden zu stehen glaubten, in Wahrheit alles unsicher und im Schwanken begriffen ist.«[26] – Man sieht also: Selbst Wissenschaftstheoretiker, die gewiß keine Nietzscheaner sein wollen, kommen dort, wo sie Grundfragen erörtern, nicht daran vorbei, wie Nietzscheaner zu sprechen. Die ästhetische Verfassung unserer Wirklichkeit ist eine Einsicht nicht nur einiger Äs-

---

[24] Otto Neurath, *»Protokollsätze«*, in: Erkenntnis, Bd. 3, 1932/1933, S. 204–214, hier S. 206.

[25] Er bildet das Motto von *Word and Object*, Cambridge/Mass., 1960, S. VII.

[26] Karl Popper, »Die Logik der Sozialwissenschaften«, in: Theodor W. Adorno u.a., *Der Positivismusstreit in der deutschen Soziologie*, Neuwied, Berlin 1969, S. 103–123, hier S. 103.

thetiker, sondern aller reflektierten Wirklichkeits- und Wissenschaftstheoretiker dieses Jahrhunderts. Sie ist eine *fällige* Einsicht.

bb. Hermeneutik

Eine ähnliche Diagnose vertritt auch die hermeneutische Philosophie. Hans Blumenberg wies darauf hin, daß die alte Metapher der Seefahrt in der Geschichte des abendländischen Denkens zunehmend modifiziert wurde und dabei zur modernen Schlüsselmetapher der conditio humana wurde.[27] Einst gab es zur Seefahrt und ihrer dramatischen Zuspitzung in der Katastrophe des Schiffbruchs noch ein Gegenüber: einen Zuschauer, der dies alles von der sicheren Warte des Festlandes aus betrachten konnte und vom Unheil selbst unbetroffen war. Zunehmend aber erkannte man, daß es eine solch neutrale oder überlegene Warte nicht gibt, daß vielmehr auch die Position eines jeden Zuschauers schwankend, ungesichert und einer Seefahrt ausgesetzt ist – daß wir, anders gesagt, alle in Booten sitzen.[28,29]

---

[27] Hans Blumenberg, *Schiffbruch mit Zuschauer. Paradigma einer Daseinsmetapher,* Frankfurt a.M. 1979.

[28] Man wendet ein, dies sei nur eine metaphorische Redeweise. Aber erstens handelt es sich, wenn schon um eine Metapher, dann um eine Metapher für eine Grundsituation, und Grundsituationen sind stets nur metaphorisch erläuterbar. Und zweitens: Wenn das neuere Denken Wirklichkeit zunehmend als Erzeugnis metaphorischer Tätigkeit betrachtet, dann sind Metaphern eben mehr als ›Metaphern‹, sind potentiell gültige Wirklichkeitsbeschreibungen.

[29] Wie grundlegend der Unterschied gegenüber älteren Auffassungen ist, lehrt ein Vergleich mit Aristoteles. Auch dieser bediente sich an einer gewichtigen Stelle einer nautischen Metapher – nur mit ganz anderer Zielrichtung. Im *Protreptikos,* seiner Mahnschrift zur Philosophie, sagt Aristoteles vom Philosophen: »Wie ein guter Schiffskapitän vertäut er sein Leben an dem, was ewig und beharrend ist, läßt dort den Anker fallen und lebt als sein eigener Herr.« *(Der Protreptikos des Aristoteles,* Einleitung, Text, Übersetzung und Kommentar von Ingemar Düring, Frankfurt a.M. 1969, S. 55 ff. [B 50]) – Eben eine solche Ankermöglichkeit, einen solch archimedischen Punkt sieht das moderne Denken nicht mehr.

## cc. Postanalytische Wissenschaftstheorie und Philosophie

Auch die neuere analytische (oder post-analytische) Philosophie ist — ähnlich wie Nietzsche, die moderne Wissenschaftstheorie und die Hermeneutik — der Auffassung, daß wir gezwungen sind, »auf beweglichen Fundamenten und gleichsam auf fliessendem Wasser« zu operieren. Das ist eine Konsequenz dessen, daß die Rede von einer Wirklichkeit-an-sich prinzipiell sinnleer ist, weil es Wirklichkeit immer nur als »Wirklichkeit-unter-einer-Beschreibung« gibt[30] — und das bedeutet: im Horizont von problematischen (nie absolut begründbaren) Prämissen und als eine Wirklichkeitsversion neben anderen.

Paul Feyerabend hat diesen ästhetischen Charakter von Wahrheit wohl am provokativsten formuliert, als er darauf hinwies, daß die Wissenschaften im Grunde auch nicht anders verfahren als die Künste,[31] denn beide operieren einem Stil gemäß, und Wahrheit und Wirklichkeit sind in der Wissenschaft ebenso stilrelativ wie in der Kunst: »Untersucht man nämlich, was ein bestimmter Denkstil unter diesen Dingen versteht, dann trifft man nicht auf etwas, was jenseits des Denkstils liegt, sondern auf seine eigenen grundlegenden Annahmen: Wahrheit ist, was der Denkstil sagt, daß Wahrheit sei.«[32]

Rorty hat aus diesen wissenschaftstheoretischen Einsichten eine aufschlußreiche Konsequenz gezogen. Er plädiert für eine »ästhetisierte Kultur«. Darunter versteht er eine Kultur, die weiß, daß unsere ›Fundamente‹ allesamt ästhetisch verfaßt, nämlich durchweg »kulturelle Artefakte« sind, die wir immer nur an anderen kulturellen Artefakten, nie hingegen an der Wirklichkeit selber über-

---

[30] Richard Rorty, *Der Spiegel der Natur. Eine Kritik der Philosophie,* Frankfurt a.M. 1981, S. 409.

[31] Vgl. Paul Feyerabend, *Wissenschaft als Kunst,* Frankfurt a.M. 1984. — Übrigens hatte Konrad Fiedler schon 1876 festgestellt: »Die Kunst ist so gut Forschung, wie die Wissenschaft, und die Wissenschaft ist so gut Gestaltung, wie die Kunst.« (Konrad Fiedler, »Über die Beurteilung von Werken der bildenden Kunst«, in: ders., *Schriften zur Kunst,* a.a.O., Bd. 1, S. 1–48, hier S. 31)

[32] Feyerabend, *Wissenschaft als Kunst,* a.a.O., S. 77.

prüfen können. Eine ästhetisierte Kultur erkennt diese Situation an, statt weiterhin vergeblich darauf zu beharren, »daß wir die echte Wand hinter den gemalten Wänden finden, die echten Prüfsteine der Wahrheit im Gegensatz zu Prüfsteinen, die nur kulturelle Artefakte sind«. Sie weiß gerade »zu schätzen [...], daß *alle* Prüfsteine solche Artefakte sind«.[33]

dd. Wissenschaftspraxis

Längst sind sich auch die Forscher in den Naturwissenschaften der Bedeutung ästhetischer Momente für ihre Erkenntnisarbeit bewußt geworden. So hatten schon Bohr, Einstein oder Heisenberg an entscheidenden Stellen ästhetisch argumentiert, und Poincaré hatte gar rundweg erklärt, daß ästhetische und nicht etwa logische Potenz die zentrale Fähigkeit eines guten Mathematikers sei.[34] In neuerer Zeit hat dann Watsons Hinweis bahnbrechend gewirkt, daß ihm die Entschlüsselung der DNS-Struktur nur gelang, weil er davon ausging, daß die Lösung äußerst elegant werde sein müssen – nur unter dieser ästhetischen Prämisse vermochte er in angemessener Zeit unter der großen Zahl theoretisch offenstehender Lösungswege den zutreffenden zu finden.[35] Rationalistische Barrieren in den Köpfen sind seitdem abgebaut worden, und man ist heute bestrebt, ästhetische Momente systematisch für den Erkenntnisprozeß fruchtbar zu machen. Neuere wissenschaftstheoretische Ansätze sprechen Veränderungen im ästhetischen Kanon sogar Ursachenfunktion für wissenschaftliche Revolutionen zu.[36] Angesichts von

---

[33] Richard Rorty, *Kontingenz, Ironie und Solidarität*, Frankfurt a.M. 1989, S. 99. Mehrfach spricht Rorty diesbezüglich auch von einer »poetisierten Kultur« (ebd., 117, 119, 121 f.).

[34] Vgl. hierzu den von Judith Wechsler herausgegebenen Sammelband *On Aesthetics in Science* (Boston 1981) sowie die unter dem Titel *Truth and Beauty. Aesthetics and Motivations in Science* versammelten Arbeiten von Subrahmanyan Chandrasekhar (Chicago 1987).

[35] Vgl. James D. Watson, *Die Doppel-Helix. Ein persönlicher Bericht über die Entdeckung der DNS-Struktur*, Reinbek bei Hamburg 1969.

[36] Vgl. James W. McAllister, »Truth and Beauty in Scientific Reason«, in: *Synthese*, 78, 1989, S. 25–51, sowie Mary Hesse, *Revolutions and Reconstructions in the Philosophy of Science*, Bloomington 1980.

Theorien wie der vom ›Big Bang‹ oder der unendlichen Geschichte der Quarks kann man wohl auch nicht anders, als eine große Relevanz ästhetischer und fiktionaler Momente anzuerkennen.

Heute setzt sich in allen Wissenschaften das Bewußtsein von einem grundlegend ästhetischen Charakter des Erkennens und der Wirklichkeit durch. Ob zeichentheoretisch oder systemtheoretisch, ob in Soziologie, Biologie oder Mikrophysik, allenthalben bemerken wir, daß es kein erstes oder letztes Fundament gibt, daß wir vielmehr gerade in der Dimension der ›Fundamente‹ auf eine ästhetikartige Verfassung stoßen. Die Semiotiker sagen uns, daß die Signifikantenketten stets auf andere Signifikantenketten und nicht etwa auf ein ursprüngliches Signifikat verweisen; die Systemtheorie lehrt uns, daß wir, »statt auf letzte Einheiten zu rekurrieren«, immer nur Beobachtungen beobachten und Beschreibungen beschreiben;[37] und die Mikrophysik stellt fest, daß sie, wo sie auf Elementares zurückgreifen will, doch nie auf Elementares, sondern stets auf neue Komplexität stößt.

Längst ist dieses ästhetische Grundbewußtsein auch in die Poren der Gesellschaft und die Köpfe der Individuen gedrungen – weit mehr jedenfalls, als eine verbreitete akademische Ängstlichkeit und die öffentliche Abwehrrhetorik wahrhaben mögen. Der Umgang der Individuen mit den aktuellen Ästhetisierungsprozessen ist vom Bewußtsein dieser prinzipiellen Ästhetisierung getragen.

### *d. Fazit*

Ich fasse die skizzierte Entwicklung zusammen: Wahrheit, Wissen und Wirklichkeit haben in den letzten zweihundert Jahren zunehmend ästhetische Konturen angenommen. Erstens zeigte sich, daß ästhetische Anteile für unser Erkennen und unsere Wirklichkeit grundlegend sind. Das begann mit Kants transzendentaler Ästhetik und reicht bis zur Selbstreflexion der gegenwärtigen Naturwissenschaft. Zweitens setzte sich zunehmend die Einsicht durch, daß Erkennen und Wirklichkeit ihrer Seinsart nach ästhetisch sind. Das war Nietzsches Entdeckung, die seither auch von anderen un-

[37] Vgl. Niklas Luhmann, *Die Wissenschaft der Gesellschaft*, Frankfurt a.M. 1990, S. 717.

ter Rückgriff vorwiegend auf nautische Metaphern zum Ausdruck gebracht wurde und bis zum Konstruktivismus unserer Tage reicht. Wirklichkeit ist keine erkenntnisunabhängige, fest vorgegebene Größe, sondern Gegenstand einer Konstruktion.

Hatte man früher gemeint, Ästhetik habe es erst mit sekundären, nachträglichen Realitäten zu tun, so erkennen wir heute, daß das Ästhetische schon zur Grundschicht von Erkenntnis und Wirklichkeit gehört. Traditionelles Wirklichkeitswissen wollte objektivistisch bzw. fundamentalistisch sein, während man sich an ästhetischen Phänomenen Gesetzlichkeiten genuiner Erzeugung klarmachte. Unter der Hand hat man dabei jedoch zugleich Kategorien für das Verstehen von Wirklichkeitserzeugung überhaupt entwickelt. Seitdem uns deutlich geworden ist, daß nicht nur die Kunst, sondern auch andere Formen unseres Tuns – bis hin zum Erkennen – Erzeugungscharakter aufweisen, sind diese ästhetischen Kategorien – Kategorien wie Schein, Beweglichkeit, Mannigfaltigkeit, Bodenlosigkeit oder Schweben – zu Grundkategorien der Wirklichkeit geworden.

Und all das haben nicht irgendwelche Ästhetiker dekretiert, sondern das hat uns die Leitinstanz der Moderne, die Wissenschaft, zu erkennen geboten. Sie hat eine *epistemologische Ästhetisierung* – eine prinzipielle Ästhetisierung von Wissen, Wahrheit und Wirklichkeit – verfügt, von der keine Frage unbetroffen bleibt. Diese epistemologische Ästhetisierung ist das Vermächtnis der Moderne. Spricht man auf dem Stand der Gegenwart von Ästhetik, so muß man stets auch diese Protoästhetik ins Auge fassen und ihren Aussagen sich stellen.

Es gibt heute kein einziges Argument, das dieser Ästhetisierung wirksam zu begegnen vermöchte.[38] Unabhängig davon, ob man sie

[38] Ähnlich konstatiert Rüdiger Bubner: »In der Tat stehen keine ausreichenden Mittel zur Verfügung, Wahrheit als Wahrheit und Schein als Schein zu bezeichnen ohne das Risiko, sich in die Vermischung zu verwickeln. An der geschilderten Ästhetisierung der Lebenswelt werden erkenntniskritische Kategorien wie diejenigen der Täuschung zuschanden.« (Rüdiger Bubner, »Mutmaßliche Umstellungen im Verhältnis von Leben und Kunst«, in: ders., *Ästhetische Erfahrung*, Frankfurt a.M. 1989, S. 121–142, hier S. 139). Bubner registriert auch die Schlüsselrolle des modernen wissenschaftlichen Wissens für die Unwiderleglichkeit der Ästhetisierungsprozesse: »Der

schätzt oder nicht — alle denkbaren Einwände werden ihr selbst unterliegen. Noch Fundamentalismen erweisen sich als Konstrukte von letztlich ästhetischer Art.[39] Geht man auf die Grundlagen von Argumentationen zurück, so stößt man regelmäßig auf ästhetische Optionen. Weil Wahrheit sich in der Moderne selbst als ästhetische Kategorie entpuppt hat, vermögen auf Wahrheit pochende Einreden gegen die Ästhetisierung nichts mehr zu verschlagen. Die Wissenschaft kann uns vor dem ästhetischen Bruder Leichtfuß nicht bewahren, sie ist selbst in sein Lager übergelaufen — aber nicht aus Leichtfertigkeit, sondern unter dem Druck von Einsichten.

Im Sinn dieser tieferen, epistemologischen Ästhetisierung scheint mir das Ästhetische in der Tat eine Schlüsselkategorie unserer Zeit zu sein. Die epistemologische Ästhetisierung, die unsere Wirklichkeitsauffassung, unsere Einstellungen und Orientierungen prinzipiell ästhetisch gemacht hat, vermag uns einen Begriff von dem zu geben, was heute gilt und geschieht.

## 3. Das Verhältnis der diversen Ästhetisierungsarten zueinander

Und wie ist das Verhältnis der verschiedenen, im Verlauf meiner Ausführungen angesprochenen Ästhetisierungsniveaus zueinander zu sehen? Wie verhalten sich erstens die verhübschende Oberflächenästhetisierung des Alltags, zweitens die tiefergehende, technologisch und medial bedingte Ästhetisierung unserer materiellen wie

---

längst erfolgte Abbruch der zweifelsfreien Verläßlichkeit des wissenschaftlichen Weltbildes verstärkt [...] die Ästhetisierung. [...] Der wissenschaftliche Fortschritt widerlegt unabsichtlich die naive Aussicht auf Endgültigkeit, die ihn begleitet.« (ebd.)

39 Die Fundamentalismen müßten allerdings ihren Status einer Konstruktion auch eingestehen. Solange sie sich auf absolute, objektive Wahrheit berufen, verfolgen sie eine unhaltbar gewordene Legitimationsstrategie. Damit ist zugleich eine Trennungslinie zwischen akzeptablen und inakzeptablen Fundamentalismen benannt. Diejenigen, die ihren Konzeptionscharakter verleugnen und sich objektiv-fundamentalistisch — statt historisch- oder sozial-fundamentalistisch — gebärden, sind kontraindiziert. Nicht, daß man konstruiert, sondern daß man den Konstruktionscharakter verleugnet, ist das Trügerische.

sozialen Wirklichkeit, drittens die ebenso tiefreichende Ästhetisierung unserer lebenspraktischen Einstellungen und moralischen Orientierungen und schließlich viertens die epistemologische Ästhetisierung zueinander?

Ich bin auf die epistemologische Ästhetisierung auch deshalb so ausführlich eingegangen, weil sie offenbar die fundamentalste aller Ästhetisierungen ist, mit denen wir es heute zu tun haben. Sie scheint mir den eigentlichen Untergrund der aktuellen Ästhetisierungsprozesse zu bilden und deren auffallende Akzeptanz zu erklären. Sie ist sowohl als Folie und Motor wie als Rechtsbeistand dieser Ästhetisierungsprozesse wirksam. Dadurch, daß sich Erkennen und Wirklichkeit als im Grunde ästhetisch herausgestellt haben, sind wir generell für Ästhetisierungen bereit geworden. Deshalb lassen wir uns auf die Überführung ehemaliger hardware in software, wie sie im Gefolge der technologischen und medialen Ästhetisierung unseren Alltag bestimmt, zunehmend ein. Und aus dem gleichen Grund agieren wir diese Tiefenästhetisierung in einer umfassenden Oberflächenästhetisierung aus, realisieren sie gleichsam bis in die Haut der Erscheinungen hinein, demonstrieren sie uns dort ad oculos, üben sie täglich ein.

## *IV. Perspektiven ästhetischer Kritik an Ästhetisierungsprozessen*

Hinsichtlich der zu Beginn des III. Teiles aufgeworfenen Frage nach Kriterien, welche die Ästhetisierung zu begrenzen vermöchten oder bestimmte Erscheinungsformen innerhalb ihrer zu kritisieren erlauben, scheinen wir inzwischen allerdings in eine äußerst mißliche Lage geraten zu sein. Wahrheit, das Kriterium, auf das sich alle Hoffnungen konzentriert hatten, ist offenbar zu Interventionen gegen die Ästhetisierung untauglich, weil Wahrheit in der Moderne selbst weithin zu einer ästhetisch geprägten Kategorie geworden ist. Ethische Kriterien hatte ich aus dem gleichen Grund sogleich beiseitegerückt – die Ethik ist heute dabei, sich selber in eine Subdisziplin der Ästhetik zu verwandeln. Bedeutet dies, daß wir der Ästhetisierung nun ganz und gar halt- und kriterienlos ausgeliefert sind?

Immerhin verbleiben ästhetische Kriterien. Zwar habe ich diese vorhin als allererste beiseitegesetzt. Aber das geschah nur dem Anschein nach zu Recht. Denn erstens ist das Faktum, daß es ästhetische Kriterien gibt, gar nicht zu bestreiten. Ästhetik hat immer zwischen Gelungenem und Nichtgelungenem, Besserem und Schlechterem, Vorbildlichem und Abwegigem unterschieden. Und zweitens steht gerade in einer Situation globaler Ästhetisierung zu erwarten, daß speziell ästhetische Kriterien relevant sein werden und auch in besonderer Weise die Chance haben, Beachtung zu finden. In einer Situation universaler Ästhetisierung auf ästhetische Kriterien zu setzen, ist daher eher konsequent als paradox.

An welche Kriterien ist im einzelnen zu denken? Oder anders gefragt: Wie läßt sich Adornos Versprechen, daß ästhetische Sensibilität immer auch ein Organ ihrer Selbstkritik sei, unter heutigen Bedingungen einlösen?[40]

## 1. Einspruch gegen den Ästhetisierungstrubel

Ein ästhetisches Grundgesetz besagt, daß unsere Wahrnehmung nicht nur Belebung und Anregung, sondern auch Verweilen, Ruhezonen und Unterbrechungen braucht. Dieses Gesetz verurteilt die derzeit grassierende Verschönerungstendenz zum Scheitern. Die Totalästhetisierung läuft auf ihr Gegenteil hinaus. Wo alles schön wird, ist nichts mehr schön; Dauererregungen führen zu Abstumpfung; Ästhetisierung schlägt in Anästhetisierung um. Gerade ästhetische Gründe sprechen also dafür, den Ästhetisierungstrubel zu durchbrechen. Inmitten der Hyperästhetisierung tun ästhetische Brachflächen not.

Ästhetische Reflexion wird sich nicht zum Agenten einer Ästhetisierung machen lassen, die in Wahrheit auf Anästhetisierung hinausläuft – auf die Erzeugung von Unempfindlichkeit, auf Betäubung durch ständige ästhetische Überdrehtheit. Ästhetisches Denken opponiert dem Ästhetisierungstrubel und der Pseudo-Sensibilität einer Erlebnisgesellschaft.

---

[40] »Gerade den ästhetisch avancierten Nerven ist das selbstgerecht Ästhetische unerträglich geworden.« (Theodor W. Adorno, *Minima Moralia. Reflexionen aus dem beschädigten Leben,* in: ders., Gesammelte Schriften, Bd. 4, Frankfurt a.M. 1980, S. 163 [Nr. 95])

## 2. Für eine Kultur des blinden Flecks

Worauf es gegenwärtig ankäme, ist nicht eine solche Hyperästhetisierung der Kultur, sondern – eher gegenläufig dazu – die Entwicklung einer *Kultur des blinden Flecks.* Was ist damit gemeint? Reflektierte Ästhetik mahnt immer, sich des Doppelverhältnisses von Beachtung und Ausschluß bewußt zu sein. Etwas zu sehen, heißt stets, etwas anderes zu übersehen. Es gibt kein Sehen ohne blinden Fleck. Entwickelte Sensibilität ist darauf aufmerksam und zieht die Konsequenzen daraus.[41]

Diese Konsequenzen reichen über den engeren Bereich der Gestaltung oder des Ästhetischen hinaus.[42] Hier zeichnet sich – anders als beim Oberflächentrend der Verhübschung – eine verfolgenswerte gesellschaftliche Konsequenz der Ästhetisierung ab. Eine wirklich ästhetisierte Kultur wäre sensibel für Differenzen und Ausschlüsse – und dies nicht nur in bezug auf Formen der Kunst und Gestaltung, sondern ebenso im Alltag und gegenüber sozialen Lebensformen. Entwickelte Sensibilität nimmt abweichende Prinzipien wahr, durchschaut Imperialismen, ist gegen Ungerechtigkeit allergisch und mahnt, für die Rechte des Unterdrückten einzutreten. So vermag ästhetische Kultur zumindest indirekt auch zur politischen Kultur beizutragen.

Wie sehr politische Kultur auf ästhetische Kultur angewiesen ist, kann man sich am Beispiel der Toleranz klarmachen. Toleranz wäre ohne Sensibilität bloß ein leeres Prinzip. Man stelle sich nur einmal einen Menschen vor, der sich die Maxime der Toleranz perfekt zu eigen gemacht hätte, dem aber die Sensibilität fehlte, um im täglichen Leben überhaupt zu bemerken, daß er es bei den Anschauungen eines anderen Menschen mit einer prinzipiellen Differenz und nicht bloß mit einer beliebigen Abweichung zu tun hat und daß also nicht ein Defizit, sondern ein kultureller Unterschied vorliegt. Ein solcher Mensch käme niemals in die Verlegenheit, von seiner schönen Maxime der Toleranz überhaupt Gebrauch zu machen, er würde vielmehr

---

[41] Näher habe ich dies ausgeführt in »Ästhetik und Anästhetik«, in: Wolfgang Welsch, *Ästhetisches Denken*, Stuttgart 1990, S. 9–40.

[42] Diesbezügliche Konsequenzen habe ich diskutiert in: *Ästhetische Zeiten? Zwei Wege der Ästhetisierung*, Saarbrücken 1992.

andauernd seine Imperialismen und Unterdrückungen praktizieren – aber besten Gewissens und im sicheren Glauben, ein toleranter Mensch zu sein. Sensibilität für Differenzen ist also eine Realbedingung von Toleranz. – Vielleicht leben wir in einer Gesellschaft, die zu viel von Toleranz redet und über zu wenig Sensibilität verfügt.

Durch ihre Sensibilisierungseffekte kann Ästhetisierung in gesellschaftliche Prozesse eingreifen. Hier sehe ich Chancen der Ästhetisierung – die ich in den Tendenzen zur Verhübschung, die bei der Rede von Ästhetisierung meist im Vordergrund stehen, nicht sehe.

## 3. Resümee

Die Ästhetisierung ist weder pauschal zu bejahen noch pauschal zu verwerfen. Beides wäre gleich billig und falsch. Ich habe mit dem Gedanken der epistemologischen Ästhetisierung einen prinzipiellen Grund zu benennen versucht, der die moderne Unausweichlichkeit von Ästhetisierungsprozessen verständlich macht. Wenn wir auf diese Tiefenästhetisierung blicken, haben wir es mit einer Form von Ästhetisierung zu tun, die geradezu unwidersprechlich scheint. Ihr Non-Fundamentalismus bildet modern unsere ›Basis‹. Wenn wir hingegen auf die Oberflächenästhetisierung blicken, besteht vielfacher Anlaß zu Kritik. Die prinzipielle Rechtfertigung von Ästhetisierungsprozessen bedeutet ja keineswegs, daß jede Form von Ästhetisierung gutzuheißen wäre. Ich habe zuletzt deutlich gemacht, daß gerade von ästhetischer Warte aus Einsprüche gegen kurrente Erscheinungsformen der Ästhetisierung möglich und nötig sind. Wenn wir schließlich auf die sozialen und politischen Implikationen einer ästhetisierten Kultur blicken, also auf die Sensibilisierung für Unterschiede und auf die Entwicklung einer Kultur des blinden Flecks, dann zeichnen sich diesbezüglich Chancen und Aufgaben einer neuen Aktualität des Ästhetischen ab. – Erst die prinzipielle Rechtfertigung von Ästhetisierungsprozessen, die spezifische Kritik bestimmter Ästhetisierungsformen und die Entwicklung der Sensibilisierungschancen der Ästhetisierung zusammen werden uns erlauben, inmitten der Ästhetisierung etwas Rechtes zustandezubringen.

Karl Heinz Bohrer

# Die Grenzen des Ästhetischen

## *I. Kritik einer Entgrenzung des Ästhetischen*

Ein Terror liegt über dem Land: Die Akzeptanz des Ästhetischen. Die Sphäre, die man noch bis vor einem Jahrzehnt ehrlicherweise dem generellen Diskurs für nicht zugänglich empfand, scheint nunmehr dessen prominente Stimme geworden. Entweder hat sich die Gesellschaft bzw. ihre Wahrnehmungskapazität radikal geändert oder aber es liegt ein Mißverständnis vor. Ich gehe im folgenden letzterem nach und nenne es: Die Grenzen des Ästhetischen. Ich rede zunächst über eine falsche Aktualität des Ästhetischen, sodann über die historische Notwendigkeit des ästhetischen Diskurses und schließlich über die dabei auftretende Problematik: die sogenannte ästhetische Selbstreferenz.

Mit einem namhaften Historiker, dem Leiter eines ambitionierten interdisziplinären Forschungsinstituts im Gespräch über die hochschulpolitischen Interessen von Landesregierungen versuchte ich zu verdeutlichen, daß Kunst- und Literaturwissenschaften immer weniger als Kunstwissenschaft, sondern immer mehr als historische Sozialwissenschaft gefördert würden. Dem entschiedenen Widerspruch, die allgemeine Situation hätte sich doch ganz zugunsten eines zunehmend »ästhetischen Interesses« verändert, war im Laufe des Gesprächs nicht beizukommen. Die Ursache dafür war, daß zwei radikal verschiedene Auffassungen vom Ästhetischen hier aufeinander stießen: Während ich selbst darunter strikt die formalen Ausdrucksqualitäten eines Kunstwerks verstand, eine als Kunstwissenschaft vorgehende Literaturwissenschaft, also eine solche Methode, die jene Ausdrucksqualitäten untersucht, verstand der Historiker unter »Ästhetik« gerade eine Entgrenzung des Kunstwerkbegriffs, ja es ging ihm eigentlich gar nicht um Kunst und Literatur, sondern um eine hedonistische Lebensqualität, die er als entschiedenes Interesse jener Landesregierung verteidigte.

Was an dieser Opposition zu verdeutlichen war, ist eine zweifellos grassierende Aktualität des Ästhetischen, die über dessen moralisch-philosophisch, sozial-emanzipatorisch oder hedonistisch-kulturell motivierter Entgrenzung den substantiellen Kern des ästhetischen Diskurses zu verlieren droht. Für diese Entgrenzung des Ästhetischen gibt es sehr unterschiedliche Wahrnehmungsbegriffe: etwa »Die Erlebnisgesellschaft« von Gerhard Schulze oder »Subjektsein Heute« von Wolfgang Welsch. Umgangssprachlich symptomatische Wendungen lauten: »Politische Kultur«, »Diskussions-Kultur«, »Freizeit-Kultur«. Das Beiwort »Kultur« ist immer notwendig, möglicherweise bei einer kleinbürgerlich-mittelständisch geprägten Gesellschaft wie der bundesrepublikanischen, der das enigmatisch-elitäre Moment des eigentlich Ästhetischen immer mehr abhanden gekommen ist. Es geht indes nicht um ein kulturkritisch-kulturpessimistisches Lamento, sondern gerade umgekehrt um eine angemessene Akzeptanz der historisch notwendig gewordenen Aktualität des Ästhetischen. Deshalb ist darauf zu schauen, wo sie falsch und wo sie richtig erscheint.

Die beiden Zauberworte einer falschen Aktualität des Ästhetischen in einem postmodernen Sinne, wie man gleich hinzufügen muß, sind: »Kontext« und »Primat des Bildes«. Beide Begriffe funktionieren sowohl als theoretische Modelle wie als Praxis des Wissenschafts- und Kulturbetriebs. Zum Begriff des »Kontext«: Wenn der namhafte Kunsthistoriker Wolfgang Kemp etwa für den »Kontext« als überfällig gewordenen kunstgeschichtlichen Begriff plädiert, weil erst dadurch eine im 19. Jahrhundert sich verabsolutierende Isolation des Kunstwerks als Museumsobjekt und wissenschaftlicher Untersuchungsgegenstand wieder rückgängig gemacht und seinem ursprünglich viel komplexeren kultur-sozialen Umfeld zurückerstattet würde, dann hat das seine methodische Plausibilität. Der Pferdefuß dieser Entgrenzungsempfehlung kommt aber zum Vorschein, wenn diese Umwelt-Werk-Beziehung nicht nur buchstäblich gleichgeschaltet wird mit dem Modell der »vernetzten Systeme«, sondern mit einem reichlich abgestandenen geschichtsphilosophischen Pathos (»so arbeitet Geschichte«) ausgestattet ist. Jedenfalls soll etwas schwer Berechenbares, eben das ästhetische Phänomen, unter Einbeziehung von außerästhetischen Komponenten, die immer berechenbar sind, selbst berechenbar werden. So weit und nicht weiter trägt dieses theoretische Modell. In der Praxis liefert der europäische Ausstellungsbetrieb besonders eindrucksvolle Beispiele für eine falsche Aktualisierung des Ästhetischen: Er treibt nämlich nur deshalb so farbig-gewinnbringende Blüten, weil man einem größeren Publikum – sagen wir vereinfacht – die Kunst in der größeren Verpackung von Kulturgeschichte anbietet. Eine Popularisierung des Ästhetischen findet statt, deren wichtigster Ertrag seine Risikolosigkeit gegenüber der Gesellschaft ist, wie Sabine Fabio treffend ausgeführt hat. Das kommt genau jenem hedonistisch-egalitären Ästhetikbegriff entgegen, den der zu Eingang erwähnte Sozialhistoriker an der Wissenschafts- und Kulturpolitik jener Landesregierung so beeindruckend fand. Der Tatbestand einer »Ästhetisierung der Lebenswelt« läuft ganz in Richtung eines hygienischen Kunstverständnisses, das die irrationalen, provokativen Elemente innerhalb einer modernen Fortschrittsgesellschaft von der Kunst gern absorbieren läßt, um sie um so leichter dem rationalen Programm integrieren zu können: Die Sphäre der Kunst ist der Sphäre der Nichtkunst funktional symmetrisch angepaßt. »Kontext« herstellen heißt im ästhetisch-theoretischen und im kulturpolitisch-strategischen Sinne immer, eine solche Entgrenzung des Ästhetischen zu versuchen, daß deren Akzeptanz bei einer au fond für das Ästhetische nicht aufgeschlossenen Konsumentenmehrheit gesichert ist, nachdem dieser Mehrheit durch veränderte Berufs- und auch Einkommensbedingungen das sogenannte Ästhetische zur Prestige- und Distinktionsqualität wurde. Damit bin ich unmittelbar beim zweiten Begriff der Entgrenzung des Ästhetischen: dem »Primat des Bildes«. Auch hier haben wir es zunächst mit einem eindrucksvollen Theorem zu tun. So erklärte Paul Virilio in einem Gespräch mit Fred Forest: »Es stellt sich heraus, daß Worte keine Modelle sind. Nach meiner Meinung sind Modelle Bilder. Natürlich gibt es Modelle des Verhaltens. Natürlich gibt es Modelle der Sensibilität, aber ich weise die Vorstellung des Wortes als eines Modells zurück. Daher kommt mein Abrücken von der Semantik, der Semiotik und der Semiologie.« Als Erklärung wird die emphatische Identifikation gegeben: »Ich bin kein akademischer Mensch mehr. Wenn ich schreibe, visualisiere ich das, was ich schreibe. Und wenn ich nichts sehe, kann ich nicht denken.« Es geht mir nicht um eine Kritik an Virilios Ästhetik, die ein anderes Thema wäre, mir wegen ihrer Zeitkategorie nahe läge, sondern nur darum zu erkennen, was das Primat des Bildes absehbar impliziert: Eine Vermengung der Erkenntnismedien mit der Tendenz, die Ästhetik des literarischen Konstrukts wegen dessen primär kognitiven Signalen, die freilich als eine Begrenzung verstanden werden, aufzulösen zugunsten einer größeren Unmittelbarkeit. Gewiß gehört die internationale Karriere der rheinischen Malerei, deren Name »Neue Wilde« schon auf den Effekt reiner Bildlichkeit hindeutet, unmittelbar in diese künstlerische Bewegung, die das Primat des Bildes fördert. Die Bildästhetik, die das seit einem Jahrzehnt unter erneutem Avantgardismusanspruch in Szene gesetzt hat, ist Robert Wilsons theatralisches Gesamtkunstwerk. Ist bei ihm der allein in der Bühnenbildversion beglaubigte Mythenpluralismus im Sinne imaginierter Gleichzeitigkeit als ein geschichts- und erkenntniskritisch durchdachtes Projekt zu erkennen, das seinen Ursprung in einer spezifischen Rationalitätskritik neuerer Wahrnehmungstheoretiker hat (Arnheim), so ist die Beliebigkeit des Bühnenbildexzesses im westdeutschen Regietheater längst die banale Konvention. Auf unser Problem bezogen findet dort was statt? Eine Entgrenzung der offenbar dem Wortsinn nicht mehr zugetrauten ästhetischen Bedeutung. Die wahrscheinlich machtvollste, weil theoretisch anspruchvollste Favorisierung des Bildes stellt die Ästhetik der elektronischen Medien dar, die von ihren Vordenkern, Vilem Flusser, Peter Weibel, emphatisch oder kritisch betrieben wird. Diese sich neben der akademischen Theoriebildung herausbildende, von dieser meist unbeachtet gebliebene Ästhetik des »digitalen Scheins« ist schon deshalb allein der Aufmerksamkeit wert, weil ihre radikale Kritik der traditionellen Ästhetik, zwischen Hegel und Heidegger, am ästhetischen Phänomen Kategorien ausfindig macht, vornehmlich solche das ästhetische Zeitbewußtsein betreffend, die wirklich relevant sind. Was das Ganze dann wieder so sehr problematisch macht, ist der fast sektiererisch-esoterische Umgang mit dem neuen Kontext: der Elektronik. Sie gerät in den Rang eines neuen Transzendenten und fällt damit auf Positionen einer metaphysischen Kunst zurück.

## *II. Die Konsequenz der Begrenzung des Ästhetischen*

Nach dieser Einschätzung der bedenklichen Seite der Aktualität des Ästhetischen an seinen beiden prägnanten Kategorien könnte das Interesse an seiner anderen Seite erloschen sein. Dafür besteht jedoch kein Anlaß, hat man nur die ins intellektuelle Abseits führende Verführung erkannt und ausgeschlagen. Denn daß Ästhetik im Diskurs objektiv an Gewicht gewann, stellt sich gerade als Einsicht dann ein, wenn man sich über ihre Grenze klar wird. Diese wird am deutlichsten, wirft man einen Blick auf die im Schwinden begriffenen Ansprüche, die Philosophie generell, Geschichtsphilosophie und -utopie im besonderen traditionellerweise in der Sphäre des Ästhetischen gestellt haben: Es war sozusagen der anspruchsvollste und totalitärste Entgrenzungsversuch überhaupt, mit dem der ästhetische Kern zu tun gehabt hat. Geschichte war der »absolute Begriff« (W. Schmidt-Biggemann). Seine Entmachtung ist der eigentliche Grund für den Eintritt des Ästhetischen als neuer Begriff – bis zu welchen Ansprüchen? Das genau zu wissen ergibt sich erst, wenn man die Grenze des Ästhetischen von vornherein mitbestimmt, denn nur so läßt sich der ästhetische Kern unverwischt erhalten. War er vorher bedroht durch den Absolutheitsanspruch des historischen Diskurses, ist er jetzt bedroht durch seine Verwechslung mit der hedonistischen Lebenswelt. Obwohl es schon innerhalb der frühromantischen Poetologie zu einer Verweigerung des Kerns gegenüber philosophischer und gesellschaftsutopischer Identifikation gekommen ist, indem vor allem Friedrich Schlegel sozusagen ex nihilo die ästhetische Utopie in eine Utopie des Ästhetischen verwandelte, mit weitreichenden Implikationen für die frühidealistische Formel vom Ästhetischen als höchster Form des »Geistes«, das heißt aber als Funktion eines philosophischen Wahrheitsbegriffs, obwohl also Friedrich Schlegel dieses Entgrenzungskonzept und seine Einheitsformel durchschnitt, dauerte es bei Licht besehen zweihundert Jahre, daß die Unangemessenheit des philosophischen Anspruchs genereller durchschaut wurde. Es ist auch durchaus so, daß der umgangssprachlich-pragmatische Konsens darüber, was Kunst ist, noch immer mehr oder weniger der alten Wahrheit zur Inhaltsästhetik folgt. Die Aktualität des Ästhetischen, die wir nunmehr noch genauer als Ablösung von philosophischen Kategorien verstehen, ist bisher ein Ereignis innerhalb der universitären Kunstphilosophie geblieben, oder anders ausgedrückt: daß Philosophie der Kunst im Schelling-Hegelschen Sinne endgültig eine ästhetische Theorie zu werden verspricht, das ist ein relativ esoterisches akademisches Ereignis, bei dem zwar die deutsche Ästhetiktradition, Friedrich Schlegel und Friedrich Nietzsche, eine zentrale Rolle spielt, bei der jedoch die deutsche Literatur- und Kunstwissenschaft bis auf Ausnahmen eher im Abseits steht. Ihre Repräsentanten mahnen jetzt das Verlustiggehen der pragmatisch in der Tat so gewichtigen Kategorie der »Zukunft« an: das Einziehen des geschichtsphilosophischen Kriteriums bedeute eine Beliebigkeit des ästhetischen Konstrukts. Diese Behauptung ist eine ideologische, unter streng literarhistorisch-ästhetiktheoretischer Beleuchtung des Problems aber ganz unhaltbare Behauptung, auch wenn sie den Segen nicht bloß von Lukacs und Bloch hatte, sondern selbst von Benjamin und Adorno zu haben schien. Denn Literatur, nicht zuletzt die der klassischen Moderne, hatte immer schon eine präsentisch-kontemplative Bewußtseinsform, selbst in Fällen bedeutender historischer Stoffe. Intentionale Akte wie Interesse an der Zukunft waren ihr fremd. Dies im einzelnen zu zeigen, muß Gegenstand einer speziellen Untersuchung sein. Hier genügt es nur eine die Grenze des Ästhetischen betreffende Unterscheidung zu treffen: Genauso wie die philosophische Vereinnahmung des Sinns ästhetischer Konstrukte zu Ende geht, genauso unangemessen wäre ein plötzlich erhobener ästhetischer Anspruch auf den wissenschaftlichen oder politischen Bereich. Konkret auf den Begriff der Utopie bezogen hieße das: Wenn der utopische Horizont dem Ästhetischen, wie wir andeuten konnten, eigentlich von jeher fremd war und nur in einer Literaturgesellschaft wichtig, deren totalitäre Strukturen kein anderes Medium der Kritik kannten, dann heißt dies nicht, daß Utopie als Regulativ praktischer Politik, als spekulatives Apriori einer zukünftigen Gesellschaftstheorie historisch verbraucht bzw. denunziert wäre.

Insofern möchte ich Richard Rortys so verführerischen Aktualisierung des ästhetischen Arguments nicht bis zu der Konsequenz folgen, daß er eine zukünftige liberale Kultur sich als eine ironisch-ästhetische vorstellen möchte, die endgültig die metaphysisch-theoretisch-historische hinter sich läßt. Die Dichotomie, die Rorty aufmacht zwischen einer ästhetischen, d. h. politisch verantwortungslosen, nämlich quasi empirischen und einer philosophisch, d. h. politisch verantwortungsvollen, nämlich letztbegründeten läßt sich kaum auf die Gesellschaft selbst übertragen, es sei denn auf Kosten eines strengen Begriffs des Ästhetischen. In der Tat zeigt Rortys Kritik etwa an Nabokovs abschätzigem Urteil über Thomas Manns Werk als einen Ideenroman (d. h. Themenkatalog statt Ausdruck), daß er an einer Differenz zwischen ästhetischer Imagination und irgendeinem wie auch immer humanistisch motivierten Thema als Theoretiker nicht interessiert ist. Warum sollte er auch? Er diskutiert letztlich nicht ein ästhetik-theoretisches, sondern ein gesellschaftspolitisches Problem. Danach erkennt er als Gesellschaftsphilosoph die Ästhetisierung von Diskursen als einen Säkularisationsprozeß des Subjekts von normativen Vorgaben: Dieser vollzöge sich nicht durch Widerlegung, sondern durch sprachliche Überbietung. So sehr das Stilargument interessant ist, so sehr hat man sich in Konsequenz unseres Interesses vor Rortys heiterer Lebenskunst und Ermahnung der Frankfurter Ethik vorzusehen: Er plädiert ja für das Ästhetische nur auf Kosten des Ästhetischen, indem er es nämlich entgrenzt! Nichts läge ihm ferner als eine emphatische Beschränkung des Ästhetischen auf seinen Kern, von dem ich hier ausgehe.

Die ästhetische Grenze so strikt zu beachten, hat indes sehr weitreichende Konsequenzen im Erklären von Kunstwerken, auch wenn sie vorerst nur als methodologische, d. h. wissenschaftsinterne erscheinen. So sind die beiden, sich großer Beliebtheit erfreuenden, unterschiedlichen »historischen« Diskurse über Kunst und Literatur zu nennen, deren Porosität letztlich auch Konsequenzen auf die Gesellschaft und ihr Denken hat:

1. Völlig irrelevant erscheinen im Lichte einer neuen Aktualität des Ästhetischen jene ideologiekritisch-historischen Verrechnungen ästhetischer Formen auf ein politisches Analogon hin, die ihren einflußreichsten Diskurs in der deutschen Literaturgeschichtsschreibung entwickelt haben, von Gervinus bis zu den aktuellen Varianten von Sozial- und Funktionsgeschichten der Literatur. Ihr offenbar gewordenes Unvermögen, eine für ästhetische Phänomene relevante Begriffsbildung zu entwickeln und

statt dessen auf einer rein inhaltlichen Ebene, oft mit Hilfe von geschichtsphilosophischen Kategorien, Themen zu paraphrasieren, die es so im jeweils anstehenden Kunstwerk gar nicht gibt, ist immerhin jetzt ruchbar geworden, obwohl man es seit den Tagen des amerikanischen New Criticism oder des russischen Formalismus hätte längst wissen können. Eine der deutschen Germanistik lieb gewordener Begriff wie »Goethezeit« muß demnach zu der präkolumbischen Phase der Forschung gerechnet werden. Ich will nicht leugnen, daß sich heftige Gegenwehr der wissenschaftlichen Kontext-Front gebildet hat, die ihre alte ideologiekritische Waffe wieder um so mehr glaubt schärfen zu können, als derjenige, dessen brillante Erkenntnis der ästhetischen Grenze in Gestalt einer konsequenten Theorie der Metapher der historisch-ideologiekritischen Vorherrschaft so viel Probleme verschaffte, der belgisch-amerikanische Literaturtheoretiker Paul de Man, zweifellos als junger Literaturkritiker nicht bloß starke Sympathien für die nationalsozialistische Ideologie offenbarte, sondern ebenso angezogen war von Werken der präfaschistisch-dekadenten französischen Literatur der dreißiger Jahre. Der Versuch der ideologiekritischen Schule, einen ursächlichen Zusammenhang zwischen de Mans früher literaturkritischen Praxis und seiner späten Theorie herzustellen, womit man in Gestalt des neben Derrida wichtigsten Ästhetikers die ganze Aktualität des Ästhetischen glaubte erledigen zu können, ja in Wiederaufnahme Lukaczscher Ideen bzw. in Mißverständnis eines berühmten Benjaminschen Satzes eine prinzipielle Affinität zur politischen Rechten anzudichten, ist als gescheitert anzusehen.

2. Betroffen von der Wahrnehmung der ästhetischen Grenze ist aber auch diejenige Deutungsschule, die sich auf ihre ästhetische Sensibilität mit Recht viel zugute hielt und zu der wohl der bedeutendere Teil der hiesigen Literaturwissenschaft gehört: die Hermeneutik. Von der ästhetischen Grenze aus betrachtet wird nämlich erkennbar, daß es ihren wichtigsten Vertretern, beginnend mit Gadamer selbst, gar nicht eigentlich um die Benennung des künstlerischen Phänomens ging, sondern ebenfalls um eine historische Erkenntnis: Die Erkenntnis von

der eigenen geschichtlichen Bewußtseinssituation gegenüber dem geschichtlichen Bewußtsein des ästhetischen Gegenstandes, der durchweg als ein historisch weit entfernter angenommen wurde. Die zentralen Kategorien der Hermeneutik, also etwa »Horizontverschmelzung«, bleiben ästhetik-theoretisch blind. Merkwürdigerweise ist dieses ästhetik-theoretische Defizit einer der Ontologie Heideggers entstammenden Hermeneutik auch von deren jüngeren Vertretern (abgesehen von Karlheinz Stierle) nicht diskutiert worden, obwohl doch gerade Heideggers Deutung der Hölderlinschen Sprache etwa Ansätze zu einer spezifisch ästhetischen Theorie der Selbstreferenz bietet, sieht man einmal von seinem ontologischen Apriori ab, das Adornos Kritik zu Recht auf sich zog.

## *III. Wie ist die Selbstreferenz des Ästhetischen zu verstehen?*

Bei der Situierung der ästhetischen Grenze bis zu diesem Punkt ist unübersehbar geworden, wie stark die philosophische bzw. historische Kategorie, in welcher Variante auch immer, auch im ästhetischen Diskurs für Sinnstiftung sorgte: Ob utopisch, ideologiekritisch oder existentialistisch – immer funktionierte diese Sinnstiftung über eine Identifikation mit Signifikaten, die den Hauch, um nicht zu sagen, den Äther des Ästhetischen, dieses Unwägbare, diffuse »Momentane«, über dessen vorbegrifflichen Charakter sich kein bedeutender Ästhetiker seit Kierkegaard im Unklaren war, hochrechneten zu einer theoretisch faßlichen Größe des sozialen Diskurses. Daß Literatur vor allem in Form von Literaturgeschichte zu betrachten, also einer äußeren und inneren Temporalisierung nach Maßgabe der historischen Zeit zu unterwerfen, so selbstverständlich erschien, ist der methodische Ausdruck dieser naiven Verrechnung. Daß sie von Gelehrten betrieben wurde, die ästhetischer Erfahrung ohnehin meist entfremdet waren, eben durch jene Signifikate des Universitätsgeistes (»Geschichte«, »Moral«, »Persönlichkeit«), kann die systematisch begründete Ursache, nämlich die Geschichte als Prima causa anzunehmen, nicht verdecken. Wenn der Blick für die ästhetische Grenze nun aber diese

Prima causa nicht mehr so selbstverständlich annimmt – und zwar innerhalb des theoretischen Denkens selbst –, dann stellt sich die dringliche Frage: Was tritt in das Vakuum ein? Das Folgeproblem eines von Philosophie (speziell Geschichtsphilosophie) entkoppelten ästhetischen Diskurses ist ja nicht so einfach mit dem aus der Systemtheorie entlehnten Begriff der »Selbstreferenz« zu lösen, wie es zunächst den Anschein hat. Denn Selbstreferenz meint zunächst nur die soziologische Erkenntnis, daß die traditionellen Geltungsansprüche des Guten, Wahren und Schönen in der Moderne entkoppelt werden: Seit der Romantik das Strukturgesetz der Entwicklung, mitnichten also ein »postmodernes« Phänomen, wie eine traditionelle Kulturkritik oder postmodernes Selbstverständnis behauptet. Was bedeutet Selbstreferenz im Ästhetischen eigentlich, wenn es nicht Beliebigkeit, Formalismus und damit schließlich Bedeutungslosigkeit implizieren soll? Wie kann ich dieser Implikation als notwendiger entkommen, ohne letztlich doch wieder auf eine Metaphysik des Ästhetischen zurückzufallen? Hier eröffnet sich für das Argument mit der ästhetischen Grenze eine gedankliche Falle, in die nicht hineinzutappen fast nur garantiert erscheint, wenn man die Definitionsansprüche sehr bedeckt hält! Ich möchte hier auch gar nicht den Versuch machen, das Vakuum wirklich zu füllen – und dies nicht bloß aus Zeitgründen –, sondern eine Bedingung für einen solchen Versuch nennen: Man wird unterhalb der von Lyotard und George Steiner gesetzten Kategorien bleiben müssen: nämlich zwischen der Skylla eines Verzichts auf jede Bedeutung und der Charybdis einer Überreferentialisierung auf höchste Bedeutung hin. Auszugehen wäre von Lyotards Ästhetik des Erhabenen, genauer seinem imponierenden Scheitern, im Begriff eines ästhetischen »Jetzt« metaphysisch-philosophische Hintergrundsannahmen zu vermeiden. Das heißt nicht, seine Beschreibung der modernen Kunst (Barnett Newman) unter der Kategorie eines »Nun ereignet es sich« als untauglich anzusehen. Daß dabei der »Instant présent«, der gegenwärtige Augenblick zwischen Vergangenheit und Zukunft als »Ekstase« der Zeitlichkeit ausgeschlossen werden soll, ist absehbar einsichtig, bleibt aber als Theorem von Selbstreferenz dennoch fragwürdig, denn irgendeine inhaltliche Bestimmung muß ja eintreten, auch wenn Lyotard als Apriori festhält, daß dieses ästhetische »Jetzt« dem Bewußtsein

»unbekannt« bliebe. Das Newmansche »Erhabene« ist eine Expression von etwas Unausdrückbarem. »Die Farbe, das Bild«, so Lyotard, sei »als Vorkommnis, als Ereignis nicht ausdrückbar«. Und davon habe die Theorie Zeugnis abzulegen: »Daß hier und jetzt das Bild ist, und nicht vielmehr nichts, das ist das Erhabene«. Es geht offenbar um den Begriff des »Ereignisses«, den Lyotard bei Heidegger vorfand. Selbstverständlich schließt Lyotard an ein Erhabenheits-Konzept an, das längst in der amerikanischen Ästhetik der klassischen Moderne diskutiert worden ist: Schon dort geht es um die Vermeidung von Repräsentation. »Der natürliche Wunsch des Menschen, in den Künsten seine Beziehung zum Absoluten auszudrücken, wurde mit dem Absolutismus perfekter Schöpfung identifiziert und verwechselt mit dem Qualitätsfetisch.« So Baruch Newman über das Kardinalproblem, einerseits keine inhaltlichen Identifikationsangebote zu machen, andererseits den Begriff des »Absoluten« doch zu verwenden. Seine Kritik galt Mondrian als Klassizisten, galt dem Primat der Geometrie, galt, mit anderen Worten, jedem Totalitätsanspruch. Das war eine sozusagen romantische Kritik, ähnlich wie Yves Kleins Kritik an der Linie, seinem Eintreten für die Farbe im Sinne einer konkreten Erfahrung des Unendlichen, nicht seiner Repräsentation wie bei Malevitsch, »die Seelen empfinden, ohne zu erklären«. Wir sehen: Lyotards Ereigniskategorie als das sinnliche »Now« innerhalb des Zerfalls der großen repräsentativen Malerei bewegt sich im Innern des Sturms namens Avantgarde. Er gewinnt dabei nur Millimeter an ästhetischer Kernenergie, um gleich wieder vom Verlust bedroht zu werden, weil seine begrifflichen Umschreibungen transzendente Intentionalität nicht vermeiden kann. Denn sie enthalten eine rigide Absolutheit (»Was Denken genannt wird, ist zu entwaffnen«), die eigentlich zu vermeiden wäre. Wie wir sehen werden, gibt sie dem romantischen »Unbestimmten«, das die zitierten amerikanischen Theorien der Avantgarde charakterisierten, ein Surplus, in dem das Metaphysische in einer Form wieder auftaucht, das schon abgearbeitet schien.

Es ist zunächst festzuhalten, daß hier ein der systematischen Ästhetik seit spätestens Nietzsche wichtig gewordener Momentanismus des Unbewußten neu gedacht wird. Schon bei Nietzsche könnte man die »Plötzlichkeit« des dionysischen Augenblicks (»Ereignisses«) entweder selbstreferentiell als begriffloses Innewerden eines Übermächtigen sozusagen ästhetisch begrenzen oder aber diesen Augenblick zurücklesen auf den metaphysischen Begriff eines »Urschmerzes«, der hier nicht bloß als subjektiver Modus des Wahrnehmenden, sondern als objektive Seinsstruktur gespiegelt wird. Dieser Hinweis soll genügen, inwiefern sich Lyotard an dem kardinalen Problem einer Ästhetik der Grenze abmüht, das der französischen Theorie viel selbstverständlicher war, weil hier seit Mallarmé, seit dem Surrealismus, von dem gerade die zeitgenössische Pariser Kunsttheorie eminent beeinflußt worden ist, was in der deutsch-französischen Begriffsschieberei über »Nichthintergehbarkeit des Subjekts« oder »performativen Widerspruch« völlig unbeachtet blieb, weil diese historische Erbschaft der französischen Kunsttheorie schon längst die ästhetische Selbstreferenz thematisiert hat, bevor hierzulande als einziger Th. W. Adorno, am Ende jedenfalls, in seinem »Epiphanie«-Begriff in diese Richtung dachte. Ein Satz aus Bretons erstem »Manifest des Surrealismus« hat die Problematik, um die hier alles kreist, schon ganz selbstverständlich, sozusagen umgangssprachlich beschrieben: »Kaum wagt er es, sich auszudrücken, und wenn er es tut, dann beschränkt er sich auf die Feststellung, daß jene Idee, jene Frau Eindruck auf ihn macht. Aber er wäre keineswegs fähig zu sagen, welchen Eindruck: er beweist hier den Grund seiner Subjektivität, weiter nichts. Jene Idee, jene Frau berührt ihn, bestimmt ihn, weniger starr zu sein. Für einen Augenblick bewirkt sie, daß er, von seiner Auflösung getrennt, sich als schöner Niederschlag, der er sein kann, der er ist, im Himmel absetzt. Weil er keine Erklärung weiß, beschwört er dann den Zufall ...« Auch wenn Breton hier den surrealistischen Typus des nie ganz Wach-Seins, die kaum merkbare Transgression des Realitätsbewußtseins im Traum fassen will und nicht über die ästhetische Grenze nachdenkt, wird der unterirdische Zusammenhang dieser spezifischen literarischen Bewegung und einer aktuellen Theorie der ästhetischen Grenze deutlich. Der ästhetische Ansatz der modernen Theorie verdankt sich also letztlich immer einer Reflexion der modernen Literatur selbst, und dies ist wohl eine Bedingung für seine fruchtbare Weiterentfaltung.

Von daher wird nun auch deutlich, warum George Steiners Polemik gegen die Ästhetik der Selbstreferenz, sozusagen der Gegenpol von Lyotards Erhabenheits-Theorie, nicht weiterführt: Indem er eine Identifikation des ästhetischen Phänomens mit der obersten Referenz, nämlich Gott, dagegen hält, verliert er die gerade notwendige, längst gewonnene Spannung zwischen Referenz und Nichtreferenz! Es geht zweifellos um eine Präsenz. Aber wessen? Indem Steiner diese »Präsenz« mit der Gegenwart Gottes umschreibt, verfällt sein in seiner Emphatik der ästhetischen Rede eindrucksvoller Zwischenruf jedoch einem Fundamentalismus, der sich bloß als Angriff gegen dekonstruktionistische Relativierungen beglaubigen kann, also erkennbar an einem Datum vor Mallarmé, festzumachen gezwungen ist. Ich möchte ihm dies konsequenterweise nicht, wie das die meisten seiner Kritiker tun, als Rückfall in ein unhistorisches Ursprungsdenken vorhalten, was ja letztlich wieder auf ein ideologiekritisches Verbotsdenken hinausliefe: Vielmehr ist es der Verlust an »Vagheit«, der Zuordnung von ästhetischem Phänomen und Begriff, von dem wir zu Eingang als notwendige Erkenntnis ausgingen, der ihm vorzuhalten ist. »Vagheit« ist gewiß ein irreführender Begriff und bedarf deshalb einer Erläuterung. Er wurde erstmalig als Stilkonzeption von Delacroix genannt und war als solcher eine romantische Qualität. Systematisch von Belang im Sinne einer ästhetiktheoretischen Formel kann man dieses »Vage« bei Kierkegaard als Stimmungsqualität festmachen. Sie bedeutete bei diesem zwar ein Existential, ist aber leicht in ihr ästhetisches, ja bei exaktem Bestimmungsehrgeiz, ihr metaphorisch-grammatisches Äquivalent umzuverwandeln. Vagheit heißt – so können wir uns der Bedeutung des Begriffs vergewissern –, das enigmatische Surplus des ästhetischen Eindrucks, das sich nicht mit einem Signifikat identifizieren läßt. Wo immer substantiell und nicht ideologisch oder historisch über das Ästhetische nachgedacht wurde, wurde an einer Formel gearbeitet, die in diese Richtung lief: Friedrich Schlegel gewann so dem idealistischen Begriff des »Unendlichen«, der auf ein ideologisch-moralisches Signifikat hinauslief, eine spezifische Entleerung ab. Robert Musil konfrontierte das spezifisch Poetische gegenüber den »Ideen« als »Halb- und Viertelstöne«, als ein sozusagen »Ungefähr« eines fast noch vorsprachlichen Bewußtseins, deren Opposition zum konventionellen Diskurs vergleichbar ist mit der Differenz, die Julia Kristeva in den Begriffen des »Symbolischen« und des »Semiotischen« faßt, wobei Musil – und das ist ein Vorteil gegenüber Kristeva – keine psychoanalytisch-anthropologischen Ableitungen kennt. Er ist ein Vordenker des reinen begrifflosen »Hauchs« des Ästhetischen, um das es einer Theorie der ästhetischen Grenze heute gehen muß. Steiner verliert mit seiner Metaphysik des Ästhetischen also die ganze Souveränität jener ästhetischen Spekulation, die sich mit Begriffen wie sie Kierkegaard, Musil und als deren Erbe auch Adorno im Anschluß an Friedrich Schlegels Kritik des teleologischen Unendlichkeitsbegriffs des Idealismus erfanden. George Steiner wäre besser gefahren, wenn er den Begriff des »Präsens« nicht metaphysisch, sondern rhetorisch-grammatisch auf seine schiere Zeitansage hin thematisiert hätte: als kontemplativen Modus eines Sprechens, das von intentionalen Bewußtseins- und Willensakten weit entfernt ist. Daraus ließe sich eine begrifflich erkennbare Umschreibung jenes »Rätselhaften« gewinnen, die für eine Sinnstrukturierung des Ästhetischen ausreicht, die ihre Beliebigkeitskonsequenz aus der Formel Selbstreferenz ausschlössen.

Wir erinnern uns, daß die Theoretiker unter den Künstlern der Moderne ganz selbstverständlich solche Sinnangebote unter Letztbegründung gemacht haben. Die Surrealisten sprachen in Fortsetzung des romantischen Begriffs vom Wunder, bei dem Walter Benjamin freilich eine materialistische Fundierung einklagte. De Chirico hielt sogar im Anschluß an Schopenhauer und Nietzsche die Formel von einer »metaphysischen Kunst« bereit, das heißt aber einer Kunst des »Nicht-Sinns«, einer Kunst von Philosophen, »welche die Philosophie überwunden haben«, der Entdeckung einer »erschreckenden Leere«, die »dieselbe unsinnige und gelassene Schönheit« hat »wie die Materie«. De Chiricos Begriff einer »metaphysischen Kunst« ist eine moderne Aktualisierung jenes leeren »Unendlichkeits«-Begriffs Schlegels und Baudelaires, den wir als eine Urformel der ästhetischen Grenze genannt haben. Tapies schließlich nannte sogar Begriffe wie »Transzendenz«, das »Elementare«, »Magie« und »Kontemplation«, ohne darin eine Gefahr der sozialen Funktion der modernen Kunst zu erblicken, auf der er bekanntlich bestand. Auch Tapies erkannte in der Kunst eine transzendente Qualität, aber er gab ihr eben nicht den falschen Namen, sondern einen solchen voller Ambiguität, ebenso wie De Chirico.

Wir können die Summe hieraus ziehen. Das alles ist denkbar in einer undogmatischen Ästhetik der Grenze, die angesichts ihrer derzeitigen gesellschaftlichen Funktionalisierung sich von zitierten ästhetischen Positionen einer noch nicht hedonistisch entleerten Moderne leiten läßt im Sinne des Satzes von Jochen Gerz: »Einmal angenommen, die Kunst hätte keinen Grund, sie hätte nur ihre eigene Grundlosigkeit, würde das heißen, daß sie zu nichts dient? Ich glaube jedenfalls, daß sie nur in ihrer radikalen Grundlosigkeit Kunst sein und als Kunst dienen kann.« Diese Bestimmung entstammt einem Gespräch mit dem aufschlußreichen Titel »Die künstlerische Produktion von Bildern in einer Gesellschaft des Spektakels«, einem Gespräch, das den derzeit vielleicht erläuterndsten Kommentar eines Künstlers zu einer Ästhetik der Grenze liefert. So zeigt sich, daß sich eine zukünftige Theorie der ästhetischen Grenze nur innerhalb durch Lyotard einerseits und durch Steiner andererseits gesetzten Kategorien denken läßt. Die zitierten Bemerkungen von Künstlern belegen nämlich dokumentarisch, inwiefern die Kategorien einer solchen Grenzziehung zwar substantielle Angaben enthalten müssen, die ja Lyotard selbst schon am Ende vorschlägt, die aber nicht in Lyotards Ethik, geschweige in Steiners ästhetischer Ontologie aufgehen dürfen.

Es gibt zwei prinzipielle Einwände gegen die hier eingezeichneten Grenzen des Ästhetischen: einen praktischen und einen theoretischen Einwand. Der praktische, mit dem ich mich nicht zu beschäftigen habe, heißt: Kunst im emphatischen Sinne, die ich hier zur Voraussetzung machte, geht zu Ende. Das wird von einer ernst zu nehmenden Medientheorie, das heißt Theorie der sich verändernden ästhetischen Zeichen in bezug auf das, was sie bezeichnen, vorausgesagt: Indem das alte Buchstabenzeichen verschwände, verschwände auch jener Prozeß der Imagination, der dadurch entsteht, daß etwas Abwesendes repräsentiert wird. Dies ist als ein klassisches Überbietungsargument in unserem Rahmen irrelevant, da es von Bedingungen ausgeht, die in unserem Fall nicht enthalten sind. Im übrigen schätze ich diese Art Hochrechnungen als eine Form neuer Apokalytik ein, die sich den Platz der von der Ästhetik vertriebenen Geschichtsphilosophie erschlichen hat. Der theoretische Einwand hingegen, der als internes Argument auftritt und deshalb ernster zu nehmen ist, stammt von Jacques Derrida und heißt verkürzt: Wenn eine radikale Ästhetik (wogegen er nichts hat) das Ästhetische als ein von allen anderen Diskursen als absolut

Unterschiedliches ansetzt, dann verlöre sie ihre Souveränität (im Batailleschen Sinne), wenn sie das mit dem Zugeständnis einer Grenzziehung erkaufte, nämlich keinen Anspruch auf den generellen Diskurs zu erheben, wie ich das in der Tat vorschlug: Die Grenze des Ästhetischen zu behaupten, wäre Verzicht auf ihre Subversivität. Ohne auf die sprachphilosophische Begründung, speziell Derridas Kritik an Austin einzugehen, also ohne zu prüfen, inwiefern Derridas Entgrenzungsstrategie im Sinne seiner Text-Theorie funktioniert, möchte ich den Vorwurf des Subversionsverzichts mit einem Gedanken entkräften, der die ästhetische Grenze abschließend perspektiviert: Das Ästhetische als autonomen Kern zu beanspruchen, ist nicht – wie Derrida behauptet – Teil der Absprache einer Gewaltenteilung mit dem Nichtästhetischen, sozusagen eine seine Strahlkraft verharmlosende Funktionalisierung innerhalb der ausdifferenzierten parallel gehaltenen Geltungsansprüche. Die Grenzziehung ist notwendig, weil sonst die erwähnten banalisierenden Mißverständnisse des Ästhetischen als das Hedonistische oder das Humane oder das Soziale auftreten. Je reiner der ästhetische Kern erhalten ist, um so größer die Strahlkraft nach außen: Diese geschieht allerdings nicht als sozialkritische Korrektur des generellen Diskurses, sondern vielmehr als dessen Irritation. Ich nehme diesen Begriff nicht wohlfeil in Anspruch, sondern buchstäblich: Die Irritation des Diskurses vollzieht sich nämlich als Subversion der Gültigkeit seiner normativen Begriffe. Gerade weil der generelle Diskurs selbst (entgegen Derridas Theorie) keine ästhetischen Elemente besitzt – sofern er solche besitzt, verändert er sich nach Maßgabe der Komplexität solcher Elemente sofort zur poetischen Rede –, weil also der Diskurs a-ästhetisch ist, kann die ästhetische Subjektivität subversiv auf ihn zurückwirken. Als Muster solcher Subversion a-ästhetischer durch ästhetische Rede folgendes aktuelles Beispiel:

Historiker jeder Couleur nehmen zur Zeit den Mund voll mit erhabenen Zuweisungen, was die Geschichtswissenschaft soll, Zuweisungen vom Typus »Die Geschichte hat wieder begonnen« oder »Das öffentliche Bewußtsein wird abhängen von einer richtig verstandenen Zeitgeschichtsforschung« oder »Die Geschichte ist zu Ende«. Solche Sätze hätten mit ihren Begriffen und Metaphern eine gewisse Chance, wegen ihres Pathos davonzukommen, gäbe es nicht einen ästhetischen Diskurs. Vor diesem ästhetischen Diskurs werden jedoch jene Metaphern der historischen Rede objektiv entlarvt: nämlich als Frühstücksdirektoren-Deutsch, auch wenn sie sich Hegelscher Ordnungs- und Verantwortungsbegriffe, wie sie es noch immer gerne tun, bedienen. Sie werden objektiv entlarvt, da es nicht Frage des Geschmacks von wieviel Entlarvern bzw. Einsichtsfähigkeit von soviel Entlarvten ist, daß dies geschieht. Es genügt eine einzig erhalten gebliebene ästhetische Rede: etwa Virginia Woolfs Thematisierung dieses Problems in »Mrs. Dalloway«. Indem die Vergleichbarkeit von ästhetischer und nichtästhetischer Rede hergestellt ist, ist die subversive Qualität des Ästhetischen gesichert. Die Aktualität dieser Subversion liegt also – gemessen an unserem Beispiel –, daß sie als semantische Entlarvung, also Depotenzierung der offiziellen Symbolsprache – in ganz anderer Weise wirkt als früher: Denn früher ging man gerade von einer inneren Analogie von, sagen wir, Poesie und Wissenschaft aus. Die Dekonstruktion des geschichtsphilosophisch-politisch-ethischen Diskurses durch die imaginative Metapher hat das bewerkstelligt, ohne daß sie etwa in dieser Leistung funktional aufgehe – so als ob sie erst von einer quasi sozialen Wirkung ihre Existenzberechtigung bezöge. Ohne aber, daß der teleologisch-geschichtsphilosophische Diskurs verunmöglicht wäre. Nur wird sich die Sprache zukünftiger Geschichtsperspektivierung vor den Sprachhülsen eines ewigen »Idealismus« hüten müssen, will sie wieder an Autorität gewinnen. Das ist sicherlich keine vordergründige modische Erscheinung, sondern ein Veränderungsschub im Zivilisationsprozeß, wie ihn Richard Rorty sich wünscht. Das heißt aber nicht, daß der Diskurs selbst ästhetisch würde. Es heißt wohl, daß er fortan vor einer erkennbareren Opposition, den Grenzen des Ästhetischen, verläuft.

# LEBENSWELT UND POLITIK

Thomas Ziehe

# Vom Lebenstandard zum Lebensstil

## *Über Hollywoodschaukel, Plattenspieler und Hochbett zu Designer-Jeans*

In der Formulierung des Kongreß-Titels – »Die Aktualität des Ästhetischen« – treffen sich zwei unterschiedliche Postulate: ein deskriptives Postulat, daß Ästhetisierungen gegenwärtig vermehrte Aufmerksamkeit erführen, und ein normatives Postulat, daß diese Aufmerksamkeit auch verdient sei. Ich möchte im folgenden einige Anzeichen referieren, die dafür sprechen, daß es solche Verlagerungstendenzen faktisch gibt. Und ich möchte, wenn auch in aller Vorsicht, solche Tendenzen gegen überzogene Angriffe verteidigen.

›Lebensstile‹ verstehe ich nicht im Sinne der Lyfe Style-Magazine, also nicht vornehmlich als zurschaugestellte Konsumstile. Ich verstehe sie aber auch nicht lebensphilosophisch überhöht als Ausdruck der je individuellen Unverwechselbarkeit. Vielmehr meint der Begriff, kultursoziologisch gesehen, *Lebensweisen von Gruppen.* Lebensstile sind also kein ›Bereich‹, sondern eine *Dimension* einer Lebensform.

Lebensstile verweisen auf gemeinsame Geschmacksausrichtungen und Bedeutungsauslegungen; sie zeigen eine gewisse gruppenspezifische Prägnanz des Zeichengebrauchs. Auf diese Weise entstehen und reproduzieren sich gegenständliche Symbolwelten sowie Wahrnehmungs- und Handlungsstile. Lebensstile konstituieren somit (neue) ›Milieus‹. Die dem Milieu entsprechenden Bedeutungen werden zu Kennmarken, die eine Selbstzuordnung des einzelnen erlauben – kognitiv, symbolisch und affektiv.

Soziales Handeln besteht immer auch in symbolischen Praktiken; und diese symbolischen Praktiken haben ganz unvermeidlich immer auch einen Darstellungsanteil. Dies ist historisch nicht neu. Neu, oder zumindest neuer, scheint zu sein: – daß eine Lebensstil-*Wahl* aufgrund (oder zumindest unter Beteiligung) eigener kultureller *Selbst*zuordnungen erfolgt – das wäre ein Durchbrechen milieu-ständischer Grenzen; – daß sie subjektiv gewichtiger geworden ist – das wäre eine Verschiebung innerhalb des subjektiven Erwartungshorizontes; – und daß sie gestützt wird durch übersituative Sinn-Strukturen bzw. kulturelle Semantiken – das wäre eine Verschiebung innerhalb der Normalitätsdefinitionen.

Ich werde versuchen, einen Mentalitätswandel von den 50er bis zu den 80er Jahren schrittweise nachzuskizzieren.[1] Diesen Wandel fasse ich als eine zunehmende Orientierung an Lebensstil-Fragen.

## *Lebensstandard: Signatur der 50er Jahre*

Meine Ausführungen haben den Titel ›Vom Lebensstandard zum Lebensstil‹ – das heißt, es geht zunächst einmal um die Vorgeschichte der eben angesprochenen Entwicklungstendenz. Dies führt uns in die 50er Jahre: die Periode, in der Konsum-Träume, die bislang als unerreichbar und unerwartbar galten, für einen großen Bevölkerungsanteil zum ersten Mal ›wahr‹ wurden. Selbstverständlich konnte für die meisten Menschen von Wohlstand (und sei es bescheidenem) noch nicht die Rede sein, aber ›Lebensstandard‹ wurde Teil des typischen Erwartungshorizonts.[2]

Die Konjunktur der 50er Jahre kam unerwartet. Es gab im Grunde noch keine lebenspraktischen Erfahrungen im Umgang mit den nun möglich werdenden Neuerungen. Das Bild der ›Wellen‹ kam auf: die Freßwelle, die Reisewelle, die Autowelle lösten

---

[1] Meine Ausführungen erheben somit nicht den Anspruch, die unmittelbare Gegenwart mitdiagnostizieren zu wollen.

[2] Bereits Mitte der 50er Jahre war das Konsumniveau der Vorkriegszeit erreicht (wobei Flüchtlinge, Ausgebombte und Rentner hiervon noch ausgeschlossen blieben).

Das, was dann das »Wirtschaftswunder« hieß, hatte im übrigen einen kurzfristigen Vorläufer durch die nationalsozialistischen Konjunkturversprechen Ende der 30er Jahre gehabt. Bereits damals war die Rede vom ›Wirtschaftswunder‹ aufgekommen. »Volksempfänger« und KdF-Reisen waren Wirklichkeit gewesen, Sparfinanzierungen für eine eigene »Heimstätte« und einen Volks-Wagen waren – wie wir wissen, vergeblich – angelaufen.

einander ab, rissen die Menschen mit, schlugen atemberaubend über sie hinweg.

Der Faszinationsgehalt dieser diversen ›Wellen‹, in denen immer neue Konsumterrains erobert wurden, war enorm und beschäftigte die individuelle wie die kollektive Phantasie. Es mischten sich alte Sehnsuchts-Motive nach dem ›guten Leben‹ in sicherer Behaglichkeit mit den Reizen des noch Unbekannten (dem später formulierten »Duft der großen weiten Welt«). Und viele der aufscheinenden Möglichkeiten – vom Essen und Trinken bis zur Vespa, vom Auto bis zum Italienurlaub, vom Kühlschrank bis zum Fernseher – hatten die umwerfende und unvergeßliche pubertäre Reizqualität des ›ersten Mal‹.[3] Das Konsumpublikum durfte regredieren: es staunte, gaffte, konnte es nicht fassen.[4]

Eine Gesellschaft erlebt kollektiv immer neue Gefühle des »zum ersten Mal«. Die Wahrnehmungs- und Erlebnisintensität, mit der das Neue bestaunt wird, macht alle gleich unerfahren und gleich unschuldig. In der Kino-Werbung zeigt sich diese Konstellation am deutlichsten. Die Trickfilme verkindlichen die Zuschauer in einem Maße, als würde einer unwissend staunenden Schulklasse von einer Wunderwelt erzählt. Die Tonlage des Sprechers changiert zwischen Märchenonkel und Volkspädagoge.[5]

Auf der anderen Seite bestanden erhebliche kognitive und affektive Vorbehalte gegen Konsum und gegen alltagsästhetischen Genuß. In der Arbeiterschicht und der Landbevölkerung war die Unterscheidung von Alltag und Fest tief verankert, einhergehend mit einer Mißbilligung gegenüber jeglicher ›Verschwendung‹.

---

[3] Vgl. N. Jungwirth, G. Kromschröder, *Die Pubertät der Republik*, Frankfurt a.M. 1978. Der Buchtitel »Pubertät der Republik« bezeichnet deshalb auch eine wichtige mentalitätsgeschichtliche Dimension dieser Zeit – der Rausch des Ausprobierens hatte Züge einer nachgeholten Pubertät.

[4] G. Schulze, *Die Erlebnisgesellschaft*, Frankfurt a.M. 1992, S. 53, spricht von einer (noch) »unverbrauchten ästhetischen Energie«.

[5] Vgl. die Montage aus Streifen der Kinowerbung der 50er Jahre, die unter dem Titel »Rendevouz unterm Nierentisch« während der 80er Jahre in die Kinos kam.

Natürlich will ich keineswegs behaupten, eine ganze Generation sei Opfer von Naivität gewesen; sondern ich spreche lediglich von dieser einen spezifischen Rollendimension als Konsument.

Im Bürgertum richtete sich die Konsum-Verachtung gegen dessen ›Äußerlichkeit‹ und beschwor den Gegenbegriff einer auf ›inneren‹ Reichtum ausgerichteten Hoch-Kultur. In diesem Impuls hatten sich, wenn ich das einmal so salopp formulieren darf, die bürgerlich-traditionelle »Volksmusik-Fraktion« und die lebensreformerisch-biedere »Kleppermantel-Fraktion« zusammengeschlossen, um ›die Kultur‹ zu verteidigen. In der bürgerlichen Mittelschicht wurzelte eine antikonsumistische Haltung in der Tradition von Protestantismus und Idealismus, d.h. in der Mißbilligung der zu hohen Beachtung von Äußerlichkeiten. Ein Kampfbegriff vom Abendland setzte Kultur gegen Zivilisation, inneren Reichtum gegen äußere Lebenserleichterung in einen schroffen Gegensatz. So schlossen sich Kultur und Konsum ›wesensmäßig‹ aus. Genuß war nur hochkulturell oder asketisch zugelassen. Die kulturkritische Klage war alltägliches Abgrenzungsritual gegen das so konformistische ›Lieschen Müller‹. Und ins Fußballstadion ging man allenfalls aus einem Meta-Interesse heraus, nämlich um einmal selbst »die Masse« aus der Nähe studieren zu können.

Dieser mentalen Traditionslinie entsprach oft auch ein antiwestliches Ressentiment bzw. ein kultureller Antiamerikanismus. Materialismus und Kulturlosigkeit, Vermassung und Verwilderung der Sitten wurden gefürchtet. Und in der Tiefenschicht wirkte auch eine Abwehrhaltung gegen Exporte der ›Neger‹-Kultur. Es gab in dieser Sicht nicht nur eine Gefahr aus dem Osten, sondern ausdrücklich auch eine aus dem Westen.[6]

Zu diesen Vorbehalten gegen Konsum kommen andere Vorbehalte gegen Ästhetisierungen hinzu. Die Dimension des Alltagsästhetischen, der Gestaltung von Wohnen und Kleidung, des Eßgenusses u.v.m. wird rundheraus für weibliche Kompetenz und Aufmerksamkeit reserviert. Ästhetisierung wird durch diese geschlechtsstereotype Zuordnung glatt halbiert. ›Lebensstil‹ ist hier etwas Weibliches. Soweit die Öffentlichkeit männerdominiert ist, wird sie

[6] Vor solch einem Hintergrund äußert denn ein Kulturkritiker vor Jugendfunktionären im Jahre 1954 auch recht dezidiert: »Meiner Ansicht nach ist die Gefahr aus dem Westen größer als die aus dem Osten.« Zit. n. K. Maase, *BRAVO Amerika. Erkundungen zur Jugendkultur der Bundesrepublik in den fünfziger Jahren,* Hamburg 1992, S. 269.

kaum für Ästhetisierungen geöffnet (mit der Ausnahme der zackigen oder technoiden Varianten männerbündlerischer Ästhetik).[7]

Und das Ästhetische wird rasch mit Übersteigerung, Dekadenz und gefährdender Haltlosigkeit konnotiert. Alltagsästhetik bekommt als Gegenkraft vorwiegend eine hygienische und Ordnungsfunktion: Die Konnotation ist eng geschnürt: Aussehen – Ordnung – Anstand – moralische Sauberkeit. Moral und Ästhetik sind fast ein identisches Bedeutungsfeld.[8]

Die Verhaltensratschläge der Werbung zielen denn auch immer wieder auf die fast schon obsessive Angst, Schuppen zu haben – »Schuppen stoßen ab« –, durch Achselschweiß aufzufallen oder sich durch Mundgeruch zu isolieren. Die Oberfläche dieser Botschaften zielt nachvollziehbar auf eine Verbesserung der damals durchaus nicht umwerfenden Körperhygiene; die Tiefenbotschaft indessen ist es, um keinen Preis mehr negativ auffallen zu dürfen.[9]

Diese Konstellation erzeugt also hochgradige Ambivalenzen. Der Faszinationskraft der neuen Konsummöglichkeiten stehen tief verankerte Verhaltens- und Bewertungsmuster entgegen, die den unzensierten Genuß sofort wieder verstellen. Die Konsumangebote haben noch nicht den Charakter frei flottierender Zeichen, sondern sind zunächst noch innerhalb sozialer Hierarchien lokalisier-

---

[7] Männer haben, wie es heißt, »keinen Blick für so etwas«. (Das kann man dann in unzähligen Filmen sehen, in denen Junggesellen aus alltagspraktischer Hilflosigkeit solange verkommen, bis sie endlich eine Frau an ihrer Seite haben, die »erst einmal alles aufräumt«.) Die negative Bewertung der Weiblichkeit ist in dieser Konstruktion allerdings auch impliziert, Frauen »sind« habsüchtig und eitel.

[8] Ein letzter Rest dieser Konnotation erhielt sich bis in die jüngste Zeit: Krankheit, Gesundheitsvorsorge, karitative Arbeit durfte nichts Ästhetisches haben, das wäre frivol. Geistig behinderte Kinder erhalten einen Gefängnishaarschnitt, Geschäfte für Sanitätsbedarf strahlen Penetranz aus und sog. Krankenkassenbrillen entstellen das Gesicht geradezu. – Die einzige Abweichung von der Ordnungsästhetik wird einer idealisierten Vorstellung von Künstlermilieu zugebilligt; aber dort ist man ja auch ausschweifig, morphinsüchtig und potentiell homosexuell.

[9] Vgl. Th. Ziehe, *Zeitvergleiche. Jugend in kulturellen Modernisierungen*, Weinheim, München 1991, S. 17. Ebenso Jungwirth, Kromschröder, *Die Pubertät der Republik*, a.a.O., S. 6.

bar. Sie haben noch eine festgelegte soziale Signifikanz.[10] Die neuen Anschaffungen waren zudem teuer erkauft und hart erarbeitet.[11] Der sichtbare Lebensstandard-Zuwachs ist sofort begleitet von Zweifeln, ob man sich all dies leisten kann, ob die Umwelt es als verdient empfindet, ob nicht gar Verlust droht: Viele Anschaffungen müssen erst einmal langfristig abbezahlt sein. Ein Auto, das defekt ist, kann eine veritable Familientragödie darstellen.

Die Konsummöglichkeiten rufen Faszination hervor – und zugleich die Angst, in einen ordnungsauflösenden Strudel hineinzugeraten.

Alle spürbaren Erhöhungen des Lebensstandards, all die ›Wellen‹ der sich steigernden Konsumaufmerksamkeiten stehen also unter dem Vorbehalt einer mentalitätsgeschichtlich tradierten – und sicherlich schichtenmäßig differenzierten – Überich-Billigung. Lebensstandard drückt sich zunehmend im Konsum aus; aber der Konsum soll sich auf angemessene Dinge richten, die man sich verdient hat, die praktisch sind oder werthaltig und geistig.[12] Die ungewohnt-neuen Möglichkeiten des Konsums werden also durch die tradierten Wahrnehmungs- und Verhaltensmustern restringiert, die der Erwachsenengeneration der 50er Jahre kulturell und biografisch zunächst noch selbstverständlich und fraglos gegeben waren. Es sind Muster, die tief mit geschichtlichen Erfahrungen von Knappheit und existentieller Bedrohung getränkt sind, aber auch mit Ängsten, Phantasmen und Verboten aus dem Kontext eines autoritären Rigorismus.

Wunschintensität und Angst lagen also nahe beieinander. Vielleicht drückt sich diese Ambivalenz besonders kraß in einem Objekt aus, das nachgerade zum Symbol der Zeit wurde – nämlich in der Hollywoodschaukel. Diese heute doch recht harmlos wirkende Sitz- oder Liegevorrichtung war der Inbegriff des lasziven Luxus,

---

[10] Vgl. Schulze, *Die Erlebnisgesellschaft*, a.a.O., S. 532.

[11] Eine Musiktruhe kostete den Betrag von mehreren Monatgehältern. Bei den »Anschaffungen« mit den anderen prosperierenden Haushalten mithalten zu können, erforderte eiserne Sparsamkeit und Überstunden, also gerade selektiven Genuß- und Konsumverzicht.

[12] Das heißt, der Genußkonsum bleibt moralisch oder pädagogisch kodiert. Auch dem Kinofilm ist wenigstens ein »Kulturfilm« vorgeschaltet.

demonstrativen Nichtstuns, ja irgendwie frivoler Genußsteigerung. So ein Gerät lag für die meisten außerhalb eines realistischen Konsumhorizontes. Es war ein auratisches Symbol, eher bekannt aus Illustrierten. Wenn es jemand doch einmal angeschafft hatte, so erging sich zwar alles in vergnügter Bewunderung, aber es gehörte genauso dazu, und dies ist die andere Seite der Ambivalenz, daß man sich nicht hineingetraute, daß man Angst äußerte, schwindelig zu werden oder gar hintenüber zu fallen. Genußwunsch und Angst vor der angebotenen Schwerelosigkeit, beides liegt hier exemplarisch nahe beieinander.

Für die – vor dem Hintergrund des alltäglichen Elendshorizonts der Nachkriegszeit – geradezu frappanten neuen Lebensstandard-Möglichkeiten stand eine Mentalität, Lebensstile zu gestalten, noch nicht bereit. Man ›hatte‹ endlich allerhand, aber es war gar nicht leicht, ›etwas daraus zu machen‹.

Weiter unten werde ich drei Komponenten einer Lebensstil-Orientierung explizieren, wie sie sich nach und nach herauskristallisieren sollten, und zwar Subjektivierung, Stilisierung und Reflexivwerden. Diese Vermögen sind in den 50er Jahren durch affektive und kognitive Barrieren weitgehend noch verstellt und noch nicht Teil eines allgemeinen Normalitätshorizonts. Aber sie sind eigentümlicherweise als ins Gegenteil verkehrte Dispositionen schon ›hinterrücks‹ wirksam: Statt einer Subjektivierung gibt es ein Übergewicht von subjektiven Angstphantasien, statt einer Stilisierung eine Überdeterminierung von stilisierter Ordnung und Sauberkeit und statt eines Reflexivwerdens eine negative Überhöhung des mißbilligenden Blicks der anderen.[13]

Ein Teil der beschriebenen Ambivalenz wurde auf ›die Jugend‹ abgeladen. Das Generationsverhältnis war jugendschützerisch bis zur Jugendfeindschaft. Jugendliche waren eingesperrt in eine Frische-Luft-Semantik, die kaltes Duschen und freie Stirn vorschrieb. Die ersten Anzeichen, dies nicht mehr ungefragt mitmachen zu wollen, trafen denn auch auf extreme Alarmierungsbereitschaft,

---

[13] Wie weit diese Phantasie ging, mag ein damals verbreiteter Ratschlag an Jugendliche illustrieren: »Zieh' dir saubere Wäsche an; stell dir vor, du hast einen Unfall, kommst ins Krankenhaus, und man sieht, daß du keine saubere Unterwäsche anhast!«

die auf eine symbolische Überdeterminierung von Jugend / Unterordnung / Sexualität verweist. Der Hygiene-Kode war schnell zur Hand – nur eine einzige Übertretung, und die Tochter war in Gefahr, »in der Gosse zu enden« ...

## *Lebensstil-Öffnung I: Das symbolische Feld Rock'n'Roll*

Es gab in der nachfolgenden westdeutschen Kulturentwicklung selbstverständlich die unterschiedlichsten innovativen Impulse; ich beschränke mich aber darauf, hier nur ein prägnantes Phänomen auszuwählen, nämlich die exzentrischen, aber auch die alltäglich-kleinen Formen eines neuen Stils der Jugendlichen. ›Etwas zu machen‹ aus dem neuen Lebensstandard wird der neue Impuls der Jugendlichen sein.

Ab Mitte der 50er Jahre[14] gewinnt ein ganzes symbolisches Feld eminente Identitäts- und Provokationsbedeutung: der weltweite Schock des Rock'n'Roll. Die Angst vor dem ›Schaukeln‹ wird plötzlich von vielen Jüngeren nicht mehr geteilt. Musik, Kleidung, Frisur, Körpersprache und Gruppenstile wurden zu symbolisch hochbesetzten Kampffelder. Entenschwanz-Haare und Ausgehzeiten, Hände in der Hosentasche und Musiklautstärke, Lippenstift und enge Pullover, scharfe Schuhspitzen und Hüftbeweglichkeit – all dies bekommt enorme Bedeutsamkeit. Accessoires und Verhaltensstile werden in hochsignifikante Zeichen verwandelt. Die Alltagskultur der Jugendlichen wird semiotisiert, ja es kommt geradezu zu einem semiotischen Krieg mit den Erwachsenen.

---

[14] Und genau an diesem Punkt wird die Generationsfrage virulent. Bis dahin wich in Umfragen die Jugendgeneration in ihren Einstellungs- und Geschmacksmustern von den Erwachsenen nicht nennenswert ab. Vgl. Maase, *BRAVO Amerika,* a.a.O. S. 98.

Die Hygiene-Kodierung wurde auch verulkt: Man ging sozusagen wortwörtlich in die Gosse. Zu Vatertag 1956 passierte in Hannover folgendes: Eine größere Anzahl junger Männer wusch sich die Füße in der Springbrunnen-Anlage auf dem Bahnhofsvorplatz. Sie kamen der polizeilichen Aufforderung, dies zu unterlassen, nicht nach, der Konflikt eskalierte fast bis zur Straßenschlacht. Es war die erste der nun in der Bundesrepublik beginnenden »Halbstarken-Unruhen«.

Es war nicht der Kampf um die alltäglichen Kleinigkeiten an sich, sondern ein Kampf um Maßstäbe. Es war kein Verteilungskampf, sondern ein Kulturkonflikt, mißverständlicherweise eingezwängt in den engen Rahmen familial-alltäglicher Lebensführung. Und so eskalierte dieser Konflikt nicht selten in die Unerbittlichkeit eines religiösen Krieges[15], in dem ein Zurückstecken nur als Selbstaufgabe gedeutet werden kann.

Das Lebensgefühl, für das das symbolische Feld Rock'n'Roll steht, transportiert eine Entfesselung der körperlichen Ausdrucksmöglichkeiten: das Wegwerfen der imaginären Korsettstangen, die die Standardhaltungen der 50er-Jahre-Erwachsenen erzwang, ermöglichte fast so etwas wie eine Wiederentdeckung des beweglichen Mittelkörpers; ekstatische, exaltierte und sexuell-stilisierte Bewegungsmöglichkeiten erweiterten das Repertoir der Körpersprache.

Rock'n'Roll transportierte einen Expressivismus der Kommunikationsformen: Der Ausdruck inneren Erlebens wurde auch in direkterer Form, und teilweise in subsprachlicher Weise, möglich. Und Rock'n'Roll transportierte eine Gegenposition zur appellativ-idealistischen Semantik, die sich eines irritierend unscharfen ›Jargons der Eigentlichkeit‹ bediente. Kern dieses Geraunes waren stets Untergangswarnungen. Die dem entgegengestellte Betonung von affektiver Direktheit, pragmatischen Interessen und lebensweltlicher Diesseitigkeit wirkte nachgerade reinigend.

Durchschlagskraft bekam dies allerdings erst dadurch, daß die Ausdruckswünsche der Jugendlichen sich mit einer spezifischen Kulturindustrie für Jugendliche verbünden konnten.[16]

Als Symbol für diese kulturelle Öffnung mag der Plattenspieler stehen: Platten hören zu können ist gruppenstiftend, die Musik ist schließlich Grundlage jeder Party. Platten zu hören ermöglicht aber auch den situativen Rückzug von den Eltern, die Musik baut eine akustische Schutzmauer auf, ist Vehikel für den eigenen abgeschirmten Tagtraum der Mädchen wie der Jungen. Eine Steigerung dieser Möglichkeiten ist der tragbare Plattenspieler, den man ostentativ durch die Innenstadt tragen kann, sozusagen als Öffent-

---

[15] Maase, *BRAVO Amerika,* a.a.O., S. 158 u. 232.

[16] Dazu Maase, ebd. S. 74, mit einer plausiblen Kritik an einer reduktionistischen ›Kommerzialisierungs‹-These.

lichkeitsdemonstration. So wird das Plattenhören ein wichtiges Moment, um sowohl Abgrenzung als auch neue Zugehörigkeit ausdrücken und genießen zu können. Udo Lindenberg hat diesen Effekt einmal so formuliert: »Vor Elvis wurde uns gesagt, dafür seid ihr noch zu jung. Nach Elvis konnten wir dagegenhalten: Dazu seid ihr schon zu alt.«

Diese bald immer breiter werdende Tendenz läßt sich als kulturelle Verwestlichung kennzeichnen oder – mit einem Ausdruck von Kaspar Maase – als ›Amerikanisierung von unten‹[17]. Die der engen Konventionalität entgegengestellte Botschaft fungierte, wenn man so will, als evolutionärer *take off* für spätere kulturelle Enttraditionalisierungen, sie war natürlich nicht die einzige Ursache, aber immerhin doch eine entscheidende Verstärkung einer solchen Verwestlichung.

Die Lebensstil-Komponenten der späteren Jahrzehnte lassen sich nun in ihrer Keimform bereits ausmachen[18]: die Subjektivierung als eine *Informalisierung* der Verhaltensstile, die Stilisierung als eine *Symbolisierung* über Zeichenarrangements und das *Reflexivwerden* als ein eigenes Jugendlichkeits-Bewußtsein. All dies wird später weitgehend selbstverständlich werden.

---

[17] Ebd. S. 19. Maase (ebd. S. 203 u. 235 f.) schlägt hier eine interessante Brücke zu Elias' Konzept der Informalisierung als Förderung langfristiger Demokratisierungstendenzen. Wobei hier die internen Beschränkungen der exponierten ›Träger‹ des subkulturellen Kerns nicht unterschlagen werden dürfen, insbesondere der unübersehbare Macho-Habitus und das Gewalttätigkeitspotential von damaligen Jugendbanden und ›Schlägern‹.

[18] Natürlich läßt sich aus einer geistesgeschichtlichen Sichtweise sagen, diese Vermögen seien keinesfalls ›neu‹, da solche Phänomene zumindest seit dem Sturm und Drang und seit der Frühromantik registriert werden können. Mir geht es allerdings nicht um eine Geistesgeschichte dieser Motive, sondern – in kultursoziologischer Perspektive – um deren mentalitätsgeschichtliche Verallgemeinerung. Das Selbstverständlichwerden solcher Motive, um es drastisch zu formulieren: deren ganz schmuddelige Veralltäglichung, ist ein durchaus jüngeres Phänomen mit einer eigenen – von der Geistesgeschichte zu unterscheidenden – Entwicklungsdynamik. Die Kompontenten von Subjektivierung, Stilisierung und Reflexivwerden sind sicherlich auch für die Jugendbewegung der Vorkriegszeit und der 20er Jahre signifikant. Da handelt es sich allerdings um modernitätsskeptische Impulse, hier um modernitätsfreundliche.

Das neue Lebensgefühl bewirkt eine erste Öffnung von Stilisierungs-Spielräumen und ist in insoweit eine Entgrenzung. Ein Syndrom, eine Sperrmauer aus antikonsumistischem Kulturpessimismus, Alltagsasketismus, Ordnungsästhetik und kulturellem Antiamerikanismus ist durchbrochen worden. Insoweit steht das symbolische Feld Rock'n'Roll für eine erste Anbahnung von kultureller Pluralisierung und Flexibilisierung.

Andererseits bleibt diese Entgrenzung noch festgeschrieben und eingebunden in die Rollen-Konfrontation Jugendliche versus Erwachsene (und umgekehrt). Der neu errungene Lebensstandard, so faszinierend er auch wirkte, ließ für die jungen Leute noch keine Möglichkeit zu, veränderte Lebensstile in faktischer Eigenständigkeit zu erproben. Der Kulturkonflikt bleibt kodiert als Generationskonflikt. Junge Leute blieben zuhause wohnen, bis sie selbst verheiratet waren und eine eigene Familie gründen konnten. Der Konflikt um Lebensstile blieb also eingespannt in den zeitlich hinausgestreckten Rahmen von alternativlosem Familienhaushalt und darin festgeschriebenen Generationsrollen. Gleichwohl, es war ein erster Anlauf.

## *Lebenstil-Öffnung II: Das symbolische Feld ›Subkultur‹*

Bei der nächsten großen Generationen-Konfrontation – ab Mitte der 60er Jahre – war die Kultur der Erwachsenen natürlich eine veränderte. Man war modernisierungsfreundlicher geworden, es hatte sich im Verlauf der 60er Jahre bereits etwas ergeben, das man als kulturellen Kennedy-Effekt bezeichnen könnte: Eine allmähliche Verlagerung der Leit-Symboliken von der Kennmarke ›Erfahrung‹ zur Kennmarke ›Jugendlichkeit‹ bahnte sich an. Der Rahmen der Thematisierungen erweiterte sich: intellektuelle Gesellschaftskritik als Wirtschaftswunder-Kritik; populäre Traditionskritik als ›Aufklärungswelle‹ und Sexualitätsdiskurs. Der mentale Abstand zum Gegebenen war gewachsen und hatte damit Ansätzen von Ironisierung und Ästhetisierung ein wenig Platz gegeben.[19]

[19] Die sogenannte Sexwelle hat ihre Verdienste für die enorm voranschreitende Ausweitung der Thematisierung von Sexualität. Aber die mas-

Doch waren diese Impulse bis Mitte der sechziger Jahre noch im Rahmen kognitiver Umdeutungen von Partialbereichen verblieben. Sie verdichteten sich noch nicht zu anderen Lebensentwürfen und zu Erwartungen an ein zu veränderndes Lebensgefühl.

Das wurde nun anders. Der subkulturelle Impuls der später sechziger und früher siebziger Jahre gewann Lebensform-Prägnanz dadurch, daß die betreffenden jungen Leute es sich leisten konnten, ein familiales Kündigungsrecht wahrzunehmen und aus dem Elternhaus auszuziehen. Sie hatten danach eigenständige Lebens- und Alltagsräume, eigene Zimmer und Wohngemeinschaften; bald auch Kneipen, Clubs, Läden und andere und milieubezogene Dienstleistungen. Das nahm der Auseinandersetzung mit den eigenen Eltern nicht immer schon die Schärfe, aber der kulturelle – und später auch der politische – Konflikt konnte räumlich entzerrt ausgetragen werden. Der neuerliche Kulturkonflikt fand in einem weitaus entbunderen Rahmen statt – es war ein Kulturkonflikt, der im hellen Scheinwerferlicht der ebenso empörten wie faszinierten Öffentlichkeit ausgetragen wurde.[20]

---

senhafte didaktische Liberalisierung wie sie Oswalt Kolle in Illustrierten und aufsehenerregenden Filmen vortrug, endete doch rasch in Sackgassen hanebüchener pädagogischer Schlichtheit oder dem Klamauk der als Volksaufklärung getarnten frühen Sexfilme.

Gerade an Kolle kann man gut die Begrenztheit solcher Angebote sehen, die eben keine Interpretationen und Neuentwürfe von Lebensformen beinhalteten, sondern sich noch auf Umdeutungen des ehelichen Schlafzimmers beschränkten.

Im Bereich der Popularkultur zeigte sich Ironisierung und Ästhetisierung m.E. in der Englandwelle: Wallacefilme mit Butlern und spleenigen Lords zeigten die neue Liebe zur ironischen Stilisierung; ›Hebammenkoffer‹, Pfeiferauchen und Whiskytrinken waren ausborgbare Stilelemente. Auch der massenhafte Erfolg der ›Kumpel‹-Darstellung Jürgen v. Mangers könnte als Indikator für vermehrten Abstand gesehen werden – wenn auch anfangs viele den Witz nicht verstanden.

[20] Wieder kann ich an dieser Stelle ein Hannover-Beispiel einflechten. Eine deutsche Version der Hippies wurde Gammler genannt, da sie so ziemlich das Provokanteste taten, was man zu dieser Zeit tun konnte – nämlich demonstrativ ›nichts‹. Sie zeigten einer konsternierten Stadt-Öffentlichkeit, daß sie gammelten. Sie gammelten symbolisch. In Hannover wurde dies von einer zunächst neugierigen, dann aber von Woche zu Woche gereizte-

Erst mit dieser Verdichtung präparierte sich ein symbolisches Feld ›Subkultur‹ heraus. Beatmusik und Swinging London, Gammler und Protestsong, Provos und Joints, Blitzer und Kommune, *Sit ins* und Wohngemeinschaften konstituierten Zug um Zug solch ein Feld.

Auch hier gibt es eine Gleichzeitigkeit von Entgrenzung und Einbindung (wie beim symbolischen Feld Rock'n'Roll[21], aber in anderer Weise).

*Entgrenzend* wirkte das symbolische Feld Subkultur durch folgendes: Es richtete sich nicht mehr nur auf situative Möglichkeiten, ein verändertes Lebensgefühl auszudrücken, sondern auf Lebensformen in ihrer ganzen Breite. Es war nicht nur Ausdruck von Lebensgefühl, sondern barg in sich ein völlig verändertes Welt- und Selbstbild, und dies in kognitiver, in moralischer und in ästhetischer Hinsicht. Der entgrenzende Anspruch, die avantgardistische Selbstsicherheit und die umwerfende Bedeutungs-Produktivität gaben diesem zweiten subkulturellen Anlauf seine Prägnanz und Stärke. Er brachte nicht nur einen partikularen Stil und symbolische Sondersprachen hervor, sondern eine – im Kern universalistische – Semantik der ›Natürlichkeit‹, nicht etwa im Sinne einer Ontologisierung, sondern im Sinne einer tiefgreifenden Subjektivierung. Sanftheit und Androgynität, Offenheit und Spiellust, Spontaneität und öffentlich geteiltes Glück, Rausch und Realitätsvergessenheit waren Merkmale dieser in der Tat auf Lebensform-Totalität zielenden Botschaft.

Alles – und wirklich alles – sollte offener, angstfreier, zwangloser, spontaner, emotionaler, phantasievoller und kommunikativer werden. Die Symbolsprache war entsprechend: Haartracht und Kleidung sind im subkulturellen Idealfalle lang und fallend, offen

---

ren Zuschauermenge beobachtet, die in mehreren Reihen gestaffelt um den Georgsplatz herumstanden. Im August 1967 wurde der Platz polizeilich geräumt, weil diese Provokation als nicht mehr erträglich empfunden wurde. Der Platz wurde nach dieser Räumungsaktion – und damit sind wir wieder bei der Hygiene-Kodierung – von Wachmännern mit Desinfektionsmitteln abgespritzt. Man hatte auf Seuchengefahr erkannt.

[21] Dort blieb die Eröffnung von Stilisierungs-Spielräumen rückgebunden an eine Kodierung als Generationen-Konflikt.

und wallend. Und diese Symbolsprache breitete sich bereichsübergreifend aus, sie bezog Räucherstäbchen ebenso mit ein wie ›die Ente‹, Stirnbänder wie Matratzenecken. Gleichzeitig war die Hochschätzung der Natürlichkeit hochsymbolistisch. Tätowierungen und Stirnbänder, wallende Stoffe und fließende Haare verwiesen stets auf einen übergeordneten Bedeutungskosmos, waren Bausteine einer alles überziehenden Sinngebung. Kein Accessoire, das nicht zum Zeichen geworden wäre.[22] Paradox ist allerdings das unsemiotische Selbstverständnis. Die Sperrmüll-Einrichtung der Wohngemeinschaft wurde als unkonventionell und antikonsumistisch genossen, als billig, unaufwendig und praktisch – aber daß dies der Methodik einer strengen Stilisierung gehorchte, einer Stilisierung mittels symbolischer Stillosigkeit nämlich, das wurde nicht gesehen.

Hier könnte ich als exemplarisches Symbol einen in den der Wohngemeinschaften beliebten Einrichtungsgegenstand anführen, das Hochbett. Es ist wie eine Hochterasse im eigenen Zimmer, es ermöglicht innerhalb des eigenen Raumes noch einmal einen weiteren Rückzug: Das Hochbett ist ein Versteck für die Mittagsschlafdepression und eine Spielwiese für die Liebe. Als Matratzenlager, das es ja eigentlich ist, mag es für Milieufremde armselig aussehen, aber es ist ja auch gerade in seiner Kargheit die maximale symbolische Abgrenzung von der ›Sitzgarnitur‹ der Eltern. Es ist eben nicht vergleichbar dem doppelstöckigen Bett in einer Jugendherberge oder einer Kaserne – es hat seinen eigenen Bedeutungsgehalt, ist ›hoch über allem‹. Und wenn man diese Einrichtung im Lichte der Schwindelängste der oben erwähnten Hollywoodschaukel-Benutzer sieht, so kann sich der Bett-›Inhaber‹ sicher sein, daß hier oben der elterliche Blick wirklich nicht mehr hinfallen wird.

---

[22] Die Semantik einer so gedachten Natürlichkeit stand im diametralen Gegensatz zu dem, was restaurative Sittenwächter als »natürliche Ordnung« propagierten. In deren Augen war es gerade widernatürlich, sich von dieser neuen Semantik der Natürlichkeit verführen zu lassen. Vgl. Ziehe, *Zeitvergleiche,* a.a.O., S. 157 ff.

Einige Charakteristika der Hippiezeit, etwa die Hochschätzung von Nacktheit, Jugend und Ornamentalik erinnern frappant an den Symbolismus der Jahrhundertwende und die frühe Jugendbewegung.

Es treten mit dem symbolischen Feld ›Subkultur‹ bestimmte Lebensstil-Komponenten auf, die wiederum evolutionär folgenreich sein werden: Eine geschärfte Aufmerksamkeit dafür, wie ›man drauf ist‹ – also für *Selbstzustände;* eine gesteigerte *Sichtbarkeit* des Zeichenarrangements und der Symbolisierungspraktiken; und schließlich eine *implizite Reflexivität:* in metasprachlicher Manier werden gleichzeitig mit den neu erprobten Lebensvollzügen Eigen-Kommentare, theoretische Begründungen und motivationale Legitimationen entwickelt. Die erstrebte Direktheit bekommt einen Zug von ausgesprochener Indirektheit: Statt zu explodieren, sagt jemand: »Ich glaub', ich werde gleich unheimlich agressiv ...«

Eine gegenläufige *Begrenztheit* dieses symbolischen Feldes kann aber – aus heutiger Sicht – auch konstatiert werden. Die Natürlichkeitssemantik, gewissermaßen als zweiter Informalisierungsschub, versteht sich zunehmend als modellhaft vorbildlich, hält einer bornierten und vermeintlich veralteten Welt den Spiegel vor und strebt eine Gesamtveränderung der Kultur an. Sie ist von erheblicher, nicht selten sogar geschichtsphilosophischer, Selbstsicherheit in der eigenen Selbstdeutung, ›vorne‹ zu sein. Das führt bald zu normativer Unduldsamkeit allen anderen gegenüber, die Lebensstilsuche wird zutiefst antipluralistisch. Die Ansprechbarkeit für Zeichengebrauch ist hoch, ebenso aber auch die Empfindlichkeit gegenüber Abweichungen.[23] Der Universalismus wird ungewollt zu einem Partikularismus.

Die zunehmende Wertschätzung von Radikalität als in sich begründetem Ethos erfordert, sich permanent selbst zu überbieten; der Alltag selbst wird somit zu einer kaum noch verkraftbaren Dauermutprobe. Das bedingt die implizite, und durchaus nicht immer intendierte, Bindung dieses symbolischen Feldes an Jugendlichkeit, oder anders gesagt: es bleibt kein Spielraum fürs Älterwerden. Und schließlich bindet sich diese Symbolsprache an die identitäre Bedeutungsdimension. Die Zeichenbedeutungen werden festgezurrt auf den subkulturellen Entstehungskontext und sollen ein für allemal so bleiben. Der Ear-Sticker soll ›hier‹ bleiben. Alles

23 Und so gab es selbstverständlich Zeiten, in denen ein junger Mann, der seine Haare nicht lang trug, von vorneherein unter scharfem Legitimationsdruck für diese Abweichung stand.

andere ist Aufweichung, Enteignung oder gar symbolischer Verrat an der guten Sache. Kulturelle Verallgemeinerungen und symbolische Transformationen sind nicht vorgesehen. Ein ›Beitritt‹ ist nur als unbedingter erlaubt.

Und hier dürfte auch die Quelle eines dann zu beobachtenden *anti-ästhetischen turns* dieser Bewegung sein. Strukturell leider gar nicht so unterschieden von der Ordnungsästhetik, die dereinst die Eltern hatten, wird jegliche Stilisierung, die die festgelegten Identitätsbedeutungen variiert oder auch verläßt, geradezu neopuritanisch mißbilligt. Aus solchen Selbstverhärtungen erwächst dann ein Enttäuschungsmechanismus, der zu allen anderen Lebensstil-Entwicklungen der sozialen Umgebung in Opposition tritt. An jede vom Eigenen abweichende Ästhetisierung wird eine der berühmten Fragen nach dem Motiv oder nach der Funktion gestellt.

Ästhetisieren heißt aber, Abstand zu setzen. Und dem mißtrauen diese (späten) Subkulturen, die selbst mit so viel Abstand begonnen haben, mittlerweile. Die Lebenstilsuche hat sich in diesen Fällen zu einem Identitätskonservatismus des jeweiligen Eigen-Milieus verfestigt.

## *Lebensstil-Orientierung: Signatur der 80er Jahre*

Die deutsche Kultursoziologie der 70er und 80er Jahre hatte zunächst Lebensstil-Entwicklungen eng an subkulturelle Phänomene gebunden und dies wiederum mit Lebenswelten von Jugend zusammengesehen. Jungsein meinte dann weitgehend ›subkulturell‹, und subkulturell meinte dann ›jung‹. Dies entsprach der bereits angeführten Kodierung eines Kulturkonflikts als Generationen-Konflikt. Diese enge Verkoppelung von Lebensstil, Subkulturen und Jungsein ist heute weitgehend entbunden. Zunächst sind es marketing-soziologische Studien gewesen, die sich für die Ausdifferenzierung unterschiedlicher Lebensstile interessierten. Cluster von gruppenpezifischen Selbstbildern und Konsummustern wurden zu typisierten ›Milieus‹ zusammengefaßt.

Ich möchte hier zur Ethnographie solcher Milieus im einzelnen nichts beitragen. Sondern ich will lediglich darauf hinweisen, wie sehr sich die bislang mit Jugendlichkeit und mit Subkulturellem konnotierten Zeichensprachen in die ›Normalgesellschaft‹ hinein verallgemeinert haben.

Aber nicht nur haben sich die Lebensstil-Komponenten von Jugend- und von Subkultur-Konnotationen entbunden – auch die bei den Life-Style-Studien der Marktforschung noch im Vordergrund stehenden Konsummuster sind in ihrer Bedeutsamkeit zumindest zurückgestuft. Lebensstil läßt sich nicht mehr vorrangig über differentielle Konsummuster kennzeichnen, sondern eher über die subjektive Ausgestaltung der Konsumgewohnheiten, also, wenn der Ausdruck gestattet ist, über meta-konsumistische Einstellungen.

*»Es gibt im Leben zwei Tragödien. Die erste ist die Nichterfüllung eines Herzenswunsches. Die andere ist seine Erfüllung. Von den beiden ist die zweite die bei weitem tragischere.« (Oscar Wilde)* Beim Kauf und Gebrauch der Konsumobjekte ist eine Abklärung eingetreten. Man erwartet nicht mehr soviel an Freude wie früher. Der technischen Weiterentwicklung von Unterhaltungselektronik und Phonogeräten entspricht kein proportionaler Zufriedenheitsgewinn mehr. Oder denken wir an die Verlegenheit, heutzutage ein ›passendes‹ Geburtstagsgechenk finden zu wollen. Es kommt zu Enttäuschungen: nicht durch Nicht-Haben, sondern durch Nicht-Erleben.[24] Gerhard Schulze spricht gar von einem Verfall der Freude.[25]

Vielleicht können wir gegen die Enttäuschung, uns nicht mehr über die Waren freuen zu können, die Ironisierung setzen. Zu dick auftrumpfende Kinowerbung wird jedenfalls vom Publikum mit lautem und ironischem Hallo begrüßt. Die Zuschauer identifizieren sich nicht mit dem Produkt, sondern eher mit der Agentur, die sich die Kampagne ausgedacht hat. Die Teilhabe am vollends ästhetisierten und immaterialisierten schönen Schein führt zum »Ende der Gier, zur Umkehr vom Lustansporn zur Mäßigung«.[26]

---

[24] Schulze, *Die Erlebnisgesellschaft,* a.a.O., S. 115.

[25] Ebd., S. 77. Kultursoziologisch ist es nicht ohne Ironie, daß nach der deutschen Vereinigung noch einmal die stereotype Kritik ein Revival erfuhr, ›im Westen‹ würde sich alles um Konsum drehen.

[26] B. Wyss, *In der Kathedrale des Kapitalismus,* Kursbuch 106 (1991) S. 30.

An dieser Stelle ist es mir wichtig, ein naheliegendes Mißverständnis zu vermeiden, deshalb zwei Klarstellungen: Zum einen bin ich mir bewußt, daß es auch in unserer Gesellschaft weiterhin Armut gibt, ja, daß die Verarmungsrate insbesondere in den großen Städten gegenwärtig steigt. Meine Einschätzung, daß sich die subjektive Bedeutung des privaten Konsums relativiert, ist keine *sozialstrukturelle* oder gar sozialpolitische Aussage. Es geht um Verschiebungen auf einer ›*wissenssoziologischen* Landkarte‹, die typische Erwartungshorizonte und Relevanzsysteme präfiguriert. Daß ganze Bevölkerungskreise hiervon abgeschnitten sind und deshalb für sie diese Normalitätsdefinitionen überhaupt nicht greifen, verweist darauf, daß krasse soziale Ungleichheit fortbesteht. Das ändert aber nichts den ›wissenssoziologischen‹ Veränderungstrends, die bei der Bevölkerungsmehrheit beobachtet werden können.

Zum zweiten geht es mir nicht darum, die ›Überflußgesellschaft ‹ zu feiern und die objektive Wichtigkeit sozialstaatlicher Sicherungen herunterzustufen. Sondern wieder geht es um eine Veränderung auf der Ebene der subjektiven Bedeutungen. Die sozialstaatliche Lebensabsicherung ist weiterhin existentiell wichtig für jeden und in diesem Sinne notwendige Bedingung für ein menschenwürdiges Leben. Aber die sozialstaatliche Sicherung hat keine Konnotation mehr mit der emphatischen Idee des ›guten Lebens‹, sie bietet gleichsam keinen Weltbild-Überschuß mehr. Man ist in dieser Hinsicht Klient von berechtigten Versorgungsleistungen. Aber die Fragen von Sinn und Stil für das eigene Leben stellen sich weiterhin – oberhalb dieser Absicherungsbasis – in aller Dringlichkeit. Sie würden, selbst wenn der Sozialstaat ausgebaut wäre, damit nicht miterledigt.

## *Formale Komponenten*

Ich komme wieder auf meine Skizze der Lebensstil-Entwicklung zurück. Halten wir die impliziten Gehalte der beiden symbolischen Felder, die ich als ›Anläufe‹ interpretiert habe, noch einmal fest. Im ersten Anlauf ging es um: Informalisierung der Verhaltensstile, Symbolisierung über Zeichenarrangements; Pluralisierung der Stile. Und im zweiten Anlauf um: Aufmerksamkeit für Selbstzustände; gesteigerte Sichtbarkeit der Zeichenarrangements; implizite Reflexivität.

Diese formalen Komponenten haben sich, wie ich kurz zeigen möchte, mittlerweile entgrenzt und sind von *nicht-jugendlichen* und *nicht-subkulturellen* Milieus aufgegriffen worden. Es handelt sich um eine eigentümliche und beachtliche Universalisierung der Bedeutung von Lebensstilen. Und natürlich geht eine in diesem Sinne entgrenzende Universalisierung einher mit Veränderungen, Anverwandlungen und Neuinterpretationen der nun übernehmbaren Möglichkeiten. Man könnte mit Max Weber davon sprechen, daß es sich um einen Vorgang des Wechsels und der Ausweitung von kulturellen Trägerschichten handelt; oder mit Talcott Parsons von einer Definitionserweiterung im Zuge einer Wertverallgemeinerung; oder mit Niklas Luhmann von Inklusion als unvermeidliche Folge von Ausdifferenzierung. Ich will nun wiederum nicht jüngst entstandene differentielle Milieus abbilden, sondern einige ihnen gemeinsam implantierte Strukturmerkmale aufzeigen.

Und damit bin ich bei der ersten formalen Komponente der Lebensstilorientierung – bei der *Selbstaufmerksamkeit.* Hiermit meine ich eine subjektive Disposition. Über eine negatorische Erwartung – nämlich, Härten des Lebens zu mindern – schiebt sich eine optimierende: wir sollten aus unserem Leben ›etwas machen‹. Damit stellt sich heute – auch außerhalb priviligierter Lebenslagen – die Frage des gelingenden Lebens als ganz alltägliches Erwartungsniveau. Die Aufmerksamkeit fokussiert sich auf unser eigenes Lebensgefühl: die Lebensumstände sollten so sein, daß sie ein ›gutes Gefühl‹ wenn nicht gewährleisten, so doch zumindest situativ ermöglichen. Das meine ich mit Selbstaufmerksamkeit. Gerhard Schulze bezeichnet das als Wunsch, das Leben zu erleben.[27]

Damit kommt unsere Gestaltungs-, Genuß und Freudefähigkeit als Teil eines ansprüchlichen Bedingungsgefüges mit in den Blick.[28]

---

[27] Schulze, *Die Erlebnisgesellschaft,* a.a.O., S. 33.

[28] Man sieht diesen Typus von Anfälligkeit auch an den offenbar verbreiteten Urlaubs- und Weihnachtskrisen.

Der ›bloße‹ Lebenstandard soll negatorisch dem Mangel abhelfen, der Lebensstil hingegen soll mein Leben optimieren.[29]

Auf diese Weise bekommt die Selbstaufmerksamkeit *nolens volens* ein Moment von nach innen gerichteter Rationalisierung. Selbstzustände kann ich nun vermeintlich gezielt suchen. Sie gehören nicht mehr zu den Zuständen, die wesentlich Nebenprodukt sind (von Handlungen mit anderen Zielsetzungen)[30], sondern Selbstzustände werden wahrgenommen als Wirklichkeiten gesteigerten Grades und, wenn immer möglich, intentional angestrebt bzw. verworfen. Meine Selbstzustände ›selbst‹ geraten unter Rechtfertigungsdruck.

Einem Lebensstilmuster zu folgen, erfüllt damit durchaus die Funktion, die Georg Simmel für die Mode definiert hat.[31] Nur ist das Feld dieses Bestrebens nun ausgeweitet vom Outfit auf die Symbolisierung ganzer Lebensformen. Das gibt dem Lebensstil eine eigentümliche Doppelstellung. Er soll meine Kompetenz bezeugen, die Zeichen gemäß der Regeln eines jeweiligen Lebensstil-Milieus decodieren und arrangieren zu können. Und er soll meine darüber hinausgehende individuelle Authentizität glaubhaft machen, also daß ich jeweils ›mehr‹ bin als die von mir arrangierten Zeichen. Im einen Fall würde man mir sonst vorwerfen können, »keinen Geschmack« zu haben, und im anderen, »keine Persönlichkeit« zu sein.

Eine weitere formale Komponente der Lebensstile ist das Moment der *Stilisierung:* Lebenstil ist symbolisierte, ist sichtbar gemachte Lebensform; sichtbar gemacht durch semiotische Praktiken der Bedeutungszuweisung und der Bedeutungspräsentation. Objekte, Situationen und Handlungen werden in einen kohärenten Zeichenzusammenhang gestellt und ›vorgeführt‹.

---

[29] Die erneute ironische Umdrehung dieser Kenntnislage drückt sich in dem Spruch aus: »Geld allein macht nicht unglücklich.«

[30] J. Elster, *Subversion der Rationalität,* Frankfurt a.M., New York 1987, S. 141 ff.

[31] G. Simmel, »Zur Psychologie der Mode« (1895), in: ders., *Schriften zur Soziologie,* hg. v. H.-J. Dahme, O. Rammstedt, Frankfurt a.M. 1983, S. 131.

Die Gemeinsamkeit solcher Kriterien stiftet Lebensstil-Milieus. Die Beteiligten können sich selbst identifikatorisch erkennen, von anderen abgrenzen und von eben diesen anderen auch wiedererkannt werden. Die miteinander geteilten Lebensstilmerkmale dienen also sowohl der Selbstwahrnehmung als auch der Gruppenbildung.[32]

Wir können gegenwärtig zwei gegenläufige Tendenzen beobachten, in denen die Beziehung zwischen Zeichen und Lebensstil-Milieu dynamisiert wird: Kontextualisierung und Dekontextualisierung. In der Bewegung der *Kontextualisierung* werden immer neue Zeichenbereiche der semiotischen Duftnote eines bestimmten Lebensstil-Milieus anverwandelt. (Es entstehen, um nur ein Beispiel zu nennen, ›grüne‹ Fitness-Studios – mit anderem Körperideal als beim konventionellen Vorläufer, anderem Habitus des Personals, anderer Inneneinrichtung. Und sicherlich kommen noch ›grüne‹ Portraitfoto-Geschäfte, Erholungsheime und Beerdigungsinstitute auf uns zu.) Und mit der *Dekontextualisierung* werden gegenläufig einzelne Zeichen aus ihrem ursprünglichen Kontext herausgebrochen und in andere Milieus verpflanzt. (Der Postbeamte hat nun auf einmal einen Ear-Sticker, im »Aktuellen Sportstudio« wird eine Turnparodie vorgeführt und beim Eiskunstlauf tauchen brake dance-Elemente auf.)[33]

Vielleicht eröffnet uns dies auch semiotische Lernprozesse, die gerade den Identitätskonservatismus überwinden helfen. Eine Einszu-eins-Relation zwischen Zeichen und Selbstbild eines Individuums oder eines Milieus würde dann nicht mehr unbesehen unterstellt. Wir ›sind‹ nicht die Zeichen, die wir wählen – weil die Zeichen keine identitäre, ein für alle mal festgelegte, Bedeutung haben.

---

[32] Dabei eröffnet die Entgrenzung dessen, was ich anhand der Subkulturen als zweite Informalisierung bezeichnet habe, ein breites Feld von Stilwechseln und Stilerprobungen: Ehepaare können nun sogar im Partnerlook-Jogginganzug in das Urlaubsflugzeug steigen.

[33] Ich hörte von einem hohen Grenzbeamten, der sich Sorgen darüber machte, daß die ›Menschenkenntnis‹ der kontrollierenden Grenzwächter mit dieser Entwicklungen überhaupt nicht mehr mitkomme: man weiß – wenn man nicht sehr genau hinschaut – vom bloßen Aussehen her immer weniger über Sozialstatus und Lebenslage der Leute. Da muß die Technik der Zeichen-Dekodierung schon anspruchsvoller werden …

Sondern wir zeigen allenfalls unser Verhältnis zum Zeichengebrauch.

Die Aufmerksamkeitsverschiebung auf Selbstzustände impliziert schließlich auch Selbstbeobachtung. Im Erwartungsniveau, das sich auf ›gute‹ Selbstzustände richtet, steckt immer auch unvermeidliches Quantum von *Reflexivität*[34]. Lebensstile sind Ausdruck eines Orientierungsdrucks, der nach innen gewandert ist. Die neuen Fragen lauten: Was will ich eigentlich? und: Worauf kommt es an?[35]

Eine ›wissensoziologische‹ Voraussetzung hierfür sind Ausweitungen in der Thematisierung. Es bildet sich eine ganz alltägliche Semantik der Selbstbeobachtung und Selbstkommentierung. Talk Shows dürften ein nicht zu unterschätzendes Vehikel hierfür sein, haben sie doch die Selbstbeobachtungssemantik aus den Nischen des Selbsterfahrungsmilieus an die breite Öffentlichkeit weitergegeben.[36]

Für die Lebensstil-Gestaltung heißt dies zum einen, die milieuspezifischen Zeichenbedeutungen und -praktiken zu lernen, um mir Zugehörigkeit und milieu-interne Anerkennung zu sichern. Es heißt aber darüber hinaus – im Interesse meiner Authentizitätssicherung – zu lernen, in welches Verhältnis zu den Regeln ich mich setze. Ich muß zum Beispiel lernen, wann es wichtig ist, Ausnahmen zu machen. Ich muß auch lernen, Konformitätsabstand zu wahren. Die Sozial-Kompetenz besteht nun also gerade nicht darin, zu zeigen, was man ›hat‹ – wie im symbolischen Feld ›Lebensstandard‹, sondern zu zeigen, daß man weiß, worauf es an-

---

[34] das subjektiv weder intendiert noch reflektiert sein muß.

Reflexivwerden meint hier eine strukturell angebotene Selbstbezüglichkeit – wobei nicht auszuschließen ist, daß dies dem Handelnden nicht präsent ist. Ich halte die individuelle Möglichkeit, sich der kulturellen Nötigung zum Selbstbezug entziehen zu können, allerdings für immer unwahrscheinlicher.

Vgl. Ziehe, *Zeitvergleiche,* a.a.O., S. 118.

[35] Schulze, *Die Erlebnisgesellschaft,* a.a.O., S. 53.

[36] So äußerte kürzlich eine bekannte Schauspielerin, die in einer Talkshow ganz unvermeidlich ihr neues Buch vorstellte: »Das Buch handelt ausschließlich von mir. Ich habe es geschrieben, um endlich von dieser Ego-Kiste herunterzukommen.«

kommt. Dies ist eine formale Lebensstil-Kompetenz. »Die Individuen müssen lernen, sich selbst von sozialen Anforderungen zu unterscheiden« (N. Luhmann).[37]

Symbolisch für diese Stufe der Selbstbeobachtungs- und Selbstkommentierungssemantik ist ein mittlerweile populäres Jeansmodell – nämlich industriell aufgemürbte Jeans. Sie drücken hochstilisierte Achtlosigkeit aus und ein ironisches Spiel mit Verzeitlichung. Sie zitieren antikonsumistische Subkulturen, aber in industrialisierter Form. Manche dieser sorgfältig angerissenen Produkte können – zur hellen Empörung der Kulturkritiker – recht teuer sein – ich kann diese teuren Hosen aber auch imitieren, indem ich meine eigenen Jeans per Hand anreiße ...

Jon Elster beschreibt eine Designerhose, bei der ein Etikett mit folgendem Text für möglicherweise verunsicherte Kunden eingenäht ist: Jeder Mangel oder Fehler dieses Kleidungsstücks ist beabsichtigt und gehört zum Design.[38] Hier ist die Botschaft der Zeichen endgültig paradoxal.

## *Entkoppelungen und Neuverkoppelungen*

Ich bemerkte eingangs bereits, daß soziales Handeln immer auch in symbolischen Praktiken besteht und einen Darstellungsanteil hat. Dies ist nicht das aktuell Beunruhigende. Beunruhigend sind vielmehr Ausdifferenzierungsprozesse, die Komponenten *entkoppeln*, die historisch bislang zusammengespannt waren. Dies ermöglicht eine Dynamisierung, die in der Tat schwindelig machen kann. Denn die Zeichen werden übernommen und verbraucht in einer Schnelligkeit, die den Zeitduktus von gesellschaftlich-sozialstruk-

---

[37] N. Luhmann, »Individuum, Individualität, Individualismus«, in: ders., *Gesellschaftsstruktur und Semantik*, Bd. 3, Frankfurt a.M. 1989, S. 152 und S. 163.

[38] Elster, *Subversion der Rationalität*, a.a.O., S. 202. Vgl. hierzu auch U. Matthiesen, »Zur beschleunigten Wandlungstypik der gegenwärtigen Bekleidungsmoden«, in: *Soziale Welt* Sonderband 6, »Kultur und Alltag«, hg. v. H.-G. Soeffner, Göttingen 1988, S. 431.

turellen, kulturell-normativen oder individuell-biographischen Veränderungen längst überholt hat:

– Die Lebensstilvarianten lockern ihr Verhältnis zum *sozialstrukturellen Gefüge.* Die Berufsposition sagt nicht mehr genug über den Lebensstil. (Das sieht man in den um Selbstbeschreibung bemühten Heiratsanzeigen.) Sie sagt zumeist auch herzlich wenig über den Lebensstil der eigenen Kinder.
– Die Zeichen lockern ihr Verhältnis zu normativen Grundstrukturen der Kultur. Die ›Dinge‹ und ihre Bedeutungen stehen nicht mehr auf dem Boden einer vorgängigen, tradierten *Ordnung des Sichtbaren* (und des Unsichtbaren)[39]. Die Beziehung Zeichen / Ding wird nachrangig gegenüber der *Beziehung Zeichen / Zeichen.* Und die Zeichenbedeutungen werden immer mehr abgekoppelt von identitären Festlegungen.[40]
– All dies wird noch komplizierter dadurch, daß die *Dynamisierung* selbst, wissenssoziologisch gesehen, *offengelegt* ist. Alle können es wissen, und alle können darüber reden. Deshalb wird die Dynamisierung der Lebensstile selbst teilweise Gegen-

---

[39] Vgl. B. Waldenfels, »Das Rätsel der Sichtbarkeit«, in: ders., *Der Stachel des Fremden,* Frankfurt a.M. 1990, S. 217.

[40] Und auch diese semiotische Ebene scheint ästhetisierbar zu sein.

A. Keppler, M. Seel, *Zwischen Vereinnahmung und Distanzierung. Vier Studien zur Massenkultur,* Merkur 510 / 511 (1991) zeigen in einer schönen Deutung des minimalistischen Musik-Ohrwurms *Don't worry, be happy* von Bobby McFerrin, das es sich hier um eine »Metamelodie« handelt, durch die selbst noch einmal dargestellt wird, wie Schlager üblicherweise als Schlager funktionieren. Auch in den ›ausgeflippten‹ Varianten der Mode, bei Gaultier und bei Vivienne Westwood zum Beispiel, geht es zunehmend metasprachlich zu. Wie beim ready made das Ding, wird hier das ausgesucht häßliche ›Normalstück‹ zum umsemantisierten Zeichen, die präsentierte Mode wird zum Text.

Es leuchtet ein, daß die letzte Metaebene hierzu nur noch die absolute Graumäusigkeit sein kann, in der manche der Haute-Couture-Matadore sich anziehen. Ein Gegengewicht zum permanenten zeitlichen Verschleiß stellen vielleicht ›Nostalgisierungs‹-Möglichkeiten dar – Jahrgangskohorten und Generationenmilieus bilden darin quasi Erinnerungsgemeinschaften, die sich über gemeinsam geteilte Oldies, 50er-, 60er- oder 70er-Jahre-Shows im Fernsehen etc. ineinander wiedererkennen.

stand *strategischer* Überlegungen (etwa indem man sich bemüht, kommende Life Style-Tendenzen zu prognostizieren wie Börsenkurse).

– Und schließlich gibt es *öffentliche Diskurse* über Lebensstile in journalistischen oder in wissenschaftlichen ›Teilmilieus‹, in denen der Begriff selbst bereits als Duftmarke in harten Deutungskämpfen fungiert.

## *Offene Fragen*

So fällt es schwer, nachvollziehbare Irritationen und denkbare Gewinne sauber voneinander abzugrenzen.

Führt die steigende Bedeutung der Lebensstil-Milieus auch zu *Abschließungstendenzen,* so daß ein Milieu-Ethnozentrismus entsteht, der sich nur noch auf selbstgewählte Wahlverwandtschaften einläßt?[41] Das wäre sozusagen die ›softe‹ Variante. Eine harte Variante von Abschließungen ist die Ähnlichkeitsfixierung bis hin zum Fremden- und Ausländerhaß. Und schließlich: Kann die Semiotisierung der Wahrnehmung auch dazu verführen, Unglücks- und Elendsmeldungen eher ›unwirklich‹ zu machen, weil sie ja nur Momente eines längst gewohnten Bildstroms sind?

Ist eine unspektakuläre, aber zuverlässig sichernde *Normalisierungsarbeit* der Menschen nötig – oder schon vorhanden? Eine Normalisierung, die es fertigbringt, die immer neuen Zeichen biografisch zu filtern, und die uns auch Wahrnehmungsverweigerung[42] ermöglicht, die bei aller Dynamisierung eine innere Gewohnheitsbildung erlaubt und die das Neue, soweit es nicht oder noch nicht verarbeitbar ist, lebensweltlich kleinarbeitet?

Lebensstil-Innovationen sind Erprobungen, aber nicht allgemein verbindliche Modelle für jeden. Aus der wechselseitigen

---

[41] B. Nauck, »Migration, ethnische Differenzierung und Modernisierung der Lebensführung«, in: *Die Modernisierung moderner Gesellschaften. Verhandlungen des 25. Deutschen Soziologentages in Frankfurt am Main 1990,* hg. v. W. Zapf, Frankfurt a.M., New York 1991, S. 716.

[42] W. Welsch, *Ästhetisches Denken,* Stuttgart 1990, S. 64.

Oben/unten-Einordnung (im Generationen- oder im Schichten-Schema) bzw. der Voran/zurück-Einschätzung (im Avantgarde-Schema) kann ein normativ akzeptiertes Nebeneinander werden. Die Pluralisierung wäre dann eine *Horizontalisierung.* Lebensstil-Innovationen verlieren auf diese Weise den Charakter von gegenseitigen symbolischen Enteignungsdrohungen. Und ein solches normativ akzeptiertes Nebeneinander unterschiedlicher Lebensstile wäre ja eine Form, sich wechselseitig auch anders sein zu lassen. Es wäre durchaus nicht die gern belästerte Beliebigkeit, sondern ein Gewinn an Zivilität.

## *Vorsichtige Verteidigung*

Es gibt Argumentationen, die über die Ästhetisierungs-Phänomene auf analytischer Ebene streiten, und es gibt solche, die darüber auf normativer Ebene streiten. Zu drei, häufig geäußerten, normativen Argumenten möchte ich mich abschließend noch kurz äußern.

Erstens: Lebensstile sind beteiligt an Ästhetisierungen *in* der Lebenswelt, sie müssen (und sollen) nicht Ästhetisierungen *der* Lebenswelt sein. Das heißt, es geht nicht darum, eine Geltungsdominanz ästhetischer Kriterien für die Lebenswelt in ihrer ganzen Breite zu postulieren. Eine Lebensstilorientierung ist also kein Synonym für die Ideologie des Ästhetizismus.

Zweitens: Die Wahl eines Lebensstil muß (und sollte) nicht gegen den Gesichtspunkt der Kunsterfahrung ausgespielt werden. Die Aufmerksamkeit für Lebensstilfragen muß nicht heißen, die Kunst zu kolonialisieren durch eine alltägliche Inflation von Ästhetisierungen.

Drittens: Die Wahl eines Lebensstils muß (und sollte) nicht gegen den Gesichtspunkt der Moralität ausgespielt werden. Eine Lebensstilaufmerksamkeit muß nicht mit Moralvergessenheit korrellieren. Lebensstile und Moralität bilden füreinander kein Nullsummen-Spiel, so als könne die eine Seite nur zunehmen auf Kosten der anderen.

Die Kritiken von einem kunstbezogenen Primat aus und die von einem moralischen Primat aus haben Recht, wenn sie darauf hinweisen, daß ›Lebensstil‹ weder Kunst noch Moralität sollte *ersetzen* wollen. Aber der Schutz differenter Sphären gilt auch andersherum. Und deshalb sollten Kunsttheoretiker und Moralphilosophen bedachtsam sein, wenn sie sich zu Lebensstilen äußern. Denn auch Lebensstile haben ihre eigene Dignität. Etwas salopp umgedreht: Wer sich der Lebensstilorientierung völlig entzieht, wer sich z.B. ignorant kleidet oder wer sich bewußtlos einrichtet, ist nicht mit höherer Wahrscheinlichkeit moralisch sensibler oder in Kunstfragen kompetenter.

So bleibt meine Verteidigung der Lebensstil-Tendenz vorsichtig. Für Überdramatisierungen in affirmativer oder in kritischer Absicht gibt es keine guten Gründe und für maßlose diagnostische Übertreibungen auch nicht. Die Bedeutungssteigerung von Lebensstilen bietet keine Problem*lösungen,* sondern allenfalls neue Möglichkeits*eröffnungen.* Ich kann für diese Tendenz keine normative – und gar materiale – *Vorbildlichkeit* reklamieren, sondern allenfalls formale Differenzierungs*chancen.* Der Weg von der Hollywoodschaukel zur Designer-Jeans bietet keinen Grund für die Annahme: »Unsere Welt wird immer schöner.« Aber es muß auch nicht heißen: »Aufgepaßt – damit kommt die ›Schöne neue Welt‹!«.

Katharina Sykora

# Weibliche Kunst-Körper zwischen Bildersturm und Erlösungspathos

*»Le plus profond, c'est la peau«*
(Paul Valéry)

Ort meiner Argumentation ist der weibliche Körper, an dem sich die aktuelle Rede über Schönheit im Schnittpunkt von Natur und Artefakt, von »Natürlichkeit« und »Künstlichkeit«, von »Sein« und »Schein« stets neu zu kristallisieren scheint.

Drei fundamentale Bewegungen haben diesen Körper historisch hervorgebracht:

Mit der Ausdifferenzierung antagonistisch gedachter sozialer Geschlechtscharaktere in der bürgerlichen Gesellschaft, deren Ursprung in ihrer heutigen Prägung im 18. Jahrhundert angesiedelt wird, fand auch die Neukonstruktion dessen statt, was seither als biologisches Geschlecht definiert wird.

Thomas Laqueur hat für die Zeit vor der Aufklärung herausgearbeitet, daß damals noch das »Eingeschlecht/Einleib-Modell«[1] vorherrschte. Ausgehend von einem einzigen biologisch-anatomischen Geschlecht, dem männlichen, wurde der weibliche Körper als Variation dieses Grundmodells gelesen. Dieser in der Nachfolge Vitruvs nun geometrisch vermessene grundlegende Körpertypus war dem Schönheitskanon der Antike verpflichtet: Dem männlichen Basismodell wurden bevorzugt die Maße des Apollo von Belvedere zugrundegelegt und diesem im Analogieschluß das weibliche Ideal der Venus Medici zugeordnet. Einhergehend mit der Blüte der anatomischen Studien und Vermessungen geriet auch der Fortpflanzungsapparat selbst ins Blickfeld: die weiblichen Ge-

---

[1] Thomas Laqueur, *Auf den Leib geschrieben. Die Inszenierung der Geschlechter von der Antike bis Freud*, Frankfurt a.M., New York 1992, S. 21.

schlechtsorgane wurden auch hier als den männlichen analoge, wenn auch ins Körperinnere gewendete Pendants gesehen. Das heißt: die Anatomie der Körper wurde zwar als geschlechtlich unterschieden registriert und in eine hierarchische Ordnung unter das Primat des männlichen Grundmodells gebracht, innerhalb einer Weltvorstellung aber, wo jedes Teil seine Bedeutung durch das Prinzip der Ähnlichkeit und Vergleichbarkeit zu den anderen Teilen und zum Ganzen erhielt, bekam auch der weibliche Körper seine Bedeutung primär als Mikrokosmos, der auf eine umfassende Weltordnung verwies. Das heißt, bis zur Mitte des 18. Jahrhunderts ging es in der Sichtweise auf den anatomischen Körper nicht um die Frage nach dem Gegensatz der Geschlechter, sondern um ihre graduelle Situierung innerhalb der kosmologischen Ordnung. Die Geschlechterdifferenz war also weniger als biologisch-antagonistische denn als ständisch-hierarchische, d.h. kulturelle Kategorie wirksam. Umgekehrt zum heute noch vorherrschenden Blick auf den Körper als ontologischer Gegebenheit, war vor der Aufklärung »*das biologische Geschlecht* (sex), oder der Leib, (...) ein Epiphänomen, während das *soziale Geschlecht* (gender) (...) primär oder ›real‹ war«[2]. Dementsprechend maß man dem nackten Körper keine besondere, eigene Bedeutung bei und begriff ihn eher als Träger der Kleidung, des Kostüms. Diese stellte das eigentliche Zeichensystem dar, an dem gesellschaftlicher Status und erst in diesem Rahmen die Situierung der Geschlechter ablesbar war. Das heißt: die Bezeichnung des Geschlechts siedelte sich zunächst nicht am Körper selbst, sondern an dessen Peripherie, in der Kleidung an. Das Kostüm (ethymologisch aus Coutume, Brauch, abgeleitet, d.h. auf einer gemeinsamen tradierten Ikonik beruhend) war vorrangig soziales Zeichen im Sinne eines ständischen Ordnungsprinzips. Darüber hinaus regelte es sehr beredt den öffentlichen Austausch von Gefühlen: Zeichenhafte Applikationen auf der Haut etwa, wie die Positionierung des sogenannten Schönheitspflästerchens bedeutete in den damaligen Konventionen »am Augenwinkel (...) Leidenschaft, mitten auf der Wange Heiterkeit, an der Nase Keckheit, und die Mörderinnen – so nahm man an – trugen die Schön-

[2] Ebd. S. 20.

heitspflästerchen auf den Brüsten.«[3] Die Codierung des Kostüms in all seinen Ausformungen bewegte sich innerhalb der Gesetzmäßigkeit der Kleiderordnungen und verwies in diesem Rahmen nicht primär zurück auf den individuellen Körper, seinen Träger, sondern auf die gesellschaftliche Verfaßtheit der Person. So konnte es auch geschehen, daß der Geschlechtercode des Kostüms mehr galt als das Geschlecht des sich darunter befindlichen Leibes. Die Tatsache, daß es Frauen in Männerkleidung z.T. möglich war, jahrzehntelang als Ehemann und Familienvater zu leben, beweist diese Dominanz des Kleidercodes über den Körpercode, wenn es um die Bezeichnung des Geschlechts ging[4].

Richard Sennett hat unter dem Stichwort »Der Körper als Kleiderpuppe«[5] diese Getrenntheit von Körper und sozialer Repräsentation durch Kleidung, diese »Distanz der Person zu den Arrangements, die sie in ihrem Äußeren traf«[6] beschrieben. Mit der Konstituierung einer privaten Sphäre, die sich konzeptionell der öffentlichen Sphäre entgegensetzte, entstand nun im 18. Jahrhundert ein gesellschaftlicher Bereich, in dem plötzlich »Natürlichkeit« situiert wurde, die sich gegen die »Künstlichkeit« der öffentlichen Konventionen wandte. Diese »neue« Vorstellung von »Natürlichkeit« fand ihr Medium jetzt nicht mehr in der Artischocke oder dem Kohlkopf der Hochfrisur Marie Antoinettes[7] oder in den frisch gewaschenen und mit Bändern geschmückten Schäfchen, mit denen sie sich im Garten von Versailles »à la bergère« gab, sondern sie äußerte sich in der demonstrativen »Vernachlässigung« dieser verfeinerten Kleider-Rhetorik: Das »Negligé« als Zeichen des Abstreifens dieser nun als »überflüssig« und daher eitel erachteten Konventionen des Kostüms wurde nun in der zweiten Hälfte des 18. Jahrhunderts im

---

[3] Jutta Brückner, »Das Kostüm der Nacktheit«, in: *Frauen und Film:* Maskerade, Heft 38, 1985, S. 80.

[4] Rudolf Dekker u. Lotte van de Pol, *Frauen in Männerkleidern. Weibliche Transvestiten und ihre Geschichte,* Berlin 1990.

[5] Richard Sennett, *Verfall und Ende des öffentlichen Lebens. Die Tyrannei der Intimität,* Frankfurt a.M. 1983, S. 84ff.

[6] Brückner, *Das Kostüm der Nacktheit,* a.a.O., S. 80.

[7] Silvia Bovenschen, »Über die Listen der Mode«, in: dies. (Hg.), *Die Listen der Mode,* Frankfurt a.M. 1986, S. 14.

Privaten salonfähig. Seine Transparenz stand für einen von allem Tand entkleideten, als »natürlich« ausgewiesenen Körper. Damit kam dem Körper selbst erstmals eine Repräsentationsfunktion zu. Er wurde in die Reihe der Zeichen gesellschaftlicher Kommunikation aufgenommen. Die Beschwörung der »Beredsamkeit des Leibes« und die Physiognomik im 18. Jahrhundert[8] zeugen davon. Mit dieser Diskursivierung des Körpers verband sich gleichzeitig jedoch seine Verengung auf die Bezeichnung des »Natürlichen«. »Natürlichkeit« war jetzt keine variable Verhandlungssache öffentlicher Konventionen mehr, sondern wurde als konstante Kategorie gedacht: als »Wesen«, »Essenz«, »Sein«. Die neue Denkweise, daß das Wesen gerade dem Körper immanent sei und dieser eine ihm eigene »Wahrheit« besitze, die durch »Natürlichkeit« gekennzeichnet sei, schuf den Zwang zu einer »Einheit von Innerem und Äußerem nicht nur auf dem Felde der sozialen Beziehungen, sondern vor allem auf dem der Gesinnungen«[9]. Es handelte sich also um »die Ersetzung eines ästhetischen Prinzips durch ein moralisches.«[10]

Wir nähern uns hier dem historisch entstandenen Konglomerat, das ich mit dem Begriff des »weiblichen Kunst-Körpers« ins Zentrum meiner Fragen gestellt habe. Zur selben Zeit nämlich, als der anatomische Körper zur Repräsentationsinstanz für das »wahre, natürliche Wesen« einer Person wurde, spaltete sich eben dieser anatomische Körper in den biologischen Gegensatz männlich und weiblich auf. Im bürgerlichen Denken des 18. Jahrhunderts wurde die biologische Differenz nicht mehr in Kategorien der Analogie gedacht, sondern als auf gegenseitige Ergänzung zielender Antagonismus[11]. Diese Einführung eines biologischen Gegensatzes der

---

[8] Ilsebill Barta Fliedl, Christoph Geissmar (Hg.), *Die Beredsamkeit des Leibes. Zur Körpersprache in der Kunst,* Salzburg, Wien 1992.

[9] Bovenschen, *Über die Listen der Mode,* a.a.O., S. 16.

[10] Brückner, *Das Kostüm der Nacktheit,* a.a.O., S. 80.

[11] Laqueur, *Auf den Leib geschrieben,* a.a.O., S. 23: »So hat es beispielsweise bis zum Jahre 1759 gedauert, bis jemand für wichtig hielt, ein detailliert ausgeführtes weibliches Skelett in einem Anatomiebuch abzubilden, um dessen Unterschied zum männlichen zu illustrieren. Bis zu diesem Zeitpunkt hatte es nur eine Grundstruktur des menschlichen Körpers gegeben, und diese Struktur war männlich.«

Geschlechter geschah ganz im Einklang mit der nun als Polarität definierten sozialen Geschlechterdifferenz, die das Weibliche zunehmend dem Privaten und das Männliche der Öffentlichkeit zuordnete. Diese Aufteilung erst ermöglichte im selben Zuge die Delegation der Repräsentation des Konstrukts Leib=Natur=Wahrheit in den »privatisierten« Körper der Frau.

Die damit einhergehende Moralisierung gerade des weiblichen Körpers schlug in der Folge wieder auf die Kleiderästhetik durch. Die Vorstellung von der »zweiten Haut« entstand: Kleidung galt jetzt als verlängerter Körperausdruck und wurde damit in die Verpflichtung der Repräsentation der Person, wie sie »in Wahrheit ist«, genommen. In einer paradoxen Wendung führte dies seit Beginn des 19. Jahrhunderts erneut zu einer hochartifiziellen Codierung. Jetzt allerdings sprach die Mode von der »wahren« Moral der Trägerin und gab gleichzeitig vor, ihre Körperformen zu simulieren. Die Behinderung des schweifenden Blicks durch die scheuklappenähnlichen Schutenhüte des Biedermeier etwa sollte nun augenscheinlich die Tugendhaftigkeit der Trägerin verbürgen. Und die sich wieder der sanduhrförmigen Idealfigur des Rokoko annähernde weibliche Silhouette mit ihren künstlich hervorgehobenen sekundären Geschlechtsmerkmalen des Gesäßes und der Brust, betont durch die Verengung der korsettierten Taille, hatte jetzt die Aufgabe, auf die körperlichen Vorzüge der Trägerin selbst zu verweisen. Während sich der männliche Körper und die Männermode ganz auf die sich konstant gebende Repräsentanz des Funktionalen zurückzogen, vereinten sich in der Frauenmode und in den von ihr anatomisch geformten Frauenkörpern die paradoxen Aufgaben, mit raffinierten Kunstgriffen den eigenen Körper als Refugium von »Natürlichkeit« attraktiv zu machen und gleichzeitig die Moral zu symbolisieren, die dieses Vorzeigen verbot. Im 19. Jahrhundert, in einer Welt also, die »der Meinung ist, daß sich in einem Augenaufschlag sexuelle Zügellosigkeit verbergen kann«[12], wurde die simultane Repräsentationsarbeit von Vorzeigen und Verdecken für die bürgerliche Frau nun zum existentiellen Vabanquespiel innerhalb immer enger werdender Grenzen.

---

[12] Brückner, *Das Kostüm der Nacktheit,* a.a.O., S. 80.

Der Sturm gegen diese Zwangsjacke, der in der 2. Hälfte des 19. Jahrhunderts unter dem Stichwort der Reformkleidbewegung zunächst von ästhetischer, dann medizinischer und schließlich von der Seite der frühen Frauenbewegungen stattfand, wandte sich primär gegen die künstlichen Verformungen, die das Korsett den Frauenkörpern einprägte. Das »Natürlichkeitsdiktat« blieb jedoch bestehen. Es stand nun aber unter dem Vorzeichen der Wiedergewinnung der Gesundheit, speziell der Gebärfähigkeit der weiblichen Körper[13]. Bezeichnenderweise bediente man sich bei der argumentativen »Einkleidung« des vehement verfochtenen »natürlichen« Ideals wieder der antikisierenden Kunstikone der griechisch-römischen Schönheitsgöttin, diesmal der Venus von Milo. (Abb. 1 und 2)

Damit war diejenige Bewegung eingeleitet, die seit der Jahrhundertwende unter der Prämisse der Befreiung des anatomischen Körpers von den Bedingungen der »zweiten Haut« steht.

Die seit nunmehr fast 200 Jahren funktionierende Dialektik von Hülle und »Essenz« war aber damit keineswegs abgestreift. Vielmehr wurde und wird sie nun in immer radikalerer Fokussierung auf den »hüllenlosen« Körper verlagert, der nun unter aller Augen nichts als die »nackte Wahrheit« der Person bezeugen soll. Die paradiesischen, egalitären Vorstellungen der frühen Freikörperkultur-Bewegungen betonten mit ihrem Motto »Wir sind alle nackt und nennen uns Du«[14] die Arglosigkeit ihrer gemischtgeschlechtlichen Begegnungen in der sogenannten »freien Natur«. Der nackte Körper als Ort von Schönheit, weil »Natürlichkeit« und Gesundheit, wird hier zum Garant für eine »neue Moral«, die sich lediglich dadurch auszeichnet, daß sie nichts zu verbergen hat. Die »sexuelle Befreiungsbewegung« der sechziger Jahre übernahm diese Prämissen, nur mit der Betonung des Sexus. Die Bilderflut vor-

---

13 Die Argumentation der Mediziner und der Frauenrechtlerinnen stimmte hier in merkwürdiger Weise überein. So betonte Margarethe Pochhammer vom radikalen Flügel der Frauenbewegung und Gründerin des seit 1896 bestehenden »Vereins zur Verbesserung der Frauenkleidung« die Verbesserung der Gebär- und Arbeitsfähigkeit der Frauen durch das Reformkleid.

14 Michael Andritzky, Thomas Rautenberg, *»Wir sind alle nackt und nennen uns Du«, Eine Geschichte der Freikörperkultur,* Gießen 1989.

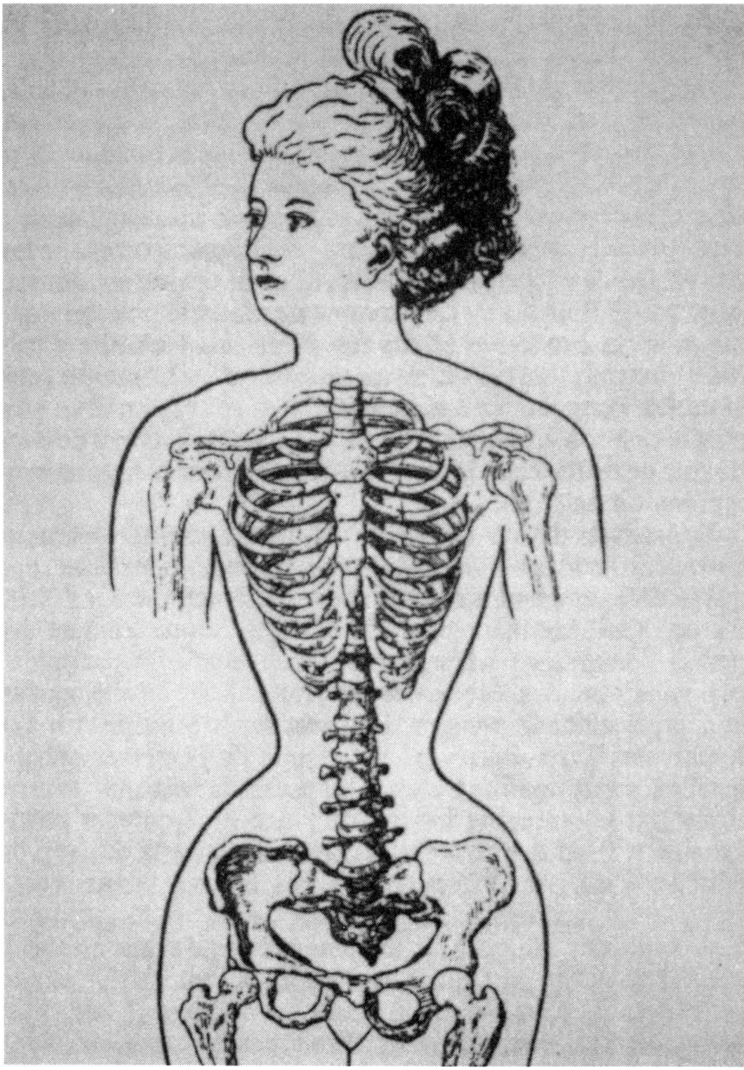

Abb. 1: nach H. Lahmann: Die Reform der Kleidung, Stuttgart 1903, in: France Borel: Le vêtement incarné. Les métamorphoses du corps, Mesnil-sur-L'Estrée 1992, S. 112/113.

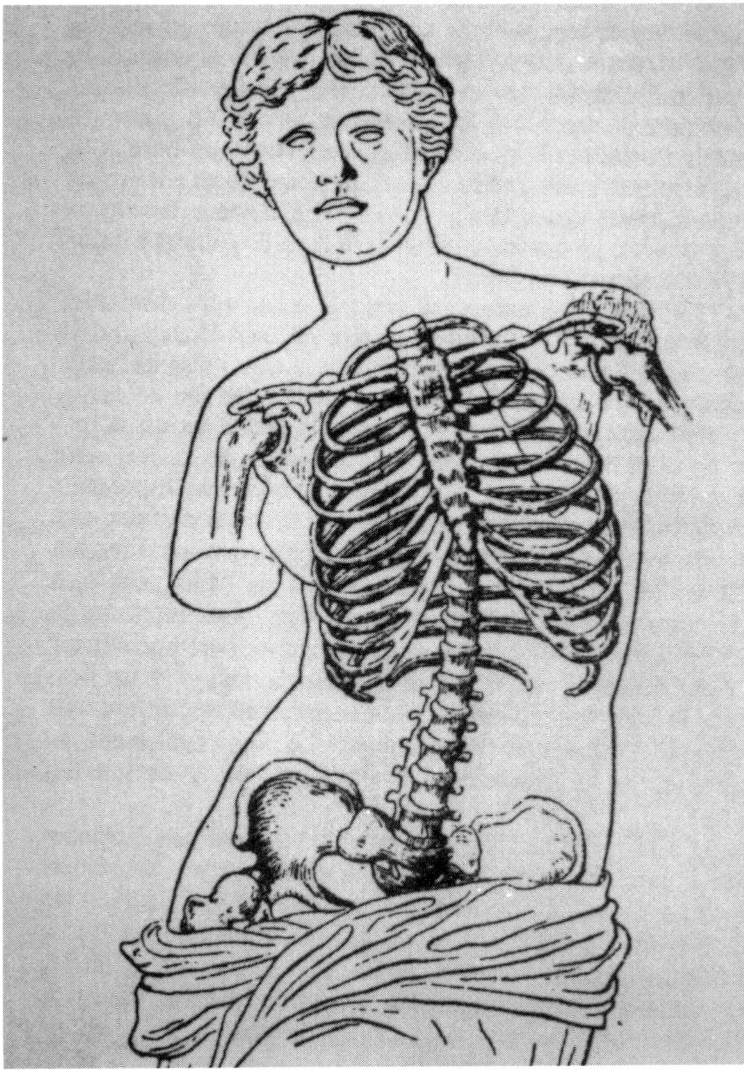

Abb. 2: nach H. Lahmann: Die Reform der Kleidung, Stuttgart 1903, in: France Borel: Le vêtement incarné. Les métamorphoses du corps, Mesnil-sur-L'Estrée 1992, S. 112/113.

wiegend nackter weiblicher Körper in den visuellen Medien zeigt jedoch, wie die Doppelbotschaft von Erotik und der repressiven »neuen« Moral sexueller Toleranz in den letzten zwanzig Jahren in ähnlicher Weise an den weiblichen Körper delegiert wurde, wie dies im 18. Jahrhundert mit der Repräsentation von »Natur« geschah.

Nur ist der Schauplatz jetzt die weibliche Physis selbst. Die geschlechtsspezifisch zugeordneten ästhetischen Idealvorstellungen erweisen sich dabei als verblüffend konstant, während lediglich die »Kultur«techniken und der Ort der Einschreibungen sich verschoben zu haben scheinen. Unter der Prämisse der Gesundheitspflege wird heute durch Diät, Sport und gezieltes Muskeltraining der Körper von innen modelliert. Cremes oder UV-Strahlen verändern jetzt die Pigmentierung der gesamten Epidermis, um einen gleichmäßigen Bronzefilm als Körpergewand unmittelbar in die Haut einzuschmelzen. Und schließlich hat sich die sogenannte plastische Chirurgie seit einigen Jahren auf ihr aus der künstlerischen Praxis entlehntes Adjektiv besonnen und versteht sich jetzt zu großen Teilen als den gesunden Körper modellierende »Schönheits«chirurgie. Wie die Couturiers des 19. Jahrhunderts verhelfen jetzt die Starchirurgen mit Hilfe von Nadel und Faden, Skalpel, Kanüle und Silikonpolstern den Frauen zu den gewünschten Idealkörpern. Unter dem Titel »Und ewig lockt der Leib«, der weiterhin unmißverständlich »Leib und Weib« in eins setzt, werden in einer Ausgabe des Magazins *Der Spiegel* vom August 1992 im Zusammenhang mit dem Thema Schönheitschirurgie angeblich neue »postfeministische« Ideal-Verkörperungen vorgestellt: »Die haben alles im Angebot: Sie sind zierlich, aber mit viel Busen und Po.«[15] (Abb. 3) Wir sehen also: Das alte, bereits erwähnte Sanduhr-Ideal, das im Rokoko des 18. Jahrhunderts, im Deuxième Empire des 19. Jahrhunderts, und im New Look unserer Fünfziger Jahre wiederholt die Kleidung prägte, wird den weiblichen Körpern jetzt direkt auf den Leib geschneidert. Auch die Schminke wird zur Fleisch gewordenen Maske: Brauen und Lidstrich werden tätowiert, die Augenlider korrigiert, die Nase feingemeißelt.

---

[15] »Und ewig lockt der Leib«, in: *Der Spiegel,* Nr. 32, 46. Jg., 3. August 1992, S. 118.

Abb. 3: Cover des Magazins »Der Spiegel«, Nr. 32, 46. Jahrgang, 3. August 1992.

Etwas Neues ist allerdings im diskursiven Umgang mit diesen chirurgisch hergestellten weiblichen Idealkörpern zu beobachten. War deren Kunst- und Konstruktionscharakter vor einiger Zeit noch im Bermuda-Dreieck des Vorher-Nachher-Schemas versenkt worden, aus dem die »neuen« Körper als vorgeblich »natürliche« wieder auftauchten, so wird dieses Schweigen nun ostentativ gebrochen. Die bereits Mitte der 80er Jahre begonnene öffentliche Diskussion um die Skulpturierung der Körper in den Maschinen der Body-Building-Studios setzt sich jetzt in der demonstrativen Rede über Details aus dem Operationssaal fort.

Damit bin ich bei der unmittelbaren Aktualität meines Themas vom »weiblichen Kunst-Körper«. Gerade auf dem Hintergrund der populären Thematisierung seiner Konstruiertheit lassen sich zwei widerstreitende Exegesen feststellen, die ich in meinem Titel mit den Stichworten des »Erlösungspathos« und des »Bildersturms« bezeichnet habe.

So spiegelt die derzeit angestimmte Debatte teilweise geradezu euphorische Untertöne angesichts der Machbarkeit physischer Formen. Die »Götter in Weiß« stilisieren sich zu Pygmalion, der die von ihm geschaffene Statue weiblicher Schönheit jedoch noch durch den divinen Hauch der Aphrodite beleben lassen mußte. Heute bedürfen derartige Inkarnationen jedoch nicht mehr der Transzendenz: Die »materia prima« bietet sich bereits als lebendiger Leib an. Gerade die sich in antikisierenden Allmachtsphantasien ergehende rhetorische Ausstattung der künstlich hergestellten physischen Körper weist jedoch auf deren fundamentale »Bedürftigkeit« hin. Bereits Hegel hat darauf hingewiesen, daß der Körper ohne kulturelles Referenzsystem bedeutungslos ist und er deshalb der Attribute oder Kleidung, der Gesten oder Mimik bedarf, um zum Zeichen zu werden.[16] Die Modemacher sind sich der Aktualität des Problems schon seit längerem bewußt und kreieren mit minimalen Accessoires Klei-

[16] G. W. F. Hegel, »Vorlesungen über die Ästhetik«, II, in: *Werke* Bd. 14, Frankfurt a.M. 1970, S. 406: »... die Kleidung hebt ... die Stellung erst recht heraus und ist in dieser Rücksicht sogar als ein Vorteil anzusehen, insofern sie uns den unmittelbaren Anblick dessen entzieht, was als bloß sinnlich bedeutungslos ist ...«. Zit. nach: Roland Barthes, *Die Sprache der Mode,* Frankfurt a.M. 1985, Anm. 419.

derzitate, die dem nackten Körper appliziert werden, um ihn als »Deshabillé« wieder zum (erotischen) Sprechen zu bringen.[17] Auch Roland Barthes' Diktum über den Körper als »reine« Physis lautet: »Als bloß sinnlicher Gegenstand kann er nicht bedeuten.«[18] Er spricht daher vom Körper als »Signifikat par excellence«.[19] Barthes führt dabei das Mannequin als Inkarnation des absoluten Körpers an. In ihm sieht er ein – seiner Meinung nach noch »seltenes« – Paradox: »Einerseits hat sein Körper den Wert einer abstrakten Institution; andererseits ist dieser Körper ein individueller«.[20] Als Inkarnation eines Körperideals verweist er in tautologischer Wendung auf nichts als sich selbst.[21] Dies hat das Cover-Girl mit den nun gar nicht mehr seltenen, durch die kosmetische Chirurgie hergestellten weiblichen Idealkörpern gemeinsam. In ihnen kommt »eine Struktur ohne Ereignis – eine Sprache ohne Sprechen – zur Erscheinung.«[22] Dieses Repräsentationsproblem versucht man nun durch die Eloquenz zu lösen, mit der der an sich sprachlose Idealkörper als »hergestellter« beschrieben wird. Denn erst die Beschwörung seiner Konstruiertheit, die ja am fertigen Kunst-Körper unsichtbar gemacht ist, um ihn als »Natura naturans« zu deklarieren, macht die Allmachtsphantasien der Chirurgen kommunizierbar. Das, was in zahlreichen Völkern als sichtbare Zeichen der Kulturation vorgezeigt wird, die Schmucknarben, Tätowierungen und andere Körpereinschreibungen, wird angesichts der westlichen Vorstellung vom

---

[17] Bernhard Rudofsky, *The unfashionable human body,* o. O. 1971. Rudofsky plädierte schon Mitte der 70er Jahre für eine Re-Erotisierung der nackten Körper durch Dessous oder deren Zitate, da »seit Urzeiten Männer und Frauen vom natürlichen Aussehen des Körpers gelangweilt seien«. Zit. nach: »Angenehme Phantasien«, in: *Der Spiegel,* 6. 12. 1976.

[18] Roland Barthes, *Die Sprache der Mode,* a.a.O., Kap. 18.11: Der Körper als Signifikat, S. 264.

[19] Ebd.

[20] Ebd., S. 264-265.

[21] Ebd., S. 265. Diese tautologisch auf sich selbst verweisende Körperstruktur des idealen Cover-Girls ermöglicht, daß die von ihm getragene Kleidung ebenfalls selbstreferentiell funktioniert und sich dadurch ihr »autonomer« Warencharakter potenziert.

[22] Ebd., S. 266.

»ganzen«, »heilen«, »gesunden«, d.h. »natürlichen« Körper[23] zunächst geleugnet. Dies geschieht durch eine Art ästhetischen Hypernaturalismus, der auf der ikonischen Ebene den Kulturationsprozeß am weiblichen Körper verschwinden läßt, um ihn dann in einer Rhetorik der Zerstückelung erneut »zur Sprache zu bringen«.

Was aber erklärt das Erlösungspathos, mit dem viele Frauen selbst mit Stolz öffentlich und im Detail vom schmerzhaften Prozeß ihrer Ver-Körperung zu reden beginnen? Meines Erachtens geht es dabei um den Versuch, offensiv ihre Autorschaft an der Inkarnation des weiblichen Schönheitsideals zu deklarieren. Mit den zahlreichen Hinweisen auf die Selbstbestimmtheit ihrer Entscheidung zum Schönheitseingriff in den eigenen Körper reklamieren sie für sich die Rolle des Körperkonstrukteurs mitsamt den dazugehörigen Allmachtsphantasien. Plastische Chirurgie wird ihnen zum Mittel des Selbstbildnisses als Tableau vivant. Daß »Selbst-Bilder immer Nach-Bilder« sind, die keine »›eigene‹, ›autonome‹, vom Blick des anderen Geschlechts unabhängige Entwürfe weiblicher Identität, weiblicher Kreativität oder von Weiblichkeit überhaupt vorstellen, sondern in Abhängigkeit vorgängiger Muster entstehen«[24], habe ich versucht, bisher deutlich zu machen. Als beliebiges Beispiel dafür, daß auch das angeblich neuste weibliche Körperideal kein »autonomes« ist, sondern ganz in der Ikonologie traditioneller Weiblichkeitsreferenzen arbeitet, mag ein Detail der Frau auf dem Spiegel-Cover dienen: Die noch sichtbare, abgestreifte »erste Haut« des »neuen« Körpers zitiert deutlich den dekorativ um die Hüfte der Venus von Milo gelegten Gewandstoff. Die Struktur des Dehabillé, die den Akt als solchen erst konstituiert, ist also beibehalten. Daß die Geste der Autorschaft, die den Frauen verspricht, ein »eigenes«, »selbstbestimmtes« Bild von sich zu entwerfen und

---

[23] Vgl. Sigrid Schade, »Der Mythos des ›Ganzen Körpers‹. Das Fragmentarische in der Kunst des 20. Jahrhunderts als Dekonstruktion bürgerlicher Totalitätskonzepte«, in: Ilsebill Barta u.a. (Hg.), *Frauen Bilder Männer Mythen*, Berlin 1987, S. 239–257.

[24] Dies., »Vom Versagen der Spiegel. Das Selbst-Portrait im Zeitalter seiner Unmöglichkeit (Maria Lassnig, Cindy Sherman, Alice Mansell, Eva Maria Schön)«, in: Farideh Akashe-Böhme (Hg.), *Reflexionen vor dem Spiegel*, Frankfurt a.M. 1992, S. 141.

zur Ausführung zu bringen, daß diese Geste gerade am eigenen Körper stattfindet, hängt mit dessen Codierung als letztem Refugium des angeblich Natürlichen und Authentischen zusammen. Das Scheitern solcher von Frauen positiv besetzter Weiblichkeitsträume hat also System: Denn die zwei sich widersprechenden, historisch als Gegensätze etablierten Kategorien des Künstlichen und des »Natürlichen«, mit ihren Allmachtsphantasien der physischen Machbarkeit einerseits und den Erlösungsphantasien einer permanenten ganzheitlichen Authentizitätserfahrung andererseits (nach dem Motto: »Endlich werde ich so fit aussehen, wie ich mich fühle«)[25], sind *beide* im weiblichen physischen Körper verschmolzen. Das Paradox besteht also darin, daß die Gleichzeitigkeit von Natur und Artefakt im weiblichen Körper die Erfüllung der mit ihnen verknüpften divergierenden Utopien zunichte macht.

Hinzukommt, daß beide Utopien substantiell gefährdet sind durch die vierte Dimension: Die Zeit läßt nämlich auch die den weiblichen Körpern selbst eingeschriebene Ästhetik bald als démodée erscheinen und gibt sie damit der Lächerlichkeit preis. Was Silvia Bovenschen für die sogenannten »Natur-Moden« beschrieben hat[26], gilt somit auch für den ästhetisch geformten Körper: Dem Pathos der auf Natürlichkeit insistierenden »künstlerischen« Weiblichkeitsentwürfen bereitet die Peinlichkeit des »Altmodischen« bald ein definitives Ende. Auch dem erlösenden Wunsch nach permanenter Identität von Selbst- und Fremdbild im künstlich gestalteten Körper gewährt die Zeit keine Erfüllung. Denn mit dem fortschreitenden Alterungsprozeß und endgültig durch den Tod entzieht sie ihm die physische Basis.

Angesichts dieses strukturellen Dilemmas einer nicht aufkündbaren Kongruenz von weiblichem Individualkörper und Artefakt, haben sich Zerstörungsphantasien und -praxen gegen kanonisierte Weiblichkeitsbilder entwickelt, die man im weitesten Sinn unter den Begriff eines »feministischen Ikonoklasmus« fassen kann[27]. Die-

---

[25] »Und ewig lockt der Leib«, in: *Der Spiegel,* a.a.O., S. 108.

[26] Bovenschen, *Über die Listen der Mode,* a.a.O., S. 14-15.

[27] Renate Berger, »Ikonoklasmus. Frauen- oder Genusforschung in der Kunstwissenschaft?« in: Arbeitsgemeinschaft Interdisziplinäre Frauenfor-

ser Bildersturm richtete sich zunächst vorwiegend gegen weibliche Schönheitsikonen der traditionellen Kunstgeschichte: So zerschnitt 1914 die englische Suffragette Mary R. Richardson Velasquez' Gemälde der »Toilette der Venus« in der Londoner National Gallery mit dem Messer[28]. Ein neueres Beispiel ist Niki de St. Phalles »Schieß-Figur« der »Venus von Milo«. (Abb. 4) Sie entstand am 4. Mai 1962 während der Aufführung des Theaterstücks »The Construction of Boston« in New York[29]. St. Phalle hat dabei die im Louvre befindliche antike Idealfigur der Venus in Gips nachgebildet, anschließend im verbleibenden Hohlraum der Plastik Farbbeutel angebracht und dann auf sie geschossen, so daß aus den »Wunden« an Brust und Leib zum Teil rote, zum Teil schwarze Farbe floß.

In jüngerer Zeit haben Künstlerinnen die Bedeutung der kulturellen Inskriptionen in die weiblichen Individualkörper selbst wörtlicher genommen und ins Bild gesetzt. Ulrike Rosenbachs Dias- und Videoüberblendungen der eigenen Figur mit kunstgeschichtlichen Weiblichkeitsikonen – etwa der Venus Anadyomene von Sandro Botticelli – führte sie in ihrer Aktion »Glauben Sie nicht, daß ich eine Amazone bin« fort, indem sie die im Video fusionierten Bilder ihres »Life«-Selbstportraits und Stephan Lochners »Maria im Rosenhag« mit dem Pfeil durchbohrte. Damit ist bei ihr »die ›Real‹-Frau (...) als im Kunstbild aufgehobene gekennzeichnet, gleichzeitig aber als eine, die sich aus diesem Vor-Bild herausbewegt, es attackiert und damit zwangsläufig auch das Bild des eigenen, mit dem klassischen Weiblichkeitsbild verkoppelten ›Selbst‹ zerstört.«[30]

Einen noch radikaleren Schritt des Ikonoklasmus am Konglomerat Weiblichkeit-Körper-Bild haben Künstlerinnen vorgenommen, die in ihren Aktionen die zerstörerische Attacke auf das Weiblichkeitsbild folgerichtig am eigenen Körper vornahmen. In

---

schung und -studien, *Feministische Erneuerung von Wissenschaft und Kunst,* Pfaffenweiler 1990, S. 122 – 140.

[28] Ebd. S. 122-123.

[29] Vgl. Pontus Hulten, *Niki de Saint Phalle, Katalog der gleichnamigen Ausstellung,* Bonn 1992, Glasgow, Paris 1993, S. 48.

[30] Katharina Sykora, »Pandora oder L'Eve future. Ästhetisches Denken und der Kunstcharakter des Weiblichen«, in: *Die Philosophin,* Heft 5, April 1992, S. 17.

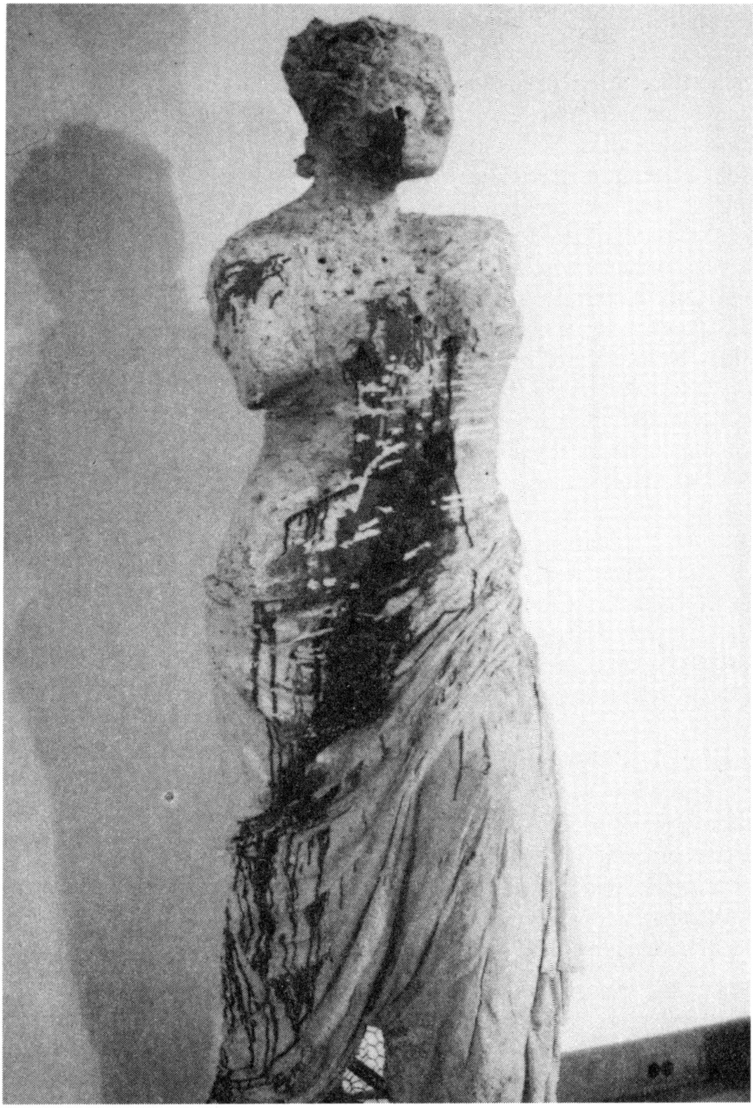

Abb. 4: Pontus Hulten: Niki de Saint Phalle, Ausstellungskatalog, Bonn 1992, Glasgow, Paris 1993, S. 36.

ihrem Film »For You« etwa zeigt Linda Christanell das Spiel der eigenen Hand mit einer kristallenen Hutnadel. Dabei verletzt sie sich selbst: Stigmatisierung und autoerotische Symbolisierung durch den schmückenden Gegenstand vermischen sich hier in ein und demselben Bild. Valie Export manikürt sich in ihrer Aktion und dem gleichnamigen Film »Remote Remote« mit einem Teppichmesser und verletzt sich dabei demonstrativ die Nagelhaut. Sie thematisiert hier das »Überschreiten der Grenze von der affirmativen kosmetischen Zurichtung des weiblichen Körpers hin zum Ausagieren und Vorzeigen eigenmächtiger Zerstörung an diesem Körper, die gleichzeitig auch immer eine Zerstörung des starren ganzheitlichen weiblichen Körperbildes ist«[31]. Regine Steenbocks 1988 gedrehter Film »Vel«, dessen Titel einer germanischen Wortgruppe entlehnt ist, der ethymologisch die Begriffe »Haut« und »Film« gleichermaßen angehören, verkoppelt die Thematisierung von Schönheitsoperationen mit einer Reflexion über den künstlerischen Schnitt, den Filmschnitt als Mittel des erzwungenen Augenschließens, der zensierenden Auslassung. Zu einem Zeitpunkt, als die aktuelle Rhetorik über die Praktiken chirurgischer Konstruktion von Weiblichkeit noch nicht existierte, hat sie mit ihren Bildern von Schönheitsoperationen die »Schnittstelle« des Vorher-Nachher-Schemas als vorsätzliche Blindstelle ausgewiesen, die den »Vorgang der Mutilation leugnen (soll), um der Glattheit und Unversehrtheit des weiblichen Körpers dessen ›Natürlichkeit‹ als unabdingbares Attribut beiordnen zu können.«[32]

Diese hier skizzierte Radikalität des künstlerischen Vorgehens, diese schonungslose bilderstürmerische Kritik des Weiblichkeitsbildes am eigenen Körper, schien notwendig, um die Zerreißprobe zu zeigen, in der sich der weibliche Körper angesichts der Unaufkündbarkeit der Verkettung von Weiblichkeit-Natur-Artefakt befindet, insbesondere wenn er versucht, »mehr zu sein als Körper

---

[31] Katharina Sykora, »Verletzung – Schnitt – Verschönerung. Filmische Freilegungen«, in: Ines Lindner u.a. (Hg.), *Blickwechsel. Konstruktionen von Männlichkeit und Weiblichkeit in der Kunst und Kunstgeschichte,* Berlin 1989, S. 361-362.

[32] Ebd., S. 363.

und Bild«[33]. Die extremen Mittel dieser Demontage sind in der Absolutheit ihres Ikonoklasmus denen der Hysterikerinnen und Anorektikerinnen vergleichbar, die – wie Christina von Braun analysiert hat – ihre Verweigerung des gängigen Weiblichkeitsklischees ebenfalls »in vivo«, d.h. am eigenen Körper praktizierten und praktizieren: »Die Hysterika ›entkleidet‹ sich, sie streift den Körper ab, den sie sich im Kampf gegen den Logos zugelegt hatte, so wie man sich einer Verkleidung, einer zweiten Haut entledigt«[34]. Potentiell bergen beide Strategien, weil sie notwendig am lebendigen Körper exemplifiziert werden, tödliche Konsequenzen.

Trotz dieser extremen Praxis, die sich tendenziell ganz aus dem Konnex des weiblichen Körpers als Natur und Artefakt herauszukatapultieren versucht, muß auch dieser radikale »feministische Ikonoklasmus« sich in seinem Denken und Agieren innerhalb der vorhandenen Weiblichkeitsbildern bewegen: denn auch mit seiner Zerstörung bestätigt er sie ex negativo wieder als Norm.

Über das ikonoklastische Vorzeigen des Konstruktionscharakters von Weiblichkeit hinaus, das im wesentlichen moralisch argumentiert, gibt es jedoch noch weitere ästhetische Versuche, die komposite Struktur des Konstrukts Weiblichkeit-Kunst-Körper vorzuzeigen und gleichzeitig ästhetisch zu überspielen. »Überspielen« ist hier gemeint im wörtlichen Sinne einer Überzeichnung oder Zur-Schau-Stellung von Weiblichkeit, die diese als Maskerade kenntlich macht. Mit Mary Anne Doane gesprochen bietet dies die Chance, Weiblichkeit auf Distanz zu halten. »Der Widerstand, den die Maske patriarchalischer Festschreibung entgegenbringt, liegt (...) in ihrer Verleugnung der Produktion von Weiblichkeit als Nähe, als Nähe-zu-sich-selbst, als – genau gesagt – bildlich. (...) Die Maskerade schließt andererseits eine Umorientierung der Weiblichkeit ein, die Wiederentdeckung oder – genauer gesagt – Distanz zum Bild zu bekommen.«[35] Diese Entzerrung herkömmlicher Weiblichkeitsvorstellungen funktioniert durch deren Hyper-

---

[33] Valie Export, *Das Reale und sein Double: Der Körper,* Bern 1987, S. 31.

[34] Christina von Braun, *Nicht Ich – Ich Nicht,* Frankfurt a.M. 1985, S. 453.

[35] Mary Anne Doane, »Film und Maskerade: Zur Theorie des weiblichen Zuschauers«, in: *Frauen und Film:* Maskerade, Heft 38, S. 11.

trophierung einerseits und durch das Vorführen ihrer Austauschbarkeit andererseits. Sie operiert bezeichnenderweise oft im Umkreis der darstellenden Künste, also der Musikszene und des Films. Stars wie Madonna oder Cher führen chamäleonartig immer neue und doch allzu bekannte weibliche »Identitäten« vor. Cindy Sherman gilt auf dem Gebiet der Fotografie als Meisterin solcher Verwandlungen. Bilder aus ihrem Katalog »Untitled Film Stills« seien hier stellvertretend genannt für ihre Art, sich selbst in divergierenden Weiblichkeitsversionen so zu porträtieren, daß diese nicht mehr ein- und dieselbe Trägerin der Masken durchscheinen lassen. Shermans Inszenierungen sind nicht nur in den Weiblichkeitsklischees sondern in allen Details überdeterminiert. Von den Fotos als Verführerin – entweder als neorealistische Figur à la Magnani oder als platinblondes Busenwunder –, über das scheinbar naive Mädchen, das beim Griff in den offensichtlich fremden und daher attraktiven Bücherschrank ertappt wird, bis hin zur perfekten Verkörperung gängiger Vorstellungen von der strengen Intellektuellen: Sherman zeigt immer nur Bruchteile ihrer multiplen »Inkarnationen«. Durch die Botschaft ihrer Bilder entstehen Verunsicherungen. Sie transportieren aber auch das Versprechen auf eine gerade noch mögliche »letzte Lockerung« der festgefahrenen Repräsentationsmaschinerie von Weiblichkeit, Körper und Artefakt, und zwar von innen heraus. Die fotografischen Selbstinszenierungen Shermans sprechen von einer Vielfalt der Weiblichkeitsangebote, die potentiell in alle imaginierbaren Richtungen erweiterbar wären. Craig Owens beschreibt die dadurch entstehenden Irritation folgendermaßen: Ihre »Photographien funktionieren tatsächlich als Spiegel, Masken, die dem Beschauer sein eigenes Begehren wiedergeben (...) – insbesondere den maskulinen Wunsch, die Frau in einer stabilen und stabilisierenden Identität zu fixieren.«[36] »Indem sie das Bild ins Wanken bringt, macht die Maskerade die männliche Struktur des Blicks zunichte. Sie bewirkt eine Verunsicherung der weiblichen Ikonographie«.[37]

---

[36] Craig Owens, »Der Diskurs der Anderen. Feminismus und Postmoderne«, in: Valie Export, Silvia Eiblmayr (Hg.), *Kunst mit Eigen-Sinn*, München, Wien 1985, S. 85-86.

[37] Doane, *Film und Maskerade*, a.a.O., S. 12.

Abb. 5: Femmes ainous, îles Kourilles, in: France Borel, a.a.O., S. 88/89.

Interessant ist hier, daß das Kalkül, das im Umgang mit den Repräsentationsmöglichkeiten des Weiblichen wieder ins Spiel gebracht wird, die von Angstlust besetzte männliche Vorstellung der Femme Fatale erneut am Horizont auftauchen läßt.[38] Irmgard Schultz hat im Zusammenhang mit Madonna dafür das Stichwort des »revamping of styles« aufgenommen. Hier werden unterschiedliche Weiblichkeitsverkörperungen als reine Frage der Stilfolge begriffen, deren Konstante darin besteht, daß sie wie beim Vamp mit den Konnotationen der Berechnung ausgestattet sind. Damit wird deutlich, daß nur durch den wohlbedachten Einsatz des kalkulierenden Verstandes die raffinierte »dialektische Darstellung von Entwirklichung und Verwirklichung der Frau, dargebracht durch die Kunst exhibitionistischer Zurschaustellung der Stilmittel der Weiblichkeit« möglich wird.[39]

Jenseits dieses Angebots einer intelligenten, souveränen und distanzierten Verkörperung von Weiblichkeitsfacetten in der Wiederbelebung der Femme Fatale, würden dann auch Selbstbilder denkbar, die sich usurpatorisch Insignien der Schönheitsvorstellungen vom jeweils anderen Geschlecht aneignen. Einen Vor-Schein hiervon könnten die Frauen der Ainu von den Kurilen geben, die die Konturen ihrer Lippen mit verschiedensten bartähnlichen Tätowierungen schmücken (Abb. 5), oder eine Annonce aus unserem Kulturkreis über die Möglichkeiten von Brusthaartoupés, in der sich nun auch für Männer eine ästhetische Argumentation um »echte, körperliche Natürlichkeit« ankündigt.

Um jedoch den Verdacht zu zerstreuen, ich bewege mich hier durch einen einfachen Umkehrschluß wieder nur in den festen Bahnen geschlechtsspezifisch determinierter Koordinaten, begebe ich mich zum Schluß noch ein Stück weiter in meiner sur-realistischen Fiktion: Gesetzt den unwahrscheinlichen Fall, die hier formulierte Utopie von der Unbegrenztheit souveräner individueller Darstellbarkeit setzte sich nach allen Richtungen derart fort, daß

---

[38] Michèle Montrelay, »Inquiry into Femininity«, in: *m/f,* Nr. 1, 1978, S. 93.

[39] Irmgard Schultz, »Madonna – das ewige und das wirkliche Idol«, in: Farideh Akashe-Böhme, *Reflexionen vor dem Spiegel,* a.a.O., S. 89-91.

wir uns plötzlich und unerwartet jenseits geschlechtsspezifischer Zuordnungen wiederfänden: dann würde Maria Lassnigs 1949 entstandenes »Selbstporträt als Zitrone« als Pioniertat in die Kunstgeschichte eingehen.

Claus Leggewie

# STAATSKUNST

## *Die Politik der Differenz und der persuasive Staat*

Im Jahre 411 v. Chr., während des Peloponnesischen Krieges, spielte sich vor der Akropolis von Athen folgender Dialog über Staatskunst und Kriegshandwerk ab: Sie, eine streitbare Burgbesetzerin, klagt ihn, einen Ratsherrn, verkehrter politischer Beschlüsse und miserabler Führung der öffentlichen Haushalte an und fordert namens einer großen Weibervollversammlung, ultimativ Mitbestimmung. Der Ratsherr fragt arrogant, wie die ungezogenen Frauen denn die krausen, verwickelten Dinge in Hellas zu entwirren und zu schlichten gedächten. Sehr einfach, meint die Wortführerin: Wie beim Spinnen der Wolle die Fäden gezogen werden, müßten auch die politischen Fragen gelöst werden. Dem gestreßten Politikprofi verschlägt es fast die Sprache; er fordert Wasserwerfer und Brechstangen an. Die Frau bleibt kühl: »Nicht Stangen – nein, Verstand bedarf es hier ... Wärt ihr bei Sinnen, so behandeltet ihr die Geschäfte des Staats akkurat wie wir Frauen die Wolle«. Politik im Stil von Textilherstellung – das will der Ratsherr dann doch genauer wissen von der Frau. »Wie die Wolle vom Kot und vom Schmutz in der Wäsche man säubert: so müßt ihr dem Staate von Schurken das Fell reinklopfen, ablesen die Bollen: Was zusammen sich klumpt und zum Filz sich verstrickt – Klubmänner, für Ämterbesetzung miteinander verschworen – kardätschet sie durch und zerzupfet die äußersten Spitzen, dann krempelt die Bürger zusammen hinein in den Korb patriotischer Eintracht«. Großherzig packt sie Gastarbeiter, Staatenlose, Kolonialvölker, Schuldner und Auslandsgriechen mit in den mutterländischen Korb: »... denn sie liegen herum wie zerstreute einzelne Flocken. Lest alle zusammen von nah und von fern, auf schichtet sie hier und verflechtet die Wocken und wickelt ein Ganzes daraus und verspinnt es zu einem gewalt'gen Garnknäuel! Aus diesem dann webet vereint für das Volk einen wollenen Mantel!«[1]

Die schöne, wenig beachtete Szene aus *Lysistrata* leitet die massenhafte Verweigerung ehelichen Beischlafes durch die hellenischen Frauen ein. Die »Heerauflöserin« handelt nicht nur von der Kriegsverhütung, eignet sich nicht bloß zur pazifistischen Nachahmung im Aufstand der Mütter von Buenos Aires, Belfast oder Belgrad[2]. Aristophanes, selber ein Ratsherr, thematisiert im Auftritt der Frauen gegen das hilflose Geschehenlassen des Krieges auch die *Krise des Politischen* an seinem Ursprungsort. Die Großpolis Athen war für damalige Verhältnisse eine leidlich funktionierende, gewaltenteilige Demokratie, die von Kleisthenes ingeniös eingerichtet und von Perikles zur höchsten imperialen Ausdehnung gebracht, nun aber deutlich auf dem absteigenden Ast war. Lysistrata wußte Rat: Politik nach Art des Hauses, so wie man Wolle herstellt, also kluge Regierung in Gestalt fein gewebter Netzwerke. Doch der Ratsherr kapierte nicht, und die spartanische Kriegspartei blieb erst recht unbeeindruckt.

Dennoch sei erlaubt, die verschmähte Anweisung aus der Antike mit unseren postmodernen Problemen zu verbinden. Die Zivilcourage der Weiberversammlung ist längst vom Zynismus der Volksversammlung abgelöst: Politische Klasse und Bürger sind heute gleichermaßen ratlos, wie der Knoten zu entwirren sei. Jetzt soll er durchgehauen werden. Die »Rostocker Krawalle« haben auch gestandene Liberale zur Verzweiflung gebracht: »Der Staat muß wieder Autorität zeigen«, fordert beispielsweise Heiner Geißler. Die Politik müsse endlich wieder »Herr des Verfahrens« werden.

---

[1] Aristophanes, *Lysistrata*, 2. Szene, 574–585, in der Übersetzung des 1848ers Ludwig Seeger, Stuttgart 1969, S. 31 f. Zur athenischen Demokratie in dieser Zeit Victor Ehrenberg, *Aristophanes und das Volk von Athen. Eine Soziologie der altattischen Komödie*, Zürich, Stuttgart 1963 und Christian Meier, *Die Entstehung des Politischen bei den Griechen*, Frankfurt a.M. 1983.

[2] Mehr oder weniger, wie Barbara Sichtermanns nonkonforme Einleitung zur freien Lysistrata-Übersetzung von Erich Fried, Berlin [2]1992 zeigt.

## *Die Häßlichkeit der Demokratie*

Aber wie? Und was soll da die Kunst? Alle Politik ist Kunst, begann der preußische Historiker Heinrich von Treitschke seine Berliner Vorlesung. Vor hundert Jahren schon lastete der borussische Konservative dem »überwiegend socialen Dasein« moderner Völker an, daß sie die »Majestät des Staates« nicht mehr verstehen und würdigen; »im friedlichen, ruhigen Leben denken die Meisten wenig an den Staat und sind deshalb gern geneigt, ihn zu unterschätzen«. Höhere Wertschätzung sollte das Auftreten des äußeren und inneren Feindes bringen: »Nur im Kriege tritt die Politik unmittelbar an uns heran«[3]. Schon eines besseren belehrt, fragte Gerhard Ritter in seinem Werk über »Staatskunst und Kriegshandwerk«, das er mitten im Zweiten Weltkrieg begann, »ob und wie sich die Dämonie einer hemmungslos entfesselten Kriegstechnik bändigen lasse durch echte Staatsvernunft«[4]. Der Staat, im Ursprung eine »kämpferische Machtballung«, müsse die aus den Fugen geratene Militanz durch strenge Rechtlichkeit, Gemeinsinn, soziale Hilfsbereitschaft und gesellige Verträglichkeit moderieren.

Kriegerische Diktaturen haben ein markantes Verhältnis zur Kunst entwickelt. Bei Nazis und Stalinisten stimmte das Design der Macht, auch wenn sie einen fürchterlichen Geschmack hatten und die Kunst in Ketten lag. Staatskunst in der Massendemokratie hingegen scheint ein Ding der Unmöglichkeit zu sein. Funktionieren soll der Staat, doch nicht schön sein. Stimmen muß, »was hinten herauskommt« (Helmut Kohl), und nicht das Äußere. Die politische Kultur der Demokratie ist geprägt vom »spezifisch westliche(n) Geist normalisierter Durchschnittlichkeit«[5]. Kunstkenner

[3] Zitiert nach einer »Ausgabe für das Feld« aus dem Jahr 1915, vgl. auch die Edition von Max Cornelius, Leipzig 1897, S. 1.

[4] Gerhard Ritter, *Staatskunst und Kriegshandwerk,* 4 Bde., München 1959–1964.

[5] Helmuth Plessner, *Die verspätete Nation. Über die politische Verführbarkeit bürgerlichen Geistes,* Frankfurt a.M. 1974, S. 51.

finden die Demokratie »schnöde und unästhetisch«[6]; mancher dachte angesichts der Bonner Mittelmäßigkeit gar über seine freiwillige Emigration nach. In der Nachkriegszeit stellte sich die Kultur, meist ohne großes Risiko, immer gegen den Staat oder in den Elfenbeinturm. Politik galt ihr als Emanation des Gewöhnlichen, Durchschnittlichen, Alltäglichen: Profane Agrarverordnungen, Pflegeversicherungsreformen, Haushaltstitel sind ihr Thema; Verwaltungseinerlei und Abstimmungsroutinen haben keinerlei Aura. Die Westdeutschen waren zeit ihrer Bonner Republik zufrieden mit einem Staat, der die Bürger in Ruhe und die Wirtschaft ungestört florieren läßt, beiden nicht zu viel, aber genug Steuern abnimmt, die sie gegen die Wechsel- und Krisenfälle des Lebens und der Konjunktur versichern und den inneren und äußeren Frieden garantieren. Den symbolischen und zivilreligiösen Aufwand unserer Nachbarn mit Fahnen und Hymnen, Jugendweihen und Nationalfeiertagen fanden wir reichlich übertrieben. Das ist vierzig schöne Jahre erstaunlich gut gegangen. Jetzt, wo endlich die Bonner Repräsentationsbauten Bundeskunsthalle, Haus der Geschichte und der Petersberg fertig sind, muß die Hauptstadt in den ungemütlichen Osten. Politik besaß bei uns selten, um auf Lysistrata zurückzukommen, eine erotische Ausstrahlung, das leitende Personal erst recht nicht. Die Ästhetik der Bonner Republik ist das Loch in der Plastik Henry Moores im Garten des Kanzleramtes, durch das die Tagesschaukameras hindurchzoomen.

Warum ist Politik so gänzlich unattraktiv und die Demokratie sichtlich unbeliebt? Wer Nebensächlichkeiten und Oberflächenerscheinungen beiseiteläßt wie überzogene Politikergehälter und den kölschen Klüngel[7], kommt zu einem Kern des Problems: zum Versagen des Staates in zentralen Gebieten. Unsere Finanzbehörden z. B. sind derartig überfordert und unterbesetzt, daß Steuerbescheide nur noch vorläufig ausgestellt werden können, abgesehen

---

[6] So Walter Grasskamp, *Die unästhetische Demokratie. Kunst in der Marktgesellschaft,* München 1992; Karl Heinz Bohrer, *Nach der Natur. Über Politik und Ästhetik,* München 1988.

[7] Aristophanes nannte das den »Filz der Klubmänner, für Ämterbesetzung miteinander verschworen«. Zum kölschen Klüngel meine Darstellung in *Merian,* Dezember 1992 (i. E.).

von den Ungerechtigkeiten, die schon eine korrekte Verwaltung der Finanzgesetze endemisch hervorbringt. Wie der Fiskus macht sich die Polizei lächerlich, wo immer sie gegen Mafiabanden und rechtsextremen Mob auftreten soll. Rostock war in dieser Hinsicht die Offenbarung eines Debakels. Die Politik versagt auf der ganzen Linie, der Staat droht zu verkommen; nicht allein in Italien, vor kurzem noch als liebenswertes Chaos angepriesen, wirkt das Syndrom aus egoistischen Gruppen- und Regionalinteressen, bürokratischer Sklerose und Verschwörung wie ein Krebs.

Diese Entwicklung muß auch den alarmieren, der kein erklärter Staatsfreund ist und nicht gerade die Restauration des Obrigkeitsstaates anstrebt. Nur auf den ersten Blick überzeugen die Argumente der wenigen Konservativen, die nach vierzig Jahren Wirtschaftsliberalismus (oder Staatssozialismus) übrig geblieben sind. Sie fordern die Wiedereinsetzung des Staates als Autorität, der im Inneren Ordnung und im Äußeren Frieden schafft und seine ureigensten Aufgaben nicht an kostspielige und dubiose Serviceeinrichtungen wie die Schwarzhemden in der U-Bahn und die Blauhelme im Kriegsgebiet delegiert, während derselbe Staat sich mit Bauverordnungen, Schulparagraphen und ausufernden Vorschriften in alles einmischt, was ihn nichts angeht. Manche reklamieren deswegen den »starken, schlanken Staat« in seiner zwingenden, letztentscheidenden Rolle, die ihm im Gezänk der egoistischen Interessen und egozentrischen Meinungen Respekt und Durchgriff verschafft, ansonsten aber Ballast abwirft. Zugleich rüsten sie den Staat moralisch und pädagogisch auf, gegen Drogenabhängige, die in den Parkanlagen herumhängen und aus Beschaffungsnöten kleine Ladenbesitzer ausrauben, gegen homosexuelle Paare, die Eheleuten gleichgestellt sein wollen, gegen Jugendliche, die aus purer Langeweile Randale machen, aber auch gegen eigensinnige Frauen, die gern selbst entscheiden mögen, ob sie ein Kind bekommen oder nicht, und gegen Fremde, die zu viel anderes im Sinn haben. Die Werbung der »Grand Old Party« für die *family values* bündelt diese Ideen zur Korrektur des allgemeinen Laissez faire.

Dieses Unterfangen, so lehren schon die Reagan- und Thatcher-Revolutionen, ist wohl zum Scheitern verurteilt. Die Verstärkung des staatlichen Moralanspruchs und Gewaltmonopols trifft auf eine Gesellschaft, deren Teilsysteme, Milieus und Lebensstile sich so weitgehend differenziert haben und deren Individuen derart eigensinnig geworden sind, daß eine autoritäre Wende nichts anderes befördern wird als die beklagte symbolische Politik, deren erneutes Versagen das Ansehen des Staates und seines Personals noch weiter herabsetzt. Das Edikt allgemeingültiger Werte und die Herausputzung der staatlichen Dezision verfehlen ihr Ziel angesichts der tatsächlichen Differenz in der Gesellschaft. Man mag diesen Tatbestand ob seiner bedenklichen Nebenfolgen durchaus bedauern. Aber Differenzierung ist eine evolutionäre Universalie, die kaum noch durch staatliche Kraftakte revidierbar ist. Differenz, der Schlüsselbegriff der modernen Soziologie wie der ästhetischen Postmoderne, ist unhintergehbar; und moderne Politik, die spontan zum Unitarismus und zur Zentralisierung neigt, kann diese Ureigenschaft der bürgerlichen Welt nur konterkarieren, indem sie sie klug ausnützt und anschaulich befördert.

## *Die Kunst der Diskriminierung*

Am Beispiel der aktuellen deutschen Misere läßt sich das Dilemma einer Politik verdeutlichen, die Differenzen *nicht* berücksichtigt: Je stärker man dem Verfassungsauftrag gleicher Lebensverhältnisse im ganzen Land nachzukommen trachtet, desto größer wird die innere Zerrissenheit der Nation. Die nie erreichte Einheit Italiens, eine reine Fiktion nach 100 Jahre konstantem Nord-Süd-Gefälle, sollte da eine Lehre sein. Abschreckend ist aber auch der regionale und lokale Egoismus, der in Reaktion darauf das politische Leben Italiens prägt. Der bundesdeutsche Föderalismus ist erfahrungsgemäß flexibler, wurde allerdings nur auf höchstem Wohlstandsniveau erprobt; noch nie war er mit einem solchen Entwicklungsgefälle konfrontiert. Außerhalb der deutschen Provinz potenzieren sich noch die Differenzprobleme; die Vision der Vereinigten Staaten von Europa traut sich deshalb kaum noch einer zu äußern.

Eine kunstvolle Politik der Differenz muß die Unterschiede der Mentalitäten, des Wohlstands und des Lokalpatriotismus respektieren, ohne in eine ethnozentrische Politik der Kantonalisierung zu verfallen. Postmoderne Gesellschaften, für die sich die Bezeichnung »multikulturell« eingebürgert hat, drohen zu zerfallen, sobald der Schleier der nationalen Einheit und die Selbsttäuschung ethnischer Reinheit gefallen sind. Unter dem Banner der exklusiven Volksgruppe wird Differenz nicht erhalten, sondern vernichtet; das serbische Programm der ethnischen Säuberung ist nur der Extremfall. Der Rassenkrieg von Los Angeles, die fremdenfeindlichen Pogrome in Deutschland und die mutwillige Selbstzerstörung der Vielvölkerstadt Sarajevo decouvrieren auch eine theoretische Schwäche der Postmoderne, die sich mit ihrem Verzicht auf eine politische Theorie zu rasch mit der bloßen Anerkennung von Differenz begnügt hat – und damit oft bloß Indifferenz fördert.

Zur Besserung kommt wiederum die Ästhetik ins Spiel. Ihre politische Bedeutung hat lange vor den Postmodernen maßgeblich Hannah Arendt betont. Wie für Lyotard heißt ihr Kronzeuge Immanuel Kant, dessen »Kritik der Urteilskraft« sie als ein Hauptwerk politischer Philosophie gelesen hat. Der politische Mensch muß vor allem unterscheiden können, d. h. aber Differenzen ansehen und wahrnehmen; Urteilen ist, wie Kant sagte: »das Vermögen, das Besondere ... zu denken«. Diesen Sinn erfordert das politische wie das Geschmacksurteil; für eine Erscheinung, ein Ereignis, eine Tat, die nicht sofort etwas Allgemeinem – einer metaphysischen Seinsordnung, der Geschichte usw. – unterzuordnen oder daraus abzuleiten ist. Der Mensch als politisches Wesen zeichnet sich dadurch aus, daß er sich die möglichen Standpunkte anderer, mit denen er in der Welt ist, aneignen kann, und nur indem Menschen in dieser Weise zum Urteil fähig sind, sind sie überhaupt politisch mächtig und handlungsfähig.

Bereits zu Zeiten des Aristophanes, in der von Thukydides berichteten Leichenrede des Perikles, ist diese Parallelität von ästhetischem und politischem Urteil angedacht. Kunst und Politik teilen vor allem ihre Phänomenalität, »ihre Selbstenthüllung in einem Erscheinungsraum« (Ronald Beiner). Erst in der Wahrnehmung der Zuschauer, der Öffentlichkeit wirken sie und kommen zur Geltung. »Kultur und Politik ... gehören zusammen, weil es hier nicht um Erkenntnis oder Wahrheit geht, sondern um Urteil und Entscheidung, den vernünftigen Meinungsaustausch über die Sphäre des öffentlichen Lebens und die gemeinsame Welt, ferner um die Entscheidung darüber, welche Handlungsweise in der Welt zu wählen ist, und auch darüber, wie diese Welt künftig auszusehen hat, welche Arten von Dingen in ihr erscheinen sollen«[8].

Politik und Kunst haben also eine starke Familienähnlichkeit. Das ästhetische Urteil teilt das Merkmal der »erweiterten Denkungsart« des politischen Denkens, nämlich die Möglichkeit, »an der Stelle jedes anderen zu denken«. In der totalitären Welt des 20. Jahrhunderts waren die Maßstäbe des Urteils abhanden gekommen, wie Arendt exemplarisch an der Gestalt Adolf Eichmanns vorgeführt hat, eines Schreibtischtäters, der unfähig zu denken und zu urteilen war, also weder Recht von Unrecht noch Schön von Häßlich unterscheiden konnte.

Für Kant war es selbstverständlich, daß der Sinn für das Schöne politische Qualität besitzt; in seinem Sinne betrachtete Friedrich Schiller die Erziehung zum Staatsbürger als eine vornehmlich ästhetische Bildung. Diese Tradition ist als politische Romantik denunziert worden; in der heutigen Krise des Politischen, da neue Zivilisationsbrüche den Verfall der Urteilskraft beschleunigen, wird eine recht verstandene Ästhetisierung der Politik wieder aktuell. Der schlechte Geschmack des demokratischen Staates und die Indifferenz seiner Bürger kommen nicht von ungefähr. Urteilskraft kann zwar leider nicht gelehrt, aber doch wenigstens eingeübt werden.

## *Politik in Gesellschaft*

Zurück zu den Schwierigkeiten heutiger Politik. Daß der Staat gleichrangig und doch herausgehoben sein soll, ist schwer zu denken. Politische Theorie, die soziale Differenz in Rechnung stellt, muß Abschied nehmen von alteuropäischen Vorstellungen, die der Politik resp. dem Staat den unbestrittenen Primat einräumten; sie darf aber nicht so weit gehen wie die Systemtheorie, die in auto-

---

[8] Hannah Ahrendt, *Das Urteilen. Texte zu Kants politischer Philosophie*, hg. von Ronald Beiner, München 1982 (als dritter Teil der Trilogie vom »Leben des Geistes«); Zitat aus: »The Crisis in Culture: Its Social and Its Political Significance«, in: *Between Past and Future*, New York 1968, S. 197–226, hier S. 223.

poietischer Illusion vom Staat als »wenig brauchbare Kategorie«[9] völlig abläßt und der Politik höchstens noch eine leichte Nebenrolle einräumt, wie einem älteren Chargen, den man aus Gründen der Menschlichkeit nicht aus dem Ensemble werfen will.

Die bürgerliche Revolution etablierte einen simplen, sehr prägnanten Dualismus: Hier die Gesellschaft freier, rechtlich gleichgestellter Individuen, die sich als ökonomische Konkurrenten austauschen und als Bürger eine diskutierende Öffentlichkeit bilden, dort der Staat, der über die hoheitlichen Machtmittel verfügt, den Rechtsfrieden garantiert und in das von unsichtbarer Hand gesteuerte System des Marktes nur in Ausnahme- und Notfällen eingreift, dann aber entschieden. Staat und Gesellschaft standen von Beginn an in einem Tauschverhältnis, das nicht Magie, sondern Eigeninteresse stabil hielt: Gehorsam für Schutz, Vertrauen gegen Effizienz. Die Politik bringt allgemein verbindliche Entscheidungen hervor und setzt sie durch; diese zwingende und regulative Rolle kann sie aber nur in den Grenzen spielen, die ihr die Bürger stecken. Dieser Idealtyp legitimer Herrschaft hat seine starke, leviathanische Metaphorik hervorgebracht: der omnipotente Staat als Kopf, die omnipräsente Gesellschaft als Körper oder, wenn man bei Aristophanes bleiben will: der Mann bricht den Widerstand der Frau.

Was also nicht immer gelingt. Insofern läßt sich die weitere, die wirkliche Geschichte der Moderne als Effeminierung des Politischen kennzeichnen: Die behauptete Zentralität des Staates verfällt, das politische Zentrum diffundiert. Aus Hierarchie wird Gleichrangigkeit, aus Einwirkung Zusammenwirken, aus Gebot und Verbot ein Angebot. Stichworte wie Privatisierung, Subsidiarität, kommunale Selbstverwaltung, Tarifautonomie, Parteienstaat und Bürgernähe deuten diese weiche Flanke harter Staatlichkeit an; originäre oder usurpierte Staatsaufgaben werden an gesellschaftliche Gruppen delegiert. Der Stil des Government verändert sich damit entscheidend: Intervention erfolgt über die Verabredung prozeduraler Regeln, Politik nutzt die Steuerungsmedien der anderen Systeme, vor allem Geld, Wissenschaft und Information, und das Recht als herausragendes Mittel des Staates wird reflexiv. Die Durchschlagskraft des Staates verbessert sich damit nicht unbe-

[9] So vor allem Niklas Luhmann.

dingt: Geld haben andere Instanzen mehr; Gesetze werden notorisch unterlaufen und Gewalt wird oft selbstdestruktiv. Die alten Sprachen des Staates scheinen zwar eindeutig und in allen Feldern der Gesellschaft verständlich und anwendbar; aber immer häufiger verhallt der etatistische Ruf im vielstimmigen Chor der Subsysteme.

Da der Staat als Zwingherr nicht mehr recht wirkt (oder sich lächerlich macht), schlüpft er in eine Rolle, die dem Traditionalisten tragikomisch vorkommen muß: Er wird zu einer Art Versicherungsvertreter. Staat und Gesellschaft, deren Trennwand porös geworden ist und deren Polarität sich multipliziert, treten nach dem Assekuranzmodell in ein Verhältnis von Gegen- und Wechselseitigkeit, das nach dem Prinzip *do ut des* angelegt ist. Das ideelle Tauschverhältnis materialisiert sich[10]. Aus Untertanen werden Nutzer staatlicher Dienstleistungen. Der Staat, nur noch eine Organisation unter anderen, nimmt mit ihnen Fühlung; Staatsdiener bieten den »Verbrauchern« ihren Service an. Das politische System läßt sich auf informelle Koordination und Zusammenarbeit mit anderen Systemen ein; sonst würde keine Universität, kein Krankenhaus und keine Telekommunikation mehr funktionieren und erst recht nicht die anstehende ökologische Reparatur der Industriegesellschaft. Regelrechte Rollenwechsel finden statt: Je »privater« die öffentlichen Körperschaften werden, desto »öffentlicher« wirken private Einrichtungen wie z. B. Unternehmen, die sich über ihre enge Betriebswirtschaft hinaus einer Gemeinwohlzumutung stellen oder sich freiwillig auf eine öffentliche Rolle einrichten. In die Lücke zwischen Verfassungsstaat und Markt tritt zudem ein dritter Sektor von Politikamateuren, z. B. in der freien Wohlfahrtspflege und Selbsthilfegruppen, die – angesichts des sonst übermäßigen Problemdrucks – »erfolgreich scheitern«[11]. Kurzum: Der Staat muß konzertieren, wo er nicht mehr dirigieren kann; er

---

[10] Ein ideales Einfallstor endemischer Korruption. Auch sie kann, nüchtern betrachtet, als Tauschverhältnis zwischen staatlichen und sozialen Akteuren betrachtet werden, die auf zu viel (im Osten) oder zu wenig Staat (im Westen) reagieren und vom Gemeinwohl völlig absehen.

[11] So Wolfgang Seibel, *Funktionaler Dilettantismus. Erfolgreich scheiternde Organisationen im »Dritten Sektor« zwischen Markt und Staat,* Baden Baden 1992.

macht Vorschläge, wo Vorgaben ihr Ziel verfehlen. Die besonderen Potenzen des Staates wirken nur noch indirekt; verhandelt wird »im Schatten der Hierarchie«[12]. Aus dem »Herrn des Verfahrens« ist am Ende der Geschichte eine Gesellschafterin geworden.

Man kann die Geschichte natürlich auch weniger optimistisch erzählen. Daß Gesellschaften, die so offensichtlich auf dem falschen Wege sind, nicht mehr durch Staatsmacht korrigierbar sein sollen, sondern vor allem aus eigenen Einsichten und eigenen Entschlüssen Besserung finden müssen, damit das Politische wieder hervortreten kann, ruft bei Staatsfreunden ein bitteres Lachen hervor: Dann ist alles aus. Für sie ist, mit Carl Schmitt und seinen Getreuen, ohnehin die Epoche der Staatlichkeit beendet und der Rückfall in einen sozialen Naturzustand perfekt. In der Tat: Moderne Gesellschaften brauchen einen handlungsfähigen und überzeugenden Staat. Die Alternative zur postmodernen Entmächtigung und zur konservativen Staatsillusion kann also nur heißen: durch Überzeugung handlungsfähig zu sein oder zu werden, wo die klassischen Interventionsmittel des Geldes, der Gesetze und der Gewaltandrohung versagen. Zu wenig wird der Staat in dieser überzeugenden, persuasiven Rolle gesehen, die er schon, meist ohne großes Aufsehen und oft noch ohne eigenes Bewußtsein, an verschiedenen Schauplätzen übernommen hat.

## *Der persuasive Staat*

Erfahrungen mit politischen Verhandlungssystemen und Netzwerken brachten zum Beispiel die regionale Abwicklung krisengeschüttelter Branchen in Westdeutschland und der Verlauf der friedlichen Revolution in Ostdeutschland. Erstere hatten freilich den

[12] Fritz W. Scharpf, »Die Handlungsfähigkeit des Staates am Ende des 20. Jahrhunderts«, in: *Politische Vierteljahresschrift* 32 (1991), S. 621–634 und Renate Mayntz, »Politische Steuerung und gesellschaftliche Steuerungsprobleme – Anmerkungen zu einem theoretischen Paradigma«, in: *Jahrbuch zur Staats- und Verwaltungswissenschaft* 1 (1987), S. 89 ff.

Nachteil, als korporatistische Zirkel, weit von der Öffentlichkeit entfernt, in den Verdacht der Mauschelei zwischen Verbandsspitzen zu geraten; letztere blieben leider ephemer, weil die Einrichtung der Runden Tische, eine revolutionäre Ersatzhandlung von großer Bedeutung, noch keine konstitutionelle Form und Fortsetzung gefunden hat.

Ein viel alltäglicheres Beispiel aus einer anderen politischen Kultur sind die *public dispute centers* in den Vereinigten Staaten, in denen die Praxis der Mediation zwischen Staat und Privatpersonen bereits zum Beruf und zur Routine geworden ist. Verwaltungsgerichte, aber auch politische Institutionen werden damit entlastet; Mediation greift vor allem bei lokalen und Nachbarschaftskonflikten, kann aber auch bei schwierigen technischen Großprojekten und sogar bei internationalen Krisen und Kriegen wirken – natürlich nicht, wenn das Kind bereits tief im Brunnen liegt. Daß retikale Steuerung, wie Netzwerkpolitik im Politologenjargon genannt wird, große Lücken aufweist, spricht nicht gegen sie, sondern für ihre Verstärkung. Weil das politische Personal dabei selten mitwirkt, müssen sich die Bürger selbst regen. Der Vorschlag der Lysistrata: »verflechtet die Wocken und wickelt ein Ganzes daraus und verspinnt es zu einem gewalt'gen Garnknäuel!«, in der überschaubaren Welt der antiken Polis geäußert, kann wiedervorgelegt werden.

Lysistrata wollte andere Stärken staatlicher Politik zum Zuge bringen: ihre schlichtende, vermittelnde, moderierende Funktion. Man verstehe Moderation hier richtig in der klassischen Weise: als zuspitzende Ver-Mittlung und eskalationshindernde Mäßigung, nicht als wohlfeile Ermäßigung, wie sie manche Moderatorenprofis betreiben. Auch dieser Einmischungsmodus der Bürgergesellschaft stößt auf komplexe, auf sich selbst bezogene Teilbereiche – Wissenschaft, Wirtschaft, Religion, Familie usw. –, zwischen und in denen ganz verschiedene Sprachen, Rationalitäten, Prozeduren und Entwicklungstempi anzutreffen sind, also wiederum: hochgradige Differenz, die natürlich ebensowenig durch einen einzigen und universalen »Überzeugungscode« zu beantworten und zu regulieren ist. Wie also an die Sachen heranzugehen ist, entscheidet sich gewissermaßen experimentell; meist bilden sich staatliche Vermittlungs- und Schlichtungsleistungen erst in den Verhandlungsprozessen und Konferenzen selbst, sozusagen »emergent« heraus.

Der Bielefelder Soziologe Helmut Willke, seit Jahren mit der »Entzauberung des Staates« beschäftigt, hat jüngst von der Ironie des Staates gesprochen[13]. Er überträgt eine spielerische Sprechhaltung, die der postmodernen Dezentrierung des Subjekts angemessen ist, auf die Ebene von Funktionssystemen, wo sie »zur zentralen Formel für die Reintegration« werden soll. Der ironische Staat wirkt nicht aus der Warte des höheren Wesens mit überlegenem Verstand, sondern spiegelt systemische Kontingenzen, die er aus einer scheinbar unwissenden Position unter Kontrolle bringt. Ich glaube kaum, daß die Situation eines ironischen Dialogs zwischen Menschen – einem, der so tut, als wisse er nichts, und einem, der noch glaubt, alles zu wissen – einfach auf Systemkommunikationen übertragbar ist, aus denen handelnde Akteure völlig verschwunden sind; trotzdem ist dies ein sehr schönes und sympathisches Bild vom Staat, das übrigens auch in unsere Frühmorgenstimmung vor der Akropolis hineinpaßt. In Aristophanes' *Wolken*, einem Spottstück auf Sokrates, den Erfinder der Ironie, ist der *eironikos* noch der Heuchler und Spötter. Daraus hat der Philosoph eine Gesprächskunst gemacht, die mit Doppelbödigkeit Gewißheiten zu Fall bringt. Der ironisch Sprechende erkennt etwas vorgeblich an, was nicht anerkannt werden soll; er zersetzt den Sinn von Sätzen, die für wahr gehalten werden, aber indem man sie für wahr erklärt, falsch werden – auch eine proteische Methodik »erfolgreichen Scheiterns«. Am besten gelingt sie vor einem erwachsenen Publikum, das sich ein Urteil bilden kann, also Differenzen erkennt und Spaltung und Distanz aushält. Gernot Böhme hat Ironie als ein typisches Differenzphänomen definiert[14]. Die Selbstbeschränkung, die der blamierte Adressat ironischer Bemerkungen aufgezwungen bekommt, muß der ironische Zerstörer selber vorexerzieren; der Beschneidung überheblicher Gewißheit des

---

[13] Helmut Willke, *Ironie des Staates. Grundlinien einer Staatstheorie polyzentrischer Gesellschaft*, Frankfurt a.M. 1992; vgl. auch Klaus von Beyme, *Theorie der Politik im 20. Jahrhundert. Von der Moderne zur Postmoderne*, Frankfurt a.M. 1991.

[14] *Der Typ Sokrates*, Frankfurt 1992, S. 142 ff.

Anderen geht seine eigene Bescheidung voraus. Jeder Ironiker ist am besten (als) Selbstironiker.

Man fragt sich natürlich, was daran staatsfördernd sein soll – der »Typ Sokrates« ist jedenfalls vom Volksgericht vorzeitig ins Jenseits befördert worden. Willke hat den ironischen Staat, im Unterschied zum herkömmlichen Interventions- und Wohlfahrtsmodell, »Supervisionsstaat« genannt. Wie ein Supervisor ruft die Politik jene Selbstveränderung hervor und befördert sie, zu der die supervisionsbereiten Individuen und Teams selber fähig sind und auch sein müssen, wenn ihre Veränderung nachhaltig gelingen soll.

Ironiker müssen nun immer wieder erleben, daß ihre Ironie nicht verstanden wird, z. B. von Kindern. Ironisch zu reden ist eine erwachsene Kunst, die manche auch nach Erreichen des Wahlalters schlecht beherrschen. Manche glauben deshalb, der ironische Staat sei ein harmloser Softie, der es allen recht macht und keinem wehtut oder den man leicht beiseite schieben kann. Wenn aber in einer differenzierten Gesellschaft Werte immer Resultate einer individuellen Wahl sind und Gesellschaft ein Konstrukt solcher unzähligen Wahlvorgänge ist, wenn folglich keine substantialen, sondern nur noch prozedurale Vorschriften und Spielregeln ausgegeben werden können, dann kann auch politischer Wandel nur noch durch vielseitige Überzeugung angestoßen werden. Der Ironiker verzichtet auf jede Art von direktem Zwang; er erzwingt nur Einsichten, die freiwillig kommen können. Man fragt den ironischen Staat also: wo sind deine Bataillone?

Sie liegen in der »weiblichen« Waffe der Verführung, in der erotischen Qualität von Politik. Im Deutschen klingt das furchtbar, weil wir doch an der deutschen Verführbarkeit bis heute leiden und Erotik noch nicht einmal in der Form des Sexskandals in der Politik dulden. Der Jargon der Kommunikationsgesellschaft hat einen neutraleren Begriff parat: *Persuasion,* in einem amerikanische Lehrbuch definiert als »communication intended to influence choice«[15]. Wie bei der Ironie handelt es sich um einen zielstrebigen

---

[15] Brombeck, Howell, *Persuasion. A Means of Social Influence,* Englewood Cliffs 1976, S. 19; vgl. auch Roloff, Miller, *Persuasion: New Directions in Theory and Research,* Beverly Hills 1980.

Prozeß symbolischen Austauschs, der beim Empfänger der Botschaft eine Änderung seines Verhaltens beabsichtigt, wobei dieser die freie Wahl haben muß und die Chance, die Botschaft auf seine Weise zu decodieren, zu interpretieren und zu befolgen (oder auch nicht). Das Wesen der Verführung besteht darin, daß er es doch tut. Wichtig ist vor allem, seine Aufmerksamkeit zu erregen, seine Prädispositionen zu kennen und den Kontext der Persuasion möglichst gut zu gestalten. Die Wahl der Mittel, heutzutage vor allem audiovisueller Natur, spielt eine wichtige, aber nicht die absolut dominante Rolle. Persuasion ist immer: Kommunikation für jemanden. Sie hat rationale und affektive Dimensionen; sie läßt sich unter Gesichtspunkten der Effizienz wie der Ethik messen und beurteilen. Persuasion unterscheidet sich also von einem ganzen Spektrum anderer Motivationen: von der Gehirnwäsche, der »konstruktiven Konfrontation« und der reinen Propaganda. Ihre Anwendung erschöpft sich nicht in der breiten Ratgeberliteratur des Typs »Ten Steps for selling your ideas« oder forensischen Tricks für angehende Anwälte. In das Gebiet der Persuasion gehört aber wesentlich die Rhetorik, ein klassisches Fach, das bei uns leider aus der Mode der Tagespolitik gekommen ist, die, angeblich auf Sachfragen konzentriert, nur bei feierlichen Anlässen aufs rhetorische Arsenal verfällt. Die meisten politischen Reden, vor allem solche mit vermeintlichen Lehren aus der Geschichte, sind bei uns reine Aus-Reden, die das Politische nicht zutagefördern, sondern eher verdunkeln.

Man kann Persuasion weniger prosaisch beschreiben, wie es in der Lysistrata der nachperikleischen Ära der Fall ist. Am Ende des fünften Jahrhunderts etablierte sich Rhetorik als eine für die Demokratie unabdingliche Einrichtung des politischen Lebens. Die Sophisten Gorgias und andere lehrten, den täuschenden Charakter der Worte mit System zu nutzen; doch sollte man darunter keine bloße Technik der Verstellung verstehen, die einem unlautere Vorteile einbringt, sondern ein Verfahren, in geregelter Weise mit Worten die Seelen zu ergreifen. Rückten die Sophisten Rhetorik in die Nähe der Demagogie und Manipulation, wird sie bei anderen Autoren als Medium demokratischen Konsenses dargestellt. Bei Aristoteles war sie ein Mittel politisch-praktischer Vernunft, vom Ziel bestimmt, »dasjenige aufzufinden und überzeugungskräftig zur

Sprache zu bringen, was zum Gelingen des Lebens im Stadtstaat erforderlich und was ihm abträglich ist«[16]. Eine gute politische Rede konnte im Gemeinwesen durch gemeinsam geteilte Überzeugungen Übereinstimmung herstellen. In der Orestie gelingt es z. B., durch überzeugende Rede die Furien umzustimmen und sie Athen nützlich zu machen.

Der Terminus für Persuasion beim Komödiendichter lautet: *πείθω*[17]. Bei Aristophanes hat politische Überzeugung alle Insignien erotischer Verführungskraft von Frauen; Überzeugung wird nicht zufällig von einer weiblichen Gottheit personifiziert. Lysistrata, die Inkarnation unerhörter Verführung (man denke an die schöne Szene zwischen Myrrhine und Kinesias), und ihre Nachfolgerin Praxagora, die protokommunistische Heldin aus einer späteren Komödie *(Die Ekklesiazusen)* sind ihre Protagonistinnen. Sie repräsentieren eine »inoffizielle« Version der klassischen Rhetorik, von deren Studium Frauen normalerweise ausgeschlossen waren; dabei soll Perikles' Lebensgefährtin Aspaia die Leichenrede formuliert haben, die dem Staatsmann das Renommee eingetragen hat, »seine Zuhörer verhext und einen Stachel in den Ohren des Auditoriums hinterlassen zu haben« (Eupolis). Man sieht: Die athenische Demokratie verfügte über jenen sex appeal, den nicht nur der peruanische Quereinsteiger Vargas Llosa an ihren modernen Nachfolgerinnen so schmerzlich vermißt.

Auch heute muß sich Persuasion nicht in Showpolitik, im »Spektakelstaat« erschöpfen; sie gehört zum erfolgreichen Machterwerb, zur gelungenen Herrschaftsausübung, zum heilsamen Patriotismus und natürlich auch zur Gewinnung von Wählerstimmen – eine Anstrengung, die hierzulande als ebenso ehrenrührig gilt wie kommerzielle Werbung. Advertising ist in vieler Hinsicht mit

---

[16] So prägnant zusammenfassend Markus H. Wörner, *Das Ethische in der Rhetorik des Aristoteles,* Freiburg i.Br. 1990, S. 2

[17] Von *πείθειν:* jemanden dazu bringen, einer Auffassung beizupflichten oder in eine Tat einzuwilligen, vgl. dazu die Studie von Kenneth S. Rothwell, jr., *Politics and Persuasion in Aristophanes Ecclesiacusae,* Leiden 1990 und allgemein George Kennedy, *The Art of Persuasion in Greece,* Princeton 1963.

der Politik auf das engste verwandt. Beide eint das Element der Verführung und Simulation, das einem protestantischen Herzens-Verständnis der Politik suspekt geworden ist[18]. Aber nicht, daß einer alles tut, um Wählerstimmen und Produktmärkte zu erringen, ist der Skandal, sondern daß es bei uns meist mit so elenden Mitteln betrieben wird und mehr schlecht als recht geschieht.

Daß Massen- und Marginalparteien Wahlkämpfe führen, um die volatile, in vieler Hinsicht flügge gewordene Wählermasse einzufangen, ist an sich nicht schlecht; das Übel ist die Langeweile, die dabei aufkommt und den letzten Funken Begeisterung für den politischen Wettbewerb tötet. Aber persuasive Politik wird wichtiger; bisher hatte sie gemischten Erfolg – von der Anti-Raucher-Kampagne über die AIDS-Aufklärung und Bleifrei-Appellen bis zur Vorgehensweise multikultureller Integrations-Ämter und Ausländerbeauftragter[19]. Aber die Zukunft des Politikbetriebs wird von der politischen Überzeugungs-Kampagne bestimmt sein, lokal und weltweit. Gewiß leidet auch diese »weiche« Interventionsstrategie, wie das Politikmodell »hoheitlicher Erzwingung«, an erheblichen Vollzugsdefiziten; sie gilt Kritikern als ebenso kostengünstig wie unwirksam – als rein symbolische Politik, die bloß Aktivität vortäuscht und Strukturfragen in subjektive Anpassungszumutungen umdeutet. Aber wer kommt mit realpolitischem Durchwursteln allein noch weiter, und wie weit reichen die Brechstangen und Wasserwerfer?

## *Persuade or perish*

Diese Maxime gilt nicht allein für die mißachteten »Werbefritzen« und »Politschauspieler«; Persuasion befördert vielmehr die Selbst-

---

[18] Daß Politiker gute Schauspieler und Verstellungskünstler sein müssen, galt bis ins 18. Jahrhundert als selbstverständlich, dazu Ursula Geitner, *Die Sprache der Verstellung. Studien zum rhetorischen und anthropologischen Wissen im 17. und 18. Jahrhundert,* Tübingen 1992.

[19] Dazu als Fallstudie Claus Leggewie, *MultiKulti. Spielregeln für die Vielvölkerrepublik,* Berlin 1990, Kap. 3.

zivilisierung und Säkularisierung des Staates und ist eine letzte Chance vor seiner Kapitulation. Die Politik der Differenz setzt einen notwendigen Kontrapunkt zur zwangsläufigen und unumgänglichen Gleichmacherei massendemokratischer Gesellschaften – nicht um die egalitären Impulse der Moderne zu widerlegen oder umzukehren, wie es manche postmoderne Zweideutigkeit nahelegt, sondern um sie aus ihrer überanstrengten und selbstzerstörerisch gewordenen Abstraktheit zu befreien. Wenn wir uns die Zukunft der europäischen Konföderation oder die Bewältigung der Neuen Völkerwanderung ausmalen, liegt das politische Kunststück in der Verbindung politischer Gleichheit mit kultureller Distinktion. Eine Politik der Differenz orientiert sich längst nicht mehr am Dualismus der parlamentarischen Sitzordnung, an der Fundamentaldifferenz von Rechts und Links, in die die politischen Parteien diesseits und jenseits des Atlantiks noch so krampfhaft eingespannt sind; sie muß vielmehr kulturelle Differenzen auch im öffentlichen Raum abbilden, ohne politische Diskriminierung zu befördern oder zu verstärken. Wirklich multikulturell ist nicht die Gesellschaft, die sich ethnisch abschottet und entmischt, sondern die lokale Eigenheiten in Rechnung stellt, ohne dabei den Wechsel der Optionen auszuschließen. Durch persuasive Semantik und Prozeduren zwischen den Gruppen und Individuen kann, nach klassisch-postmodernem Muster, eine immer vorübergehende politische Gemeinschaft gestiftet werden. Natürlich liegt es nahe, unter der gegenwärtigen Drohung des Rassen- und Religionskrieges auf den Leviathan zurückzukommen. In der politischen Theologie des starken Staates war das die Metapher für den Ausnahmezustand, eine Übersetzung des christlichen Wunders ins politische Leben. Für den persuasiven Staat dürfte der Turmbau zu Babel paradigmatisch zu sein oder – besser: ein ziviles Pfingstereignis, das Menschen in vielen Zungen reden läßt und trotzdem Einigung herbeiführt.

Am Ende tritt Lysistrata vor den Vorhang und nimmt die Maske ab. Die Kunst kann, ohne vordergründiges Engagement oder hinderliche Indienstnahme, dieser pluralistischen Demokratie aufhelfen, vor allem durch die Verfeinerung der Geschmacks- und Urteilsbildung. Und ich meine wirklich die Kunst, nicht den Kunstbetrieb oder die Soziokultur, auf die sich die Parteien problemlos einstellen können[20]. Aber vor allem muß Politik Staatskunst sein, müssen die Politiker wieder Virtuosen der Darstellung und Bürger urteilsfähige Menschen mit Augenmaß werden. Nicht Stangen – nein, Verstand bedarf es hier.

[20] Als Beispiele das in dieser Hinsicht unendlich reichhaltige Werk von Joseph Beuys, aber auch einer wenig bekannten politischen Sekte, der Situationistischen Internationale der 50er und 60er Jahre.

# NEUE MEDIEN

Derrick de Kerckhove

# Touch versus Vision: Ästhetik Neuer Technologien

*Dancing at the Zombie zoo.*
Tom Petty

## *Überblick*

Ästhetik ist heute eine zu wichtige Frage geworden, als daß man sie den Philosophen überlassen könnte. Philosophen kennen sich zwar gut aus mit Konzepten, wissen jedoch recht wenig über zeitgenössische Kultur. Die neue Qualität der Ästhetik beschränkt sich nicht darauf, daß wir Zeugen einer Beschleunigung der Ästhetisierung des Alltags werden. Vielmehr stellt uns heute gerade die Kunst einen besseren Zugang als Religion, Wissenschaft oder Politik zur Verfügung, um unsere eigene Mutation zu verstehen. Sobald die Realität sich verändert, täuscht das wissenschaftliche, akademische, politische und religiöse Establishment normalerweise vor, daß dem nicht so sei. Sogar die kulturell etablierte Kunst reagiert auf diese Weise. Doch die letzte Generation von Künstlern unterscheidet sich von jener dadurch, daß sie als erste entdeckt und vermittelt, wie unsere Erfahrungen sich verändern. Auf die heute grundlegende Frage, wie wir uns selbst und die Welt wahrnehmen, können wir eher von Kunst und Ästhetik als von einer Standard-Psychologie Wegweiser erwarten, die uns besser zu verstehen erlauben, wie Neue Medien uns verändern. Eine der zentralen Funktionen der Kunst ist, eine Brücke zwischen Technologie und Psychologie zu schlagen. Indem sie unsere Wahrnehmung auf den neuesten Stand bringt, bereitet sie uns darauf vor, den neuen Situationen zu begegnen, die auf der veränderten Grundlage unserer eigenen technologischen Entwicklung entstehen. Aus diesem Blickwinkel ist es problematisch, daß während des Kongresses in Hannover dem psychologischen und ästhetischen Impakt der Neuen Technologien so wenig Aufmerksamkeit geschenkt wurde.

Der technologische Einfluß auf unsere Sensibilität ist zunächst ein Untersuchungsgegenstand der Aisthesis, des Reichs der Sinne, und wird anschließend zu einem der Ästhetik, des Reichs der Wahrnehmungen. In diesem Aufsatz möchte ich untersuchen, in welchem Maße die neuen Kunstformen, die elektronische Technologien interpretieren oder nutzen, unsere Aufmerksamkeit auf den Tastsinn und auf taktile Erfahrungen lenken. Ein Versuch, der noch motiviert ist von einem überlebten, vom Visuellen dominierten ästhetischen Dogmatismus.

## *Die Suche nach dem verlorengegangenen Tastsinn*

Jedes Jahr stürzen sich in Kanada und den USA mehr als eine Million Menschen von 50 m hohen Gebäuden in die Tiefe. Die meisten von ihnen, wenn nicht alle, hängen an einem elastischen Band, das dafür berechnet ist, den freien Fall vor dem endgültigen Aufprall zu stoppen. In weniger als drei Sekunden finden sich die Menschen kopfüberhängend 60–90 cm über dem Boden wieder. Diese Praxis heißt bungie-jumping. Man kann nur schwer entscheiden, ob es sich dabei um eine Sportart oder eine Art Therapie handelt; oder beides zugleich, oder keines von beiden. Kritiker und Beobachter kultureller Entwicklungen sind sprachlos. Sind diese Menschen derart ermüdet, daß sie sich ihrem eigenen Leib in dieser lebensbedrohlichen Art stellen müssen? Wenn dem so ist, warum? Wieso kommt dieses Phänomen erst jetzt auf und nicht schon viel früher, z. B. in den 60er Jahren, als alle möglichen Formen von Experimenten und Untersuchungen zu körperlichen Erfahrungen ausprobiert wurden?

Es ist nicht schwierig sich vorzustellen, wie man sich selbst von Klippen oder aus einem Flugzeug stürzt. Selbst wenn ich die absolute Garantie habe, daß jedes Unglück abgewendet würde, dreht sich mir schon allein bei dem Gedanken daran der Magen um. Ich gerate in einen Zustand allgemeiner Panik, ein Schwindel erfaßt mich, der im Magen beginnt und sich schnell bis in die Fingerspitzen und zu den Fußzehen ausbreitet. Vielleicht ist das der Schlüssel: Die Erfahrung des bungie-jumping muß jede Zelle im Körper erregen, wie ein unaussprechlich gewaltsamer und uns über alles treffender Schlag ins Gesicht; oder wie der Klaps, den der Arzt uns als Neugeborene gab, um unsere Blutzirkulation in Gang zu setzen.

Ich frage mich, ob dieses auffällige Bedürfnis, den Zugang zu den eigenen physischen Empfindungen zu steigern, nicht Wurzel dieses »Ohrfeigen-Phänomens« ist. Ich schlage die Theorie vor, daß bungie-jumping ein – sicher kritisch zu betrachtender – verzweifelter, aber verantwortungsvoller, da sicherer Versuch ist, die eigene Propriozeption wiederzuentdecken oder zu erwecken. Unter Propriozeption verstehe ich den Sinn für den eigenen Leib, am eigenen Leib da zu sein, das Gefühl von inneren Ereignissen. Propriozeption ist primär eine taktile Erfahrung sowohl hinsichtlich der eigenen Empfindungen als auch der Ereignisse und Empfindungen in der eigenen näheren und entfernteren Umgebung. Wir haben versucht, diesen Sinn über Jahrhunderte zu mißachten. Denn wir konnten uns bewegen und leben, indem wir unsere Beziehung zur Umwelt ganz einfach visualisierten, statt sie zu empfinden.

## *Realität als Visueller Raum*

Das überwältigende Vermächtnis der Renaissance ist ihre spezifisch technische und perzeptive Darstellung eines visuellen Raumes. Wir stehen noch heute unter diesem Diktat. Im Westen blieb Propriozeption tendenziell in einer komplementären oder untergeordneten Beziehung zur Visualisierung, da sie in ihrer eigenen Entwicklung durch die distanzierende und desensorialisierende Wirkung der Literatur behindert wurde. Ich meine damit, daß die Mehrzahl der Menschen von den Gewohnheiten des Lesens geführt wurden, abstrakte Zeichen in vornehmlich visuelle Bilder zu übersetzen und sowohl sich selbst wie die eigene Position im Raum ausgehend von einem Blick-Punkt wahrzunehmen. In der gleichen Weise wie sie sich selbst und die Figuren der Geschichten, die sie lasen, im imaginären Raum ihres Geistes Gestalt annehmen ließen, projizierten sie sich selbst in die visuellen Konfigurationen des Raumes, wo immer sie waren. Diese Tendenz legt die Priorität beim Imaginieren täglicher Realität auf den visuellen Zugang. Ef-

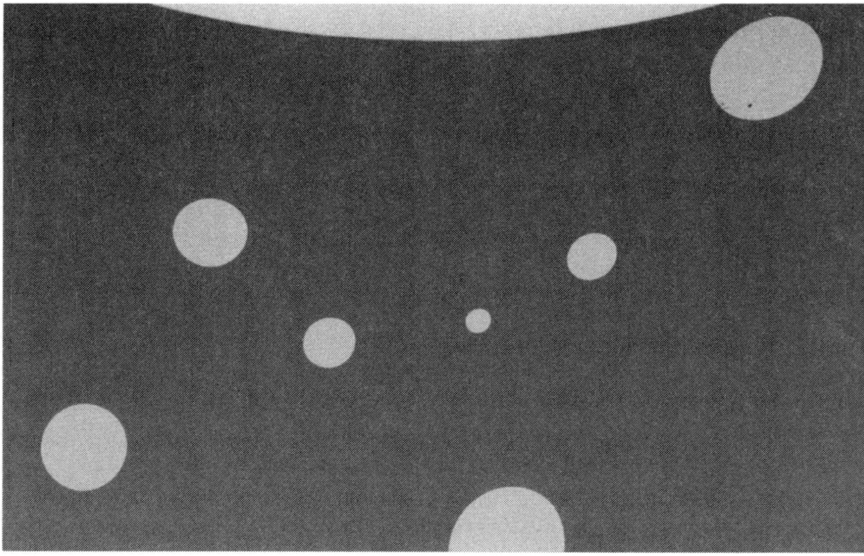

Abb. 1: Tactile Vision. Jumpin Jack Flash. Roland Schimmer 1990. Collection Stedelijkmuseum Schiedam Netherlands

fekt dieser betont visuellen Wahrnehmung des Raumes ist, daß wir uns selbst als primär visuelle Subjekte wahrnehmen (begünstigt wird diese Vorstellung von der – von jedem von uns nachvollziehbaren – Wahrnehmung des eigenen Blickpunktes in jedem Gedanken und in jeder Lebenssituation) und uns selbst als primär visuelle Objekte imaginieren (diese Illusion wird gefördert von der mentalen Projektion unseres Selbst als Akteur in einem imaginierten oder erinnerten Theater der Realität).

Die visuelle sensorische Dominanz in dieser perspektivischen Selbst-Referenz drängte die taktile Komponente bei unserer Empfindung für das Dort-Sein in den Hintergrund. Selbst-Visualisierung legte sich über Propriozeption als zentraler Bezugspunkt für die eigene Position innerhalb der Realität in westlichen Kulturen. In höchstem Maße beschränkt durch den bereitstehenden Prozeß sofortiger Visualisierung, konnte die alltägliche Wahrnehmung der Menschen vom Raum zwischen ihnen selbst und Objekten in der Realität nicht mehr umfänglich durch andere sensorische Beziehungen informiert werden. Das bedeutet nicht, daß ich annähme, die Menschen seien allmählich unfähig geworden, die Welt da draußen zu fühlen, zu hören, zu riechen oder zu schmecken. Vielmehr wurden diese Sinne und Empfindungen unter die absolute Vorherrschaft eines neutralen, visuellen Raumes gestellt.

Das Intervall oder der Zwischen-Raum von Menschen und Objekten wurden allmählich als neutral wahrgenommen. Zur gleichen Zeit, als die Wissenschaften im 17. Jahrhundert sich mit Natur als einem Vakuum auseinandersetzten, beschäftigten sich die Menschen in ihrem alltäglichen Leben damit, die Spinnweben mittelalterlicher Mythologien zu säubern, und sie reinigten dabei die Luft buchstäblich von jeglicher Form der Erscheinung, Metapher einer drohenden Wieder-Belebung des Intervalls. Die geatmete Luft, die einst von solchen Kulturen wie dem vorliterarischen Griechenland – wo man glaubte, daß alle Empfindungen und Wahrnehmungen Variationen des Atems waren – als das Leben selbst aufgefaßt wurde, wurde völlig transparent. Das Band einer sensorisch reichen Interaktivität zwischen den Menschen ging verloren und fiel schließlich in sich zusammen. Die Menschen ignorierten im allgemeinen mehr und mehr die Botschaften, die ihnen vom eigenen Körper und dem ihrer Mitmenschen übermittelt wurden, außer vielleicht beim direkt-physischen Kontakt oder während einer Krankheit. Als die Vorstellung eines neutralen Raumes von der Wissenschaft entwickelt wurde, entwickelte sich auch die Illusion eines neutralen Intervalls in der Art, wie Menschen sich aufeinander beziehen.

Die Darstellung des Raumes als Produkt einer rationalen und wohlproportionierten Messung des Abstands zwischen Objekten sowie zwischen dem Sehenden und dem Blick ist vielleicht die tiefgreifendste Prägung für das Selbstbild und das Verhalten der Menschen in ihrer Umwelt in westlichen Kulturen. Die Botschaft der Perspektive ist nicht in erster Linie die, daß Objekte eine meßbare und zuverlässige Position im Raum haben, sondern daß der Raum – obwohl er teilbar ist – unendlich, kontinuierlich und neutral ist. Diese Darstellung des Raumes wurde sehr schnell von der literarisierten Kultur übernommen, begünstigt durch die Druckerpresse. Begünstigt durch ein geschlossenes und damit kontrollierbares System von Entdeckungen innerhalb der Geometrie, Geographie und Astronomie, das in die Kultur einfloß durch Malerei, Theater und Literatur, konnte die Vorstellung eines visuellen, neutralen, unendlichen und absoluten Raumes zu einer der beiden fundamentalen Koordinaten der westlichen Wahrnehmung werden. Die andere ist, natürlich, die Zeit, die als linear wahrgenommen wurde, als in eine Richtung zielend, irreversibel und sich unendlich entfaltend.

Heute ist es zunehmend schwierig geworden, die Vorstellung aufrechtzuerhalten, daß der Raum in der Welt dort draußen neutral ist. Unsere wachsende Aufmerksamkeit für Luftverschmutzung als einen Faktor industrieller Entwicklung ist mehr als ein politisches und soziales Phänomen. Es ist vor allem ein psychologisches. Es signalisiert die Rückkehr zu einer Bewußtheit für Intervalle. Die Wiederkehr der »Körpersprache« ins allgemeine Bewußtsein spricht dafür, daß wir uns wieder der Tatsache bewußt werden, daß wir nicht alles hinter den geschlossenen Grenzen unserer Haut verstecken können. Solange wir unsere Aufmerksamkeit nur sichtbaren sozialen Veränderungen schenken, sind wir abgelenkt, auch die nicht so sichtbaren und heimtückischen psychologischen und sogar physiologischen Veränderungen zu bemerken.

## *Time is changing*

Da der Raum, im Gegensatz zur Zeit, dem Gesichtssinn zugänglich ist, gründete sich unser Hauptzugang zur Realität lange Zeit auf den Raum. Das perspektivische Konzept vom Raum, das während der Renaissance eingeführt wurde, brachte Philosophen und Wissenschaftler dazu, die Zeit vom Raum zu trennen und das Zeit-Raum-Kontinuum aufzuheben. Zeit wurde zum Inhalt des Raumes, meßbar als ein Verhältnis von Sequenzen, das nach dem Muster räumlicher Einteilungen geformt wurde. Heutzutage wird dieses alte Konzept der Raumzeit jedoch durch Elektrizität zu einer Einheit umgeformt und verwandelt sich durch Virtuelle Realität und Telekommunikation in einen wiedervereinigten und nahtlosen, unabdingbaren Lebensbezug. Telefon, Computernetzwerke, Fax oder auch Videoübertragung machen die Kontrolle über den Raum weniger dringlich, wenig unmittelbar wichtig. Zeitzonen werden ebenso unerläßlich wie geographische Unterteilungen des Raumes. Analoge Quellen digitalisieren, Signale vervielfachen, Multiplexing System, Zeit-Teilung, Kodieren, Komprimieren und Dekodieren sind verschiedene Strategien, das auszudehnen, was der am unerbittlichsten begrenzte Rohstoff unserer Existenz zu sein scheint, nämlich Zeit.

Abb. 2: Telefax Art. Hieroglyphs by Tom. Klinkowstein. Sent from New York to the Beatrixziekenhuis. Gorinchem, Netherlands, Sept. Oct. 1993

So wie wir »virtuelle« Realität erfunden haben, um die uns zugängliche »Standard-Realität« zu verdoppeln, erfinden oder entdecken wir jetzt »reale« Zeit, indem wir unseren objektiven / subjektiven Maßstab von Zeit in Kontrast setzen zu einer ausgedehnten, verschobenen, geteilten, wiederabgespielten, verlangsamten, verdichteten, verwobenen, vervielfachten Art von »Zeit«, die in unseren Maschinen zu wuchern scheint. Wir können getrost ohne zuviel Übertreibung sagen, daß wir heute mit »Lichtgeschwindigkeit« leben. Nano- und Pico-Sekunden multiplizieren die Einheiten der Zeit, die für kontrollierte Aktivitäten – also für Leben – zugänglich sind. Wie dem auch sei, Leben mit dieser Geschwindigkeit erfordert mehr als nur visuelle Präzision.

Rennwagenfahrer berichten oft, daß sie sich ab einer bestimmten Geschwindigkeit nicht mehr nur auf das Sehen verlassen können. Beziehungen zwischen den zahlreichen Vibrationen des Wagens und denen der Straßenoberfläche, die Empfindungen, die durch die Wetterverhältnisse ausgelöst werden, die Vor-Wahrnehmung der folgenden, konkurrierenden Autos sowie auch ihr Wissen von Einstellungen und dem vorhersagbaren Verhalten der anderen Fahrer müssen sie vielmehr in einem Zug »fühlen, spüren«. Sie haben nicht genug Zeit, um nachzudenken und Strategien zu entwickeln, so daß sich kognitive Ereignisse von rationalen auf instinktive Reaktionen verlagern. Ein scharfer Sinn für Berührung kann unter diesen Bedingungen oft über Leben und Tod entscheiden. Reaktions-Zeit ist unter diesen Bedingungen entscheidender als Raum-Kontrolle.

Private und öffentliche Technologien beschleunigen nicht nur Tempo und Rhythmus des täglichen Lebens, sondern auch die unserer kognitiven Prozesse. Wir werden ständig unterbrochen in unseren Gedanken und Emotionen, in unseren Unterhaltungen und Gesten oder in unseren Plänen – kurz in unserem ganzen Leben – durch das Telefon, die Türklingel, Fax und Fernsehen, das Radio unserer Kinder oder einen Absturz im Computer. Alles ist dringendst, alles ist jetzt, alles ist so unterschiedlich, alles muß erledigt werden, überall müssen wir dabei sein. Durch Medien sehen wir mehr Leute an einem Tag, als unsere Großeltern je in einem Monat sahen. Wie viele unter uns können ernsthaft behaupten, daß wir schnell genug für unsere eigene Zeit sind – zum Beispiel schnell genug für das Fernsehen? Die deutsche Kinderpsychologin und Medienexpertin Hertha Sturm sagt, daß in den meisten Fernsehsendungen Bilder zu schnell wechseln, als daß unser Geist auf sie antworten könnte. Versuchen wir den Bildern zu folgen, sind wir insofern immer einen Schritt zurück. Das führt zu dem, was der Student der Medientheorie Ed Slopek den »Kollaps des Intervalls« von Stimulus und Response nennt. Dies ist nicht unbedingt eine Tragödie, denn der Kollaps des Intervalls entspricht dem Moment der Wiederentdeckung des Tastsinns. Sobald Informationen extrem komplex werden, von unterschiedlichen Quellen zur gleichen Zeit kommen, ist es oft einfacher, sie zu »fühlen« als zu versuchen, sie zu verstehen. Deshalb könnte bungie-jumping buchstäblich eine Neufassung der 90er Jahre für den Trend der 60er sein, »alles fallen zu lassen und wieder zum Berührenden, Wesentlichen zu kommen«. Menschen, die das Bedürfnis spüren, über eine Klippe zu springen, sind nicht unbedingt Lemminge. Sie versuchen vielmehr, die Unmittelbarkeit und Dringlichkeit propriozeptiver Informationen wiederzufinden. Der versteckte Nährboden dieser Trends, heute wie in den 60ern, könnte der Impakt des Fernsehens auf unsere Sinne und Sensibilität sein.

## *Interaktivität ist Berührung*

Über Jahrzehnte haben wir unsere Fernseh-Sets betrachtet, als ob sie nur kleine Fenster wären, die sich in sicherem Abstand zu unseren Körpern befinden. Diese Ausformung einer frontalen und entkoppelten Beziehung wurde noch begünstigt durch die Bezeichnung, die für das neue Medium eingeführt worden war. Wir nannten es Fern-Sehen, weil wir in ihm vor allem eine Art visueller Verlängerung des Radios sahen. In Wirklichkeit war es Absicht des Fernsehens, eine Verlängerung des Telefons zu werden. Im Zuge seiner Entwicklung, die die Annäherung von analoger und digitaler Technologie herbeiführte, rief das Fernsehen vier größtenteils unbewußte psychologische Bedürfnisse wach: die Wiederentdeckung des Tastsinns, das Bedürfnis nach Telepräsenz, das Verlangen nach Interaktivität sowie eine völlige Umkehrung der Beziehung zwischen Mensch und Bildschirm in Virtuellen Realitäten. Diese Trends wurden durch zahlreiche künstlerische Ansätze vorausgesehen und gefördert.

## *Die Wiederentdeckung des Tastsinns*

In den 60er und auch noch den 70er Jahren erblühte die erste Generation, die mit dem Fernsehen heranwuchs, vor allem durch die Wiederentdeckung ihrer Sinne und Gefühle. Der sogenannte Generationskonflikt markierte einen klaren Unterschied zwischen zielgerichteten, obrigkeitshörigen und militärisch-arbeitsamen Eltern und deren Hippie-Kindern, die ihre Büstenhalter und Einberufungsbefehle verbrannten, in Kommunen lebten, Touch-in's und Sit-in's inszenierten und Haschisch rauchten. Sie wollten auf diese Weise ihre Innenwelt wiederentdecken und eine spirituelle Wiedergeburt erlangen. Marshall McLuhan hat angedeutet, daß all dies ein Ergebnis des Fernsehens war, das – ähnlich einer Droge – eine Art »inneren Trip« erzeugte, der zu einer tiefgehenden Umwälzung von Identität und Persönlichkeit führte.

McLuhan verblüffte seine Studenten oft mit dem Ausspruch, daß Fernsehen – trotz seines Namens – nicht ein visuelles, sondern ein taktiles Medium ist. Seine Begründungen sind beinahe unverhohlen intuitiv, so daß man geneigt war, seinen Vorschlag als völlig irrelevant abzutun. Eine Erklärung ist, daß das Lichtbündel von weit hinten aus dem Bildschirm heraus in das Auge des Betrachters kommt und irgendwie auf der Retina das Gezeigte malt, als ob es sie streicheln würde. Das streichelnde Bündel läuft auf eine sehr subtile Massage hinaus, deshalb McLuhans spaßhafte Variation »the medium is the massage«.

Abb. 3: What Medium, what message? Untitled. By Gordon Lee. McLuhan Program 1992

Ein überzeugender Gedanke innerhalb dieser Überlegungen ist, daß jedes Medium, unabhängig von einer symbolischen Botschaft, die es vermittelt, eine Umwelt ist, die den Benutzer zu ihrem eigentlichen Inhalt macht. Dies ist sofort zumindest insoweit einsichtig, als jedes Medium darauf angewiesen ist, den Benutzer in einer angemessenen mentalen Einstellung und physischen Haltung für die Konsumption vorzufinden. Zum Beispiel das Fernsehen.

Neben der erforderlichen spezifischen Sitzhaltung und Augenhöhe in bezug zum Bildschirm wendet sich das Fernsehen mit seinen akustischen, visuellen und kinästhetischen Reizen direkt an den Zuschauer, ohne jene Art distanziert nachgeordneter Durcharbeitung, wie sie dem Dekodieren eines gedruckten Textes und dessen Übersetzung in mentale Bilder eigen ist. Fernsehen ruft unvermeidlich multisensorische Anworten hervor, die unseren ganzen Leib ins Spiel bringen. Durch die Verknüpfung akustischer Ebenen, visueller Erscheinungen und vor allem von Bewegungen und Einstellungen, die eine propriozeptive Interpretation wecken, verhält sich das Fernsehen sehr ähnlich wie wirkliche, lebendige Ereignisse im zwischenmenschlichen Bereich, mit dem ganzheitlichen Ziel, multisensorische Antworten hervorzubringen. Natürlich gibt es einen signifikanten Unterschied in diesem Vergleich. Während reales Leben normalerweise eine direkte physische sowie mentale und emotionale Beteiligung an einer Situation herbeiführt, zielt der symbolische Inhalt des Fernsehens dagegen nicht auf eine Handlung, sondern nur auf deren Interpretation.

Anderen inszenierten Produktionen wie Film oder Theater vergleichbar, lädt auch das Fernsehen dazu ein, die Energie, die wir in eine direkte Antwort investiert hätten, in eine indirekte, »nur« neuro-muskuläre Nachahmung umzulenken. Wir verstehen bewegte spektakuläre Erfahrungen durch sub-muskuläre Integration und nicht, wie z. B. beim Tanz, indem wir direkt an ihnen teilnehmen. Im Unterschied zur Interpretation einer rein mentalen Vorstellungswelt fordert das Fernsehen eine stressähnliche Form der Kognition. Wir verstehen, was wir sehen, indem wir den Handlungen mit unseren neuromuskulären Antworten nacheifern oder sie mimen.*

---

* Dies kann einfach nachgewiesen werden, indem die physiologischen Antworten einer Versuchsperson auf Fernsehshows auf den Computer übertragen werden. Koordinierte und simultane Veränderungen in Pulsschlag, Blutdruck, Hautspannung und anderen Kriterien zeigen an, daß wir das, was wir beobachten – das gilt nicht nur für das Fernsehen, sondern für jedes visuelle Ereignis –, nicht nur mit unseren Augen, sondern mit unserem ganzen Körper sehen. Dies kann auch rein gefühlsmäßig überprüft werden, wenn wir beobachten, wie sich unsere Muskeln zusammenziehen und sich unser ganzer Körper anspannt, wenn wir im Fernsehen mit Gewaltszenen konfrontiert werden.

Fernsehen ist gleichsam ein Magnet, der von außerhalb unserer selbst unsere Wahrnehmungen gemäß kollektiv akzeptierter und aufnehmbarer Informationen in musterähnliche Gruppierungen ordnet und umordnet. Das Herausfiltern von Bedeutung wird in Anlehnung an den kulturellen Konsens nach ritualisierten Typen und Formaten gestaltet. Dabei wird der Fernsehzuschauer zu einem empfindlichen Antwort- und Verarbeitungssystem, das von außen her nach innen gesteuert ist. Nicht wir, die Zuschauer, stellen den Sinn von Fernsehbildern her, die Bilder selbst machen Sinn aus uns. Nicht schauen etwa wir das Fernsehen an, sondern das Fernsehen schaut uns an. Wenn vieles von dem, was bis jetzt gesagt wurde, auf alle spektakulären Darstellungsformen zutrifft, welcher Unterschied wird dann durch das Aufkommen des Fernsehens eingeführt? Es ist ein gradueller Unterschied, der vor allem im Kontrast zur literarisierten Welt deutlich wird. Indem Fernsehen zur dominanten informationsverarbeitenden Einrichtung der Kultur wurde, die in die Privatspäre der Haushalte eindrang, führte es eine ganz neue Notwendigkeit ein, Körper und Geist beim Verarbeiten symbolischer Informationen wieder zusammenzuführen.

Die für eine Ästhetik wesentliche Idee ist dabei, daß Fernsehen eine multisensorische Erfahrung ist, die indirekt die Bedeutung des Tastsinns in anderen Zuständigkeitsbereichen fördert und hervorhebt. Pop Art und Op Art in den 60er Jahren spielten eher mit Variationen von Wahrnehmungen als mit Inhalten. Die Palette war auf psychologische Eingriffe ausgerichtet, was mittels der Verbindung zwischen den primären Farben des Fernsehens, taktiler Textur und Vorstellungskraft zugespitzt wurde. Fernsehen trieb ebenso die Empfänglichkeit für Rockmusik voran, die, wie schon der Name beinhaltet, eine Reminiszenz an die taktilen Erregungen von rocking und rolling war. Der dröhnende Sound der Elektrogitarre umhüllte uns ganz, breitete sich vom Ohr über die Haut bis zu den Fußzehen aus. In den späten 70er Jahren begannen Kinosäle – wenn auch eher naiv – mittels Filmen mit »Sinnen*um*gebungen« zu experimentieren, wie z. B. in »Flammendes Inferno«, das die Zuschauer einlud, das »reale Ding« zu erfahren, indem sie buchstäblich in ihren Sitzen geschüttelt wurden.

## *Telepräsenz*

Ein zweiter Trend, der sich aus der unaufhaltsamen Vervollkommnung internationaler Telekommunikation entwickelte, war Telepräsenz. Wenn wir über Fernsehen nachdenken, neigen wir dazu, eher die »Seh«-Anteile zu betonen als die der Ferne. Wie jedes Telefongespräch, war auch »live«-Fernsehen immer schon telepräsent, nur schenkte diesem Umstand niemand die angemessene Aufmerksamkeit. Während Telegrafen, Radios und Telefone sofort mit der Entdeckung der Elektrizität auch Kontakte über weite Entfernungen hinweg ermöglichten, hielt das Konzept der Telepräsenz erst in dem Moment Einzug in die zeitgenössische Kultur, als die Menschen sich gegenseitig live und in Echt-Zeit »sehen« konnten. Dies ist ein Ergebnis der Konvergenz von Fernsehen, vernetzten Leitungen und Computern.

Telepräsenz entwickelt sich heute schnell zu einem unerläßlichen Industriezweig. Es wird allerdings wahrscheinlich noch vieler Medien-Künstler und -kritiker bedürfen, damit wir erkennen, wem dies dient. Peter Weibel sagt: »Wir brauchen die Technologie zum Überleben. Je knapper der Raum ist, je größer vergleichsweise dazu die Bevölkerungsdichte, desto lebensnotwendiger wird die Überlappung und Simulation von Räumen, Zeit und Körpern, so daß mehr Objekte und Subjekte zur gleichen Zeit präsent sein können. Die Technologie muß aus diesem Grund besonders die Teletechnologie weiterentwickeln. Werkzeuge müssen Teleoperationen und Teleagenten werden, die Gesellschaft muß eine teletechnotronische Zivilisation werden. Gleichzeitig müssen die Werkzeuge der Kunst sich weiterentwickeln, wenn sie zu den zukünftigen Überlebensstrategien gehören sollen.«*

Das vielleicht großartigste Kunststück im Bereich der Telepräsenz war zugleich eines der ersten: »Hole in Space« (1980) von Kit Galloway und Sherrie Rabinowitz. Das Ereignis bestand darin, daß die Fassade eines Kaufhauses in New York durch Videokonferenzschaltung mit einem Kaufhaus in Los Angeles zusammengebracht wurde. Die Leitungen waren über drei Tage zu bestimmten Zeiten

---

* »New Space in electronic age«, in: *Book for the unstable Media,* Telecompany, Videoorganisation, Netherlands, S. 72.

geschaltet, aber niemand hatte genauere Informationen über das Ereignis selbst. Das Ergebnis war, daß die Leute, die gerade zufällig an beiden Orten vorbeikamen, ziemlich überrascht waren – man hatte sie ja ohne jegliche Erklärung gelassen – und für sich selbst auf die Deutung kommen mußten, daß sie Leute von der anderen, entgegengesetzten Seite des Landes sahen und mit ihnen sprachen. Am zweiten Tag versammelten sich Familienangehörige und Bekannte von beiden Seiten vor dem »Loch im Raum«. Ein magischer Spot entstand, an dem Entfernungen gewisserweise für eine kurze Weile aufgehoben waren. Am dritten und letzten Tag machten die Medien ihre unvermeidliche Aufwartung, und damit war der künstlerische Aspekt des Experiments vergessen und vorbei.

Die Schönheit dieses Kunstwerkes entsteht aus seiner Einfachheit. Seine besondere Aufgabe bestand darin, einen wesentlich mit dem Fernsehen verbundenen psychologischen und sozialen Aspekt sichtbar werden zu lassen, der immer schon da war, bis dahin aber nie erkannt worden war. Obwohl diese Installation immer noch darauf wartet, in die Textbücher der Kunstgeschichte aufgenommen zu werden, hinterließ sie weltweit einen großen Eindruck bei Künstlern. Galloway und Rabinowitz unternahmen anschließend noch andere Experimente mit Videokonferenzschaltungen. Doch finanzielle Probleme zwangen sie, zum Slow-scan-Fernsehen und Videotelefon mit Standbild überzugehen. Heutzutage sind sie mit vielen Teilen der Welt in Kontakt durch ihr Konzept des »Elektronischen Cafés«, mit dem sie Bilder, Daten, Texte und natürlich Ton- und Stimmkommunikation senden und empfangen.

Einer der ersten Künstler, der Telepräsenz als eine erlebenswerte ästhetische Erfahrung entdeckte, war natürlich Nam June Paik. Seine Arbeit ist sehr bekannt. Aber er entwickelte kein theoretisches Corpus, das seine ausgefallenen Experimente – zunächst aus Skulpturen und Installationen mit Fernsehapparaten und dann mit Netzwerk- und Videokonferenzschaltungen – trägt. Fred Forest, ein französischer Medienkünstler, der in den 70er Jahren als Erster das Konzept »art sociologique« erfand, um seine Massen-Medienstreiche zu beschreiben, verfeinerte diese Idee, indem er 1983 mit Mario Costa eine neue internationale Bewegung in Gang setzte, die sich »L'esthétique des communications« nannte. Dieser Trend, der jetzt zehn Jahre alt ist, beruht auf der Überlegung, daß neue Kommunikationstechnologien unsere Sensibilität verändern und Anspruch auf sorgfältige Beachtung durch Künstler haben. Medien und ihre Netzwerkeigenschaften können in Kunstformen verwandelt werden, indem Ereignisse inszeniert werden, deren Ziel es ist, psychologische und soziale Veränderungen zu enthüllen. »Telenoia«, eines der letzten Kunstereignisse, das von Roy Ascott – einem der wichtigsten Theoretiker und Praktiker der Telepräsenz – inszeniert wurde, verband durch die Zusammenschaltung mittels Telefon, Fax, Videokonferenz, Slow-scan-Fernsehen und anderen Mitteln zwölf Recherchezentren für Zeitgenössische Kunst auf der ganzen Welt für einen ganzen Tag miteinander (31. Oktober 1992), um mit ihnen gemeinsam Halloween zu feiern und einen neuen Tag globalen Bewußtseins ins Leben zu rufen.

Abb. 4: »Telenoia at the Telenoia McLuhan Program«. Roy Ascott, Gwent College of Art 1992

Da Telepräsenz den direkten Kontakt zwischen zwei oder mehr Personen in Echt-Zeit herzustellen vermag, wendet sie sich – mehr noch als Video – direkt an die zentrale Thematik des Tastsinns. Die »Transatlantic wrestling« Performance wurde im Juni 1986 zwischen Paris und Toronto von zwei kanadischen Künstlern realisiert. Die Performance erlaubte es Norman White, den Druck des Armes seines Partners, nämlich Doug Back, der 6000 km entfernt war, über Telefonkabel zu spüren. Zwei Eisenstangen, jede auf einer Seite des Atlantiks, waren ausgerüstet mit Drucksensoren und angeschlossen an Computer und Modems des Telefonnetzes, um Informationen über den Druck, der auf sie ausgeübt wurde, zu übertragen. Sobald in Paris auf die Eisenstange gedrückt wurde, machte es ein kleiner Motor in Toronto möglich, auf der Eisenstange daheim die veränderte Kraft, die in Paris auf die Stange ausgeübt wurde, zu erwidern und umgekehrt. Statt nur eine bescheidene Imitation dessen zu sein, was für die Industrie- und Militärtechnologie über Jahrzehnte in der Telerobotik zugänglich war, verhalf diese Performance zum Durchbruch in neue psychologische Gebiete. Dies vor allem, da die Performance allein den Zweck hatte, daß das Publikum sich in einer völlig neuen Art wahrnehmen konnte, mit einer neuen Dimension. Es schien, als ob viele Menschen, die Zeuge dieses Ereignisses wurden, zum ersten Mal verstehen konnten, daß unsere menschlichen Proportionen sich aus einer unmittelbaren zu einer globalen Umgebung entfaltet haben. Heute können wir mit einer einfachen elektronischen Geste weit über unsere Körper hinausreichen und jemand auf der anderen Seite des Ozeans berühren.

Eine andere Installation – »Telematic Dream« von Paul Shermon – einem Studenten von Roy Ascott am Department für Interaktive Kunst an der Kunsthochschule von Gwent, erforschte die Intimität virtueller taktiler Erfahrungen, die durch Telepräsenz zugänglich gemacht werden kann. Dies gelang Shermon mit Hilfe einer Videokonferenzschaltung, die es einer Person erlaubt, das Streicheln eines anderen, der in Wirklichkeit weit vom Ort des Geschehens entfernt ist – zum Beispiel so weit weg, wie Helsinki und Amsterdam voneinander entfernt sind – zu simulieren. Das Bild von einer Person, die auf einem Bett liegt, wird live auf einen anderen Standort gesendet, wo es auf einem Bildschirm für die andere Person sichtbar wird. Das Bild der jeweils zweiten Person wird live auf denselben Bildschirm digitalisiert, auf dem das Bild der ersten Person erscheint. Die technische Verarbeitung verbindet Chromakeying* und Überblendung der beiden Quellen, so daß sie auf einem gemeinsamen Bildschirm erscheinen. Der Effekt ist, daß zwei Menschen in einer virtuellen Niemands-Welt durch an Phantomglieder übertragene, nachempfundene bebende Empfindungen miteinander in physischen Kontakt treten. Die Vorführung dieser Erfahrung ist recht verunsichernd und störend für Menschen, die sich die literarisierte Gewohnheit angeeignet haben, ihre Körper auf bequemen Abstand zu halten. Es ist wichtig, genau zu verstehen, daß diese Art von Kunstwerk nicht dazu erfunden wurde, den Tastsinn zu simulieren, sondern um eine ganz neue Art taktiler Erfahrungen zu kreieren.

## *Interaktive Kunst*

Vielleicht ist es tatsächlich falsch anzunehmen, daß Fernsehen uns heute wie gestern zu passiven Konsumenten von Unterhaltung und Information macht. Selbst »couch potatoes«, Leute, die den größten Teil ihrer Zeit damit zubringen, von einem Kanal zum anderen zu zappen, sind aktiv an dem beteiligt, was sie sehen. Die Fernbedienung ermöglicht es dem Benutzer, wenn schon nicht in feedback mit der Fernsehapparatur zu treten, so doch zumindest das Fernsehen unter seiner Kontrolle zu halten und in Echt-Zeit das Zusammenstellen von »live«-Informations-Verarbeitung einzuüben. Die Erfindung der Fernbedienung war der erste Schritt, den das Massenpublikum in Richtung Interaktivität tat. Mit dem nächsten Schritt wurden Videorecorder in Millionen von Haushalten eingeführt, die es dem Benutzer erlaubten, Zeit zu verschieben und ihre eigene Show zusammenzustellen. Schon bald darauf machten tragbare und benutzerfreundliche Camcorders den Nicht-Professionellen zu seinem eigenen Produzenten, Regisseur, Kamera-Ton-Mann, Herausgeber usf.

---

* Verfahren zur Farbeleminierung – Anm. d. Übersetzerin.

Einmal ins Rollen gebracht, führte die Erfindung, Entwicklung und Verteilung solch ermächtigender Technologien wie Fernbedienung, Videorecorder und Camcorder zu einer Revolution im Gebrauch von Fernsehen und Video, ohne deshalb zu einer wirklichen Gefahr für die mächtigsten Fernsehkanalnetzwerke und die Werbeindustrie zu werden. Obwohl ebenfalls eine unbewußte kollektive Antriebskraft im Spiel gewesen sein mag, ist es ziemlich wahrscheinlich, daß der Trend, dem Benutzer mehr Autonomie einzuräumen, erst durch die gleichzeitige Entwicklung des Personalcomputers unumkehrbar wurde. Da der Personalcomputer dem Benutzer die Möglichkeit eröffnete, mit dem Bildschirm Rücksprache zu halten und damit die Vorteile literarisierter Technologie mit denen der Bildschirm-Technologie zu verbinden, verdanken wir es erst diesem Computer, daß Interaktivität die neue dominante Beziehungsform zu unseren Medien wurde. Wir werden es nie wieder zulassen, nochmals passive Massenkultur-Konsumenten zu sein. Vom anspruchslosen Keyboard zur ausgetüfftelten Eyetracking-Vorrichtung und zu Hirnwellenscannern ist die Entwicklung verschiedenster Interfaces unaufhaltbar und gnadenlos vorangeschritten. Und sie wird erst aufhören, wenn wir fähig sind, unsere eigenen elektronischen Veräußerungen allein durch Gedanken zu befehligen.

Lange bevor Interaktivität das abgedroschene Modewort wurde, das es heute ist, wurde bereits in den frühen 70er Jahren von einem Künstler, Myron Krueger, realisiert. Sein »Artificial Reality« System ist vielleicht das erste und ästhetisch überzeugendste Beispiel aus der Reihe interaktiver Kunst. Kruegers bemerkenswertes Universum digitalisiert und projiziert das Bild des Benutzers live in die Umwelt des Bildschirms, wo es, indem der Benutzer in Kontakt mit verschiedenen Formen dynamischer Designs tritt, mit diesen interagiert. Das funktioniert folgendermaßen: Sie stehen frontal zum Bildschirm des Computers, im Zentrum des Blickfeldes einer Kamera, die auf Sie gerichtet ist. Die Kamera leitet Ihr Bild direkt zum Bildschirm, doch bevor es dort ankam, wurde es digitalisiert. D. h. es handelt sich nicht mehr um ein gewöhnliches Videobild. Vielmehr wurde das Bild zu einem beweglichen Ikon, vergleichbar dem Cursor auf jedem Computerbildschirm. Wenn Sie dann Ihre Arme, Hände oder den ganzen Körper bewegen, bringen Sie die Bilder auf dem Bildschirm dazu, Ihren Bewegungen zu folgen, mit Ihnen zu tanzen oder aber lustige und schöne Töne zu produzieren. Die Magie der Kindheit wird zurückgewonnen, indem wir diese Art von Macht auf Distanz erfahren. Oberflächlich betrachtet, ist die Botschaft der Interaktivität, daß eine elektronische Technologie fähig ist, ihren Benutzern die Autonomie zurückzugeben, die ihnen vom Fernsehen genommen wurde. Interaktivität scheint den Menschen ein neues Vokabular von Macht und Kontrolle zu versprechen. Sie stellt den Benutzer-Konsumenten und nicht den Produzenten in den Vordergrund. Dank unserer elektronischen Kontrolle erhalten wir die personalisierende Macht des schlichten Schreibstiftes wieder zurück, diesmal jedoch mit weitaus kraftvolleren Mitteln.

Doch die tiefere Botschaft der Interaktivität ist, daß wir nach Jahrhunderten, in denen einzig eine visuelle Form menschlichen Ausdrucks ausgeschlachtet wurde, nun wieder als gesamte Kultur die beträchtlichen Möglichkeiten des Tastsinns entdecken. Denn interaktive Systeme sind elektronische Veräußerungen und Metaphern für unsere taktilen Sinnesqualitäten, während Buchdruck, Malerei, Fotografie, Film und Fernsehen Projektionen und Metaphern unserer visuellen Sensibilität sind. Interaktivität ist die technologische Erkundung und Interpretation aller denkbaren bzw. erfahrbaren Intervalle, aller Formen des Austausches und der Beziehungen, die den Menschen zugänglich sind. Diese Erkundungen der unterschiedlichen Möglichkeiten, wie Menschen auf ihre Umwelt und untereinander bezogen sind, scheinen allein durch die Vielzahl der Ausdrucksformen begrenzt zu sein, die Menschen aus ihrem Geist und an ihren Körpern entstehen lassen können.

Die überzeugendste Illustration für die hauptsächlich taktile Natur der Interaktivität sind paradoxerweise zwei anscheinend völlig immaterielle Systeme, die von Künstlern allein für den künstlerischen Gebrauch entworfen wurden. Diese Systeme nutzen zwar auch die Funktionen unserer Augen, sie tun dies allerdings im Sinne einer Verlängerung der Hand. Joachim Sauters und Dirk Lügebrinks »Zerseher« erlaubt es dem Benutzer, Struktur und Textur eines Bildes alleine dadurch zu verändern, daß er es anschaut. Eine Eye-tracking-Vorrichtung folgt den Augenbewegungen des Kunstbenutzers, um die Zielrichtung des Blickes zu einem Gemälde zu bringen, das in einen Computerbildschirm gescannt ist. Die Wirkung gibt dem Kunstkritiker-Auge eine völlig unerwartete Macht. Er schaut das Werk nicht einfach an, sondern verändert es. Eine mögliche Interpretation dieses äußerst postmodernen Werkes ist, daß es ein höhnisches Statement zu Schönheit und Wahrheit ist, die im wahrsten Sinn des Wortes »im Auge des Betrachters« entstehen. Eine andere ist vielleicht, daß Thomas von Aquin Recht hatte: »Das Auge ist wirklich nicht mehr und nicht weniger als eine äußerst feine Version des Tastsinnes.«

Es gibt ein Problem mit dem »Zerseher«. Denn er funktioniert nur, wenn sich der Betrachter-Benutzer – ähnlich dem traditionellen Betrachter eines großen Kunstwerkes der Perspektive oder des Trompe-l'œil –, an einem präzisen, exakt vorgegebenen Punkt in der Museums-Umgebung befindet. Ein anderes, auf dem Prinzip des Eye-tracking aufgebautes, interaktives System wurde von einer Gruppe kalifornischer Künstler erfunden, die sich als Kollektiv »Biomuse« nennen. In diesem System werden nicht einfach alle Bewegungen der Augen von einer Kamera erfaßt. Vielmehr werden mittels Sensoren die Bewegungen der Muskeln aufgenommen und interpretiert, die um die Augen herum liegen und deren Bewegungen kontrollieren. Die interaktive Einrichtung der »Biomuse« erlaubt es dem Benutzer, den eigenen Blick so präzise und planmäßig zu führen, als wäre er ein Cursor auf dem Bildschirm. Die Befehlsausgabe ist anzusteuern, indem entweder eine mouse-ähnliche Vorrichtung gedrückt wird, oder sie wird – für Menschen, die dazu nicht fähig sind und nur ihre Augen bewegen können – einfach durch einen Augenaufschlag ausgelöst, der nur solche Muskeln aktiviert, die nicht am spontanen Augenblinzeln beteiligt sind. Interessant an der »Biomuse«-Recherche ist die Tatsache, daß die Künstlergruppe ursprünglich nicht nach diesem beschriebenen System suchte. Vielmehr entwickelte es sich aus früheren Arbeiten, die darin bestanden, willkürliche Muskelkontraktionen mit verschiedenen musikalischen Vorrichtungen so zu verbinden, daß Musik direkt durch Körperbewegungen hervorgerufen werden konnte. Das bis dahin bekannte Berühren, das immer als materielle Hardware Muskelkontrolle einbezieht, führte auf diese Weise geradewegs zu einem anderen grundlegenden Aspekt des Berührens, nämlich dem Umgehen mit Intervallen. Die

Abb. 5: Space Between. Very Nervous System. By David Rokeby. Toronto, Sept. 1992

elektronische Verlängerung des menschlichen Körpers stellt uns die Möglichkeit zur Verfügung, geschwind zwischen Hardware und Software hin- und herzuschalten, zwischen Gedanken, Körper und äußerer Umwelt zu switchen. Wir werden vielleicht eines Tages herausfinden, daß eines der quälendsten Probleme der Philosophie und Wissenschaft, das danach fragt, wie Denken mit dem Gehirn und der Geist mit dem Körper verbunden ist, auf etwas relativ Einfaches zurückgeht, das bereits von einigen unserer Maschinen ausgeführt wird.

David Rokebys »Very Nervous System« z. B. läßt eine Art taktiles Interface offenkundig werden, das ein Modell sein könnte für das, was Wissenschaftler »emergent properties« nennen, die Resultat einer Körper-Geist-Interaktion sind. Auch im »Very Nervous System« stehen Sie – wie bei Kruegers »Artificial Reality« System – vor der Kamera. Doch statt auf dem Computerbildschirm zu erscheinen, gehen Ihre Bewegungen direkt zu einem Computer, der sie für ein Musical Instrument Digital Interface (Midi) interpretiert. Midi ist ein spezielles Verbindungsstück, das entworfen wurde, damit ein Sound-Synthesizer Befehle vom Computer aufnehmen und ausführen kann. Jede Ihrer Bewegungen wird in einen entsprechenden Ton oder eine Reihe von Tönen übersetzt. Sie werden gleichzeitig Komponist, Performer und Zuhörer Ihrer eigenen musikalischen Umgebung. Die ganze Zeit wird etwas zweifellos sehr Physisches, nämlich die Bewegungen Ihres Körpers und Ihre Gesten, in etwas eher Kosmisches und Schönes – nicht zu vergessen: – grenzenlos Veränderbares – übersetzt, nämlich in hochkomplexe und organisierte musikalische Struktur. Unsere traditionellen ästhetischen Konzepte reichen bei weitem nicht aus, um unserer expandierenden ästhetischen Erfahrung durch Kunstwerke wie das »Very Nervous System« – und ganz allgemein durch qualitativ gute interaktive Kunst – Rechnung zu tragen.

## *Vom Fernsehen zur Virtuellen Realität*

Wenn Fernsehen die letzte Stufe in der Evolution frontaler und theoretisierender Medien war, ist vielleicht interaktives Fernsehen die erste Etappe einer radikalen Umwälzung unserer Beziehung zu den Informationen, die wir verarbeiten: Während Bücher den Menschen erlaubten, Informationen in ihre Köpfe zu überführen, bringt Virtuelle Realität sie dazu, ihre Köpfe in Informationen eintreten zu lassen. Ein theoretischer Zugang zur Welt ist Eigenschaft oder Merkmal für ein Medium, das auf dem – vom übrigen Körper losgelösten – Sehsinn gründet. Die wichtigsten Medien westlicher Kultur seit der Erfindung des Alphabets haben die Menschen mit Theorien konfrontiert, mit Dingen zum Anschauen. Bis zur Erfindung der Fernbedienung – mit Ausnahme des Telefons, das wieder eine ganz andere Geschichte ist – standen alle unsere informationsverarbeitenden Medien uns gegenüber, boten sich vor allem unseren Augen dar, fern von jedem körperlichen Kontakt. Dieses übermäßige Ausgesetzt-Sein vor Bildschirmen und Bühnen führte westliche Kognition zu einer Vorbelastung in Richtung Theorie statt zu direkter Erfahrung oder Praxis. Die Einführung der Elektrizität brachte jedoch eine Veränderung, die auch heute noch im Gange ist. Der Unterschied kann klar herausgearbeitet werden, wenn wir entdecken, was es bedeutet, buchstäblich durch den Bildschirm hinein in die Welt virtueller Realität einzudringen.

Auf Grund seiner verführerischen Natur und der Faszination – um nicht zu sagen Hypnose –, die es auf den Betrachter ausübt, gleicht Fernsehen den mythologischen Sirenen. Das Verlangen, immer näher an den Bildschirm heranzukommen, scheint schon in ganz jungen Jahren zu beginnen: Vorschulkinder versuchen, ihre Nasen an die Apparaturen zu schmiegen, gerade so, als ob sie selbst in den Fluß der Elektronen eintauchen wollten. Aus diesem Blickpunkt erscheint der Trend zur Virtuellen Realität eine vorhersehbare Entwicklung für ein Medium zu sein, das seine Benutzer sozusagen in sich hineinsaugt. Die technologische Forschung – damit beauftragt, diese unbewußten Triebkräfte zu realisieren – nahm viele mehr oder weniger naive Formen an. Interface-Forschung brachte, neben vielen anderen Erfindungen, in den frühen 80er Jahren die Entwicklung des Touch-screen hervor, des durch Berührung interaktiven Bildschirms. Dieses Interface konnte sich nie richtig durchsetzen, obwohl es auf manchen Gebieten der Industrie, in Schulen oder Einkaufszentren, wo der Touch-screen Zugang zu elektronischen Katalogen und Führern gab, eingesetzt wurde. Die wirkliche Revolution Virtueller Realität setzt erst mit der Erfindung des Datenhandschuhs ein. Dieses neue Interface wurde vom Computeringenieur und Musiker Thomas Zimmermann erfunden, um eine virtuelle Gitarre mit einer virtuellen Hand – beide erschienen auf dem Bildschirm seines Computers – spielen zu können. Der Datenhandschuh verfügt über verschiedene Typen sensorischer Vorrichtungen für Bewegung und Raumorientierung, die dem Computer in Echt-Zeit genaue Informationen über die Positionen der Hände und Finger überspielen und übertragen. Die Hand erscheint anschließend auf dem Bildschirm, auf dem sie mit dreidimensionalen, interaktiven Graphiken – wie mit einer Gitarre mit virtuellen Saiten – in Kontakt treten kann, über die Synthesizertöne jeder erdenklichen anderen Apparatur oder jedes Instruments gesteuert werden.

Für sich selbst genommen wäre der Datenhandschuh vielleicht nur ein cleveres Interface geblieben. Der Grund, warum er die Vorstellungskraft der Menschen anregte und regelrechte Scharen von Künstler-Ingenieuren auf neue Entdeckungsfeldzüge schickte, liegt darin, daß er mit einem anderen Interface gekoppelt werden konnte, nämlich den »Eyephones«, Datenbrillen, die in den späten 60er Jahren von einem anderen Ingenieur, Ivan Sutherland, erfunden worden waren. Sie bestehen aus einer Augenbrille, bestehend aus zwei kleinen Fernsehern, die derart angeordnet und programmiert sind, daß sie die Illusion vermitteln, man sei wirklich in eine dreidimensionale Welt eingetaucht. Indem Handschuhe und Brille zusammengefügt wurden, wurde greifbar, was bisher immer nur metaphorisch geblieben war: das Eintreten in den Bildschirm. Die Ausgangsidee des Datenhandschuhs wurde von einem anderen Künstler, Jaron Lanier – der sogar eine eigene Firma in Kalifornien gründete, um seine Forschungen zu unterstützen – verfeinert und zum Datenanzug ausgeweitet.

Was die Menschen betreten, wenn sie Datenbrille, -handschuh und -anzüge überstülpen, ist natürlich nicht der Computer, sondern eine multisensorische, graphische Umwelt. Schlüsselerlebnis ist dabei, daß diese Umwelt den Benutzer völlig rundherum umgibt, so daß die virtuelle Welt die wirkliche Welt ersetzt. Damit können wir der bisher bekannten Opposition von Wach- und Traumzustand noch eine andere Daseinsform hinzufügen, nämlich

Virtuelle Realität, einen elektronisch hergestellten Traum. Im Gegensatz zum biologischen Traum erlaubt es erst Virtuelle Realität, daß mehr als eine Person an der Realität bewußt und planvoll teilhaben kann. Virtuelle Realität berührt die Vorstellungskraft von so vielen Leuten auch deshalb zutiefst, weil sie in sich selbst die charakteristischen Eigenschaften elektronischer Medien wie Video und Computer mit ihrem Kommunikationsreichtum, Datennetzwerken, weitreichenden Speicherkapazitäten, Koppelung analoger und digitaler Medien vereinigt und diese zu einer einzigen, integrierten Technologie verbindet. Virtuelle Realität bringt eine völlig kontrollierbare, digitale Umwelt hervor, die Sehen, Hören und Berühren miteinander verbindet.

Es scheint angemessen zu sein, zumindest auf einer symbolischen Ebene zu behaupten, daß das Eintauchen der Menschheit ins elektronische Meer mit der Hand begann. Es gibt viele Bereiche in der wissenschaftlichen und technologischen Forschung und Entwicklung, wie z. B. Künstliche Intelligenz (KI), Robotik und Teleüberwachung in industriellen Arbeitsprozessen, die die Erforschung taktiler Simulation rechtfertigen. Doch erst Virtuelle Realität widmete dem Tastsinn die entsprechende Aufmerksamkeit. Natürlich beruht dabei der Eindruck oder die Illusion der in Virtueller Realität vermittelten Wirklichkeit eher auf der Simulation taktiler Erfahrung sowie der hohen Qualität dreidimensionaler Tonreproduktionen, als auf einer überzeugenden Graphik oder der Geschwindigkeit von Bewegungen. In der militärischen Flugsimulation arbeiten Ingenieure daran, die haptisch-propriozeptive Sinnenwelt zu simulieren, damit der Pilot mit lebensnaher Genauigkeit die Empfindungen des Take-off, des Landens sowie der Beschleunigung und Verlangsamung des Flugzeuges spüren und fühlen kann. Die Simulation chemischer Reaktionen für wissenschaftliche Analysen zielt darauf ab, so genau wie möglich den Wechsel der Polarität bei molekularen Verbindungen zu simulieren. So hat z. B. das Laboratorium für Virtuelle Realität der University of North Carolina in Chapel Hill mit dem Head Mounted Display (HMD) einen Kraft-Feedback-Mechanismus entwickelt, der es dem Forscher erlaubt, mit dem Arm in eine elektronische Büchse zu schlüpfen, die die Spannungen und Kräfte reproduziert, die bei der Manipulation von simulierten molekularen Strukturen hervorgeru-

Abb. 6: DiVision. U. K. Virtuality System. Presented at the Muu Festival Helsinki. April 1992

fen werden. Während Margaret Minsky am MIT an der elektronischen Simulation von Gewebe arbeitet, verbessern derzeit Forscher und Ingenieure in vielen Virtual Reality-Laboratorien in den USA die Modelle von Datenanzügen, die man wie elektronische Schwimmanzüge tragen kann, um die Begegnung mit virtuellen Umwelten mit dem ganzen Körper zu fühlen. Vorschläge zu virtuellen erotischen Begegnungen gibt es bereits zur Genüge in der populärwissenschaftlichen und Unterhaltungsliteratur. Während der Tastsinn für den militärischen und industriellen Gebrauch als ein wichtiger und wirksamer sensorischer Input integriert wird, nähern sich ihm Künstler in seiner ästhetischen Dimension, die sich mit der Erforschung der Digitalisierung eröffnet.

Es ist wichtig, nochmals zu betonen – obwohl Virtuelle Realität noch nicht wirklich etabliert ist –, daß erst Künstler diese Technologie, so wie sie war, aus dem Militärischen heraus in die allgemeine Kultur brachten. Mittels Virtueller Realität werden derzeit viele neue Kunstformen von einer ganz neuen Generation von Künstlern entwickelt, die ihrer ästhetischen Ausbildung die Kompetenz eines Informatikers, Ingenieurs und Programmierers hinzugefügt haben. Zu den interessantesten Entwicklungen zählen zwei Zentren in Deutschland, die an der Spitze für künstlerische Experimente in dieser Richtung stehen. Der in Australien geborene Jeffrey Shaw wurde gerade wegen seiner schon seit langem bestehenden Faszination für Virtuelle Realität Leiter des Instituts für Innovative Medienkunst in Karlsruhe. Seine Arbeiten wie z. B. »Legible Cities« und »Virtual Museum« benutzen zwar keine Datenbrillen, sie erlauben es dem Benutzer aber, mittels Fahrradfahren in virtuellen Welten zu navigieren. Das imaginäre Universum entfaltet sich auf einem großen Bildschirm und ist abhängig von den Bewegungen der Pedale und des Lenkers. Mehrere Variationen nach demselben Prinzip, die interaktive Video Disc (VDI) oder interaktive Compact Disc (CDI) verwenden, wurden an verschiedenen Orten – z. B. vor allem in Kanada in den Virtuellen Fahrradtouren durch die kanadische Landschaft, erfunden von Nancy Peterson – entwickelt. Ein anderes Beispiel ist die Virtuelle Realität-Erfahrung von Monica Fleishmanns Gruppe Art+Com in Berlin, die den Benutzer mit Datenbrillen und -handschuhen ein virtuelles Berlin entdecken läßt.

Doch die Entwicklung der Technologie ist derart schnell, daß sie uns oft aus den Händen gleitet. Durch einige Systeme Virtueller Realität haben wir schon die Erfahrung gemacht, daß es sich um etwas ganz Neues handelt, aber es ist uns noch nicht möglich, dessen Bedeutung und Implikationen einzuschätzen. Eine neuere Entwicklung des HMD-Laboratoriums z. B. ermöglicht es dem Designer, mit graphischen Grundformen eine dreidimensionale Struktur zu bilden und sich gleichzeitig um sie herum zu bewegen und sie dabei zu entdecken, obwohl sie nur virtuell aufgebaut ist. Es ist, als ob man in ein Produkt aus der eigenen Vorstellung hineingeht. Die kognitiven Implikationen, die eine solche Erfahrung beinhaltet, verlangen nach einer sorgfältigen und umfassenden Erforschung. Doch die meisten Untersuchungen haben noch nicht einmal die Qualität technologischer oder psychologischer Sachverständigen-Gutachten. Es mag an der Zeit sein, wieder mehr auf die Künstler zu achten.

Das erste, was ein Künstler zum Verständnis von Computern und Robotern beiträgt, besteht in der Erfahrung, daß diese Maschinen nicht völlig von uns selbst getrennt sind. Sie sind Veräußerungen und Projektionen unseres eigenen Seins. Die Kunstwerke und Installationen, die Neue Technologien benutzen, integrieren diese in den gesamten »Bioapparatus«. Als Veräußerungen erweitern sie unser eigenes Sein um das Maß ihrer eigenen Reichweite. Als Projektionen machen sie es uns möglich, Funktionen an andere Orte und andere Zeiten abzugeben. Die epistemologischen Konsequenzen Virtueller Realität fordern eine sorgfältige Neubetrachtung dessen, was Denken ausmacht und wie andere Sinne als das Sehen Anteil daran haben, wie wir Realität wahrnehmen und organisieren. Die eigentlich entscheidende Frage bezüglich Virtueller Realität ist nicht, ob sie unser Interesse an gewöhnlicher Realität verloren gehen läßt. In Frage steht vielmehr, ob nicht durch sie die Art, wie wir die gewöhnliche Realität sehen, hören und empfinden, neu moduliert wird, gemäß elektronischen und digitalen Kriterien, wie sie der Virtuellen Realität eigen sind. Diesen Entwicklungen, die die Kunst und die Kultur, ja die Grundlagen unserer gesamten Sensibilität tief und unumkehrbar tangieren, scheinen die traditionelle Kunst-Gemeinschaft und insbesondere Kunsttheoretiker gelähmt und bewußtlos gegenüberzustehen.

## *Ein Menschenbild nach der Renaissance*

Während der letzten beiden Jahrzehnte haben wir darum gekämpft, einen Namen für die Periode einmaliger Umwälzungen zu finden, die die globale Kultur ebenso wie lokale Kulturen durchmachen. Wir blieben bei einem recht unbefriedigenden Begriffspaar stehen, dessen Pole an den Enden eines einzigen Spektrums liegen: Postmoderne und New Age. Beide sind ganz klar ethnozentrisch und von einer zutiefst westlichen Sicht auf die Welt geprägt. Beide verstehen sich aus längst vergangenen Epochen. Während der erste Begriff seinen Bedeutungshorizont an einer Periode enden läßt, die noch immer sehr gegenwärtig ist und uns auch unter ihrem »High-Tech« Deckmantel weiterhin umgibt, ist der zweite Begriff ganz schlicht so vage und vieldeutig, wie die Art von Kultur, die er charakterisieren soll. Wenn wir auf eine vergangene Epoche hinweisen sollten, die mit den Veränderungen vergleichbar ist, die wir heute durchleben, dann stoßen wir auf die Renaissance, die gleichzeitig psychologische, soziale und politische Veränderungen in der westlichen Welt einführte, die ebenso schnell und umfassend waren, wie die globalen Veränderungen, die heute zutage treten.

Daß Propriozeption schon bald genötigt sein wird, die Stellung der Visualisierung zu übernehmen, liegt darin begründet, daß uns die elektronischen Technologien gar keine andere Wahl lassen, als in die vertrauten Schlupfwinkel unseres sensorischen Apparates weiterreichende, entferntere, komplexere und diffusere Bereiche der Erfahrung einzubeziehen. Da Elektrizität sich in Form von Nervenimpulsen in unserem Körper befindet und zugleich in Form von Energie, die unsere technologischen Interaktionen bewerkstelligt, außerhalb unseres Körpers existiert, verwischt sie die Grenzen von inneren und äußeren Erfahrungen. Weil arbeitssparende Vorrichtungen und automatisierte Arbeitsprozesse so vieles von der Hardware-Realität unseres Lebens in Software-Prozesse umwandelten, werden diejenigen von uns, die für ihre propriozeptiven Empfindungen blind bleiben, zwangsläufig zu Engeln, zu Geistern ohne Körper. Deshalb erleben wir vielleicht ein wachsendes Bedürfnis, nach wirklichen Gefühlen, nach etwas Substantiellem zu schreien, wie das panische und freie Fallen, das bungie-jumping, es zeigt.

Wir könnten an dem Zeitpunkt angelangt sein, wo wir die psycho-physiologischen Konfigurationen unseres persönlichen und kollektiven Daseins umwerten und sie über die Grenzen unserer Haut hinaus erweitern müssen. Unser althergebrachter Zugang zum visuellen Raum und unsere eingefahrene Bindung an einen »Blickpunkt« werden durch telesensorische, unmittelbare Kommunikation in Frage gestellt. Durch unsere technologischen Veräußerungen sind unsere persönlichen biologischen Grenzen herausgefordert. Zum Beispiel erkennen wir jetzt, da wir unsere Pseudo-Subjektivität von Kameralinsen ausborgen, daß unsere visuellen Erfahrungen zu einem großen Teil das Ergebnis von Teamwork sind. Diese Art der Veräußerung wird sehr oft unkritisch so aufgefaßt, daß das Medium eine direkte Fortsetzung unserer Augen und Ohren sei. Natürlich ist es das nicht: Was wir z. B. via Videokonferenzschaltungen sehen, ist Ergebnis einer komplexen Serie von technischen und sozialen Prozessen, die mit denen unseres Nervensystems vergleichbar sind. Sie sind tatsächliche Veräußerungen neuronaler Verarbeitungsprozesse. Wenn in naher Zukunft automatische und aus sich heraus lernende, filternde Vorrichtungen die Aufgabe übernehmen werden, unnötige Informationen auszusondern, um uns Zeit zu sparen, wird eine sehr enge Verknüpfung zwischen unseren persönlichen Bedürfnissen und dem Gebrauch solcher Maschinen entstehen. Es dürfte zweckdienlich sein, diese Komplexität für selbstverständlich zu nehmen, und wir dürften gut beraten sein, wenn wir endlich lernen, unsere veräußerten Sinne in unseren persönlichen sensorischen Apparat zu integrieren.

Da unsere Bilder, unsere Stimmen, unsere Gesten heutzutage umgehend via Medien über die ganze Welt verbreitet werden können, sind umgekehrt unsere in konventioneller Manier visualisierten Selbst-Bildnisse in dieser globalen Szene nicht mehr anwendbar. Sie sind es ja noch nicht einmal mehr im lokalen Geschehen. In Frage steht die Grenze, die durch unsere Haut repäsentiert wird; ein Limit, das entscheidender Tragpfeiler unserer individualpsychologischen Standardausrüstung ist. Durch interaktive Medien werden die Grenzen zwischen dem, was außerhalb und innerhalb unseres Bewußtseins, außerhalb und innerhalb unseres Körpers geschieht, fließend, und schon bald werden wir nicht mehr völlig sicher sein, wo unser Körper beginnt und wo er endet. In diesem globalisierten Fluß von ausgedehnten und ausgebreiteten Wahrnehmungen, die von allen Seiten in den unterschiedlichsten Erscheinungen auf uns einströmen können, kann unser wichtigster Bezugspunkt nicht mehr das Sehen sein. Wir brauchen eine ganz andere Form von fixem Raum, um uns selbst zu orten.

Es gibt nicht mehr den Norden oder einen Horizont in der sofort stattfindenden Kommunikation. Es gibt keinen Kompaß für Virtuelle Realität, kein Mekka in der Telepräsenz. Der einzige Sinn, dem wir wirklich vertrauen können, ist der Tastsinn, denn er ist da, wo auch wir wirklich sind. Mit Hilfe der Elektrizität sind wir mit der ganzen Welt in Berührung. Doch erst die Wiederentdeckung der Propriozeption wird es möglich machen, daß wir unseren Gefühlen auch vertrauen können. Das meint nicht die Emotionen, die uns im täglichen Leben begleiten, sondern die viel tiefere Empfindung, im Zentrum der eigenen Wahrnehmung von der Welt um sich herum zu sein. Diese Art, auf Informationen zuzugehen – zwar verschieden, aber keineswegs losgelöst von einem mentalen Zugang –, basiert auf einer wohlausgeformten Propriozeption. Wir werden unser persönliches Bezugszentrum in einen »Punkt des Seins« verlagern müssen.

Künstler können heute genauso wie zu vergangenen Zeiten die notwendigen Elemente für ein menschliches Verstehen des Angeschlossen-Sein an technologische Entwicklungen, die über unsere psychologischen Aneignungsmechanismen hinausgehen, zur Verfügung stellen. Die neuen Kunstformen werden den überragenden Stellenwert betonen, der den Prozeß vor dem fertigen Produkt, die Teilhabe vor der reinen Anschauung, die Interaktion vor der Spektakularisierung, die weitreichende vor der unmittelbaren Interaktion, das globale vor dem lokalen Einklinken, die kontextorientierte vor der eher textorientierten Kunstform auszeichnet. Sie werden uns helfen, den Sinn für Identität und Entschlußkraft genauso wiederzuentdecken wie das sensorische Vergnügen, das wir durch eher konzeptionelle Kunstformen verloren haben.

Um diese wesentliche Arbeit der Künste zu fördern, brauchen wir eine Ästhetik. Diese Ästhetik muß, wie auch die Kunst selbst, unmittelbar aus dem gegenwärtigen Geschehen erwachsen und in einen größeren Ordnungszusammenhang eingebettet sein. Ansonsten ist es gar nicht nötig, sich darüber Gedanken zu machen. Ich glaube fest daran, daß der einzige Weg, Sinn und Bedeutung der Kunst wiederzuentdecken und eine Ästhetik (wieder) aufzubauen, darin besteht zu erkennen, daß Kunst erstens nicht ein nebensächlicher Bestandteil des Lebens ist. Vielmehr ist sie ein grundlegender Baustein des Menschen, ebenso wesentlich für das Überleben der Spezies wie Spiritualität. Und daß zweitens Rolle, Ziele und Bezüge der Kunst ungeheuer anpassungsfähig an die Veränderungen sind, die in einer Kultur auftauchen. Im Grunde ist diese kulturelle Flexibilität eine biologisch gestützte Kondition, die sich in der ästhetischen Sensibilität widerspiegelt, ein dem Menschen eigener Schutzmechanismus. Wir werden Ordnung und Schönheit nicht schon vor, sondern erst nach dem Wandel finden.

Aus dem Amerikanischen von Martina Leeker

Wibke von Bonin

# Vom Künstlerfilm zum Videoclip

Es geht in meinem Beitrag um einen schnellen Rückblick auf ein Jahrhundert, zu dessen Anfang die Bilder laufen lernten und an dessen Ende sie fliegen können. Es geht darum, wie Künstler auf die technischen Angebote zur Beschleunigung der Bilder – Foto, Film, Video, Computeranimation – reagierten. Ich will sprechen von neuen Bereichen, die die Bildende Kunst in den hundert Jahren erschlossen hat, während Malerei und Bildhauerei fortfuhren zu existieren, ja sogar in der Akzeptanz den Vorrang behielten vor der Entwicklung technisch-gerierter und -unterstützter Künste, vom abstrakten Film, oder wie ich es einfach nenne, dem Künstlerfilm, über die Video- zur Computerkunst, Technokunst, Medienkunst, zum Techno-Imaginären, mit dem sich die Vorstellung von dem, was als »Kunst« bezeichnet werden kann, noch einmal radikal verändert hat.

Das Getöse, mit dem die italienischen Futuristen auf das Gewahrwerden einer durch Industrie und Technik bewirkten neuen Zeitqualität reagierten, ist viel zitiert worden. Es hallt nach. Das lärmende Pathos der Manifeste, mit denen sie das 19. Jahrhundert aus dem Weg räumten, um das neue adäquat feiern zu können, verweist verräterisch auf ihre Bereitschaft, auch dieses der Zerstörung auszuliefern. Aus Geschwindigkeitsrausch konnte ihnen Kriegslust werden. Doch bevor es so weit kam, waren sie immerhin die ersten Künstler, die die Zeichen der Zeit verbalisierten und die Mittel, die Möglichkeiten der neuen Medien, der zeitgemäßen Techniken ergriffen und in den Dienst der Kunst stellten.

Die neue Schönheit ist 1909 nicht statisch-stumm, sondern dynamisch-laut. Im Schönheitsvergleich von aufheulendem Rennwagen und stummer Nike bleibt die edle Skulptur auf der Strecke. Das handgefertigte Unikat wird von der industriellen Massenproduktion überrollt. Und der Künstler hebt in eine euphorisch begrüßte Zukunft ab: »Warum sollten wir zurückblicken, wenn wir die geheimnisvollen Tore des Unmöglichen aufbrechen wollen? Zeit und Raum sind gestern gestorben. Wir leben bereits im Absoluten, denn wir haben schon die ewige allgegenwärtige Geschwindigkeit erschaffen.«[1]

Das durch die plötzliche Beschleunigung von Mensch und Objektwelt hervorgerufene Raumgefühl, das die Sprache so kühn formuliert, haben die visuellen Künste erst im Laufe dieses Jahrhunderts umsetzen können. In der sprachlichen Vergegenwärtigung imaginärer Räume und ihres Verschwindens waren die Futuristen ihren realisierbaren Bildwelten weit voraus. Erst die Elektronik hat es ermöglicht, Enträumlichung und Entzeitlichung zum Teil einer zeitgemäßen künstlerischen Bildsprache zu machen. Der Weg dorthin wird hier zu skizzieren sein.

1916 folgte dem ersten von fast hundert futuristischen Manifesten das zur Cinematographie, gezeichnet von sechs Künstlern, deren filmische Arbeiten heute verloren sind. Sie setzten sich mit dem Stummfilm auseinander und unterschieden sehr deutlich den populistisch unterhaltenden von dem künstlerischen Film und nahmen damit gleichsam die Unterscheidung in U und E vorweg, die später in der Musik eingeführt wurde.

> »Schon auf den ersten Blick erscheint der Film, der erst vor wenigen Jahren geboren wurde, futuristisch zu sein, da er keine Vergangenheit und keine Tradition besitzt. Als Theater ohne Worte hat er in Wirklichkeit jedoch allen traditionellen Kehricht des traditionellen Theaters übernommen ... Der Film ist eine autonome Kunst, deshalb darf er niemals das Theater kopieren. Der Film, der im wesentlichen visuell ist, muß vor allem die Entwicklung der Malerei fortführen, sich von der Realität, von der Photographie ... loslösen ... Gefilmtes Drama der Objekte (Objekte in Animation humanisiert, verwirrt, herausgeputzt, leidenschaftlich, zivilisiert, tanzend, Objekte aus ihrer normalen Umgebung herausgenommen und in eine andere Situation gebracht, um im Kontrast ihre erstaunliche Konstruktion und ihr nichtmenschliches Leben hervortreten zu lassen).«[2]

---

[1] Christa Baumgarth, *Geschichte des Futurismus,* Reinbeck 1966, S. 26.

[2] Birgit Hein, Wulf Herzogenrath (Hrsg.), *Film als Film,* Köln 1977, S. 36.

Ganz ähnlich tönt es aus Dsiga Wertows »Wir« – Manifest gegen die theatralische Cinematographie: »Auf den Flügeln der Hypothesen stürmen unsere durch Propeller angetriebenen Augen in die Zukunft. Wir glauben, daß der Augenblick nicht fern ist, da wir Orkane von Bewegungen in den Raum schleudern können, die am Lasso unserer Taktik hängen. Es lebe die dynamische Geometrie, es leben die Abläufe der Punkte, Linien, Flächen, Volumina! Es lebe die Poesie der bewegenden und sich bewegenden Maschinen, die Poesie der Hebel, Räder und stählernen Flügel, der eiserne Schrei der Bewegung ...«[3]

Doch weder er noch die Italiener verbannten mit dem Kult der Objekte den Menschen ganz aus ihren Filmen, wie man es zunächst aus den Texten lesen könnte. »Wir schließen von Zeit zu Zeit das Objekt Mensch aus den Filmaufnahmen aus ... Wir entdecken die Seelen der Maschinen.«[4]

Es ist hier nicht genug Zeit, breiter auf Wertow, »den Mann mit der Kamera«, eine faszinierende Gestalt der Filmgeschichte, einzugehen. Es kommt mir hier vor allem darauf an zu verdeutlichen, daß der Künstlerfilm von allen Anfängen an zwei verschiedene Bildquellen benutzt: einerseits die vorgefundene Realität, andererseits als Kunst geschaffene Objekte. Bilder beider Provenienz werden auch gemischt verwendet, etwa in Fernand Légers Film »Ballet mécanique« von 1924, in dem das Eindringen einer Genre-Szene in den Kontext von Kolben und Maschinen einen völlig absurden und insbesondere irritierenden Effekt hervorruft. Doch noch einmal zurück, und zwar zur Entstehung des abstrakten Künstlerfilms.

Der Maler Walther Ruttmann, seit etwa 1910 mit der Theorie neuer, bewegter Bildmittel beschäftigt, analysiert die Situation und entwirft 1919 das Szenario einer neuen Kunst, die er »Malerei mit Zeit« nennt.

> »Die Zeit, in der wir leben, ist gekennzeichnet durch eine eigentümliche Hilflosigkeit künstlerischen Dingen gegenüber. Krampfartiges

---

[3] Florian Rötzer (Hrsg.), *Digitaler Schein, Ästhetik der elektronischen Medien,* Frankfurt a.M. 1991, S. 32.

[4] Hein, Herzogenrath, *Film als Film,* a.a.O., S. 99.

> Festhalten an einer längst historisch gewordenen Art des Verhältnisses zur Kunst mengt sich mit der zunehmenden Überzeugtheit, daß die Wirkungsmöglichkeit ganzer Kunstzweige erstorben ist, ja daß die Künste uns Abendländern überhaupt nichts mehr zu sagen haben ... Der spezifische Zeitcharakter ist in der Hauptsache hervorgerufen durch das ›Tempo‹ unserer Zeit. Telegraph, Schnellzüge, Stenographie, Photographie, Schnellpressen usw., an sich nicht als Kulturerrungenschaften zu werten, haben zur Folge eine früher nicht gekannte Geschwindigkeit in der Übermittlung geistiger Resultate. Durch diese Schnelligkeit des Bekanntwerdens ergibt sich für das Einzelindividuum ein fortwährendes Überschwemmtsein mit Material, demgegenüber die alten Erledigungsmethoden versagen ... Wo ist die Rettung? ... Eine ganz neue Kunst ... Eine Kunst für das Auge, die sich von der Malerei dadurch unterscheidet, daß sie sich zeitlich abspielt (wie Musik) und daß der Schwerpunkt des Künstlerischen nicht (wie im Bild) in der Reduktion eines (realen oder formalen) Vorgangs auf einen Moment liegt, sondern gerade in der zeitlichen Entwicklung des Formalen.«

Es folgt dann »ein Beispiel für die unendlich vielen Verwendungsmöglichkeiten von Licht und Finsternis, Ruhe und Bewegtheit, Geradheit und Rundung, Masse und Feingliedrigkeit und deren unzählige Zwischenstufen und Kombinationen.« Ruttmann sieht aber sofort ein:

> »Die neue Kunst wendet sich natürlich nicht an das heutige Publikum der Kinotheater. Trotzdem kann auf alle Fälle mit einem erheblich breiteren Publikum gerechnet werden als es die Malerei hat, da die Aktivität dieser Kunst (dadurch, daß sich etwas ereignet) viel größer ist als die der Malerei, bei der ja der Beschauer die schwere Arbeit tun muß, die beabsichtigte Lebendigkeit an dem an sich starren Objekt des Bildes erst zu rekonstruieren.«[5]

Auch ohne die im Stummfilm übliche Musikbegleitung waren diese abstrakten Dramen in ihrer rhythmischen Struktur so musikalisch, daß die Kritik die neue Kunst als »Augenmusik« begrüßte. (Ruttmanns Filme wurde später von eigens für sie komponierter Musik begleitet.) Er bezeichnete seine Filme selbst als »Opus I bis V«, und andere Künstler wie Hans Richter und Viking Eggeling

[5] Ebd., S. 64.

nannten ihre Filme »Rhythmus«, »Farbrhythmus«, »Partitur« oder »Diagonal-Sinfonie«. Als tänzerisch wurden die bewegten Formen empfunden. Walther Ruttmann hatte einen enthusiastischen Kritiker in Bernhard Diebold, dessen Vision von 1916 bereits beschrieb, was erst 1921 in einer öffentlichen Vorführung in Berlin zu sehen war:

> »Der gemalte Kunstfilm ... spielt auf eine freie und ganz natürliche Weise mit Formen. Wie in der Musik tanzen und kämpfen, erscheinen und verschwinden männliche und weibliche Formen. Sie scheinen sich kontinuierlich nach den Regeln der genauesten Theorie aller Künste in Dissonanzen und Variationen zu verformen und wieder zur Ursprungsgestalt zurückzukehren. Unterdessen schweifen gemalte oder in Linien angedeutete Stürme, Flammen, Winde und Wellen umher, finden sich gegeneinander, übereinander und nacheinander in rhythmischen Ordnungen zusammen, kämpfen, verwickeln sich, spielen sich gegenseitig aus und lösen oder steigern sich schließlich zu einer dominierenden Figuration in Rot gegen das unterlegene feindliche Blau.«[6]

Überwältigt von Ruttmanns »Photodram Opus I« in einem Frankfurter Kinomatographentheater schreibt Bernhard Diebold 1921: »Welten wogten und züngelten auf. Und der Eindruck dieses amorphen Schauspiels war: die Schöpfung.«[7] Den Künstler nennt er »Kinarch«.

Mit dem bewundernden Pathos verband sich jedoch der Anspruch an die geistige Höhe der neuen Kunst. Das neuentwickelte »Zeichensystem« (Eggeling) hatte die Schöpfung sowie die Beziehung des Menschen zur Welt in einer »universalen Sprache« wiederzugeben. Dadurch sollte auch die soziale Funktion der Kunst wieder hergestellt werden können. Richter und Eggeling schrieben 1920: »Die abstrakten Formen bieten die Möglichkeit, alle nationalen Sprachgrenzen zu überwinden. Eine Grundlage dafür bildet die bei allen Menschen identische Wahrnehmungsfähigkeit. Sie läßt auf eine universale Kunst hoffen, die es vorher nie gegeben hat. Durch genaue Studien sollte es möglich sein, menschliche Vorstel-

---

[6] *Ausstellungskatalog: Vom Klang der Bilder,* Staatsgalerie Stuttgart 1985, S. 417.

[7] Hein, Herzogenrath, *Film als Film,* a.a.O., S. 16.

lungen in eine geistige Sprache zu übersetzen, in der sowohl das Einfachste wie Komplizierteste, Gefühle wie Gedanken, Gegenstände wie Ideen bildlich ausgedrückt werden können. Wir meinen, daß es alle nur denkbaren Anstrengungen und Opfer rechtfertigt, um an solch einer Aufgabe mitzuwirken.«[8]

Mit der Aufgabe, das Denken bei den Massen in Bewegung zu setzen, belastete auch der Psychologe Hugo Münsterberg die neue Filmkunst: »Die größte Aufgabe, die der Film in unserer Gesellschaft haben kann, ist die einer ›ästhetischen Erziehung‹«. Er prophezeite, daß der Film »den Geist wahrer Kunst an die Massen« weitergeben und der Gesellschaft »die Vorstellung von Harmonie«[9] vermitteln könne.

Wie weit sich solche Erwartungen und Ansprüche erfüllt haben, die an den Film im Kino und auch im Fernsehen an den populären U-Film oder den im Handbetrieb gemalten und gekurbelten, mit Handkameras oder Portapack realisierten Künstlerfilm herangetragen wurden, läßt sich aus der zeitlichen Distanz natürlich mit mehr Sarkasmus und Bitterkeit beurteilen, als aus der Euphorie der ersten Stunde. Auffallend ist allerdings, daß diese optimistisch gestimmte Tendenz zum Universalen die Geschichte der Medienkunst durch dieses Jahrhundert begleitet. Dieser erwartungsbeladene E-Film konnte ja die Massen gar nicht erreichen, denen das Unterhaltungskino die Erfüllung wie auch immer kitschiger Träume und die Lösung vieler sozialer Probleme vorgaukelte.

Bei dem schnellen Blick auf die Geschichte des bewegten Bildes wird uns – neben der Darstellung der Entwicklung und Anwendung der technischen Mittel – das Verhältnis von Bild zu Ton und die inhaltliche Befrachtung des jeweiligen Mediums zu interessieren haben, woraus sich künstlerisches Ziel und ästhetischer Anspruch herleiten.

Während Viking Eggeling früh starb und Hans Richter sich nach einer Reihe von »Rhythmusfilmen« vom gezeichneten Film der Montage von Realsequenzen zuwandte, versuchte Walther Ruttmann sich vergeblich im Spielfilm und ließ sich schließlich Anfang der dreißiger Jahre bei der UFA-Werbefilm AG anstellen,

---

[8] *Ausstellungskatalog: Vom Klang der Bilder,* a.a.O., S. 421.

[9] Ebd., S. 417.

für die er Dokumentar- und Propaganda-Filme herstellte. Er hatte offenbar die von Richter geforderten Anstrengungen und Opfer nicht weiterhin bringen können, die etwa für »Opus I« darin bestanden hatten, in einem dreiviertel Jahr Arbeit zehntausend Bildphasen zu zeichnen und auszumalen[10] (teilweise auf Glas, was ihnen ein schönes organisches Fließen verleiht).[11]

Fließende Formen ganz anderer Art erzielte der Ingenieur Oskar Fischinger durch die Konstruktion einer Wachsschneidemaschine. Die sich durch Abschneiden verändernde Schnittfläche einer bunten Wachswurst wird in Einzelbildschaltung aufgenommen, wodurch sich beim Abspulen des Films eine zentrifugal wabernde Bewegung ergibt, die Raumtiefe suggeriert.

Der von Ruttmanns Opus-Filmen zur Filmarbeit angeregte Oskar Fischinger war der Einzige, der die Arbeit am abstrakten Film bis nach dem Zweiten Weltkrieg fortführte. Er war ein Erfinder technischer Animationsmöglichkeiten und machte etwa vierzig Filme, die auch bei öffentlichen Aufführungen recht erfolgreich waren. Als relativ gut erhaltenes Beispiel kann ich »Komposition in Blau« von 1935[12] zeigen, einen knapp vier Minuten langen Farbfilm, der direkt an die Pionierarbeiten der zwanziger Jahre anknüpft. Ein Vehikel für die Popularität von Fischingers Animationsfilmen war gewiß die Verwendung beliebter und bekannter Melodien, wie in diesem Fall der Ouvertüre zu Nicolais »Die lustigen Weiber von Windsor«[13]. (Der Film wird später unter dem Titel »Lichtkonzert Nr. 1« abgespielt.).[14]

Angeblich beabsichtigte Fischinger nie, Musik zu illustrieren. Er meinte vielmehr, durch das »abstrakte Geräusch« Musik seinen abstrakten bewegten Bildern den Zugang zum Publikum zu erleichtern, doch er erreichte vielfach eher, daß die visuellen Pionierleistungen als unterhaltsame Spielereien verkannt wurden.

---

[10] Hein, Herzogenrath, *Film als Film,* a.a.O., S. 16.

[11] Ebd., S. 129.

[12] Oskar Fischinger, Komposition in Blau, 1935, 35 mm Farbe, Länge 3'45" Min., VHS: Clip, Klapp, Bum, Von der Visuellen Musik zum Musikvideo, dumont creativ Video.

[13] Hein, Herzogenrath, *Film als Film,* a.a.O., S. 77.

[14] Ebd., S. 133.

Abb. 1: Oskar Fischinger, Komposition in Blau, 1935

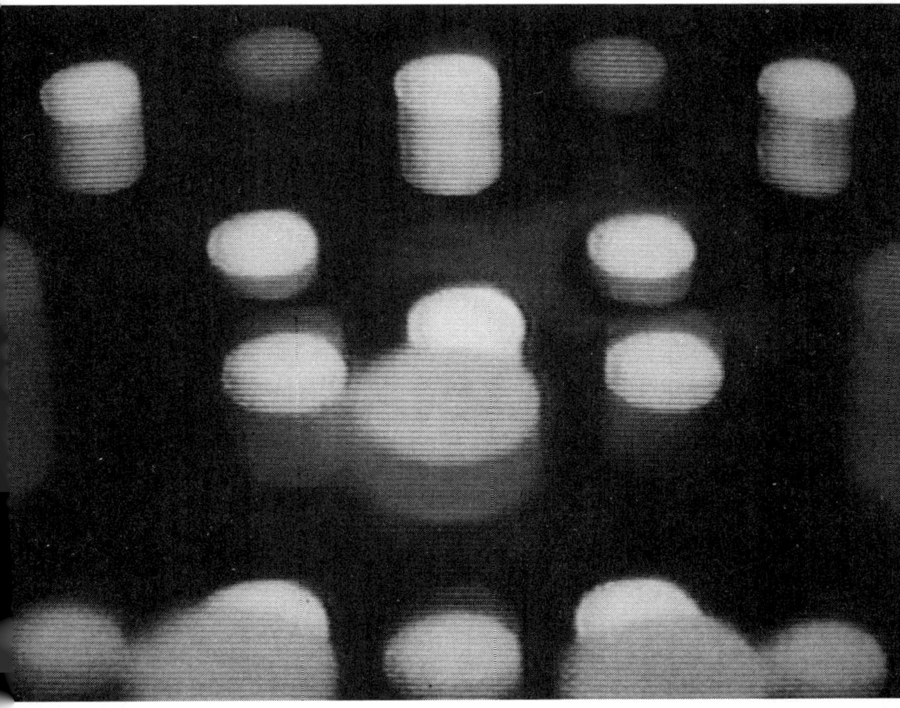

Abb. 2: Oskar Fischinger, Komposition in Blau, 1935

Nicht erkennbar wird an diesem Beispiel Fischingers Neigung zu fernöstlich mystischem Gedankengut, die ihn später zur Verwendung kontemplativer wie wissenschaftlich spekulativer Bilder veranlaßte. Hierin traf er sich als Vermittler seiner Kunst sowohl als seiner Technik mit den Bestrebungen der nächst jüngeren Generation, die seine Arbeiten nach seiner 1936 erfolgten Emigration an die amerikanische Westküste kennenlernte.

»Jazz, Marihuana und Zen-Buddhismus«[15] bestimmten das Klima, das der Maler Jordan Belson in abstrakten Tafelbildern darzustellen versuchte, bis er Fischingers Filmarbeit sah und eine eigene technische Bildsprache entwickelte, in der er realisieren konnte, wovon seine Vorläufer nur geträumt hatten.

Mystische Visionen eines psychedelisch erweiterten Bewußtseins, Reisen in molekulare Mikrokosmen wie in die Unendlichkeit planetarischer Räume setzt Jordan Belson in visuelle Erlebnisse um, die durch eigens für sie komponierte elektronische Musik begleitet und stimuliert werden. Während in Fischingers Film die kubischen Formen ihr tänzerisches Spektakel im geschlossenen Raum einer Guckkastenbühne ausführen, suggeriert Belson zum Beispiel in »Allures«[16] (Reize) von 1961 unbegrenzte Raumtiefe durch die Schwärze des Grundes, aus dem er seine farbig leuchtenden Stab- und Punktmuster konzentrisch und spiralig aus einem winzigen zentralen Nukleus sich an die Ränder der Bildfläche schrauben läßt. Die Saugkraft eines magischen Auges zieht den Betrachter in eine sich scheinbar vor ihm entfernende Mitte. In der sich pulsend steigernden akustischen Untermalung steuert ein imaginäres Raumgefährt durch Farbflickern auf tiefschwarze Löcher oder blendendhelle Gestirne zu. »Allures« ist neun Minuten lang; die Herstellung mit Hilfe aller prädigital verfügbaren Mittel dauerte anderthalb Jahre.

Wenige Jahre später erlebt ein fasziniertes Publikum den Science-Fiction-Rausch der intergalaktischen Raumfahrt in Stanley Kubricks »Odyssee im Weltraum«[17].

---

[15] Ebd., S. 130.

[16] Jordan Belson, Allures, 1961, 35 mm Film, Farbe, Länge 9 Min., VHS-Sendemitschnitt »Experiment-Film«, NDR 3, 1979.

[17] Stanley Kubrick, 2001 Odyssee im Weltraum, Film, Farbe, VHS-Sendemitschnitt »Experiment-Film«, NDR 3, 1979.

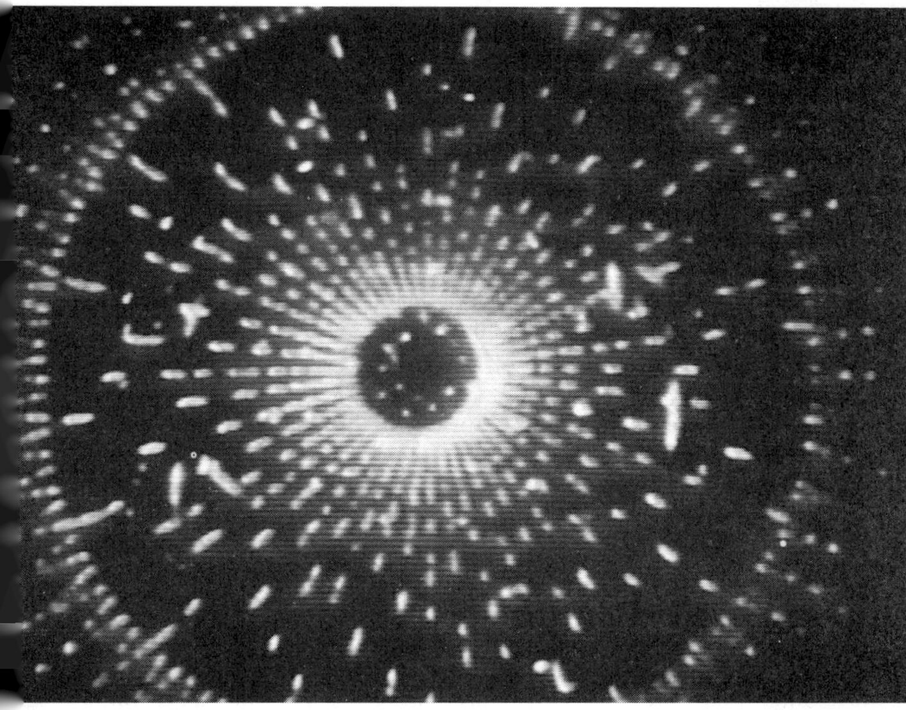

Abb. 3: Jordan Belson, Allures, 1961

Diese Sequenz ist im slit-scan-Verfahren hergestellt, zu dem eine komplizierte Filmtrickapparatur nötig ist. In dem Nachfolgefilm benutzte Kubrick bereits Computer und den Rat von Künstler-Bildingenieuren, die mit den neuen technischen Möglichkeiten sofort zu experimentieren begonnen hatten, da sie die Spanne zwischen Konzeption und Realisation eines Bildgedankens wesentlich verkürzen. Hatten die Künstler des abstrakten Films in den fünfziger Jahren noch Tausende von Stunden an ihren handgemalten Bildsequenzen arbeiten müssen, so beschleunigte der Computer natürlich das Verfahren erheblich. Die kalifornischen Brüder John und James Whitney, die mit ihren »Film-Excercises«, hochsensiblen Meditationsfilmen, direkt an Fischinger anknüpften, jedoch serielle elektronische Musik verwendeten, waren die ersten, die Computer einsetzten. Wenn man bedenkt, daß der erste Computerfilm 1963 »an einer IBM-Datenverarbeitungsanlage entstand, die zwei bis fünf Bilder pro Sekunde erzeugte, die in Einzelbildschaltung vom Bildschirm abgefilmt wurden«[18], so kann man sich einerseits die Beschleunigung der Bilder gegenüber der herkömmlichen Animation vorstellen, zum anderen jedoch die Riesenschritte ermessen, die die technische Entwicklung in den dreißig Jahren bis heute gemacht hat. Es war übrigens ein Sohn John Whitneys, John Whitney Jr., der die renommierte Firma »Digital Productions« gründete, die die digitalen Szenensimulationen für Spielfilme, wie die vorhin erwähnte Weltraumfahrt, herstellte.

Der Künstler als ästhetischer Neuerer auf dem Gebiet abstrakter Kunstfilme, der seine technischen Kenntnisse in den Dienst der Filmindustrie stellt und dort spektakuläre Erfolge erzielt, ist seither nichts Außergewöhnliches mehr. Hier fließen E und U wieder zusammen, Ernstes und Unterhaltendes. Und es wird immer schwerer, Sinn und Unsinn der per Computer hergestellten Szenensimulationen einer ästhetischen Wertung zu unterziehen.

1984 schreibt der Künstler Peter Weibel, ein großer Theoretiker der Medienkunst, des Techno-Imaginären, im Katalog der Linzer Ars Electronica, die da erstmals der Computeranimation gewidmet war:

---

[18] Jürgen Claus, *Chipppp Kunst*, Frankfurt, Berlin 1985, S. 29 ff.

> »Vom abstrakten Film zum simulierenden Computerfilm entfaltet sich eine neue Form des Films der Visionen und der unbegrenzten Manipulationen visueller Daten. Da die vom Computer erzeugte imagery sowohl auf Video als auch auf Film gespeichert werden und dabei mit Realszenen gemischt werden kann, liegt die Zukunft in der Computeranimation, heißt die Zukunft digitales Bild.«[19]

In wieweit diese Zukunft bereits Gegenwart geworden ist, hoffe ich am Ende meines Vortrages mit Beispielen andeuten zu können. Jedoch möchte ich mit einem kurzen Exkurs die Videokunst streifen.

Solange die elektronische Bildaufzeichnung und -bearbeitung auf Zwei-Zoll-Maschinen den Fernsehanstalten vorbehalten war, versuchten immer wieder Künstler, in deren Studios zu arbeiten und die neuen technischen Möglichkeiten für künstlerische Zwecke zu nutzen. Die Ergebnisse wurden zumeist auf Grund der nur beschränkt zur Verfügung stehenden freien Zeit, von wenigen Ausnahmen abgesehen, erst interessant, als die Künstler mit eigenen Kameras auf Dreiviertel-Zoll-U-matic aufgenommenes Material einbringen konnten. Das geschah unter anderem durch Otto Piene und Aldo Tambellini 1968 im Kölner WDR mit »Black Gate Cologne«.[20] Ebenfalls seit 1968 ermöglichte WGBH Boston und zeitweise WNET New York verschiedenen Künstlern experimentelles Arbeiten auf ihren Maschinen. Vielfach demonstrierten die Künstler auf sehr witzige Weise technische wie ästhetische Möglichkeiten der elektronischen Bildherstellung, die von der Fernsehroutine keineswegs genutzt wurden, wobei sie die gewohnten Darstellungsweisen von Realraum und -zeit durch schnelle oder gedehnte Schnittfolgen, durch Blenden oder Stanzen irritierten.

Irritation als wesentliches künstlerisches Mittel ist das Merkmal aller Aktionen der Fluxus-Bewegung, aus der der als Musiker ausgebildete Koreaner Nam June Paik hervorging, um zum wohl populärsten Videokünstler zu werden. Der »Gewöhnung an die Verbildlichung des Lebens« durch das alltägliche Fernsehen setzte er seine Störaktionen entgegen, nachdem er schon 1963 »präparierte« Fern-

---

[19] Ebd., S. 31 f.

[20] Black Gate Cologne, MAZ, ca. 45 Min. s/w, Erstsendung WDR / Westdeutsches Fernsehen 1968, Redaktion Wibke von Bonin.

seher ohne großen Erfolg ausgestellt hatte, die das empfangene Bild verzerrten und komprimierten. Zusammen mit dem Japaner Shuya Abe entwickelte er 1969 einen Videosynthesizer, mit dessen Verzerrungseffekt und anderen Bildbearbeitungsprozessen er in die Studioarbeit eingreifen konnte.[21] Wichtiger jedoch war die Tatsache, daß er schon 1965 in New York die erste tragbare Portapack von Sony erwarb und fortan sein eigenes Fernsehen gegen das offizielle setzte.

»Global Groove«[22] – zu deutsch etwa Weltenrausch – von 1974 ist sein bekanntestes Videoband, ein dreißig Minuten langer Zusammenschnitt verschiedener, fertiger Stücke, die er durch Überblendungen und Stanzen verändert hat. Ihm kommt es weniger auf die künstlerische Komposition an, als auf den »Overkill«[23] – von allem zuviel und das möglichst weltweit verbreitet. Entsprechend prallt zum Beispiel eine fernöstliche Tanzszene vor der verwackelten New Yorker Skyline mit einer amerikanischen Steptänzerin aufeinander, diese vor Synthesizereffekten. Paik schreibt:

> »Jazz war die erste Verbindung zwischen Schwarzen und Weißen. Mozart war die erste Verbindung zwischen Europäern und Asiaten. Beethoven war die letzte Verbindung zwischen den Deutschen und Amerikanern während des 2. Weltkrieges. Zur Zeit ist die Rockmusik der einzige Kanal zwischen Jung und Alt. Aber die Kraft der Musik als ein non-verbales Kommunikationsmedium ist ebensosehr verschwendet worden wie die ungeheuren Ressourcen unter dem Ozean. Wenn wir ein wöchentliches Fernsehen zusammenstellen könnten, das aus Musik und Tanz einer jeden Nation besteht, und es über den vorgeschlagenen, gemeinsamen Videomarkt frei an die ganze Welt verteilen, würde die Wirkung auf Erziehung und Unterhaltung deshalb phänomenal sein. Frieden kann so aufregend wie ein Kriegsfilm mit John Wayne sein. Der müde Slogan vom ›Weltfrieden‹ wird wieder frisch und vermarktbar werden.«[24]

---

[21] *Ausstellungskatalog Nam June Paik,* Kölnischer Kunstverein 1977, S. 112.

[22] Nam June Paik, Global Groove, 1974, Video 2", Länge 30 Min., VHS-Sendemitschnitt, Videos zur documenta 1977, WDR/Westdeutsches Fernsehen.

[23] *Ausstellungskatalog Nam June Paik,* a.a.O., S. 115.

[24] Nam June Paik, *Niederschriften eines Kulturnomaden,* Köln 1992, S. 134.

Musik und Video zur Beförderung des Weltfriedens: das ist Paiks Vorstellung eines von ihm als Künstler beeinflußbaren Fernsehens. Zu seinem interkontinentalen Satellitenkonzert »Good Morning Mr. Orwell« schaltete er zum 1. Januar 1984 20 Millionen Zuschauer in Fernsehstationen in Europa, Amerika und Korea live zusammen, um populäre Musik, Künstler und Moderatoren zu erleben. Einen auf 50 Millionen gesteigerten zweiten Anlauf auf »Frieden und Harmonie« machte er mit »Wrap around the World« – »weltumschlungen« – einem elektronischen Livespektakel zum Auftakt der Olympiade 1988. Der Kritiker Uwe Kammann bemerkt dazu:

> »Technisch ist das ja, kleine Störungen hin, kleine Pannen her, über die Satellitenschaltung alles kein Problem. Gesucht hätten wir schon nach dem Gedanken, der über das Vorzeigen von Simultanität, Ubiquität, ... Science-Fiction-Moderne und bunter Elektronik-Spielzeuge aus der Paintbox mehr mitteilt. So war's und wurde es ein verquirltes Nichts, schick und modisch, bunt und glatt, den Stand der elektronischen Verfremdungs- und Bearbeitungsmöglichkeiten demonstrierend, den wir doch schon aus Clip-Kanälen und jeder Sportschau sattsam kennen: Die fliegenden Teppiche aus Bildern verlieren eher die Faszination.«[25]

Paik, der Videokünstler, ist damit dem Overkill erlegen; als Fluxuskünstler hingegen erwies er sich die Treue, indem er selbst eine Live-Performance beisteuerte, die allerdings im allgemeinen Tumult unterging.

Musik und Tanz im Künstlervideo. Ein anderes Beispiel: Was man mit den avancierten technischen Mitteln von 1991, d.h. digitaler Bearbeitung mehrerer Generationen elektronischer Bilder und Schriftgenerator, dazu mit sehr präzisen Absichten und einem vollkommen anderen künstlerischen Temperament als Paik es hat, machen kann, zeigt Peter Greenaway in seinem vielfach gelayerten Stück »Not Mozart, M is for Man, Music, Mozart«.[26] Als Maler,

---

[25] Uwe Kammann, in epd, Kirche und Rundfunk Nr. 74 vom 17. 9. 1988.

[26] Peter Greenaway, Not Mozart, M is for Man, Music, Mozart, Amsterdam 1991, VHS, RM Associates, London.

Abb. 4: Nam June Paik, Global Groove, 1974

Abb. 5: Peter Greenaway, Not Mozart, 1991

Filmautor und Regisseur, der höchstes Interesse an neuen Bildtechniken hat, ist Greenaway in seinen Intentionen – und damit das ästhetische Ergebnis – natürlich dem liebenswerten Chaoten Paik, der immer mehr zum verfremdenden Materialrecycling neigt, kaum zu vergleichen. Gemeinsam ist den Arbeiten – vergleicht man sie wiederum mit den kosmischen Visionen der zuvor besprochenen Künstler – die gegenständliche Diesseitigkeit. Hier tanzen nicht abstrakte Zeichen, sondern erkennbare Menschen vor geschlossenen Horizonten.

Während Greenaway durch das Übereinanderlegen von mehreren Aktionsphasen, Schriften und Rastern seine Erzählung stark kondensiert, lenkt Paik durch die Gleichzeitigkeit von nicht Zusammengehörigem latent vom Vordergrundgeschehen ab auf einen aus wirren Kamerabewegungen und schnellen Bildzusammenschnitten heterogener, graphischer Elemente zusammengesetzten Hintergrund. Er bewirkt statt Konzentration zunächst Verwirrung, dann Gleichgültigkeit gegenüber dem nicht entzifferbaren, doppelt gewirkten Bildteppich. Der Zuschauer läßt sich von der (bekannten) Musik tragen. Das ist auch das Prinzip des Videoclips. Ein Sender wie MTV liefert fortlaufend eine bebilderte Hitparade. Das Fernsehen tut da auch als Radio seinen Dienst. Zumal das Prinzip dabei auch oft ist, daß Bild und Text keinen erkennbaren Bezug zueinander haben.

Obgleich ich den Begriff in den Titel meines Vortrags genommen habe, will ich auf den typischen Videoclip, der mit flotten, oft technisch hoch interessanten Bildern einer Band für den Verkauf ihrer Platten mit populärer Musik wirbt, nicht näher eingehen, sondern jetzt noch Kurzformen behandeln, die ihr Bildmaterial aus der Kunsttradition beziehen, Kunst-Clips. In den digitalen Videos, die so kurz sind, weil die Maschinenzeit teuer ist und nonverbal, weil über die Kunst bereits alles gesagt ist, befördern die schnellen Rhythmen synthetischer Musik das Tempo der beschleunigten Bilder. Sie lösen sich in ihre Elemente auf, fliegen zersplittert und immer wieder neu kombiniert durch den flexiblen Innenraum, aus dessen Grenzen in einen offenen Raum, dessen grundsätzliche Unermeßlichkeit durch Schluchten und Schlünde angedeutet oder durch perspektivische Verkleinerung der davonfliegenden Objekte und Partikel charakterisiert wird.

Abb. 6: The Moving Picture Company, Museum, 1985

Die Visionen der Futuristen sind realisierbar geworden, doch die zerstörten Kunstwerke setzen sich wie von selbst wieder zusammen. Auf ihrem Weg durch die Pixel-Metamorphose schlüpfen sie kurz in die Form anderer Bildgedanken desselben Künstlers oder seiner Zeitgenossen: René Magritte ist so zum unfreiwilligen Lieferanten etlicher Computeranimationen geworden. Ich kann neben einer Roy Lichtenstein Low-cost-Animation[27] und einer komplizierten 2-D-Animation[28] schließlich noch eine digital hoch komplizierte Variation Arpscher Bildideen[29] vorführen, nachdem das Demo-Band einer englischen Computeranimationsfirma[30] alles gezeigt hat, was ihr an 3-D-Animation 1985 bereits möglich war. (Eingesetzt werden 3-dimensionale Motion-control, Blueboxverfahren, Paintbox, Mosaikverfahren etc.).

Das ist alles sehr witzig und mit großem Aufwand gemacht, doch ist es darum schon Kunst? Kunst über Kunst mit den technisch versiertesten Mitteln? Gene Youngblood, Theoretiker wie Praktiker des Techno-Imaginären, schreibt:

> »Die ästhetischen Implikationen sind ... tiefgreifend. Auf der rein formalistischen Ebene bedeutet das, daß ein Bildereignis nahezu unendlichen Veränderungen unterworfen werden kann, denn das ›Bild‹ ist nur eine Matrix von Codes in einem Datenraum. Es bedeutet, daß jedes beliebige Element eines Bildes nahtlos in ein beliebig anderes eingefügt werden kann, ohne daß es als ›Effekt‹ erscheint. In der Tat werden Spezialeffekte im digitalen Video bedeutungslos, da alle Elemente des Bildes im gleichen phänomenologischen Bereich bestehen. Der ontologische Zustand des filmischen Bildereignisses wird durch digitales Video verändert – es wird zu

---

[27] »Paris Review«, Computer-Animation von Michael Bauer, Heike Lettau, Martin Suttrop, Studiengang Medien, FHD Stuttgart 1991, Länge 1'55" Min., VHS der Autoren.

[28] Green Movie Movie, 2-D-Animation von Elena Chiesa, Tedd Ruff, Länge 0'30" Min., VHS Sendemitschnitt »Imagina 91«, 1 Plus 1991.

[29] Le Pépin Géant de Arp, 3-D-Computeranimation aus der Serie L'Art en Jeu, von Cécile Babiole, 1991, Länge 1 Min., VHS Prix Ars Electronica, Linz 1992.

[30] The Moving Picture Company, Demo-Band 1985, daraus »Museum«, Länge 3 Min.

einer hybriden Realität irgendwo zwischen Photographie und einer Art Malerei«.[31]

Selbstverständlich darf bei diesen spielerisch-künstlerischen Beispielen nicht vergessen werden, was wir alle wissen: Daß diese technische Entwicklung nicht zu ästhetischen Zwecken vorangetrieben wird, daß wir die kriegerische Anwendung der Computersimulation im Golfkrieg mit eigenen Augen am Bildschirm verfolgen konnten und der »Krieg der Sterne« noch immer nicht ausgeschlossen ist.

Die Durchdringung der von Naturwissenschaft und Philosophie beschriebenen offenen Unendlichkeiten mit Satelliten und Raumfähren hat die Perspektive verändert. Der Mensch kann die Erde vom Satelliten aus sehen. Peter Weibel, der Theoretiker des »Verschwindens der Ferne«, spricht vom »Aufstieg des Auges« in einem leeren, gelöschten Raum:

> »In dieser orbitalen Perspektive verschwindet der Globus chiricoesk maßstabsverzerrt. Der Raum verlöscht zu Schwarz, er annuliert sich. Der unsichtbare Raum, der Raum der Leere, ist der virtuelle Raum des orbitalen Blicks und der Techno-Zeit. Diese Entfesselung des Blicks, die dem Blick erstmals eine totale Panoptik erlaubt, wie sie vom Kubismus und dessen Vielseitigkeit des Blicks um die Gegenstände herum schon angestrebt worden war, spiegelt sich in der entfesselten Perspektive des elektronischen Bildes wieder, wo Gegenstände, Menschen, Logos (Warenzeichen) aus dem Unendlichen(!) hervorschießen und in jeder nur möglichen Perspektive in einer Art perspektivischer Schleuder wild herumwirbeln (elektronischer Vortex). In dieser Extase des perspektivischen Schwindels kulminieren der entfesselte Blick, die losgeschleuderten Fluchtpunkte, die beschleunigte Perspektive und das elektronische Bild.«[32]

Und weiter erkennt Weibel:

> »Das Raumzeitalter vernichtet den Raum, den menschlichen Raum, den materiellen Raum. Im Raumzeitalter erlischt paradoxer Weise der Raum ... Der durch die Beschleunigung entstehende Techno-

---

[31] Claus, *Chipppp Kunst,* a.a.O., S. 33.

[32] Peter Weibel, *Die Beschleunigung der Bilder,* Bern 1987, S. 83 f.

> Raum ist ein Geister-Raum. Der nukleare Blick dringt in die mikroskopische Leere, der orbitale Blick in die makroskopische Leere ... Der dematerialisierte, virtuelle Raum der Techno-Zeit ist nicht nur ein Raum der Absenz, geschaffen durch eine unendliche Distanz, wo alles verschwindet, sondern erzeugt auch einen Hyperraum, der schon immer da war, nur nicht gesehen werden konnte.«[33]

Diesen Raum zu finden, war wohl der sehr ernste Jordan Belson auf die Reise gegangen; ihn mit »Geistern« zu bevölkern, ist jetzt das Amusement von Computeranimatoren, die über teuerste Maschinen verfügen. Cécile Babiole, die mit Kunststücken wie der Arp-Animation ihre gewitzte Ernsthaftigkeit unter Beweis gestellt hat, ist die »Mutter« der munteren Population der XONs[34], die zu den stampfenden Rhythmen elektronischer Musik der Gruppe NOX im All ihr Wesen und Unwesen treiben.

Jeder, der sich die Minutenstückchen mit technisch geschultem Blick ansieht, wird blaß vor Neid: texture mapping und ray-tracing (z.B. der Widerschein des Feuers auf den metallenen Körpern der XONs) erfordern hohe und höchste Rechenleistungen. Doch es fällt schwer, diese unterhaltsam apokalyptischen Kunststückchen der Arbeit mit Hand, Hirn und Herz zu vergleichen, der die traditionelle Kunst ihre vielbesungene Aura verdankt.

Ich habe wohl die meisten auf Festivals und in Wettbewerben gezeigten Techno-Kunst-Werke neuester Produktion gesehen und geprüft und kann nur die Skepsis jener teilen, die Peter Weibels Euphorie nicht folgen mögen. Er mag recht haben mit seiner Einschätzung,

> »... daß die Medienkunst, die cultura digitalis etc. präzise Bilder dieser ökonomischen Zeit liefern, während die traditionelle bildende Kunst, wie sie in der Gegenwart überlebt, längst vom historischen Prozeß abgekoppelt ist und nur mehr als Ballast einer alten Zivilisation, künstlich ernährt von den Mumien der Zeitaristokratie, mitgeschleppt wird.«[35]

---

[33] Ebd., S. 88 f.

[34] Les Xons, von Cécile Babiole, 1991, 3-D-Computer-Animation, Länge 0'45" und 1 Min., VHS Prix Ars Electronica, Linz 1992.

[35] Weibel, *Die Beschleunigung der Bilder*, a.a.O., S. 145.

Doch weder die auf Bildschirmen simulierten Räume, noch die per Datenhelm und -handschuh interaktiv betretbaren Cyberspaces scheinen mir bisher das anzubieten, was einem Menschen meiner Generation einen neuen Kunstbegriff glaubwürdig mit Inhalt füllt. Vorläufig scheint die Fahrt in hoch oben oder tief innen gelegene Fernen eher dem Kitzel von Jahrmarktsgruselkabinetten gerecht zu werden. Und für einen Freizeitpark wurde denn auch die Fernreise[36] vorbereitet, mit der ich mich verabschieden möchte. Allerdings habe ich nur den Anfang des Horrortrips (mit Happy-End), den eine französische Firma auf 70 mm-Film mit Mehrkanal-Ton dem in beweglichen Stühlen sitzenden Publikum auf riesiger Panorama-Leinwand anbietet. Eine Fahrt zurück zu den Ursprüngen, auf der auch der alten Kunst eine Rolle zuteil wird: Sie wird aus ihren Refugien aufgestöbert und zerstört.

Wie tönte es 1909 aus Italien? »Leitet den Lauf der Kanäle ab, um die Museen zu überschwemmen! ... Ihr macht Einwendungen? Genug, genug, die kennen wir ... unsere schöne verlogene Intelligenz sagt auch uns, daß wir der Abschluß und Neubeginn unserer Ahnen sind ... Aufrecht auf dem Gipfel der Welt schleudern wir noch einmal unsere Herausforderung den Sternen zu!«[37]

---

[36] Sub oceanic shuttle, 3-D-Computer-Animation von Xavier Nicolas, Jerzy Kular (c Iwerks Entertainment), VHS Ars Electronica, Linz 1991.

[37] Baumgarth, *Geschichte des Futurismus,* a.a.O., S. 28 f.

# DESIGN

Andrea Branzi

# Niedergang der ästhetischen Standards

Die Gesellschaftsgeschichte entwickelt sich meiner Ansicht nach derzeit in einem völlig anderen Kontext als zu der Zeit, in der meine Generation, die um die Mitte der sechziger Jahre aktiv wurde, Protagonistin eines Wandels war. Sie stellte die Kultur des »Konsums« in den Mittelpunkt des Entwerfens – in krassem Gegensatz zur bis dahin bestehenden Tradition des Design, deren Grundlage eine Kultur der »Produktion«, der Fabrik, der Funktionsweise hochtechnologischer Produktionsabläufe gewesen war. Wir stehen am Endpunkt einer Epoche, die von 1968 bis 1988 dauerte und deren Motto Komplexität und sprachliche Spontaneität war, d.h. völlige Freiheit in der Erfindung autonomer und diskontinuierlicher Ausdrucksweisen. Die zentrale Wertigkeit des Konsums in der westlichen Gesellschaft und im Entwurf selbst ist zu Ende.

Der für uns alle augenfällige Wandel im letzten Jahrzehnt dieses Jahrhunderts und Jahrtausends eröffnet einen anderen Horizont im Szenario der postindustriellen Gesellschaft und kündigt den Übergang von dem, was wir die »hybride Metropole« genannt haben (d.h. die physische Gesamtheit der postindustriellen Gesellschaft, in der alles anders ist als das, was sie umgibt), zu einer »allgemeinen Metropole« oder einer »kalten Metropole« an. In einer solchen Metropole bleiben all die Unterschiede, Diskontinuitäten und Ausnahmen, die die Welt ausmachen, bestehen; sie sind aber nur unterschiedliche Zeichen eines globalen, stark konsolidierten, einheitlichen und monokulturellen Systems.

Die Welt, in der wir leben, ist dem Anschein nach vielfältig, in Wirklichkeit aber gleichgeschaltet und einheitlich, und wir werden uns allmählich bewußt, daß dieses System in seinem Wachstum nicht unbegrenzt ist, denn wir wissen, daß es mindestens zwei wichtige Grenzen gibt: die eine ist *unsere Umwelt* – mißachten wir sie, droht der ökologische Kollaps; die andere ist die Politik – jenseits unseres Systems gibt es nur die Gefahr von Diktatur oder sozialer Involution. Wir leben also in einer Zeit scheinbarer Komplexität innerhalb eines unvollkommenen, aber einheitlichen Systems.

Wir sind in eine Epoche des scheinbaren Polytheismus eingetreten, in eine Gesellschaft, die einer monologischen Welt entgegengeht: wir fangen an, die fragile Kraft unserer Welt wahrzunehmen, die einheitliche Vielfalt der Wirklichkeit um uns, die normale Anomalität einer gesellschaftlichen Mehrheit, die nur aus offensichtlich minderheitlich geprägten Verhaltenskodizes besteht. Zwanzig Jahre lang haben wir vom Zusammenbruch der Sicherheiten geredet und sind, wie mir scheint, nun an einem Punkt angekommen, der uns tausenderlei Zweifel und Krisen gestattet, gleichzeitig aber von einer einzigen monolithischen Gewißheit beherrscht wird: dem postindustriellen Kapitalismus, der Zweifel und Krisen für seinen eigenen Stoffwechsel, als Stimulans zur ständigen Wiederfindung seines Gleichgewichts dringend braucht. In unserer heutigen Welt haben die Widersprüche endgültigen Bestand, sie verwandeln sich aber nicht in politisches Wachstum, sondern in Gewalt.

Diese Epoche könnte man die *zweite Moderne* nennen, im Sinne einer unvollkommenen, folglich in Wachstum, Wandel und Expansion begriffenen Moderne, ein neuartiger historischer Zustand, der umfassend zu verstehen ist. Das heutige Thema betrifft im wesentlichen die Suche nach dem Sinn des Entwerfens innerhalb dieses völlig neuen historischen Kontextes. Es handelt sich also nicht mehr um Fragen des Stils oder des methodischen Ansatzes, sondern vielmehr um die Suche nach einer neuen Epistemologie, d.h. nach einer neuen Daseinsberechtigung des Entwurfs innerhalb einer Demokratie, aus der der »Demos« zu verschwinden droht, einer Demokratie, in der die Gesellschaft völlig von der Wirtschaft vereinnahmt ist.

Welche Werte beinhaltet unser Zeichen? Ist unsere Freiheit Realität oder angenehme Begleiterscheinung eines Trends? Kann uns, da soziale Gerechtigkeit fehlt, die Umweltgerechtigkeit genügen?

Hier wird die Angelegenheit wieder ganz und gar politisch: ins Zentrum aller Fragestellungen rückt erneut das Problem, welches das Entwicklungsmodell unserer globalen Gesellschaft ist, und welche Rolle dabei das Design spielen kann. Meiner Ansicht nach ist die gegenwärtige Epoche von mindestens drei neuen politischen

Bedingungen geprägt. Die erste ist die Einheit Europas; es wird sehr viel darüber nachgedacht, ob es eine europäische Identität gibt, ob also eine europäische Sprache, Wurzel oder Handlungsweise existiert. Ich persönlich kann als einzigen Aspekt einer europäischen Identität nur dieses Paradoxon erkennen: Europa zeigt sich der Welt niemals in einer kontinentalen Kultur, sondern produziert immer internationale Kultur. Das ist einer der Kernpunkte europäischer Ethik, der ganzen Welt linguistische, operative und moralische Vorgaben zu machen, jedoch niemals einfach als Gesamtheit lokaler Sprachen. Hierin liegt, wie ich glaube, die wirklich neue Dimension unserer Designkultur; man könnte sie den »neuen Internationalismus« nennen, in dem Sinne, daß man Dialekte, lokale Kulturen, neu erfindet, anderenfalls werden die bestehenden geschwächt und somit wirkungslos.

Die zweite neue politische Bedingung ist folgende: Das Szenario der Welt erfährt eine Neuordnung auf der Grundlage einer neuen sozialen Mehrheit, die international, konfliktbeladen, aber überall gleich ist. Die Welt besteht heute nur aus reichen Ländern und solchen, die es nicht sind, es aber werden wollen. Auch die Unterschiede zwischen Ost und West verschwinden allmählich oder sind nicht mehr von Bedeutung (es handelt sich nur noch um Sensibilitäten, um Verhaltensweisen innerhalb einer einheitlichen Weltkultur). Eine allgemeine Neuorientierung ist also im Gange. Die Kultur des Design muß ihre Fähigkeit zurückgewinnen, internationale, weltweite Sprache zu sein, eine Sprache, die aus dem Reichtum der Dialekte und der neuen lokalen Gegebenheiten entspringt und dennoch zum Ausdruckskodex jener internationalen Gesellschaft wird, die unseren Planeten bevölkert. Ein Dialekt zwar, aber der Dialekt eines weltumspannenden Dorfes.

Es geht also um eine internationale Kultur, die nicht auf einem System wissenschaftlicher Sicherheiten basiert, sondern auf einer internationalen Kultur, die weltweit mit den gleichen Problemen konfrontiert ist.

Die dritte Neuheit ist die Tatsache, daß das neue Design in den letzten Jahren ein neues Funktionskonzept entwickelt hat, um den Begriff des »Gebrauchs« zunehmend mit einer Reihe von literarischen, poetischen, psychologischen und symbolischen Werten anzureichern, die heute die Anwort des Design auf den Bedarf der postindustriellen Gesellschaft sind. Das Neue Design, das von vielen als Frucht der Kultur einer alternativen Minderheit gesehen worden war, erweist sich nun als das »Design der postindustriellen Gesellschaft«. Es entsteht ein »Neofunktionalismus«, in dem auch alle emotionalen Werte, einschließlich denen der Nutzlosigkeit, enthalten sein können. Eine Funktionalität, die sich als offene Variable, als ständiges Rätsel definiert. Diese Art des Neo-Funktionalismus ist nicht in Tabellen oder allgemeingültigen Handbüchern festgeschrieben. Sie ist in einer neuen Anthropologie enthalten. Das Design versucht, diese Kultur in die Industrie hineinzutragen, um einen Neuen Humanismus zu schaffen. Darunter ist nicht eine Kultur zu verstehen, die von einem anderen Menschenbild ausgeht als die Klassik oder die Renaissance – sondern eine Kultur, die uns drei Jahrhunderte industrielle Revolution und ein Jahrhundert Moderne gebracht hat. Und damit einen eklektischen, weltlichen, spirituellen, absolut irrationalen Menschen, der die Schizophrenie, die Spaltung des Ich, als neue Ebene der Freiheit erlebt. Einen Menschen, der den Verfall des Wertesystems und der Tradition als Bewegungsfreiheit interpretiert, bei dem Geist und Verhalten vollkommen getrennte Wege gehen, der seinen Lebensstil wechselt wie den Fernsehkanal. Also nicht ein Mensch »im Zentrum des Universums«, wie es in einer alten humanistischen Definition heißt, sondern vielmehr ein Zweig am Rande eines künstlichen Universums, dessen Erhaltung unsere Aufmerksamkeit gilt.

Ich möchte mit der Feststellung schließen, daß wir in zwei großen Krisensituationen leben, einer politischen und einer urbanen, d.h. umweltbedingten Krise, hervorgerufen durch das Zerbrechen der Organisationsstrukturen des natürlichen Lebensraums. Diese beiden Krisensituationen können nur zusammen bekämpft und behoben werden, denn die eine ist Folge der anderen, in dem Sinne, daß die Gestaltung der Stadt (d.h. der physisch-materiellen Umwelt) zur wichtigsten politischen Angelegenheit der postindustriellen Gesellschaft geworden ist. In einer Zeit, in der die großen ideellen und ethischen Systeme zusammengebrochen sind und neue sich noch nicht abzeichnen, ist die Gestaltung der Welt der Dinge die wichtigste Handlung politischer Neubegründung: sie ist die Politik. Den materiellen Raum der Gesellschaft bildeten früher die großen Gesellschaftssysteme, gestern noch die großen Wirtschaftssysteme, heute sind es die großen physischen Systeme, d.h. die Metropolen, die Städte. Dieser Raum ist nicht die Bühne der Politik: er ist die Politik. Die neuen urbanen Qualitäten sind die neuen und einzigen politischen Qualitäten. Deswegen ist Entwerfen wieder gleichbedeutend mit Politik machen, ja sogar mit Politik produzieren. Entwerfen bedeutet nicht Ordnung schaffen, sondern Geschichte machen, es bedeutet nicht, dem Sinn eine Insel schaffen, sondern eine andere Welt bauen, ausgehend von der Technologie und der Poesie.

François Burkhardt

# Das neue Design: Vom experimentellen Gestalten des einzelnen Objekts zur Schaffung künstlerischer Umwelten

*»Krempel sind wir überdrüssig,*
*Viel zu viel ist überflüssig.*
*Fort, die Möbel aus der Wohnung.*
*Fort mit was nicht hingehört.*
*Wir behaupten ohne Schonung,*
*Jeder Mensch, der da ist, stört.«*
aus: Cabaret der Reichshauptstadt, Berlin, 20er Jahre

## *Kapitel 1*
## *Das neue Design als Barometer für die Entwicklung der hochindustrialisierten Gesellschaft findet die Wurzeln zu seiner Eigenerneuerung in den Randbewegungen der Moderne auf der Suche nach einem Gleichgewicht zwischen Kunst und Alltagsleben.*

Das Ästhetische ist ein wesentliches, prägendes Element der Post-Moderne. Heute mehr denn je manifestiert es sich im Alltagsleben durch die Massenmedien und strukturiert die Welt des Massenkonsums über das Mittel der »Rhetorik des Schönen« (Gianni Vattimo), das sämtliche Sektoren unserer heutigen hochindustrialisierten Gesellschaft berührt.

Wir wissen, daß »ästhetisches Denken heute den Zugang zur Realität eröffnet« und daß es dabei ist, an die Stelle des »räsonierenden Denkens« zu treten (Wolfgang Welsch). Um zu tragfähiger Erkenntnis zu kommen, muß man also über »die Vernunft des Bildes« gehen, die durch das »Konzept der Wahrnehmung des Schönen« legitimiert wird, das seinerseits zum Verständnis der Welt und zur aktiven Teilnahme an jeglicher Entwicklung unumgänglich geworden ist. Diese Entwicklung muß man als ein Ganzes betrachten, wie einen kollektiven kulturellen Fortschritt. Das erklärt auch die hohe Bedeutung, die heute sämtlichen kreativen Gebieten und den »kreativen Gestaltern« jeglichen materiellen Kulturschaffens beigemessen wird; hier ist das Design eine wesentliche Komponente.

In unserer hochindustrialisierten Gesellschaft ist das Design der wichtigste Zeuge für eine sich ständig wandelnde industrielle Entwicklung. Mehr als jedes andere Gebiet kulturellen Schaffens ist das Design das Barometer für die Evolution und der Maßstab für Entwicklung und Veränderungen in einer Gesellschaft, die an sich selbst den Anspruch stellt, freiheitlich, demokratisch und wirtschaftlich liberal zu sein.

Ich bin aber nicht der Auffassung, daß unsere post-moderne Zeit eine neue Ästhetik erfunden hätte. Wir wissen, daß die Post-Moderne nicht den Bruch, sondern den Konsens in der Fortsetzung bereits bestehender Gedankengänge sucht. Das Ästhetische des »Neuen Design« hat seinen Ursprung in Gedankengängen der 40er und 60er Jahre unseres Jahrhunderts, die um »die Symbolik des Gewöhnlichen« kreisen, in den Experimenten des »radikalen Design« der 70er Jahre und in den Diskussionen der letzten Jahre um die Vorstellung von »widersprüchlichen Gleichgewichten«, wobei alles das Gegenteil von allem sein kann.

Wir beobachten heute einen langsamen Haltungswandel bei Historikern, Forschern, Gestaltern und Kritikern, die allmählich angesichts der neuen Bedingungen, die die Nach-Moderne uns bietet, ein neues Konzept der Ästhetik propagieren, das aber schwerlich einen neuen Stil darstellt. Diese Tendenz wird allerdings noch heftig und widersprüchlich diskutiert in Fachkreisen, die ja ihrerseits noch an Normen gebunden sind, die von einer nunmehr überholten Moderne aufgestellt wurden.

Die Auswirkungen einer Kulturpolitik der Moderne, die unbedingt das Ästhetische disziplinieren will, ist leichter zu erfassen unter Heranziehung von Kriterien, die zu Ausschluß und Ablehnung anderer Alternativen führen. Dank der Anerkennung einer Parallelkultur, die sich von der dominierenden monolithischen Kultur unterscheidet, können wir heute den uns aus der Moderne überkommenen Reichtum erfassen, aus dem die Ästhetik der Post-Moderne schöpft.

*Kapitel 2*
*Das »NEUE DESIGN« zeichnet sich aus durch eine plurale und hybride Ästhetik. Das Interesse konzentriert sich auf eine anthropologische und psychologische Anwendung des Design in sämtlichen Sparten der Produktion.*

Die Funktionalisten und später die Neo-Positivisten arbeiteten an der Vorstellung von »authentischen«, dauerhaften, schlichten Objekten, rein in ihrer strikten Form und konsequent ergonomisch. Der Ausdruck der Funktion dominierte, das Ästhetische war nur das Ergebnis einer rationellen Vorstellung der Beziehung Form – Funktion und der Materialwahl sowie der geeigneten Herstellungssysteme und -verfahren, aus denen sich die Form praktisch von selbst ergab.

Die Isolierung der Moderne und folglich ihre Unfähigkeit populär zu sein waren eine Konsequenz der Unmöglichkeit, die Sinne der Verbraucher, für die sie letztlich ihre Objekte schufen, zu stimulieren. Einen großen Fehler begeht jeder, der, wie die Funktionalisten, versucht, das »good-design« über den Weg des Massenkonsums aufzuzwingen und daraus einen universell gültigen Geschmack zu machen. Daher besteht der Vorwurf der post-modernen Kritiker gegenüber der Moderne, daß diese den Geschmack des Verbrauchers diktieren wollte, zu Recht.

Das »Neue Design« verabschiedet die Vorstellung von einer »idealen Linie« für die entworfenen Produkte. Eine der großen Errungenschaften der Post-Moderne liegt gerade in dem Willen, den Parallelcharakter der Modelle ohne Wertehierarchie herauszustellen. Das Abrücken von einer vertikalen Werteskala zugunsten einer horizontalen Öffnung ist zugleich ein Anzeichen für Demokratisierung. Damit wird den »Verboten« ein Ende gesetzt und die Möglichkeit eröffnet, vergessene Werte und alte Gebiete für Erfindungen wiederzufinden, die bisher sicherlich bekannt waren, offiziell aber durch die Theorie und die Kritik an den Rand gedrängt worden waren.

Die Komplexität der Post-Moderne findet auf dem Sektor des Design ihre Anwendung in der Form des »Neuen Design«, in dieser ästhetischen Wiederaufnahme aller möglichen Randsektoren und in der Freizügigkeit, alle Genres, Stilformen, Epochen und Techniken miteinander zu vermischen.

Was ist das nun das »Neue Design«? Wir verstehen unter diesem Begriff sämtliche Bewegungen der letzten 20 Jahre, die zu einer tiefgreifenden Erneuerung der Methoden und Ausdrucksformen für die Schaffung einer zweiten künstlichen Natur geführt haben und die für das Ende unseres Jahrhunderts prägend sind (Andrea Branzi, Francois Burkhardt anläßlich der Ausstellung »Die europäischen Metropolen des Neuen Design«, Paris 1991).

Das »Neue Design« charakterisiert sich wie folgt: Es befaßt sich nicht ausschließlich mit der Herstellung, sondern mit dem künstlerischen Universum als Ganzem, mit seinen Technologien, Ausdrucksformen und unterschiedlichen Dienstleistungen. Das Interesse konzentriert sich auf eine anthropologische Anwendung des Design und sucht eher psychologische Werte als Zweckmäßigkeit, es ist Folge einer hybriden Kultur, wo die Herstellung von Massengütern abgelöst wird durch »eine Logik, die sich aus Widersprüchen bildet«, innerhalb derer »ephemere« Produkte neben »ewigen« Produkten stehen, hochtechnologische Werke neben handwerklicher Technik und archaische Ausdrucksformen neben hochinnovativen Konzepten (Andrea Branzi, Francois Burkhardt).

Das »Neue Design« ist nicht mehr eine minoritäre Randerscheinung, sondern faßt als Bezugspunkt und Bewegung einer fortschrittlichen industriellen Gesellschaft sämtliche Ausdrucksformen aller in ihr lebenden Gruppierungen zusammen. Das »good-design« findet in diesem Konzept einen eigenen Raum, es ist aber nicht mehr als eine Ausdrucksform unter mehreren anderen.

Ich gebe zwei Beispiele für die Vielfältigkeit, die im »Neuen Design« zusammengefaßt wird:

Abb. 1: Ron Arad, Tinker-Chair, 1988

> Ron Arad ist ein Londoner Designer, der ein ganz spezifisches, dieser Hauptstadt eigenes Klima zum Ausdruck bringt: die Härte des Lebens im Umfeld der großen Metropolen. Durch eine Ästhetik, die Aggressivität, Gefahr, Gewalt und Zerstörung vermittelt, wie sie zum Beispiel die Skinhead-Gruppen verkörpern, unterstreicht er ein typisches Alltagsphänomen der englischen Großstadt. Gleichzeitig drückt Arad durch seine Objekte eine persönliche Poesie aus und wird damit zum Vertreter einer bereits seit zehn Jahren manifesten Tendenz.

Abb. 1: Ron Arad, »Tinker-Chair«, 1988

Abb. 2: Garouste und Bonetti, Hocker und Tisch, 1980

Abb. 2: Garouste und Bonetti, Hocker und Tisch, 1980

Die Franzosen Garouste und Bonetti knüpfen an eine französische Tradition an und benutzen archaische Symbole aus Afrika und Ozeanien, wie es bereits die Kubisten, Surrealisten und Vertreter der Art Deko taten. Sie nehmen alte Techniken und Materialien wieder auf und erarbeiten somit eine Qualität des Dekorativen, die eindeutig auf ihre Ursprünge zurückverweist. Die Aussagekraft dieser Ästhetik liegt in ihrer direkten Bindung an primitive und handwerkliche Techniken, an dekorative präzise Motive, die ebenfalls aus der exotischen Stilsprache stammen, von den Künstlern aber neu interpretiert werden. Damit werden die beiden zu Protagonisten einer Pariser Richtung, die man die »Neuen Naiven« nennt.

Diese zwei Beispiele zeigen sehr gut, in welch hohem Maße das »Neue Design« über seine Ästhetik lokale Eigenheiten oder Großstadtmilieus zum Ausdruck bringt. Wir können in diesem Zusammenhang also von »Dialekten der Großstädte« sprechen und verstehen darunter Ausdrucksformen, die sich auf einen spezifischen historischen Kontext eines gegebenen Ortes beziehen.

## *Kapitel 3*
## *Der Übergang vom allumfassenden Internationalismus zur Wiederfindung REGIONALER WERTE ist eher ein Prozeß politischer und sozialer Identifikation als ein ästhetisches Phänomen. Durch spezifische Ausdrucksformen wird die kritische regionale Ästhetik zum Kommunikationsinstrument, das soziale Bindung und politische Struktur miteinander verschweißt.*

Seit mehr als 20 Jahren befaßt sich die theoretische Architektur (im Gegensatz zur weniger aktuellen Theorie des Design) mit der Tatsache, daß das Interesse an einem internationalisiertem Konzept der Ausdrucksformen und -sprachen verlorengegangen ist. Die Kritik am Neo-Funktionalismus führt zu einer Überprüfung der auf rationeller Planung und der Vorherrschaft der Zweckmäßigkeit basierenden Ideologie.

Nach dem Stadium der »Bedarfsgesellschaft« und der Entwicklung zur »Wohlstands- und Vergnügungsgesellschaft« fordert unsere »Überflußgesellschaft« heute eine andere Grundlage als eine asketische, abstrakte und puristische Ästhetik. Die »Vergnügungsgesellschaft« ebenso wie die »selbständige demokratische Gesellschaft regionalen Charakters« sind typische Produkte der Befreiung durch die Post-Moderne und verlangen eine andere Ästhetik.

Die Anerkennung regionaler Werte ist legitim geworden und öffnet den notwendigen Raum für eine Wiederaufnahme einer regionalen Thematik, die seit zehn Jahren immer mehr an Aktualität gewinnt und nach Ausdrucksmöglichkeiten sucht, um ethnische, religiöse und nationale Neugruppierungen miteinander zu verbinden. Hier geht es um Identitätsfindung und um die Suche nach einer Ästhetik, in der Großstadtraum, Architektur und Design eine Identifikationsaufgabe übernehmen.

Der kritische Regionalismus läßt eine Dialektik zu, die regionale Kulturen einerseits und progressistische Bewegungen andererseits zur Erneuerung der Grundlage in unserer Zivilisation, wie es zum Beispiel technologische Veränderungen sein können, miteinander verbindet. Die Tradition wird voll anerkannt, aber an ein Konzept der Weiterentwicklung gebunden und somit ständig zur Veränderung aufgefordert, ohne dabei die Bindung an ihren Ursprung zu verlieren, wie dies der französische Philosoph Paul Ricoeur und der englische Architekturkritiker Kenneth Frampton formuliert haben.

Beispielsweise bilden spezifische Zeichen die für Barcelona typisch gewordene Sprache. Diese Sprache festigt die Identität einer Region, die im Kampf um ihre Unabhängigkeit eng zusammenhält; sie wird seit Ende des letzten Jahrhunderts wie ein Dialekt aufgefaßt, den die Künstler sprechen und den die Bürger dieser Stadt verstehen.

Abb. 3: Aribas/Mariscal, Turm von Avila, Barcelona, 1990

Ob wir von Antoni Gaudi oder Josip Jujol und ihrer Brüstungsdekoration am Park Guell sprechen, von Juan Miro, dessen Gewerke gerade an diesen emblemhaften Zeichen zu erkennen sind, die wie ein abstraktes Alphabet miteinander komponiert sind und die von Antoni Tapies materiell und abstrakt wiederaufgenommen werden oder heute von Xavier Mariscal, immer sprechen wir von einer Tradition und einer Art »katalanischer Schrift«, die mit den Bürgern der Stadt Barcelona wirklich kommuniziert.

Abb. 3: Aribas/Mariscal, Turm von Avila, Barcelona, 1990

Abb. 4: Imre Makovecz, »Kulturhaus«, Bak, 1988

Ein anderes Beispiel: Der ungarische Architekt Imre Makovecz war lange Zeit Ausgangspunkt einer demokratischen und nationalen Architektur, die in den 70er Jahren Symbol für eine Architektur des Widerstandes gegen die herrschende politische Macht wurde; um diese Bewegung herum entstand die neue organische, ungarische Architektur mit Rückgriff auf anthropologische Formen. Makovecz selbst wählte gerade diese Formen, um die Geschichte des Ortes, an dem er baute, darzustellen.

Abb. 4: Imre Makovecz, »Kulturhaus«, Bak, 1988

In Bak, einer kleinen österreichischen Grenzstadt, erhält er den Auftrag, eine Mehrzweckhalle für kulturelle, politische und sportliche Ereignisse zu bauen. Er erfährt dann von einem tragischen Ereignis in der Geschichte dieser Stadt. Die russische Besatzungsarmee entfernte am steinernen Kriegerdenkmal für die Gefallenen des Krieges 1914—1918 den österreichisch-ungarischen Adler und ersetzte ihn durch Hammer und Sichel; sie kratzte die Namen der ungarischen Gefallenen aus dem Stein und schrieb statt dessen die Namen der russischen Gefallenen des Krieges 1939—1945 hinein. Später wurde dieses Kriegerdenkmal abgerissen.
Makovecz setzt seinen Bau an die Stelle dieses Kriegerdenkmals und gibt ihm die Form eines Adlers mit weit offenen, schützenden Flügeln. Die Bewohner erfassen sofort die Absicht des Architekten und schließen sich zusammen, um freiwillig beim Bau dieser Mehrzweckhalle mitzuarbeiten. Die durch diese Geste bei der Bevölkerung ausgelöste Begeisterung ermöglicht eine große Akzeptanz der formell vorherbestimmten Botschaft.

Will man also Formen eine bestimmte Ausrichtung geben, so muß man den Verbindungspunkt finden, wo das Gefühl der Bevölkerung angesprochen wird; man muß dem Werk eine erkennbare Symbolik geben. In diesem Zusammenhang ist es oberstes Ziel der Ästhetik, durch spezifische Zeichen eine feste Verankerung der Identität von Ort, Geschichte und Ereignissen zu sichern.

*Kapitel 4*
*Die NEUE ÄSTHETIK will populär, beim Volke beliebt sein, um ein Faktor der Vereinheitlichung sozialer Unterschiede zu werden und einer größtmöglichen Anzahl von Menschen den Zugang zur »Freude am Schönen« zu eröffnen; sie vermeidet die Schaffung neuer Unterscheidungen zwischen Gelehrtenkultur und Massenkultur. Eine breite Schicht der Bevölkerung an den Problemen der Ästhetik teilhaben zu lassen ist ein kultureller Fortschritt in Richtung auf die Emanzipation eines jeden Einzelnen.*

Über den Weg einer neuen Sensibilität, die alle sozialen Schichten im Zugang zur »Freude am Schönen« vereinen kann – ohne Unterscheidung zwischen Geschmack der Elite und Geschmack des Volkes, zwischen Gelehrtenkultur und Massenkultur – kann das Ästhetische ein soziologisches Band schaffen. Hier tritt ein Gegensatz zwischen der Ästhetik der Moderne und der post-industriellen Ära zutage: Die letztere läßt Unterschiede zu, ohne eine monolithische Kultur des Echten und des Falschen zu erstellen, sondern in Herausstellung der Vorteile und Charakteristika jeden einzelnen Typs.

Ein solches Vorgehen stützt sich auf einen Pluralismus der Modelle und schöpft aus unterschiedlichen kulturellen Konzepten. Der Philosoph Gianni Vattimo spricht in diesem Zusammenhang von einer Öffnung hin zu einem »expansiven Zentrum«. Sein Konzept des »schwachen Denkens« (»pensiero debole«) beschreibt metaphorisch die Gründe für diese Neugruppierung, die als Antwort auf die Verflachung der »Spitzenleistungen« erfolgt, die nun einer Ausweitung von mittelmäßigen Leistungen Platz machen.

Abb. 5: Robert Venturi, »Projekt der Kioske für die Stadt New York«,1984

Der amerikanische Architekt Robert Venturi vertritt die Auffassung, daß es Pflicht der Kultur sei, ein allgemeines Interesse an der bildlichen Darstellung kommerzieller Elemente (strips) zu erwekken, da diese eine wichtige Rolle im kulturellen Geschmack der Amerikaner spielen; er plädiert für eine Ästhetik bzw. Architektur des »Gewöhnlichen«. Statt abstrakte und idealisierte Standards vorzuschlagen, stellt er lieber den Reichtum der Riten und Symbole dar, die in den Ausdrucksformen des Volkes liegen und die solange

von der modernen Architektur ignoriert wurden; er läßt sich also inspirieren vom Geschmack des »kleinen Mannes«.
Für Venturi geht es nicht darum, einen Trivial-Symbolismus wiederaufleben zu lassen, sondern er nutzt dieses Phänomen, um etwas Neues zu schaffen. Ein Beispiel hierfür ist eine Serie von Kiosken in New York, die er konzipiert, als seien es kommerzielle Strips.

Abb. 6: Antoni Miralda, »Geburtstagskuchen für den Eiffelturm«, Paris, 1989

Der Katalane Antoni Miralda setzt plastische Kunst mit der festen Absicht ein, eine Alltags-Ästhetik vorzuschlagen, die eng an die Riten unseres Alltagslebens gebunden ist; er gibt also unserem Umfeld etwas Künstlerisches und Schönes, ohne dabei auf die hohen Sphären eines Kunstwerkes zurückzugreifen, das seiner Auffassung nach die breite Masse von der Alltagsrealität trennt.
Miralda bewegt sich in einem Rahmen, in dem die Ritualisierung eine inhärente Realität zum Ausdruck bringt. Er greift dabei auf religiöse Praktiken und geheiligte Gesten unterschiedlichster Volksstämme zurück. Der Akt des Feierns – in dem das Schöne durch die von ihm ausgehende Faszination eine wesentliche Rolle spielt – wird zur kollektiven Erfahrung, in der die Objekte und Aktionen zu einem einzigen Thema, zu einer lokalen Tradition zusammenfließen, die ihrerseits mit mystischen und populären Spielen assoziiert werden. Miralda transferiert ethnische Situationen in ein fremdes Umfeld; dadurch werden kulturelle Unterschiede verständlicher, und der in ihnen liegende Reichtum wird gesteigert.
Das Gekonnte in diesem künstlerischen Vorgehen liegt darin, daß ein künstlerischer Qualitätsgrad erreicht wird, der über dem Alltäglichen liegt, der sich mit einer feinen Diskretion über die Alltagsbanalitäten hinausversetzt auf eine Ebene, die den Zugang zur Kultur der Gebildeten ermöglicht, dabei aber gleichzeitig nah am Volke bleibt. Miralda bemüht sich, den kleinen Mann von der Straße in die Kunstgalerien hineinzuziehen und ihm die traditionelle Kunst auf kultivierte Art und Weise nahezubringen. Auf der anderen Seite bringt er seine plastischen Werke auf die Plätze und Straßen der Stadt, stellt sie dem breiten Publikum in Form von Umzügen, Prozessionen oder Festen dar, er feiert zum Beispiel den hundertsten Geburtstag des Eiffelturms mit einem riesengroßen Geburtstagskuchen, der vom Verband der Pariser Zuckerbäcker nach seinen Angaben hergestellt worden ist.

Abb. 5: Robert Venturi, »Projekt der Kioske für die Stadt New York«, 1984

Abb. 6: Antoni Miralda, »Geburtstagskuchen für den Eiffelturm«, Paris, 1989

Abb. 7: Robert Wilson, »Szene aus dem Black Rider«, 1989

Abb. 7: Robert Wilson, »Szene aus dem Black Rider«, 1989

Der amerikanische Regisseur und Künstler Robert Wilson hat vor einigen Jahren eine außerordentliche Leistung erbracht: er schuf ein Music-Hall-Spektakel mit dem Titel »The Black Rider«, das ebenso die Liebhaber der klassischen Musik und der Oper begeisterte wie auch die Fans des experimentellen Theaters oder der Rock-Konzerte.
Wilson übertrug den musikalischen Teil dem Star Tom Waits, ließ das Drehbuch von William Burroughs, dem Guru der amerikanischen Alternativkultur, schreiben und übernahm selbst die Regie und die Bühnenausstattung. Dabei arbeitet Robert Wilson auf höchstem Niveau mit einer Perfektion in der Durchführung und einer visuellen Faszination, die für ihn typisch sind und die eine Mischung anbieten, die für diejenigen als Modell dienen kann, die in der »Zwischenkultur« nach Beispielen für Ereignisse suchen, die sämtliche Sinne zum Schwingen bringen, gleichzeitig aber eine hohe künstlerische und professionelle Qualität aufweisen: hier überschneiden sich die Bereiche, gleichzeitig sichern sie den Erfolg und das Nebeneinander von Stilen und Genres.

Abb. 8: Sigmar Polke, »Stadtbild I«, 1968

Ein solch schwieriges Spiel mit dem Gleichgewicht zwischen unterschiedlichen ästhetischen Ebenen scheint heute eine der wesentlichen Tendenzen in der Kultur des Bildes und der Produkte zu sein. Man findet sie ebenfalls im Film bei Werken von Pedro Almodovar, in der Literatur in den poetischen Schriften von Allen Ginsberg und in den Romanen von Banana Yoshimoto, für die plastischen Künste wäre auf die Arbeiten von Jeff Koons und Jonathan Borofsky hinzuweisen, und auf dem Gebiet der Regie die Operntätigkeit von Peter Sellars zu nennen. – Die gleiche Tendenz finden wir auch auf dem Gebiet des Design.

Abb. 9: Alessandro Mendini, »Buffet mit Dekor nach Kandinsky«, 1978

Alessandro Mendini ist der Protagonist einer Aufwertung des »Symbolismus des Gewöhnlichen«. Seine zahllosen Aktionen der letzten 15 Jahre haben eine Stilform berühmt gemacht, die sich in der Mitte zwischen Ästhetik des Kleinbürgertums und Massenproduktion befindet. In seiner Arbeit benutzt er unterschiedliche

Abb. 8: Sigmar Polke, »Stadtbild I«, 1968

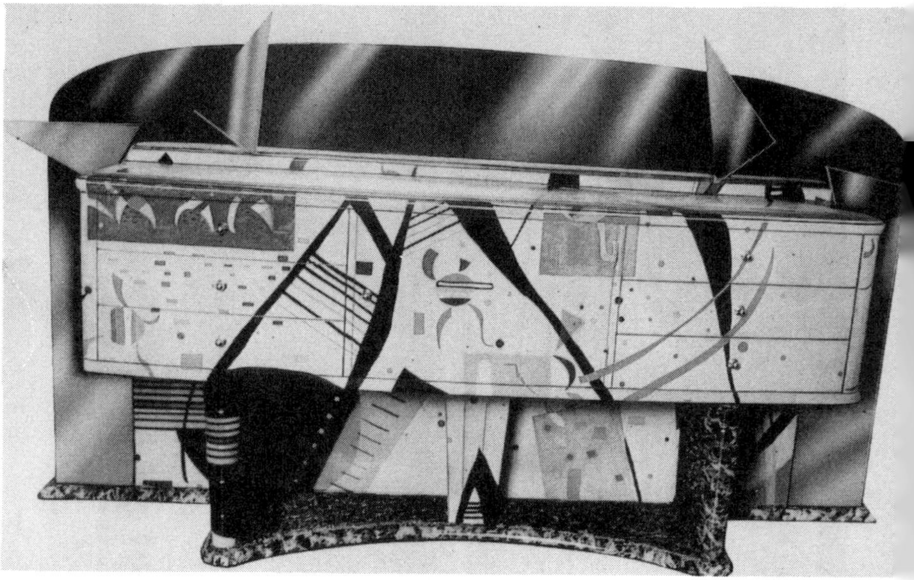

Abb. 9: Alessandro Mendini, »Buffet mit Dekor nach Kandinsky«, 1978

»wertlose« Objekte, die er durch Anwendung von Dekors der großen künstlerischen Avantgarde aufwertet; er überträgt zum Beispiel ein pointillistisches Dekor von Seurat auf »irgendeinen« Sessel (Sessel »Proust«), oder er malt auf eine Kommode (die unter dem Gesichtspunkt des »good-design« betrachtet als wertlos oder sogar kitschig zu bezeichnen wäre) Dekors aus der abstrakten Malerei von Kandinsky.

Auf einem Gebiet wie dem Design, das eng an wirtschaftliche Konzepte gebunden ist, die von scheinbar unumgänglichen Gesetzen diktiert werden, scheint das Spiel, das Mendini treibt, fast wie ein Befreiungsakt; er zeigt ganz neue Möglichkeiten kommerzieller Organisation zur Verbreitung von Kunstobjekten auf: er sakralisiert und ent-sakralisiert das Objekt, er gibt ihm Wert durch den Prozeß der Artifizialisierung und durch die Kreuzung mit etwas anscheinend Wertlosem; er nimmt eine Originalkopie und reproduziert sie in kleiner Serie oder behält sie auch als Unikat, um ihr einen Wertgewinn zu ermöglichen usw.

Das Loblied der Banalität scheint auch als Inspirationsquelle für das »Neue Design« gewirkt zu haben. Das »Neue Design« versucht sich der von den Katalogen der großen Kaufhausketten propagierten populären Ästhetik anzunähern, damit der »Minderwertigkeitskomplex«, an dem diese Ästhetik leidet, abgebaut werden kann. Sich mit dem »banalen Design« zu beschäftigen, ist in erster Linie eine Herausforderung, um der Kunst neue Öffnungen aufzuzeigen und seine eigene Position angesichts der post-industriellen Realität neu zu beurteilen.

Das Lob der Banalität wird an Bedeutung gewinnen, gerade weil hier Aspekte einer Ästhetik berührt werden, die im Konzept der Post-Moderne eine Neuaufwertung erfahren.

*Kapitel 5*
*In unserer von Objekten und Informationen übersättigten und dem Verfall geweihten Welt stellt sich die Frage, wie ein tragfähiges Konzept für das Design aussehen könnte. Der Fortschritt muß in erster Linie einen ethischen Bezug zum Projekt haben und neue UMWELTBEWUSSTE QUALITÄTSKRITERIEN vorschlagen. Er muß den Objekten eine andere, neue Qualität geben, die in den Kontext einer neuen moralischen Einstellung hineinpaßt.*

Das pluralistische Konzept der Ethik reicht nicht mehr aus, um dem Design die »Führerrolle« zu sichern, die man ihm zu übertragen versucht. Das Design muß noch eine ganze Reihe anderer Voraussetzungen erfüllen, die mit Wirtschaft, Sozialbedingungen, Technologie, mit Umweltbewußtsein und privater oder öffentlicher Raumplanung, ja sogar mit dem Landschaftsbild zu tun haben. Ein progressistisch angelegtes Konzept muß sämtliche Probleme berücksichtigen, die die Objekte stellen und ebenso die Entwicklung des Umfeldes einbeziehen, in das diese Objekte hineingestellt sind. Das Phänomen »Design« kann also nicht auf ein Konzept der Oberflächlichkeit reduziert werden, d.h. auf eine Verringerung der Wanddichte und auf eine Materialkürzung am Objekt zugunsten der Information, die es weitergeben soll und die heute scheinbar wichtiger ist als jede andere Funktion.

Wie kann in einer an Gegenständen und Informationen übersättigten Welt ein Design konzipiert werden, das an dem unausweichlichen Zerfall unserer Umwelt ansetzt und dabei gleichzeitig die Zeitbeschleunigung in der Umformung eben dieser Umwelt berücksichtigt, wo »das unendlich Kleine« und die »Übergangsgeschwindigkeit« der Dinge permanent steigen? Und wie kann man mit einer Materie, der der Künstler gegenübersteht, umgehen, wenn diese scheinbar ihre »Festigkeit« verloren und eine Art »Flüchtigkeit« angenommen hat, also entmaterialisiert ist?

Die Umweltproblematik ist heute so offensichtlich, daß nicht weiter darauf eingegangen werden muß. Was vor wenigen Jahren nur Minderheiten bewegte, ist heute zum grundlegenden Problem der industriellen Strategie geworden, an die das Design eng gebunden ist. Kreatives Schaffen und Konsum stützten sich bis jetzt auf die Vorstellung einer unbegrenzten Produktion. Dieses Modell gehört aber der Vergangenheit an, wir bewegen uns heute auf eine »Kultur der Begrenzungen« hin, die Veränderungen von allen am Produktionssystem beteiligten Personen grundlegende Veränderungen erfordert. Schluß mit der grenzenlosen Anhäufung von materiellem und semiotischem Abfall sowie mit dem »großen Getöse« (der permanenten Berieselung mit Lärm und Bildern), das durch die neuen Technologien ermöglicht wird! Wie können die von der modernen Technik ermöglichten Leistungen und Formen unter eine adäquate Kontrolle gestellt werden, wenn diese nur von einer Instanz ausgeübt werden kann, die über den Interessen der einzelnen Verbände und Interessensgruppen steht? Hier muß ein Konzept demokratischer, fortschrittlicher Kultur gewonnen werden, das die Interessen der Gemeinschaft vertritt und für das die kulturellen und wissenschaftlichen Institutionen als Garanten stehen. Wie kann man post-modernen Liberalismus, in dem jedem gestattet ist, alles zu tun – das Beste ebenso wie das Schlechteste – in Einklang bringen mit den Interessen der Allgemeinheit, ohne dabei in eine zufällige Auswahl zu verfallen?

Wir müssen uns darüber klar werden, daß man nicht alles haben kann, und müssen bereit sein, alles einzusetzen, damit die Welt, in der wir leben, die einzige Welt wird, in der man gut lebt. Unsere Erde mit ihrem Gleichgewicht zwischen Tier- und Pflanzenwelt scheint nicht ersetzbar zu sein, und das ist typisch für sie. Man kann also keine andere Welt »kaufen«, d.h. wir müssen die Erde bewohnbar und schön erhalten und das ist eine Aufgabe, die die Menschen als ein Ziel im Sinne des Allgemeininteresses übernehmen können.

Wichtig ist hier, die uns von der Post-Moderne gebotene Freiheit ernstzunehmen, d.h. wir müssen lernen, verantwortlich zu sein. Um es mit den Worten des baskischen Philosophen Fernando Savater zu sagen: »Wenn es um die Geschehnisse herum noch einige Versuche der Verantwortlichkeit gibt, dann kommen sie nicht von denen, die nachgegeben haben, sondern von denen, die die Zeit nicht anhalten« und die sich mit den Problemen, die die Zeit uns stellt, auseinandergesetzt haben.

Den Objekten muß eine größere Bedeutung gegeben werden, die Aufmerksamkeit gegenüber dem Objekt muß erhöht werden, damit die Objekte »minimaler Aufmerksamkeit« (die man leicht wegwirft, weil sie wenig Wert haben) abgelöst werden von »Zusammenhängen und Beziehungen zu den Objekten, wie sie zwischen lebenden Wesen geschaffen werden« (Ezio Manzini). Jede Sache, die dienlich ist, die Schönheit vermittelt und die Kommunikation erleichtert, bedarf der Aufmerksamkeit.

Dieses neue Bewußtsein gegenüber dem Objekt ist eine wesentliche Grundhaltung unter Partnern, die diese Objekte entwerfen, produzieren und verbrauchen. Unter diesem Gesichtspunkt ist die Beziehung zu den Gegenständen zum Mittelpunkt neuer Überlegungen geworden, zum Ausgangspunkt für ein neues Design-Konzept.

Auf dem überfluteten Gebiet der täglichen Gebrauchsgegenstände hat sich die wirtschaftliche Analyse, nach der die Werbung und der Aufstieg eines Produktes über die hochtechnischen Massenkommunikationsmittel zu laufen hat, als recht kurzlebig erwiesen. Die Bewertung der Produkte hängt heute in erster Linie davon ab, ob sie innerhalb der von ihnen vertretenen Gütermasse die Zwischenräume finden können, in denen sie sich definieren, sinnvoll werden können und einen Mehrwert erhalten. Komplexer und subtiler erhalten nun die Produkte einen anderen Status, den eines »Mehr-Objektes« (Pierre Restany), d.h. sie werden zu einem Objekt, dem die hochentwickelte post-industrielle Gesellschaft hohe Qualitäten zuschreibt.

## *Kapitel 6*

*Die Ausweitung der dem Design übertragenen Aufgabe erfaßt nun auch das GESAMTPROBLEM DER UMWELTQUALITÄT, was wiederum von den Gestaltern ein Überdenken und Erarbeiten neuer Konzepte fordert. Seine Hauptaufgabe erfüllt das Umweltdesign dadurch, daß es mit der Komplexität der Ausdrucksformen umgehen kann, in denen die unterschiedlichsten sozialen Gruppierungen ihre Orientierung und ihre Identität finden. Umweltdesign muß zum Punkt des Einvernehmens aller Geschmacksrichtungen und der unterschiedlichsten sozialen Schichten werden.*

Dem Design eine Führungsrolle bei der Programmierung eines Umweltkonzeptes zu übertragen, ist eine ambitiöse Vorstellung, hinter der aber die Absicht stehen sollte, eine ganze Reihe von Aktionen auf ganz anderen Gebieten durchzuführen: Technik, Planung, Städtebau, hier natürlich in erster Linie Architektur, aber auch die in der Technologie bereits laufenden Forschungen und die Umweltwissenschaft, ohne dabei zu übersehen, daß die Umwelt ein Ort des Austausches für die sozialen Gruppen ist.

Die Rolle des Designers kann mit der eines Regisseurs unserer alltäglichen Umwelt verglichen werden. Es ist eine Rolle, die er mit anderen Gestaltern, Planern und Technikern teilt, um mit ihnen gemeinsam dem Umweltdesign eine globale Qualität zu geben. Der Designer ist also aufgefordert, sein Metier nun mit anderen Augen zu betrachten, vom Status des Koordinators zwischen Technik, Marketing und industrieller Ästhetik überzugehen in den Status eines Erfinders neuer Strategien und neuer Funktionen, der eine globale Qualität der Umwelt ins Auge faßt und in seiner Disziplin zur Geltung bringt.

Der Designer wird zum Autor unterschiedlichster Drehbücher werden, mit neuen Orientierungen, die sein eigenes Metier verändern werden und die zusätzliche Qualitäten erfordern. Er wird im wahren Sinn des Wortes eher ein »Konzept-Erarbeiter« sein als ein Zeichner oder Dekorateur, und er wird Verantwortungen übernehmen müssen, die weit über das hinausgehen, was er heute beherrscht.

Wenn auch die Ausweitung der Verantwortlichkeit des Designers der »Führerrolle« entspricht, die man ihm übertragen will, so sollte doch angemerkt werden, daß man hier in sein Metier Realitäten hineinprojiziert, die ihm noch fremd sind. Abgesehen von einigen wenigen post-universitären Institutionen, die sich mit dieser neuen Rolle bereits befassen, haben weder die Künstler noch die Lehrer die Aktualität des Problems erkannt, auch wenn es sich hier um eine Option handelt, die unter vielen anderen in nächster Zeit bereits getroffen werden muß. Einige Theoretiker erarbeiten zur Zeit eine Definition dieser Aufgabe und dieser Funktion und versuchen, daraus Strategien für die Programmierung zu entwickeln. Gemeinsam mit anderen Spezialisten können sie einige Aktionen bereits jetzt starten, um diese neue interdisziplinäre Konstellation auszuprobieren.

Design, Architektur und Bildende Künste müssen hier eng zusammenarbeiten. Auf der Ebene der Ausdrucksformen und -sprachen müssen Nivellierungen in der Übertragung von einer Disziplin auf die andere vermieden werden (wie es bei der Architektur der Moderne der Fall war); dabei müssen gleichzeitig Freiräume für den Einzelnen bestehen bleiben; außerdem muß man vermeiden, daß eine Kunstform die andere dominiert. Es geht darum, eine Lösung zu finden, aus der sich Formen und Symbole entsprechend dem Identitätsbedürfnis der unterschiedlichsten Gruppen ergeben, die nach einer Ausdrucksform für ihre Zugehörigkeit suchen und darin ihre Orientierung finden.

Die Möglichkeit des Ästhetischen, über die einfache Vermittlung von Freuden hinauszugehen, hängt von seiner Fähigkeit ab, mit der Komplexität von Ausdrucksformen umzugehen und dabei semiologisch klare und signifikante symbolische Elemente erstehen zu lassen, über die die unterschiedlichen Sozialschichten ihre Identität und Orientierung finden können. Das Ästhetische muß zum Kristallisationspunkt werden, der ein Einvernehmen zwischen den unterschiedlichsten Geschmacksrichtungen und sozialen Schichten ermöglicht; das Ästhetische muß – mehr als ein »Wille zur Ordnung« – ein Instrument zur Schaffung einer neuen Vitalität sein. – Das Design des 21sten Jahrhunderts steht vor einer harten, aber bedeutenden Aufgabe.

# WISSENSCHAFTEN

Ernst Pöppel

# Zum formalen Rahmen des ästhetischen Erlebens. Ein Beitrag aus der Hirnforschung*

Grenzüberschreitungen in den Wissenschaften und Künsten führen manchmal zu neuen Einsichten oder eröffnen neue Gestaltungsmöglichkeiten – aber sie garantieren sie natürlich nicht. Hier wird der vielleicht waghalsige Versuch unternommen, Ergebnisse und theoretische Erwägungen, wie sie in Teilen der modernen experimentellen Psychologie und der Neurobiologie diskutiert werden, auf ihre Brauchbarkeit hinsichtlich eines breiteren Verständnisses des ästhetischen Erlebens zu überprüfen. Um dieses tun zu können, müssen zunächst einige Sachverhalte darüber erläutert werden, wie man sich die Funktionsweise des Gehirns und seine strukturellen Merkmale vorstellen kann. Indem der Versuch unternommen wird, eine Beziehung herzustellen zwischen dem »Gehirn und dem Ästhetischen«, wird damit in keinster Weise behauptet, das Ästhetische hirnphysiologisch »aufzulösen«. Eine derart mißverstandene monokausale Einstellung ist dem modernen Hirnforscher auch gegenüber systemimmanenten Phänomenen fremd. Es wird nur behauptet – dieses aber ohne Zögern –, daß zum Verstehen ästhetischen Erlebens auch naturwissenschaftliche Sachverhalte, speziell neurobiologische, zu berücksichtigen sind. Es wird somit der Versuch unternommen, die gedankliche Basis für das Ästhetische zu erweitern.

---

* Insofern Bezug genommen wurde auf experimentelle Beobachtungen, sind diese hauptsächlich von den folgenden Institutionen gefördert worden: Deutsche Forschungsgemeinschaft und Bundesminister für Forschung und Technologie. Bibliographische Anfragen zu bestimmten Fragen werden auf Wunsch vom Autor beantwortet. Ein Teil des Textes erscheint in überarbeiteter Form auch in: »Auf der Suche nach Orientierung – Hirnforschung als Leitwissenschaft?« Besonderer Dank für die Diskussion zahlreicher Fragen, die sich auf die Künste beziehen, gilt Suyin.

Wie ist man früher an das Problem herangetreten, Vorgänge im Gehirn mit psychischen Phänomenen in Beziehung zu setzen? In einer auf Descartes zurückgehenden Denkweise wird angenommen, daß Reize (Stimuli: S) aus der Umwelt auf die Sinnesorgane und das Gehirn wirken, und daß nach Verarbeitungsprozessen im Gehirn eine Reaktion (R) erfolgt, oder daß – allgemein – eine Repräsentation (R) der Welt im Bewußtsein über sinnliche Informationen entsteht. Nach diesem S-R-Konzept werden Reaktionen, Repräsentationen und Reflexionen (R) als eindeutig determinierte Funktionen auf Reize aus der Umwelt gedacht. Wir bezeichnen dieses Konzept einer Rekonstruktion psychischer Inhalte auch als Bottom-up-Prinzip, da psychische Inhalte sich von unten (den Reizen) nach oben (dem Bewußtsein) aufbauen.

Daß dieses Bottom-up-Prinzip konzeptionell nützlich war und ist, sei durch Beispiele aus dem Bereich des Sehens erläutert. Wie wird beispielsweise die uns umgebende optische Welt im Gehirn abgebildet? Auf der Netzhaut der Augen findet in den Sinneszellen ein sogenannter Transduktionsprozeß statt, d.h. elektromagnetische Wellen werden gleichsam in »Gehirnsprache« umgewandelt. Von den Sinneszellen in der Netzhaut wird die Information über verschiedene Umschaltstationen ins Gehirn weitergeleitet. Das Verblüffende bei dieser Fortleitung von der Peripherie der Informationsaufnahme ins Zentrum weiterer Verarbeitung und Bewertung ist, daß die topographischen Beziehungen von Objekten in der Welt in der neuronalen Repräsentation des Gehirns in Hunderten von Millionen von Zellen erhalten bleiben.

Betrachte ich eine Land- oder Seekarte, so entsprechen die einzelnen Zeichen in ihrer Lage zueinander den durch sie definierten Merkmalen in der Natur; in analoger Weise – die räumlichen Beziehungen bewahrend – wird die Karte im Gehirn abgebildet. Diese Abbildung erfolgt im hinteren Bereich des Großhirns, wo alle Sehinformation hingeschickt wird. In einer dünnen Schicht von Nervenzellen mit etwa drei Millimetern Durchmesser, dem sogenannten cerebralen Cortex, erfolgt ein wesentlicher Teil der Informationsverarbeitung, sodaß auf der subjektiven Ebene schließlich das Sehen von Objekten in ortsgetreuer Weise möglich wird.

Wieviele Zellen benötigt das Gehirn für seine Aufgaben? Im menschlichen Gehirn gibt es nach alten Schätzungen von Neuro-

Anatomen etwa zehn Milliarden Nervenzellen; aufgrund neuerer Untersuchungen muß die Zahl aber erheblich höher sein, vielleicht sogar eine Billionen Nervenzellen.

Wie wird Information in diesem neuronalen Netzwerk verarbeitet? Zur Beantwortung dieser Grundfrage muß man zunächst auf die Verbindungsmöglichkeiten zwischen Nervenzellen hinweisen. Jede Nervenzelle hat Kontakt mit vielen anderen Nervenzellen; man vermutet, daß jede Nervenzelle mit mindestens eintausend anderen Nervenzellen in Kontakt steht. Dieser Kontakt bedeutet, daß mindestens eintausend Nervenzellen von einer Nervenzelle beeinflußt werden (Prinzip der Divergenz), und daß jede Nervenzelle von mindestens eintausend Nervenzellen beeinflußt wird (Prinzip der Konvergenz).

Die Kontaktaufnahme zwischen Nervenzellen erfolgt über sogenannte Synapsen und kann erregend (Prinzip der Exzitation) oder hemmend (Prinzip der Inhibition) sein. Für Erregung und Hemmung sind unterschiedliche chemische Botenstoffe, sogenannte Transmitter, verantwortlich. Mit den strukturellen Prinzipien von Divergenz und Konvergenz und den funktionellen Prinzipien von Exzitation und Inhibition sind grundlegende Mechanismen angegeben, die für alle Gehirne, nicht nur das menschliche, gelten.

Die im funktionellen Gleichgewicht stehenden Exzitationen und Inhibitionen, die durch die verschiedenen chemischen Botenstoffe vermittelt werden, kennzeichnen den Normalzustand des Gehirns, somit auch das psychische Gleichgewicht; kommt es auf dieser Ebene zu Störungen, wenn etwa zu wenig Inhibition an einer Stelle des Gehirns oder zuwenig Exzitation an anderen Stellen ausgeübt wird, dann können im Extremfall Erkrankungen wie Epilepsie, Schizophrenie oder Depression die Folge sein.

Obwohl es sehr viele Nervenzellen und praktisch unendlich viele Systemzustände in Nervenzellen beziehungsweise im Gehirn gibt, sind die Verarbeitungsmechanismen des Gehirns im Gegensatz zum Computer durch ein Prinzip funktioneller Nähe gekennzeichnet; jede Nervenzelle ist nicht weiter als maximal vier Umschaltstationen von jeder anderen Nervenzelle im Gehirn entfernt. Diese strukturell bedingte funktionelle Nähe von Nervenzellen bedeutet in der Sprache der Datenverarbeitung, daß das Gehirn durch »massivste Parallelität« in der Verarbeitung seiner Information ausgezeichnet sein muß; alles ist mit allem engstens verbunden. Das Gehirn ist somit prinzipiell anders aufgebaut als ein Computer, und auch die Verarbeitungsprinzipien im Gehirn sind grundsätzlich von Algorithmen und deren Implementierung als Programme in Computern verschieden. Daraus folgt im übrigen, daß eine explizite Modellierung von menschlichem Denken, Wahrnehmen, Fühlen, Entscheiden, Erinnern oder Handeln praktisch unmöglich ist. Andersgeartete Behauptungen können als Gerüchte abgetan werden.

Obwohl wir auf der mikroskopischen Ebene, also jener der Nervenzellen, noch recht ratlos sind, wenn wir danach fragen, wie sich aus den Aktivitäten einzelner Zellen des Gehirns unser Erleben herleitet, konnten auf einer eher makroskopischen Ebene wichtige Fortschritte gemacht werden. Bereits im letzten Jahrhundert wurde entdeckt, daß sich das Gehirn in Zonen einteilen läßt, in denen jeweils unterschiedliche Informationen verarbeitet werden. Hier muß auf eine Grundannahme der Hirnforschung hingewiesen werden. Das meiste über die normale Funktionsweise erfährt man aus Störungen des Systems. Erleidet beispielsweise ein Patient eine Verletzung an einer definierten Stelle im Gehirn, etwa dort, wo das Gesichtsfeld repräsentiert ist, dann fällt ein zugeordneter Bereich innerhalb des Gesichtsfeldes funktionell aus – der Patient ist an dieser Stelle blind. Das Entscheidende bei dieser experimentellen Vorgehensweise ist, daß wir aus der Störung schließen, wie Funktionen im Gehirn normalerweise repräsentiert sind. Der mit interindividueller Konstanz zu beobachtende Funktionsausfall (etwa nach Schlaganfall) gibt Aufschluß über die Weise der Funktionsrepräsentation und dient in einem allgemeinen Sinne als Existenzbeweis der Funktion.

Wenn wir das cartesische Modell der Informationsverarbeitung, das als Bottom-up-Prinzip charakterisiert wurde, annehmen, dann heißt dies, daß Informationen aus den verschiedenen Sinneswelten – also etwa aus der visuellen, auditiven oder taktilen Welt – jeweils von entsprechenden Sinneszellen umgewandelt, gleichsam als »Hirnsprache« verfügbar gemacht werden, und daß uns auf dieser Grundlage ein Bild der Welt vermittelt wird. In einem solchen Modell der Welterfahrung sind wir der Welt als passive Rezipienten ausgeliefert. Die Wirklichkeit unseres Erlebens ist jedoch nicht passive Rezeption; wir konstruieren die Welt. Das Gehirn ist nicht ein passiver »Filter«, sondern das Gehirn hat gestaltende Kraft.

Daß Wahrnehmung ein aktiver Prozeß und nicht nur passive Datenverabeitung ist, läßt sich an vielen Beispielen wie den optischen Täuschungen oder doppeldeutigen Figuren zeigen. Bei letzteren kann man jeweils nur eine der Figuren sehen, etwa zwei Gesichter, die sich anschauen, oder eine Vase; man kann nie beides gleichzeitig sehen, aber willentlich zwischen den beiden Sehweisen hin und her wechseln, sich das jeweils Alternative sichtbar machend. Diese Fähigkeit bedeutet, daß Wahrnehmen nicht eindeutig durch gegebene Reizkonfiguration determiniert sein kann. Dieses aktive Gestalten gilt für alle Sinnessysteme, nicht nur für das Sehen. Was jeweils gesehen, gehört oder empfunden wird, ist wesentlich mitbestimmt durch vorangehende Aktivitäten, wobei emotionale Wertungen eine wichtige Rolle spielen. Aus zahlreichen Experimenten über Wahrnehmungs- und Denkprozesse läßt sich als allgemeines Gesetz festhalten: Das Wahrgenommene oder das Gedachte, die Entscheidung oder das Urteil ist jeweils eine Bestätigung oder Zurückweisung einer Hypothese (eines »Vor-Urteils«) innerhalb eines mentalen Bezugssystems, das in einem gegebenen Augenblick besteht. Hypothesen, die unser Wahrnehmen und unser Denken bestimmen, bestehen in jedem Augenblick. Mentale Hypothesen gehören zu unserem Wahrnehmen und Denken wie das Atmen.

In diesem Mechanismus, dem »Top-down-Prinzip«, drückt sich das Ökonomieprinzip menschlichen Wahrnehmens und Denkens aus. Top-down soll heißen, daß vom Bewußtsein bestimmt wird, welche Reize überhaupt akzeptiert werden. Normalerweise ist es nicht notwendig, in jedem Augenblick die wahrgenommene Welt neu zu konstituieren, denn aufgrund von Hystereseeffekten kann man von einer gegebenen Kontinuität in der Welt ausgehen. An diese Kontinuität hat sich das Gehirn angepaßt, ist dann aber in seiner Informationsverarbeitung häufig überfordert, wenn Unerwartetes auftritt oder ein Urteil in einem nicht etablierten Bezugssystem zu fällen ist. Für den Menschen gilt, daß die Inhalte dieser Bezugssysteme durch individuelle Erfahrung und vor allem auch durch emotionale Bewertung geprägt sind, wobei solche Bewertungen nicht notwendigerweise bewußt sein müssen, sondern sich implizit auswirken können.

Wenn dies so ist, wenn wir dauernd in unserer geistigen Orientierung eingebettet sind in vorgegebene Ordnungsstrukturen, dann ist offenkundig, daß diese Prinzipien auch für das wissenschaftliche Tun oder das künstlerische Schaffen gelten müssen. Es kennzeichnet den guten Wissenschaftler, daß es ihm gelingt, vorgegebene mentale Bezugssysteme zu überwinden. Bevor er dies tun kann, muß er aber erst erkennen, in welchem Bezugssystem er sich geistig bewegt, denn üblicherweise sind unsere »Vor-Urteile« impliziter Natur.

Für die Kunst bedeutet das Ökonomieprinzip des Denkens und Wahrnehmnens, daß dann, wenn es keine allgemeingültigen Bezugssysteme gibt, die etwa durch Traditionen sanktioniert sind, der Künstler innerhalb eines von ihm selbst definierten oder implizit gewählten Bezugssystem arbeitet. Ein Kennzeichen der modernen Kunst ist, daß die Bezugssysteme individueller Natur sind – man spürt das Suchen des einzelnen Künstlers nach der ihm gemäßen Ausdrucksform. Da wir Menschen aber soziale Wesen sind, d.h. in der Bewertung dessen, was wir tun, uns vom Urteil anderer abhängig machen, spiegelt sich in der modernen Kunst viel stärker als früher der wechselnde Zeitgeist oder die Modeströmung. Der gute Künstler ist wohl jener, dem es gelingt, seine persönliche Sichtweise nicht dauernd vom Urteil anderer abhängig zu machen, sondern innerhalb des von ihm gewählten Bezugssystems die Welt darzustellen – erfolgreich dann, wenn andere ihre Erfahrungswelt im Kunstwerk widergespiegelt sehen, und sei dies auch erst zu einem (sehr) viel späteren Zeitpunkt.

Es soll nun erläutert werden, wie die *Inhalte* des Psychischen auf der Grundlage von Hirnmechanismen entstehen. Hierbei soll auch verdeutlicht werden, warum die Inhalte mentaler Bezugssysteme so schlecht bewußt zu kontrollieren sind. Das Repertoire des Psychischen läßt sich durch vier Funktionsbereiche beschreiben, nämlich die Funktionen der Wahrnehmung (der Reizaufnahme), des Lernens und Gedächtnisses (der Reizbearbeitung), der Gefühle (der Reizbewertung), und der Handlungen, Aktionen oder Reaktionen.

Als wesentlicher Befund der Hirnforschung läßt sich festhalten, daß elementare Funktionen im Gehirn nicht gleichmäßig verteilt, sondern lokalisiert sind. Neuronale Programme, die üblicherweise bestimmten Orten im Gehirn zugeordnet sind, bilden die Voraussetzung für das psychische Repertoire. Dies soll nicht bedeuten, daß ein Ort im Gehirn nicht auch mehrere Funktionen repräsentieren kann. Aufgrund unterschiedlicher chemischer Botenstoffe, die die Interaktion von Nervenzellen bestimmen, können überlappend an einem Ort auch mehrere Funktionen repräsentiert sein.

Das Prinzip der lokalen oder modulären Funktionsrepräsentation sei durch einige Beispiele erläutert. Reize der Umwelt werden in verschiedenen Systemen des Gehirns (z.B. dem visuellen, auditiven oder taktilen) aufgenommen und interpretiert. Ein solcher Funktionsmodul mag etwa verantwortlich dafür sein, daß wir Bewegungen von Gegenständen im Raum erkennen können; dies läßt sich daraus erschließen, daß es Patienten gibt, die nach einem bestimmten Hirnschaden zwar alles noch normal erkennen, nur keine Bewegungen von Objekten im Raum mehr erleben können. Bewegungen eines Ballett-Tänzers könnten dann nicht mehr gesehen werden. Andere Patienten, mit einer Verletzung an einer anderen Stelle im Gehirn, können beispielsweise keine Farben mehr erkennen, oder eine Störung an einer wieder anderen Stelle führt dazu, nicht mehr in der Lage zu sein, Gesichter anderer Menschen unterscheiden zu können. Ein solcher Patient weiß zwar noch, daß es sich um ein Gesicht handelt, das er sieht, doch sind alle Gesicher für ihn gleich. Er kann nicht einmal mehr sein eigenes Gesicht im Spiegel erkennen. Derartige Verletzungen sind instruktiv, weil sie zeigen, daß elementare Funktionen modulär im Gehirn repräsentiert sind, wobei jeweils ein umschriebener Bereich für eine (gegebenenfalls mehrere) Funktion zuständig ist.

Die moduläre Informationsverarbeitung gilt für alle Bereiche, so auch für jene der Reizbearbeitung. Wenn wir Informationen aufnehmen und längerfristig im Gehirn mit Hilfe von Gedächtnismechanismen speichern, dann ist die Einspeicherung neuen Wissens abhängig von der Verfügbarkeit bestimmter neuronaler Programme. Seit längerer Zeit ist bekannt, daß bei der Einspeicherung neuen Wissens die Innenseiten der Schläfenlappen wichtig sind. Wenn diese abgetragen werden, dann stellt man fest, daß ein solcher Patient keine neue Information mehr aufnehmen kann. Er hat sein Gedächtnis verloren. Ein berühmter Fall ist der Patient Henry M., an dem eine solche Operation durchgeführt wurde. Mit dem Patienten kann man ein Gespräch führen, und nach einer Stunde kann er sich an nichts mehr erinnern, nicht an die Person, mit der er gesprochen hat, oder die Inhalte, die man erörterte. Der Patient ist zeitlich und auch räumlich wie fixiert; die Orientierung in neuen Umgebungen kann er nicht mehr erwerben, und auch zeitlich ist er auf einen bestimmten Punkt festgelegt. Aus solchen Fällen lernen wir in der Hirnforschung, daß in der Tat einzelne Bereiche des Gehirns für selektive Gedächtnisfunktionen verantwortlich sind.

Auch unsere Gefühle sind modulär im Gehirn repräsentiert. Wenn wir Neues aufgenommen und gespeichert haben, dann wurde das Neue automatisch auch emotional bewertet. Gefühle laufen nicht unabhängig von Wahrnehmungen und Erinnerungen ab. Ohne daß wir es verhindern könnten, werden ununterbrochen emotionale Bewertungen vorgenommen, wobei diese Bewertungen nicht unbedingt bewußt werden müssen; meist erfolgt emotionale Bewertung implizit. Wenn jemand qualvoll an Eß-Gier leidet, dann bedeutet dieses, daß bestimmte neuronale Programme, die Hunger und Sättigung regulieren, nicht mehr richtig funktionieren. Bei jemandem in sexuellen Nöten sind andere neuronale Module besonders aktiv. Wenn wir Schmerzen erleiden, ist eine wiederum andere spezifische Konstellation modulärer Aktivität gegeben.

An dieser Stelle wird eine Assoziation zur bildenden Kunst nahegelegt. Bekanntlich sind die beiden Gehirnhälften durch unterschiedliche Funktionskompetenzen gekennzeichnet. Die linke Gehirnhälfte gilt als dominant für analytische Funktionen, vor allem für Sprachfunktionen. Die rechte Gehirnhälfte gilt als dominant für das räumliche Vorstellungsvermögen und vor allem auch für emotionale Bewertungen. Diese Lateralisierung der Funktionen im Gehirn läßt sich offenbar in manchen Werken der Malerei wiederfinden. Zur Verdeutlichung muß man wissen, daß alles, was in der Sehwelt repräsentiert ist, seitlich vertauscht im Gehirn abgebildet wird. Alles, was links liegt, geht in die rechte Gehirnhälfte, und alles, was rechts liegt, geht nach links. Man kann sich nun fragen, ob möglicherweise in Bildern, die starke Emotionen ausdrücken, eher auf der linken oder rechten Seite der Fokus der Aufmerksamkeit liegt, da die beiden Gehirnhälften ja offenbar unterschiedlich mit den Gefühlen umgehen. Und in der Tat findet man bei stark emotionalen Bildern häufiger auf der linken Seite das Bildzentrum, das die Aufmerksamkeit auf sich zieht. Hierbei handelt es sich um eine statistische Aussage, d.h. asymmetrische Bildkompositionen mit hoher affektiver Komponente und dem Bildschwerpunkt auf der linken Seite (entsprechend der emotionalen Bewertung in der rechten Gehirnhälfte) kommen häufiger vor als der umgekehrte Fall; symmetrisch gestaltete Bilder scheinen in jedem Fall eine geringere affektive Wirkung zu haben.

Der vierte Funktionsbereich, der bei der Beschreibung des psychischen Repertoires herangezogen werden muß, ist der des Handelns bzw. des Agierens oder Reagierens. Hier sind jene Module des Gehirns angesprochen, die für unsere sprachliche Fähigkeit, für Gestik, Mimik, Bewegungen im allgemeinen verantwortlich sind; hierher gehören aber auch jene neuronalen Mechanismen, die die inneren Organe steuern. Auch hier gilt, daß elementare Funktionen modulär im Gehirn repräsentiert sind. Zur Verdeutlichung sei ein Blick auf die Sprache geworfen. Sprechenkönnen ist gebunden an die Integrität verschiedener, sehr spezifischer neuronaler Programme. Mindestens fünf linguistische Kompetenzen sind zu unterscheiden, um sprechen zu können, nämlich lexikalische, syntaktische, semantische, phonetische und prosodische Kompetenz.

Wir benötigen zunächst einmal ein Lexikon, also einen Wortvorrat, der für das Sprechenkönnen unverzichtbar ist. Wir verfügen außerdem über syntaktische Kompetenz, können also (normalerweise) beim Sprechen grammatikalisch wohlgeordnete Sätze produzieren. Die syntaktische Kompetenz erlaubt überdies, gehörte Sätze zu dekodieren, also dem Verständnis zu erschließen. Dann kennzeichnet Sprechenkönnen semantische Kompetenz, d.h. im Sprechen wird Bedeutung vermittelt, beim Hören der Sprache nach dem Sinn des Gesagten gesucht. Die syntaktische und die semantische Kompetenz werden von verschiedenen Funktionsbereichen des Gehirns vermittelt, was bedeutet, daß sie auch unabhängig voneinander verloren gehen können. Ein Patient mit dem Verlust der semantischen Kompetenz kann zwar noch flüssig sprechen, doch mangelt es der Sprache an Bedeutung, obwohl die grammatikalischen Regeln des Sprechens eingehalten werden; ein Patient mit Verlust der syntaktischen Kompetenz kann zwar Sprache noch verstehen, und seine Telegrammstil-artigen Äußerungen sind verständlich, doch kann er keine wohlgeordneten Sätze mehr bauen. Hinzu kommt die prosodische Kompetenz, die uns ermöglicht, mit Hilfe der Intonation Gemeintes zum Ausdruck zu bringen. Ein Patient mit einer Verletzung der rechten Gehirnhälfte hat Schwierigkeiten, seine prosodische Kompetenz der Sprache zu benutzen, d.h. die Sprachmelodik einzusetzen oder über die Sprachmedolik das Gemeinte in einer sprachlichen Mitteilung zu entschlüsseln. Der erfolgreiche Redner, auch der Schauspieler verläßt sich im wesentlichen auf seine prosodische Kompetenz, will er die Herzen der Zuhörer erreichen.

Schließlich gehört zu den linguistischen Kompetenzen die phonologische Kompetenz, d.h. die verschiedenen Sprachen sind durch bestimmte Sprachlaute gekennzeichnet. Alle Sprachen der Welt haben insgesamt offenbar nicht mehr als etwa hundert unterschiedliche Sprachlaute, obwohl es vermutlich zur Zeit ca. 5000 Sprachen auf der Welt gibt. Jede einzelne Sprache ist phonetisch eine Teilmenge aus diesem Repertoire von Sprachlauten. Die einzelnen Sprachlaute sind genetisch vorgegeben, und im Sprechenlernen werden die angelegten Sprachlaute durch die jeweilige Sprachumgebung, in der wir aufwachsen, bestätigt. Seine Muttersprache lernen ist also etwas ganz anderes als das Lernen einer Fremdsprache später in der Schule, denn genetisch vorgegebene neuronale Programme werden durch unmittelbare Erfahrung gleichsam nur nachvollzogen.

Alle genannten Partialkompetenzen sind für die Sprache und das Sprechen notwendig, und sie sind durch verschiedene Module des Gehirns neuronal repräsentiert. Diese These läßt sich ableiten aus Störungen, die dazu führen können, daß jeweils einzelne der Funktionen verloren gehen. In den Künsten der Sprache beobachtet man, daß einzelne der Partialkompetenzen besonders genutzt oder hervorgehoben werden können; wenn etwa der Fokus der schöpferischen Aufmerksamkeit auf der Syntax, der Semantik oder der Phonetik liegt.

Die vier bezeichneten Funktionsbereiche, deren Partialfunktionen modulär im Gehirn repräsentiert sind, kennzeichnen das Repertoire des Psychischen. Wahrgenommenes, Erinnertes, Gefühltes, Geplantes und Getanes kennzeichnen die Inhalte des Psychischen. Damit Inhalte subjektiv verfügbar sein können, wir also bewußt erleben können, bedarf es aber weiterer Funktionen, sogenannter logistischer Funktionen.

Bei den logistischen Funktionen sind im Prinzip zwei Bereiche zu unterscheiden; einmal bedarf es einer Aktivation, damit Psychisches verfügbar wird, zum anderen ist zeitliche Koordination der räumlich verteilten Funktionen im Gehirn erforderlich. Ist nicht ausreichend Aktivation vorhanden, können wir nicht wahrnehmen, denken oder handeln. Das Phänomen der Aktivation ist jedem bekannt, denn Aktivation unterliegt der tagesperiodischen Kontrolle. Wenn wir schlafen, wird die Aktivation reduziert, im Wachzustand nach oben reguliert.

Als Nebenbemerkung ist vielleicht interessant, daß Störungen der tagesperiodischen Modulation von Funktionen bei manchen psychiatrischen Patienten auftreten. Der typisch Depressive zeigt gelegentlich tagesperiodische Stimmungsschwankungen mit einem Tief in den frühen Morgenstunden und normaler psychischer Funktion den Rest des Tages. In der schweren Depresssion verliert der Patient häufig auch den Zugang zu den Künsten; da aufgrund der veränderten Stimmungslage nichts mehr schön zu sein scheint, ist auch die Welt des Ästhetischen verschlossen.

Um den zweiten logistischen Bereich verständlich zu machen, der für die Funktionen des Gehirns verantwortlich ist, nämlich die zeitliche Koordination der Funktionen, muß ein weiterer Sachverhalt über die Arbeitsweise des Gehirns verdeutlicht werden. Jeder psychische Zustand – wenn wir also Information verarbeiten, nachdenken, handeln, sprechen – ist dadurch gekennzeichnet, daß gleichzeitig an verschiedenen Stellen des Gehirns Nervenzellen stärker aktiv sind. Wenn wir beispielsweise lesen, ist die lokale Hirndurchblutung, über die man auf die Tätigkeit von Nervenzellen schließen kann, etwa im Schläfenlappen, wo die semantische Kompetenz der Sprache anzunehmen ist, und im Frontalbereich, wo die syntaktische Kompetenz repräsentiert ist, deutlich erhöht; zusätzlich findet man Aktivitätserhöhung dort, wo die Sprechbewegungen repräsentiert sind; hinzu kommt Aktivität im visuellen Verarbeitungsgebiet, von wo aus die Information über eine Umschaltstelle in die Sprachzentren weitergeleitet wird.

Die gleichzeitige Aktivität an verschiedenen Orten wirft ein Problem der Verarbeitung auf, wie es nämlich aufgrund verteilter

Aktivität von Nervenzellen zu einem einheitlichen Erlebnis kommen kann, denn jeder psychische Akt ist ja durch seine Geschlossenheit, seine Ganzheit gekennzeichnet. Welches sind die Mechanismen des Verbindens, die räumlich verteilte Aktivitäten zusammenbringen, um das subjektive Phänomen des einheitlichen mentalen Aktes zu ermöglichen? Bezüglich des angesprochenen Problems könnte man vermuten, daß es einen zeitlichen Organisationsmechanismus gibt, gleichsam eine Uhr, der wie ein Dirigent den Takt vorgibt, und der dadurch eine zeitliche Koordination zwischen den verteilten Aktivitäten des Gehirns ermöglicht.

Kern dieser Hypothese ist, daß die zeitliche Koordination durch oszillatorische Prozesse in Neuronenpopulationen, durch neuronale Schwingungen also, ermöglicht wird. Die Bedeutung von Oszillationen in Neuronenpopulationen kann an einem Beispiel aus der Anästhesie-Forschung gezeigt werden. Wird einem Patienten über Kopfhörer eine Serie von Tonreizen geboten – regelmäßig etwa jede Zehntel Sekunde hört der Patient einen Klickreiz von nur ein Tausendstel Sekunde Dauer – und werden bezogen auf diese Tonreize die elektrischen Antworten der Gehirns aufgezeichnet, dann stellt man eine oszillatorische Aktivität fest, die vom Großhirn produziert wird. Diese Oszillationen mit einer Periode von etwa 30 Tausendstel Sekunden verschwinden, wenn der Patient narkotisiert wird. Man beobachtet dann, daß die akustische Information zwar noch in den Sinneszellen des Ohres verarbeitet wird und in den sogenannten Hirnstamm weitergeleitet wird, daß aber eine zeitlich geordnete Aktivität in den neuronalen Verbänden des Großhirns, die sich durch die Oszillationen zeigt, nicht mehr möglich ist. Das Narkosemittel nimmt gleichsam einen funktionellen »Klebstoff« weg, der im Wachzustand zwischen den Nervenzellen eine Verbindung herstellt und der einen Gleichklang der Aktivität und damit eine organisierte Informationsverarbeitung ermöglicht.

Eine bedeutsames Phänomen bei Patienten in Narkose ist, daß für sie gleichsam keine Zeit vergangen ist; ein Patient, der aus der Narkose erwacht, fragt häufig, wann denn die Operation beginne. Dieser Zeitverlust in der Narkose steht im Gegensatz zum normalen Schlafzustand; wenn man aufwacht, ist man üblicherweise davon überzeugt, eine Zeit lang geschlafen zu haben.

Aus den Beobachtungen der Narkose und vielen anderen experimentellen Befunden kann die Hypothese abgeleitet werden, daß oszillatorische Prozesse mit einer Periode von etwa 30 Tausendstel Sekunden Systemzustände bereitstellen, innerhalb derer vom Gehirn Elementarereignisse definiert werden können. Fehlen diese oszillatorischen Prozesse, wie z.B. in der Narkose, sind damit auch nicht mehr die Voraussetzungen für eine Ereignisdefinition vorhanden, und es kommt dadurch zu einem subjektiven Zeitverlust für die Phase dieses außergewöhnlichen Gehirnzustandes.

Wie ist es nun aber auf der Grundlage isoliert definierter Ereignisse möglich, daß in unserem Erleben so etwas wie erlebte Kontinuität entsteht? Es stellt sich also die Frage nach der zeitlichen Integration aufeinanderfolgender Ereignisse; zeitliche Integration muß vermutlich auf einem anderen neuronalen Mechanismus beruhen als räumliche Integration verteilter Aktivitäten.

Im Prinzip gibt es zwei Möglichkeiten, wie eine Integration nacheinander definierter Ereignisse ablaufen könnte: Eine Möglichkeit wäre, daß die Integration von Ereignissen semantisch abläuft. Semantische Integration setzt ein intern repräsentiertes Schema voraus, mit dem die jeweils aufgenommene Information verglichen wird. Bestätigt die Information das interne Schema, ist damit der Prozeß der zeitlichen Integration abgeschlossen. Neben einer semantischen Integration ohne systematische Zeitbegrenzungen ist jedoch auch eine präsemantische Integration denkbar, die unabhängig von einem internen Schema und vorgegebenen Reizen, die am Schema überprüft werden, abläuft. Eine solche automatische Integration wird durch zahlreiche Beobachtungen in der Tat nahegelegt.

Einzelne mentale Ereignisse werden bis zu wenigen Sekunden automatisch aneinandergekettet, ohne daß wir es offenbar verhindern können. Ein Vielzahl von Experimenten hat ergeben, daß zeitliche Integration von Ereignissen bis zu etwa drei Sekunden erfolgt. Ein einfaches und anschauliches Beispiel für diesen Integrationsprozeß ergibt sich aus auditiven und visuellen Kippfiguren. Betrachtet man eine visuelle Kippfigur, bei der man zwei Interpretationen mit gleicher Wahrscheinlichkeit sehen kann, erfolgt nach ungefähr drei Sekunden ein automatischer Umkipp-Vorgang, so daß die jeweils andere Perspektive in den Vordergrund des Bewußtseins geschoben wird. Grundlage dieses Wechsels ist ein automatischer Segmentierungsprozeß des Gehirns, der gegebene Information nicht länger als bis zu etwa drei Sekunden festhalten kann.

Gestützt wird die These einer zeitlich begrenzten und automatischen Integration aufeinanderfolgender Ereignisse bis zu etwa drei Sekunden durch weitere Beobachtungen aus den verschiedensten Bereichen. Ein klassisches Beispiel ist der sogenannte Zeitfolgefehler: Wenn man zwei Reize hinsichtlich ihrer Intensitäten miteinander vergleichen will – beispielsweise ob ein Reiz schwerer oder leichter, heller oder dunkler, lauter oder leiser als ein anderer ist –, dann müssen die beiden Reize, die verglichen werden sollen, innerhalb von etwa drei Sekunden gegeben werden, um zu einem sachgerechten Vergleichsurteil zu kommen. Eine längere Pause zwischen den beiden Reizen führt dazu, daß die neuronale Repräsentation des jeweils ersten verblaßt, und somit der zweite Reiz überschätzt wird.

Eine ähnliche zeitliche Segmentierung beobachtet man bei intentionalen Handlungen, wenn also eine geplante Bewegung ausgeführt wird. Wenn etwa jemand die Hand reicht, einem zuwinkt oder betastend etwas untersucht, beobachtet man, daß diese Handlungsweisen eingebettet sind in ein etwa drei Sekunden dauerndes Zeitfenster. Wir haben es hier mit einem universellen Prinzip zu tun, daß bei sich entsprechenden Verhaltensweisen in verschiedensten Kulturen festgestellt wurde. Die zeitlichen Segmentierung der Informationsaufnahme führt zu voneinander getrennten funktionellen Zeitfenstern, innerhalb derer ein Akt der Wahrnehmung, des Denkens oder des Handelns repräsentiert ist.

Wie kommt aber jene Kontinuität des Erlebens zustande, die über die etwa drei Sekunden dauernden Zeitfenster hinausgeht, wie ist es möglich, daß das eintritt, was Musil im »Mann ohne Eigenschaften« folgendermaßen beschreibt? »Der Zug der Zeit ist ein Zug, der seine Schienen vor sich herrollt, der Fluß der Zeit, ist ein Fluß der seine Ufer mitführt. Der Mitreisende bewegt sich zwischen festen Wänden auf festem Boden, aber Boden und Wände werden von den Bewegungen der Reisenden unmerklich auf das Lebhafteste mitbewegt.«

Die folgende These bietet sich an: Das Erleben der Kontinuität beruht auf einer nützlichen Illusion. Kontinuität kommt zustande durch die automatische semantische Vernetzung der Inhalte, die jeweils in einem etwa drei Sekunden dauernden Gegenwartsfenster repräsentiert sind. Wir konstruieren die Kontinuität aufgrund dessen, was in den einzelnen Bewußtseinsinseln repräsentiert ist.

Die inhaltliche Verknüpfung des jeweils diskret Repräsentierten wird neuronal – dies ist eine Hypothese – durch die relativ langen Zeitkonstanten der Bewertungen ermöglicht. Aufgrund der engen Vermaschung aller neuronalen Vorgänge im Gehirn laufen Denk- und Wahrnehmungsvorgänge nicht unabhängig von emotionalen Bewertungen ab. Was jeweils in einem drei Sekunden dauernden neuronalen Gegenwartsfenster repräsentiert ist, hat also auch ein emotionales »Etikett« (wobei dieses nicht bewußt sein muß). Auch wenn sich in der Wahrnehmungswelt neue Konstellationen von Reizen ergeben, oder wenn Denkprozesse abgehoben vom Realitätsbezug zwischen verschiedenen Trajektorien hin und her zu springen versuchen, so erzwingen die längerfristig wirkenden Bewertungen eine Kontinuität der Bewußtseinstätigkeit.

Daß diese Kontinuität gestört werden kann, sieht man bei der formalen Denkstörung der Schizophrenie oder im Alkoholrausch, wenn die inhaltliche Verbindung von Bewußtseinsakten zusammenbricht, und nicht begründbare Gedankensprünge auftreten. Daß es zu derartigen pathologischen Veränderungen kommen kann, belegt, daß im Normalzustand ein neuronaler Prozeß aktiv für die semantische Verbindung jener psychischer Inhalte sorgt, die in den etwa drei Sekunden dauernden Zeitfenstern repräsentiert sind.

Mit jenen Mechanismen, die der Identifikation von Ereignissen, der Verbindung von Ereignissen zu als gegenwärtig erlebten Wahrnehmungsgestalten und der Vernetzung der Inhalte aufeinanderfolgender Gegenwartsinseln zugrunde liegen, ist ein formales Skelett menschlicher Zeiterfahrung umrissen, das elementare Zeiterlebnisse beschreibt. Wie stehen nun diese elementaren Erlebnisse der Aufeinanderfolge von Ereignissen, der anschaulichen Gegenwart und der zeitlichen Kontinuität in Beziehung zu physikalischen Zeitbegriffen?

Es bietet sich die folgende Überlegung an: Physikalische Zeitbegriffe können gedacht werden als theoretische Konstrukte oder Abstraktionen, die den gedanklichen Rahmen für die unmittelbaren zeitlichen Erlebnisse bereitstellen. Nehmen wir beispielsweise den Zeitbegriff der klassischen Physik, wie ihn Newton formuliert hat: »Die absolute, wahre und mathematische Zeit fließt aus sich selbst heraus aufgrund ihrer eigenen Natur gleichförmig ohne Beziehung zu etwas Äußerem.« Eine solche Aussage ist nicht eine Widespiegelung unmittelbarer Erfahrung; ganz im Gegenteil – die Zeit scheint je nach Reichtum des Erlebens unterschiedlich schnell zu fließen. Damit unmittelbare zeitliche Erlebnisse aber möglich sind, muß es ein Medium geben, das den Hintergrund abgibt für die Erlebnisse, eben Zeit, oder – wie Kant es formuliert hat – die apriorische Anschauungsform der Zeit. Und aus Messungen mit Uhren und sich wiederholenden Ereignissen in der Natur wird dann abgeleitet, daß dieses Medium Zeit eine gleichförmige Flußgeschwindigkeit hat. Auch wenn man sich in einem anderen Inertialsystem befände, wie es die spezielle Relativitätstheorie beschreibt, würde auch dort innerhalb des Systems die gleiche Flußgeschwindigkeit der Zeit angenommen werden. Letzten Endes ist dies wohl eine metaphysische Aussage: der gleichförmige Fluß der Zeit selbst ist nicht beobachtbar, dies sind nur Ereignisse, auch wenn sie auf der Ebene der Elementarteilchenphysik durchgeführt werden. Beobachtungen von Ereignissen setzen aber stets das Medium voraus, innerhalb dessen sie gemacht werden, sie können nicht das Medium selbst definieren.

Auch wenn man in eine Aporie oder eine circuläre Argumentationskette hineingerät, sind solche spekulativen Überlegungen vielleicht reizvoll und mögen andeuten, daß man auch im wissenschaftliches Denken versucht, ästhetisch befriedigende Ordnungsstrukturen zu finden, die Beobachtetes und Gedachtes vereinen. Die Frage ist nur, ob wir hier der Natur nicht auch Gewalt antun, indem wir möglichst einfache und ästhetisch befriegende Lösungen suchen. Die Forderung von Wilhelm von Occam »entia praeter necessitatem non sunt multiplicanda« als Prinzip der Weltbeschreibung mag für unser Denken ästhetisch befriedigend sein, indem die einfachste Lösung gesucht wird, muß aber nicht den beobachteten Ereignissen gerecht werden. Das Einfachheitsprinzip läßt uns häufig nach monokausalen Erklärungen suchen, obwohl der Sachverhalt nur multifaktoriell verstanden werden kann.

Es sollten aber nicht nur Beziehungen zwischen Beobachtungen aus der Hirnforschung und theoretischen Konzepten der Physik geknüpft werden, sondern wir fragen uns, was wir aus der Hirnforschung für die Künste lernen können. In der Dichtkunst findet man Beispiele sowohl für die zeitliche Segmentierung von Sprache in Intervallen von bis zu drei Sekunden als auch für den Aufbau subjektiver Kontinuität. Für viele Sprachen wurde festgestellt, daß eine gesprochene Verszeile bis zu etwa drei Sekunden dauert; bei längeren Verszeilen verwendet der Sprecher eine Zäsur. Der Reim dient gleichsam der formalen Verknüpfung aufeinander folgender Spracheinheiten und ist somit konstitutiv für die erlebte Kontinuität. Die Tatsache, daß wir in der Dichtkunst ein Phänomen wiederfinden, daß sich aus zeitlichen Integrationsmechanismen des Gehirns ableitet, spricht für die Stabilität des Mechanismus. Wenn unabhängig von der Sprache Dichter stets den gleichen zeitlichen Segmentierungsprozeß im Gedicht benutzen, bedeutet dies, daß unterschiedliche kulturelle Traditionen oder verschiedene syntaktische Regeln einer Sprache einen Grundmechanismus des Gehirns nicht antasten können.

Offenbar akzeptieren Künstler Randbedingungen, die sich aus der Funktionsweise des Gehirns ergeben. Dies soll nicht heißen, daß sich Kunst auf einfache neuronale Prozesse reduzieren läßt; es soll aber heißen, daß die Künste auch unter dem Blickwinkel der natürlichen Beschaffenheit zu sehen sind. Hiermit könnte ein Ansatz für grenzüberschreitende Betrachtungen gegeben werden, indem das Kunstwerk also nicht nur im Rahmen seiner kulturellen Tradition gesehen wird.

Abschließend seien daher einige allgemeine Thesen über die Beziehung zwischen der Welt der Kunst und der Welt der Wissenschaft, insbesondere der Hirnforschung, vorgeschlagen:

Die Künste leiten sich aus Primärerfahrungen sinnlicher Wahrnehmung ab; offenbar wurden in allen Ethnien zu allen Zeiten die gleichen Künste »entdeckt«, was für die Universalität des künstlerischen Darstellens und seiner Verwurzelung in grundlegenden Mechanismen der sinnlichen Welterfahrung spricht.

Der unmittelbare Antrieb zum künstlerischen Schaffen erklärt sich aus dem Bemühen, anderen mitzuteilen, was in expliziter Sprache nicht gesagt werden kann. Im schöpferischen Prozeß erlebt der Künstler (und der Forscher) das Mitteilen, zuweilen die gelungene Mitteilung; Schreiben, Dichten, Malen, Zeichnen, Formen, Komponieren, Musizieren oder Tanzen sind trotz aller Selbstversenkung auf andere bezogene Tätigkeiten.

Das Bild, die Zeichnung folgt aus der Primärerfahrung der visuellen Wahrnehmung. Der Maler und der Zeichner spielen mit elementaren visuellen Erfahrungen, für die das Gehirn spezifische Verarbeitungsmechanismen bereitstellt. Linien, Flächen, Farben, Kontraste und topographische Zuordnungen sind die Grundbausteine dargestellter Objekte, werden in verschiedenen Kunstrichtungen unterschiedlich betont und gewinnen in manchen modernen Kunstrichtungen sogar eigenständige Bedeutung, indem nur innerhalb einer Kategorie künstlerische Variationen erlaubt sind. Der Versuch, in gemalten oder gezeichneten Bildern Bewegung darzustellen, muß scheitern, da die Primärerfahrung gesehener Bewegung umgangen wird; Bewegung kann im stationären Bild nur assoziativ nahegelegt werden. Sich nur über Kontraste topographisch angeordneter Flächen, durch Linien nahegelegte Konturen oder durch Farben künstlerisch auszudrücken, kann dagegen gelingen, da sinnliche Primärerfahrungen, für die das Gehirn eigene Mechanismen entwickelt hat, angesprochen werden.

Hören und Sprechen als Leistungen des Gehirns sind Ausgangspunkt von Musik und Dichtkunst. Grundlegende Mechanismen des Gehirns müssen berücksichtigt werden, will man elementare Phänomene dieser Zeitkünste nachvollziehen. Ein Musikstück ist nur verstanden, wenn das richtige Tempo gefunden wurde, da bei einem falschen Tempo beispielsweise musikalische Motive nicht mehr erkennbar sind. Die Kontrolle eines Tempos kann sich nicht aus Traditionen oder gar dem Musikstück selbst ergeben, sondern ist von Mechanismen des Gehirns bestimmt, insbesondere jenen, die unsere Bewegungsabläufe steuern. Zahlreiche musikalischen Motive sind zeitlich eingebettet in Integrationsintervalle von etwa drei Sekunden Dauer, und es ist keineswegs selbstverständlich, durch ein Musikstück hindurch ein einmal begonnenes Tempo aufrecht zu erhalten, wie es auch nicht selbstverständlich ist, halbe, viertel oder achtel Noten zu spielen; derartige Tempokontrollen oder die ganzzahlig definierten Zeitsegmentierungen erfordern spezifische Kontrollmechanismen des Gehirns. Während die zeitlichen Randbedingungen vermutlich von neuronalen Prozessen der linken Gehirnhälfte definiert werden, erfolgt die Modulation der Tonhöhe offenbar durch die rechte Gehirnhälfte. Auch das musikalische Erleben oder die musikalische Expression beruhen also wie die Sprache auf räumlich verteilter Aktivität im Gehirn. Wie in der Malerei werden in der Musik in verschiedenen künstlerischen Richtungen unterschiedliche Komponenten besonders hervorgehoben, indem sie bevorzugt variiert werden, oder nur einzelne Komponenten sind als künstlerischer Rahmen erlaubt, wenn etwa – wie in mancher afrikanischen Musik – nur mit dem Rhythmus »gespielt« wird.

Auf die künstlerische Steigerung sinnlicher Primärerfahrung in der Dichtkunst wurde bereits im Rahmen der zeitlichen Segmentierung von Verslängen hingewiesen. Die Dauer einer gesprochenen Verszeile spiegelt einen elementaren Integrationsprozeß wider, der im übrigen auch die spontane Rhythmisierung der Sprache bestimmt; in der Spontansprache, nicht beim Lesen, beobachtet man eine automatische Segmentierung, wobei die einzelnen Zeitsegmente wiederum bis zu etwa drei Sekunden dauern. Aus Experimenten über die Dauer des Kurzzeitgedächtnisses ist bekannt, daß neue Information nur bis zu drei Sekunden festgehalten werden kann, es sei denn, man erlaubt eine innere Wiederholung des einmal Aufgenommenen. Die Dauer der Verszeile ist somit auch optimal gewählt, um Information sprachlich zu speichern.

Neben der zeitlichen Struktur spielt in der Dichtkunst der Ausdruck eine herausragende Rolle – etwa auf der Bühne. Sprachlicher Ausdruck verbunden mit ihm entsprechender Bewegung werden durch verschiedene Mechanismen des Gehirns bestimmt. Der emotionale Ausdruck in der Sprache wird von neuronalen Strukturen der rechten Gehirnhälfte kontrolliert. Damit ein Bewegungsablauf, z.B. beim Tanz, als harmonisch empfunden wird, darf die willentliche Anstrengung der Bewegungskontrolle nicht spürbar werden. Ohne es neurobiologisch fundieren zu können, hat schon Heinrich von Kleist im »Marionettentheater« auf dieses Problem hingewiesen. Die Bewegungskontrolle unterliegt verschiedenen Teilsystemen des Gehirns, wobei nur eines dieser Teilsysteme der willentlichen Kontrolle unterliegt. Erst wenn der Künstler eine Bewegung ohne bewußte Kontrolle ausführen kann, kann man von einer gelungenen und ästhetisch befriedigenden Bewegung sprechen.

Für den Hirnforscher leiten sich die Künste unmittelbar aus sinnlichen Primärerfahrungen ab, wobei zu verschiedenen Zeiten und in verschiedenen Kulturen jeder unserer Sinne in den Künsten seine Steigerung erfuhr. Geruch und Geschmack als sinnliche Primärerfahrungen sind Grundlage der Eßkunst, doch scheint diese Kunst in unsere kulturellen Wertung nicht den gleichen Rang wie die anderen Künste einzunehmen.

Fragt man sich, wie ästhetisches Erleben am tiefsten erreicht werden kann, liegt es nahe, daran zu denken, daß dies dann geschieht, wenn alle unsere Sinnessysteme gleichzeitig angesprochen werden. Eine solche umfassende Einbettung unseres Erlebens ist in der Liebe möglich und im Gottesdienst oft versucht.

Bernd-Olaf Küppers

# Die ästhetischen Dimensionen natürlicher Komplexität

## *Einleitung*

Für den Naturwissenschaftler hat die Frage nach der Aktualität des Ästhetischen zwei grundlegende Aspekte. So stellt sich zunächst einmal die Frage, inwieweit sich ein Wissenschaftler im kreativen Prozeß des Erkenntnisgewinns von ästhetischen Gesichtspunkten leiten läßt. Man denke nur an die zahlreichen Beispiele aus dem Bereich der mathematisch orientierten Naturwissenschaften, wo ästhetische Kriterien wie Eleganz, Einfachheit und Symmetrie bei der Bewertung wissenschaftlicher Lösungsverfahren und Erkenntnisse offenbar eine wichtige Rolle spielen. Tatsächlich scheint die Verbindung von ästhetischem Empfinden und wissenschaftlichem Erkenntniserwerb von so elementarer Bedeutung zu sein, daß die Wissenschaften oftmals in eine enge, gelegentlich schon symbiotische Nähe zur Kunst gerückt werden. Dies hat nicht nur zu einer Ästhetisierung der Wissenschaften, sondern umgekehrt auch zu einer Verwissenschaftlichung der Kunst geführt.

Neben diesem Aspekt des Ästhetischen, der sich primär auf die subjektbezogenen Bedingungen der Entstehung wissenschaftlicher Erkenntnis bezieht und den man als »Subjekt-Ästhetik« bezeichnen könnte, sind in den Wissenschaften aber auch Aspekte des Ästhetischen von Interesse, die die Objekte der Natur als ästhetischen Gegenstand betreffen. Hierzu zählen nicht nur solche Objekte der Natur, die der sinnlichen Wahrnehmung unmittelbar zugänglich sind, sondern auch jene Erkenntnisobjekte, die nur vermöge technischer Hilfsmittel wahrgenommen werden können.

Der Bereich der »Objekt-Ästhetik« hat in den letzten Jahren im Zusammenhang mit der wissenschaftlichen Erforschung des Komplexen eine ungeahnte Aktualität erhalten. So führen Computersimulationen und Visualisierungen, die im Rahmen der sogenannten Chaosforschung sowie der Theorie selbstorganisierender Systeme entwickelt wurden, zu Strukturen von faszinierender Komplexität und hohem ästhetischen Reiz.

Angesichts dieser Entwicklung stellt sich geradezu zwangsläufig die Frage, ob es eine objektivierbare und möglicherweise mathematisch faßbare Korrelation zwischen dem »Naturschönen« und dem Wesen natürlicher Komplexität gibt. Diese Frage soll denn auch im Zentrum der folgenden Ausführungen stehen. Nicht zuletzt soll hier der Versuch unternommen werden, den Problemkreis der Subjekt-Ästhetik mit dem der Objekt-Ästhetik in den Wissenschaften zu verknüpfen.

Als leitender Gedanke mag in diesem Zusammenhang die Arbeitshypothese von Nutzen sein, daß die Wahrnehmung des Schönen in der Natur Ausdruck eines impliziten Wissens ist, das uns zur Wahrnehmung des Gesetzmäßigen im Komplexen und damit zur Reduktion von Komplexität befähigt. Das implizite Wissen, von dem hier die Rede ist, gehört vermutlich zu jenen Vorformen des Wissens, die dem faktischen Wissen vorausgehen und ohne die dieses nicht explizit werden könnte. In welchem Sinn diese These zu verstehen ist, soll anhand der ästhetischen Dimensionen natürlicher Komplexität verdeutlicht werden.

## *Erscheinungsformen natürlicher Komplexität*

Dem Phänomen der Komplexität begegnen wir in der Natur in mannigfaltiger Form. Komplexe Naturerscheinungen sind sozusagen der Normalfall, während die sogenannten einfachen Phänomene, mit denen sich die Naturwissenschaften, allen voran die Physik, in der Vergangenheit hauptsächlich befaßt haben, eher Idealisierungen und Abstraktionen einer an sich komplexen Wirklichkeit sind. Wie komplex diese Wirklichkeit sein kann, soll zunächst an einigen Beispielen demonstriert werden (Abb. 1a–f). Zugleich sollen die Beispiele dazu dienen, das Phänomen der natürlichen Komplexität anhand seiner verschiedenen Erscheinungsformen zu ordnen und zu klassifizieren.

Der in Abbildung 1a gezeigte nächtliche Sternenhimmel ist zweifelsohne ein äußerst komplexes Naturphänomen. Man kann diese Erscheinungsform materieller Komplexität, die durch die zufallsartige Verteilung ihrer Strukturen charakterisiert ist, durchaus als »ungeordnete« Komplexität bezeichnen. Ganz typisch für diese Art der Komplexität, in der es offenbar keine Regularitäten gibt, ist auch die bizarre Wolkenformation in Abbildung 1b.

Viele komplexe Strukturen der Natur weisen aber sichtbare Ordnungsmerkmale auf. In Abbildung 1c ist eine typische Baumstruktur mit ihren vielfältigen Verästelungen gezeigt. Jeder (hinreichend große) Ausschnitt dieser Struktur zeigt alle wesentlichen Strukturmerkmale des Ganzen. Solche »selbstähnlichen« Strukturen kommen in der Natur sehr häufig vor. Tatsächlich handelt es sich bei der Struktur in Abbildung 1c in Wahrheit auch gar nicht um einen Baum, sondern um das Mündungsgebiet des Colorado-River am Golf von Kalifornien, das in der Luftaufnahme einer Baumstruktur täuschend ähnlich ist. Ein weiteres illustratives Beispiel für das Phänomen der Selbstähnlichkeit ist die Bahn einer elektrischen Entladung mit ihren dendritenartigen Verzweigungen (Abb. 1d).

Schließlich sollen auch noch zwei Beispiele für eine »geordnete« Komplexität angeführt werden. Abbildung 1e zeigt in extrem starker Vergößerung das Facettenauge einer Schwebfliege. Auch diese Struktur ist außerordentlich komplex. Die einzelnen Facetten können kaum dichter gepackt werden. Vor allen Dingen beeindruckt der hohe Ordnungsgrad der Struktur, wobei die Anordnung der einzelnen Facetten hier ebenso regulär erscheint wie die Anordnung der Atome in einem Kristallgitter.

Ein nicht weniger beeindruckendes Beispiel für das Phänomen der geordneten Komplexität ist der Blütenkorb einer Sonnenblume (Abbildung 1f). Die spiralige Anordnung der Blütenblätter genügt hier in geradezu vollkommener Form gewissen konstanten Zahlenverhältnissen, die als sogenannte Fibonacci-Zahlen bekannt sind (s. unten).

Die in Abbildung 1 gezeigte Bildfolge scheint den Eindruck zu erwecken, als würde das Naturschöne in dem Maße zunehmen, wie auch der Ordnungsgrad seiner strukturellen Komplexität anwächst. Dies wiederum würde zu der naheliegenden Hypothese führen, daß das Naturschöne in einer bestimmten Relation zum Formgehalt natürlicher Komplexität steht.

Abb. 1a

Abb. 1b

Abb. 1c

Abb. 1d

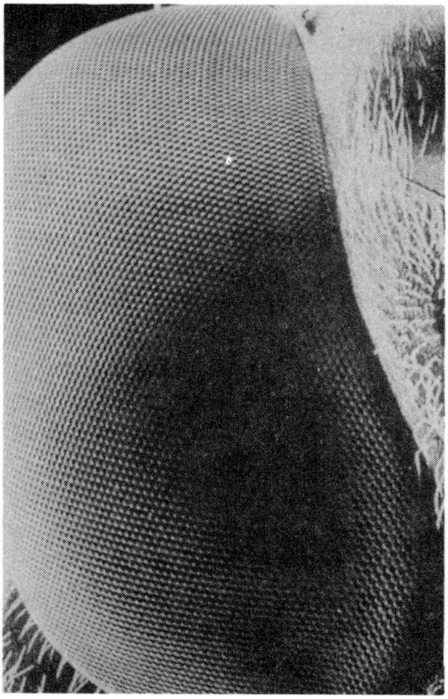

Abb. 1e

Abb. 1f

Doch bevor wir auf dieses Problem näher eingehen, soll noch eine andere Erscheinungsform natürlicher Komplexität vorgestellt werden, die sich ganz wesentlich von der strukturellen Komplexität unterscheidet. Und zwar handelt es hierbei um die Erscheinungsformen einer »dynamischen« Komplexität. Die dynamische Komplexität zeichnet sich vor allem durch ihren Prozeßcharakter aus und läßt sich naturgemäß nur unvollkommen in Form einer statischen Abbildung darstellen.

Ein außerordentlich instruktives Beispiel für das Phänomen der dynamischen Komplexität ist die sogenannte Brownsche Molekularbewegung (Abb. 2a). Das Phänomen, das bereits im vorigen Jahrhundert von dem englischen Botaniker Robert Brown entdeckt wurde, konnte erst zu Beginn unseres Jahrhunderts von Albert Einstein als thermische Schwankungen eines Teilchens um seine Gleichgewichtslage erklärt werden. Die Bewegung einer solchen Partikel ist eine reine Zufallsbewegung. Nichts ist hier gesteuert oder koordiniert.

Auch in der lebenden Zelle verhalten sich die beweglichen Bestandteile auf den ersten Blick völlig zufällig. Wenn man nämlich eine Zelle unter dem Lichtmikroskop betrachtet, so lassen sich nur außerordentlich schwer irgendwelche Anzeichen eines harmonischen Zusammenspiels der Zellbestandteile erkennen. Dies liegt vor allem daran, daß eine Zelle unter strukturellen Gesichtspunkten ein relativ unzusammenhängendes Gebilde ist. Schönheit in Form von Harmonie und Ordnung kommt hier erst in der unserer Wahrnehmung nicht mehr so ohne weiteres zugänglichen »funktionalen« Organisation des Ganzen zum Ausdruck.

Beispielhaft für die funktionale Komplexität der lebenden Zelle sind die komplexen, vielfach miteinander vernetzten Stoffwechselkreisläufe (Abb. 2b). Auch wenn das Netzwerk der Stoffwechselwege unübersichtlich und verwirrend erscheint, so verläuft der Auf- und Abbau der verschiedenen Stoffwechselprodukte jedoch keineswegs zufällig und unkontrolliert, sondern in äußerst koordinierten Bahnen. Alle Stoffwechselkreisläufe der lebenden Zelle sind nämlich in ihrer produktiven Dynamik minutiös aufeinander abgestimmt, wobei das in Abbildung 2b gezeigte Flußdiagramm die perfekte Harmonie des ganzen Wirkungsgefüges nur erahnen läßt.

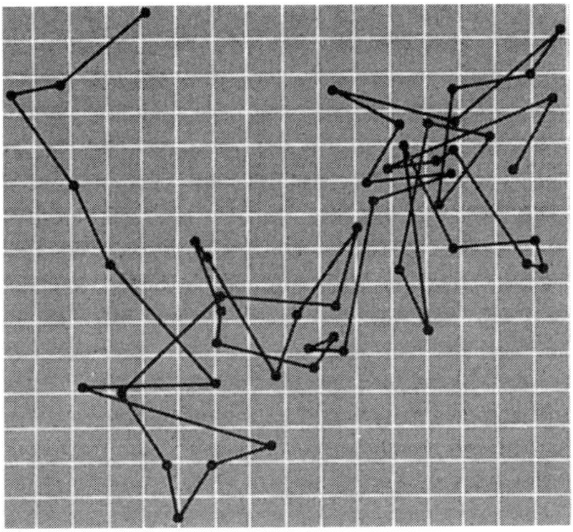

Abb. 2a

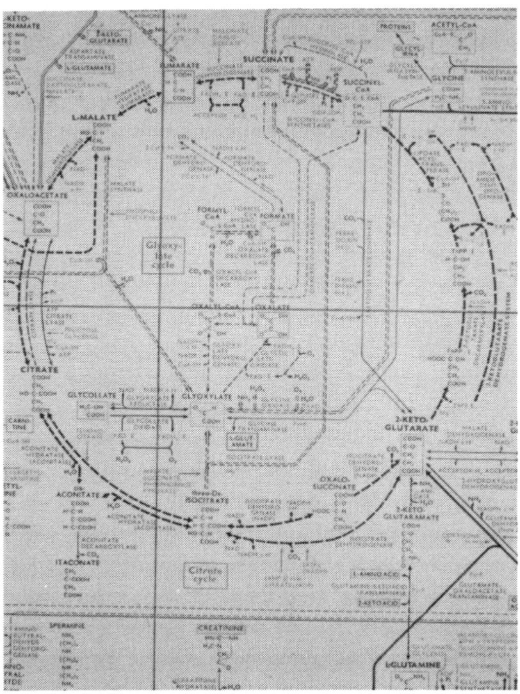
SUCCINATE
FUMARATE
L-MALATE
OXALOACETATE
CITRATE
GLYCOLLATE
GLYOXYLATE
ACONITATE
ISOCITRATE
ITACONATE
2-KETO-GLUTARATE
Citrate cycle
CREATININE
L-GLUTAMINE

Abb. 2b

Schon die wenigen hier diskutierten Beispiele zeigen, daß es außerordentlich problematisch wäre, wollte man versuchen, das Naturschöne an einer bestimmten Klasse von Naturerscheinungen »dingfest« zu machen. Vielmehr scheint sich hier einmal mehr die Grunderfahrung zu bestätigen, derzufolge nahezu alles in der Natur unter die Begriffe des Schönen und Erhabenen subsummiert werden kann, weil die Natur für uns seit jeher der Inbegriff für Ordnung und Harmonie ist. Andererseits gibt es in der natürlichen Ordnung und Harmonie nahezu unendlich viele Zwischenstufen und Übergänge, so daß auch der Begriff des Naturschönen zwangsläufig zu einem fließenden Begriff wird. Um diesen so offenkundigen Zusammenhang am Phänomen der natürlichen Komplexität zu verifizieren, müssen wir zuvor auf das Wesen natürlicher Komplexität näher eingehen.

## *Das Wesen natürlicher Komplexität*

Es wird sich als zweckmäßig erweisen, wenn wir für die verschiedenen Komplexitätsformen eine abstrakte Darstellung wählen. Und zwar wollen wir annehmen, daß komplexe Strukturen nach einem Baukastenprinzip aus bestimmten Einzelelementen zusammengesetzt sind, die wir der Einfachheit halber mit Buchstaben wie A, B, C, ... bezeichnen. Die Buchstaben stehen dann für verschiedene Sorten von Atomen, Molekülen, Zellen oder irgendwelche höheren Strukturelementen.

Eine geordnete Komplexität ließe sich dann zum Beispiel auf folgende Art darstellen:

ABABABABABABABABABABABABABABABABABABAB

Aber auch andere regelmäßige Folgen sind denkbar. Ferner läßt sich die Darstellung ohne weiteres auf den zwei- oder dreidimensionalen Fall verallgemeinern, wie das folgende Beispiel für den zweidimensionalen Fall zeigt:

ABABABABABABABABABABABABABABABABABABAB
BABABABABABABABABABABABABABABABABABABA
ABABABABABABABABABABABABABABABABABABAB
BABABABABABABABABABABABABABABABABABABA
ABABABABABABABABABABABABABABABABABABAB

Eine hochgeordnete Struktur dieser Art besitzt unter anderem ein Kochsalzkristall, in dem in streng alternierender Folge Natrium-Ionen (A) und Chlor-Ionen (B) ein regelmäßiges dreidimensionales Kristallgitter aufbauen.

Etwas schwieriger ist die formale Darstellung der selbstähnlichen Komplexität. Man könnte zum Beispiel eine palindromartige Buchstabensequenz wählen, die in der Mitte eine Symmetrieachse besitzt:

AEDECEDEBEDECEDEAEDECEDEBEDECEDEAEDECEDE

Bei entsprechender Ausschnittsgröße bleibt der palindromartige Charakter der Sequenz, wie es für eine selbstähnliche Struktur typisch ist, in jedem ihrer Segmente erhalten.

Eine ungeordnete Komplexität entsteht auf einfache Weise durch die zufallsartige Aneinanderreihung einzelner Strukturelemente:

ABBAPAMWNHBBZUDDJEIKJFAAMBBPOEJNJDIOLSJUA

Schließlich müssen wir auch noch nach einer geeigneten Darstellungsform für die funktionale Komplexität suchen. Hier ist nun der Hinweis wichtig, daß die funktionale Komplexität sich definitionsgemäß auf Strukturen bezieht, die einen Funktionszusammenhang erkennen lassen und daß für diese Form der natürlichen Komplexität gerade das Lebendige paradigmatisch ist. Tatsächlich sprechen wir denn auch bei einem lebenden Organismus – ähnlich wie bei einer Maschine – von einem planmäßigen und zweckorientierten System. Solche Wirkungsgefüge, deren Dynamik zwecks Erfüllung einer bestimmten Funktion organisiert ist, sind immer informationsgesteuert. Dabei hat die den Systemen zugrundeliegende Information nicht nur einen syntaktischen Aspekt, sondern auch einen semantischen Aspekt, der sich auf den Inhalt und damit auf den »Sinngehalt« der betreffenden Information bezieht.

Die informationstheoretische Betrachtungsweise hat sich bei belebten Systemen als fundamental erwiesen.[1] Mehr noch: Die Information für den lebenden Organismus ist in materiellen Strukturen gespeichert, deren Aufbauprinzip der oben eingeführten eindimensionalen Darstellungsform vollkommen entspricht (s. unten). So können wir in völliger Übereinstimmung mit den tatsächlichen Gegebenheiten der belebten Natur die funktionale Komplexität dadurch kennzeichnen, daß sich ihre Strukturelemente zu einer »sinntragenden« Struktur fügen. Dieser Aspekt läßt sich wiederum metaphorisch durch eine sinnvolle Buchstabenfolge darstellen, in der die Quintessenz funktionaler Komplexität verschlüsselt ist:

DAS GANZE IST MEHR ALS DIE SUMME SEINER TEILE

In formalisierter Darstellung erscheint die funktionale Komplexität nunmehr als eine Folge von Strukturelementen, die unter strukturellen Gesichtpunkten relativ ungeordnet ist, die aber einen bestimmten Sinngehalt repräsentiert.

Die Unterscheidung zwischen struktureller und funktionaler Komplexität läuft also im Kern auf eine Klassifizierung der Komplexität nach ihrem Formgehalt und ihrem Sinngehalt hinaus. Damit sind wir aber auch zugleich auf jene zwei Kriterien gestoßen, die für die ästhetische Bewertung von Naturobjekten offenbar grundlegend sind: nämlich zum einen auf das der Schönheit von Strukturen und zum anderen auf das der Harmonie von Wirkungsgefügen.

Seiner sprachlichen Herkunft nach ist das Schöne (adh. scōni) dasjenige, was ansehnlich, was zu sehen und anzuschauen ist. Das Schöne wird mithin als Ordnung und Ebenmaß, vor allem aber als Anschaubarkeit aufgefaßt. Unter Harmonie (griech. eigentl. Fügung) wird hingegen die intuitiv erfaßbare Übereinstimmung aller Teile einer Erscheinungen mit dem Ganzen verstanden. Eine sol-

---

[1] B.-O. Küppers, *Der Ursprung biologischer Information,* München [2]1990.

che harmonische Beziehung ist vom Grad der Gesetzmäßigkeit bestimmt, die in der Zuordnung der Teile eines Ganzen zueinander besteht. Sie ist offenbar das einzige Kriterium, das in dynamischen Systemen, in denen sich ja alles im Fluß befindet, mit dem Aspekt des »Naturschönen« in Verbindung gebracht werden kann.

Auch wenn die Begriffe der Schönheit und der Harmonie aufs engste miteinander verknüpft sind, so läßt sich doch die feine Differenz zwischen beiden Begriffen mit der Unterscheidung von Form- und Sinngehalt, von struktureller und funktionaler Komplexität sehr gut zum Ausdruck bringen: das Schöne in der Anschauung einer Struktur, das Harmonische in der intuitiven Erfassung eines Wirkungsgefüges.

## *Wie mißt man Komplexität?*

Betrachten wir zunächst die strukturelle Komplexität. Schon unser vorwissenschaftliches Verständnis sagt uns, daß der Übergang zwischen den einzelnen Formen struktureller Komplexität fließend ist und daß die Komplexität offenbar in dem Maße abnimmt, wie der Ordnungsgehalt einer Struktur zunimmt. Tatsächlich ist die von uns zunächst unter den Begriff der ungeordneten Komplexität eingestufte Wolkenformation gar nicht so ungeordnet, wie es zunächst den Anschein hat. Vielmehr zeigt die genauere Analyse, daß eine solche Wolkenformation alle Eigenschaften einer selbstähnlichen Struktur besitzt.

Dies wird deutlich, wenn man mit Hilfe eines Computerprogramms eine fraktale Gebirgslandschaft erzeugt (Abb. 3a) und das Profil einer solchen Landschaft anschließend von oben »abbildet«, indem man den verschiedenen Höhen verschiedene Helligkeitswerte zuordnet. Das Ergebnis ist eine künstlich erzeugte, fraktale Wolkenformation, die sich offenbar durch nichts von einer natürlichen Struktur unterscheidet (Abb.3b). In analoger Weise sind offenbar auch die Übergänge zwischen der selbstähnlichen und der geordneten Komplexität fließend; denn Selbstähnlichkeit ist bereits ein Merkmal von Ordnung.

Abb. 3a

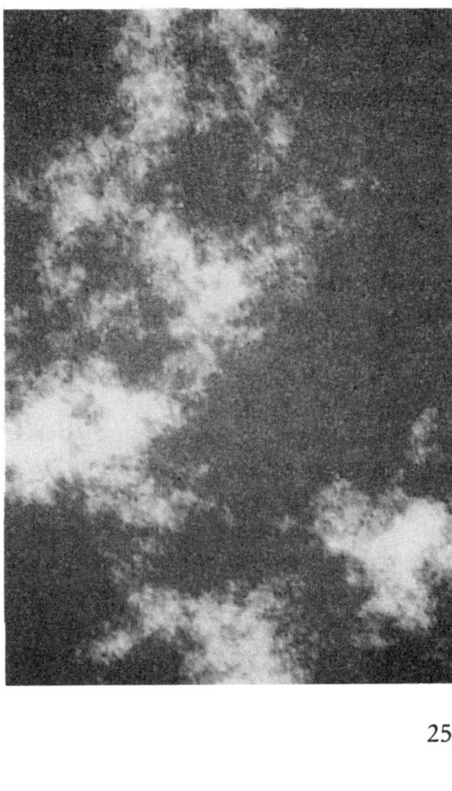

Abb. 3b

Für den Zusammenhang von Ordnung und Komplexität kann man sogar ein quantitatives Maß angeben. Die Idee, die diesem Ansatz zugrunde liegt, geht auf die Mathematiker Gregory Chaitin und Andrei Kolmogorov zurück und läßt sich mit wenigen Worten umschreiben.[2] Betrachten wir eine geordnete Folge:

1010101010101010101010101010101010101010101010101010

Da die Elemente dieser Folge (1 und 0) streng alternierend vorkommen, läßt sich das Sequenzmuster mit einem einfachen Algorithmus, das heißt einer einfachen Regel oder Gesetzmäßigkeit erzeugen. Für eine n-stellige Folge der obigen Art lautet dieser Algorithmus:

n / 2 mal 10.

Dieser Algorithmus ist insofern einfach, als zu seiner binären Darstellung sehr viel weniger Binärzeichen erforderlich sind als zur expliziten Darstellung der Binärsequenz, die von diesem Algorithmus erzeugt wird. Mit anderen Worten: Je höher der Ordnungsgrad einer Folge ist, desto kompakter ist auch der Algorithmus, mit dem sich eine solche Folge generieren läßt.

Das Konzept der algorithmischen Komprimierbarkeit geordneter Folgen ist für die hier diskutierte Fragestellung von besonderem Interesse, denn es liefert einen mathematischen Ansatz, mit dem sich der fließende Übergang von ungeordneten zu geordneten Strukturen beschreiben läßt. Ferner führt dieser Ansatz zu einem quantitativen Komplexitätsmaß. Und zwar läßt sich die Komplexität einer Struktur an der Menge der Binärzeichen ablesen, die zur Codierung des kleinsten, die betreffende Struktur erzeugenden Algorithmus erforderlich ist.

Ordnung und Komplexität sind also im Rahmen dieses Konzepts zwei zueinander komplementäre Begriffe: Je größer die Ordnung ist, desto geringer ist die Komplexität und umgekehrt. Es muß jedoch betont werden, daß mit dem Begriff der Komplexität

---

[2] G. J. Chaitin, »On the length of programs for computing finite binary sequences«. *Journal of the Association for Computing Machinery* 13, 547 (1966); A. N. Kolmogorov, »Three approaches to the quantitative definition of information«. *Problemy Peredachi Informatsii* 1, 3 (1965).

hier die »algorithmische« Komplexität gemeint ist und nicht die Komplexität, wie sie sinnlich wahrgenommen wird.

Ist für eine gegebene Struktur kein kompakter, das heißt komplexitätsreduzierender Algorithmus bekannt, so bezeichnet man die Struktur als ungeordnet oder zufällig. Eine derartige Struktur wird möglicherweise durch folgende Binärsequenz repräsentiert:

110001010100011111010111001000101101111100100101010

Allerdings kann man von der vorliegenden Struktur nicht mit Gewißheit behaupten, daß es sich um eine ungeordnete Folge handelt. Es könnte nämlich sein, daß in dieser Folge sehr wohl ein Bildungsgesetz enthalten ist, welches uns bisher verborgen geblieben ist. Diese Einschränkung gilt generell für »ungeordnete« Folgen. Zwar kann es durchaus echte ungeordnete Strukturen, das heißt solche mit maximaler Komplexität geben, im Hinblick auf eine bestimmte vorgegebene Struktur läßt sich dies aber nicht mit mathematischer Strenge nachweisen. Nur der umgekehrte Fall ist möglich. Wenn sich für eine gegebene Folge ein kompakter Algorithmus angeben läßt, dann ist der Beweis erbracht, daß es sich bei der betreffenden Folge eben nicht um eine ungeordnete Struktur, sondern um eine Struktur mit einem bestimmten Ordnungsgrad handelt.

Das hier entwickelte Konzept der algorithmischen Komprimierbarkeit trägt somit der Tatsache Rechnung, daß Begriffe wie Ordnung und Komplexität sowohl einen objektiven als auch subjektiven Aspekt besitzen. Denn mit dem Auffinden eines kompakten Algorithmus wird per definitionem immer auch die Komplexität eines Phänomens reduziert, da ein solcher Algorithmus ein Ordnungsprinzip darstellt, das eine einfachere Beschreibung des Phänomens erlaubt. Das, was uns zunächst in seiner Undurchschaubarkeit als komplex erscheint, erweist sich schließlich in einem objektiven Sinn als geordnet. Oder anders ausgedrückt: Das, was uns subjektiv als kompliziert erscheint, muß nicht auch in einem objektiven Sinn komplex sein. Allerdings setzt das Auffinden kompakter Algorithmen Intuition und Kreativität voraus, eben genau jenes implizite Wissen, für das unser ästhetisches Empfinden möglicherweise eine wichtige Stütze ist.

## *Der Formgehalt natürlicher Komplexität*

Die Vermutung, daß das Naturschöne auf die Existenz verborgener Algorithmen hinweist, scheint sich nirgendwo deutlicher zu bestätigen als im Zusammenhang mit den sogenannten Fibonacci-Folgen und den Proportionen des Goldenen Schnitts in der Natur. Das Prinzip der Fibonacci-Folgen ist schon seit Jahrhunderten bekannt. Es geht auf den am Hofe Friedrichs II in Palermo wirkenden Mathematiker Leonardo Fibonacci (ca. 1180 – 1250) zurück.[3] Fibonacci hatte aus natürlichen Vermehrungsprozessen folgendes Bildungsgesetz abstrahiert:

$$(1) \qquad a_{n+1} = a_n + a_{n-1} \qquad (n = 1,2, \ldots)$$

Eine Fibonacci-Folge kann mit jedem beliebigen Zahlenpaar beginnen. So führt zum Beispiel der Algorithmus (1) für die Anfangswerte $a_0 = 0$ und $a_1 = 1$ zu der Folge

$$0, 1, 1, 2, 3, 5, 8, 13, 21, 34, 55, 89, \ldots$$

Hinter der diskreten Zahlenfolge der Fibonacci-Reihe verbirgt sich offenbar ein Exponentialgesetz. Allerdings ist die Basis dieses Exponentialgesetzes nicht die Zahl e (= 2,718), sondern das (reziproke) Zahlenverhältnis des sogenannten Goldenen Schnitts (= 1,618).

Der Goldene Schnitt ist ein geometrisches Maß für die stetige Teilung einer Strecke. Und zwar treten die Proportionen des Goldenen Schnitts auf, wenn die Länge der ungeteilten Strecke sich zur Länge der größeren Teilstrecke verhält wie diese zur Länge der kleineren Teilstrecke. Der Goldene Schnitt, dem Johannes Kepler sogar die Attribute des Göttlichen (»sectio divina«) beimaß, galt in der bildenden Kunst des Abendlandes schon immer als Ideal für Schönheit und Harmonie. Man findet die Proportionen des Goldenen Schnitts in der griechischen Baukunst ebenso wie in den Kunstwerken der Renaissance oder in den Werken des Kubismus.

[3] H. Lüneburg, *Leonardi Pisani Liber Abbaci oder Lesevergnügen eines Mathematikers,* Mannheim 1992.

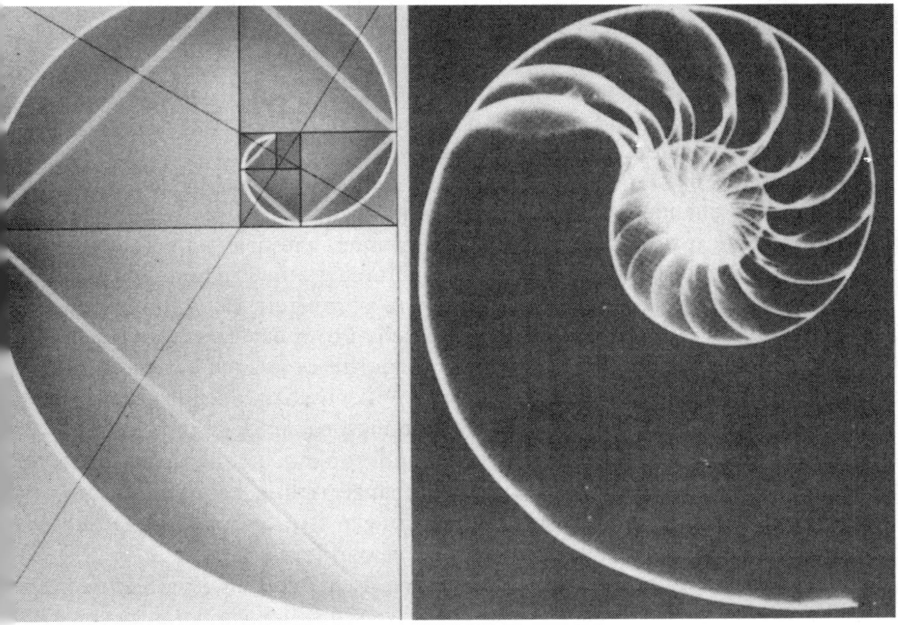

Abb. 4

Faszinierend ist vor allen Dingen die auf Kepler zurückgehende Beobachtung, daß die Anordnung der Blätter vieler Pflanzen in einer unmittelbaren Beziehung zu den Fibonacci-Zahlen und dem Goldenen Schnitt stehen. Überall dort, wo man spiralige Anordnungen vorfindet, sei es bei der Verteilung von Blättern an einem Zweig, der Anordnung von Ästen an einem Baumstamm, der Blütenblätter an einem Zweig oder dem Samen in der Fruchtkapsel, stößt man unweigerlich auch auf die Fibonacci-Zahlen und die Proportionen des Goldenen Schnitts (siehe Abb. 4). Seiner Bedeutung entsprechend ist dieses Phänomen in einer Vielzahl von wissenschaftlichen Abhandlungen untersucht worden, so daß wir hier auf eine weitergehende Analyse verzichten und statt dessen auf die entsprechende Literatur verweisen können.[4]

Nun springt die strukturelle Ordnung, wie sie etwa bei der Anordnung der Blüten einer Sonnenblume zu beobachten ist, geradezu ins Auge. Sie erscheint uns von vornherein als vollkommene Ordnung, für die es auch eine einfache Form der darstellenden Beschreibung gibt. Und tatsächlich bedurfte es ja auch gar nicht des Instrumentariums der modernen Wissenschaften, um das dem Phänomen zugrunde liegende Ordnungsprinzip der Fibonacci-Folgen zu entdecken. Schon Kepler und vor ihm Leonardo da Vinci hatten die empirischen Zusammenhänge richtig beobachtet, auch wenn es erst in unseren Tagen gelungen ist, sie auf physikalisch-chemische Modellvorstellungen zurückzuführen.[5]

Wenn sich aber das Naturschöne nicht bloß als Epiphänomen einer bereits sichtbaren Ordnung erweisen soll, so benötigt man als Prüfstein für die These, daß das Naturschöne auf die Existenz einfacher Algorithmen hinweist, offensichtlich eine komplexe Struktur, die einen hohen ästhetischen Reiz besitzt, deren Ordnung aber im Verborgenen liegt. Ein solches Beispiel liefern die in jüngster Zeit auf dem Computerschirm sichtbar gemachten Strukturen der sogenannten Mandelbrotmenge.

Die Mandelbrotmenge, benannt nach dem Mathematiker Benoît Mandelbrot, ist eine Zahlenmenge, die mit Hilfe eines einfa-

---

[4] H. E. Huntley, *The Divine Proportion,* New York 1970.

[5] P. H. Richter, R. Schranner, »Leaf Arrangement-Geometry, Morphogenesis, and Classification«. *Naturwissenschaften* 65, 319 (1978).

chen Algorithmus erzeugt werden kann. Und zwar wird eine Zahl *z* ins Quadrat gesetzt, das heißt mit sich selbst multipliziert, und zu dieser so gewonnenen Zahl $z^2$ wiederum eine feste Zahl *c* addiert. Der Algorithmus wird dann durch folgende Abbildungsrelation beschrieben:

$$z \rightarrow z^2 + c \qquad (2)$$

Die Mandelbrotmenge wird nun erzeugt, indem die nach Formel (2) berechnete Zahl *z* immer wieder derselben Prozedur ausgesetzt wird. Man bildet also von der neuen Zahl *z* das Quadrat und addiert dazu wieder die Zahl *c* und so fort. Für den Startwert $z = 0$ erhalten wir zum Beispiel die Zahlenfolge

$$c \rightarrow c^2 + c \rightarrow (c^2 + c)^2 + c \rightarrow \ldots$$

Ein solches Verfahren, in dem das Ergebnis des vorhergehenden Rechenschritts zum Ausgangspunkt des folgenden Rechenschritts wird, nennt man in der Mathematik ein rekursives beziehungsweise iteratives Verfahren.

Die obige Iteration führt, wenn man sie mit reellen Zahlen ausführt, zu keinen besonderen Ergebnissen. Die interessanten Eigenschaften der Abbildung (2) zeigen sich erst im Fall der komplexen Zahlen. Die komplexen Zahlen lassen sich, da sie aus einem Realteil und einem Imaginärteil bestehen, als Punkte in der sogenannten Gaußschen Zahlenebene darstellen, wobei über der einen Koordinatenachse der Realteil und über der anderen der Imaginärteil aufgetragen wird.

Wie man sich leicht klar machen kann, zerfällt die Menge der Lösungen in zwei Klassen. Zu der einen Klasse gehören alle Zahlen, die bei jedem Iterationsschritt größer werden. Solche Zahlen, die im Verlauf der Iteration eine bestimmte Größe erreichen, wachsen danach sehr schnell weiter und überschreiten sehr bald die größte im Computer darstellbare Zahl. Eine andere Klasse von Zahlen bleibt hingegen immer endlich, wie oft sie auch der obigen Rechenprozedur ausgesetzt sind.

Die Mandelbrotmenge im engeren Sinn ist nun die Menge von Punkten, die im Zentrum der komplexen Zahlenebene liegt und die alle Zahlen c umfaßt, die bei beliebig häufiger Iteration immer endlich bleiben, während alle Zahlenwerte von c, die außerhalb dieser Menge liegen, im Verlauf der Iteration ins Unendliche »fliehen« (Abb. 5a).

Die Mandelbrotmenge trägt auch den Trivialnamen »Apfelmännchen«, da sie, auf den Kopf gestellt betrachtet, das Aussehen mehrerer aufeinandergesetzter Äpfel verschiedener Größe besitzt. Besonders auffallend ist der selbstähnliche Rand der Mandelbrotmenge. Auf ihm sitzen, wie kleine Warzen, zahlreiche kleinere Figuren, die der ursprünglichen Figur ähnlich sind.

Man kann die Mandelbrotmenge auf einem Computer berechnen und diesen mit Hilfe bestimmter Steuerprogramme gleichsam als Zoom-Linse verwenden, um in den Rand der Mandelbrotmenge hineinzufahren und diesen zu vergrößern. Auf diese Weise hat die Arbeitsgruppe um Heinz-Otto Peitgen und Peter Richter eine Serie von Bildern erzeugen können, die in ihren Details von einer unendlichen Vielfalt und einem außerordentlich hohen ästhetischen Reiz sind (Abb. 5 b – h).

Nicht zuletzt haben diese Ergebnisse zu der verblüffenden Erkenntnis geführt, daß schon einfache Gesetzmäßigkeiten äußerst differenzierte und komplexe Strukturen hervorbringen können. Dabei ist die Komplexität der Mandelbrotmenge offenbar hochgeordnet, da sie sich mit einem extrem einfachen Algorithmus erzeugen läßt.

Hier liegt also ein ähnliches Phänomen vor wie im Fall der naturimmanenten Fibonacci-Folgen. Dennoch besteht zwischen den zugehörigen Algorithmen ein wesentlicher Unterschied. Der Algorithmus, der die Fibonacci-Folgen erzeugt, ist linear, während der Algorithmus für die Mandelbrotmenge nichtlinear ist. Die Nichtlinearität ist ein typisches Kennzeichen für die Übersummenhaftigkeit eines Phänomens (»Das Ganze ist mehr als die Summe seiner Teile«). Sie spielt bei komplexen Systemen naturgemäß eine herausragende Rolle. Da andererseits unsere Welt inhärent komplex ist, haben nichtlineare Algorithmen für die Wirklichkeitsbeschreibung eine wesentlich größere Bedeutung als lineare Algorithmen. Tatsächlich besitzt schon der einfache, nichtlineare Algorithmus von Gleichung (2) einen universellen Charakter, da er in transformierter Form in den unterschiedlichsten Bereichen der Naturwissenschaft vorkommt. Sein Anwendungsbereich erstreckt

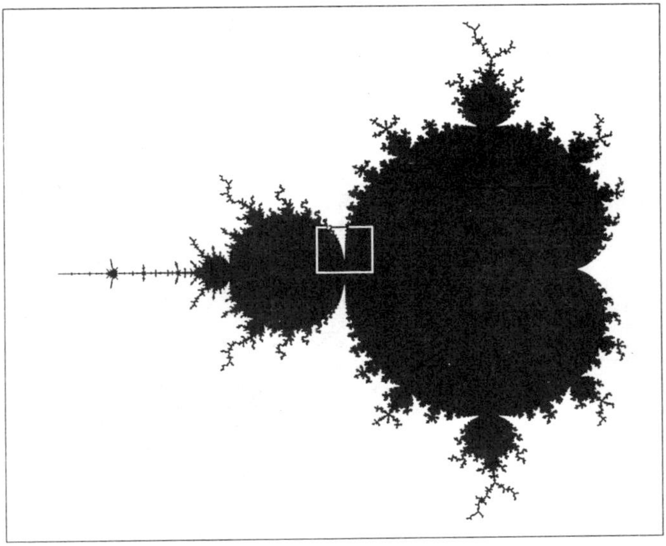

Abb. 5a

Abb. 5b

Abb. 5c

Abb. 5d

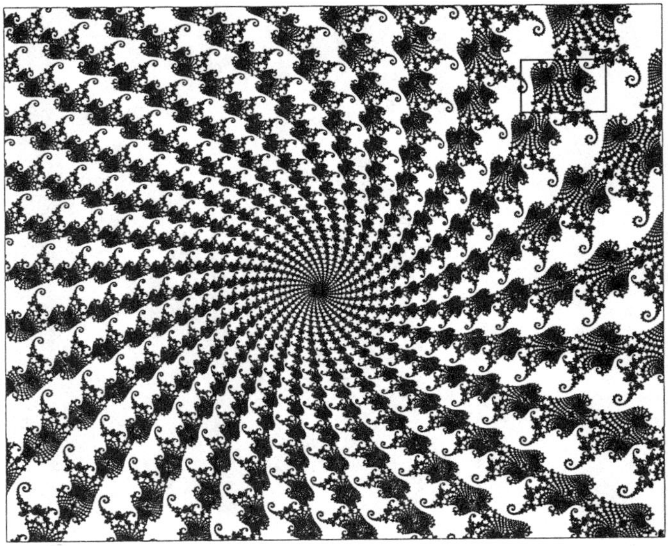

Abb. 5e

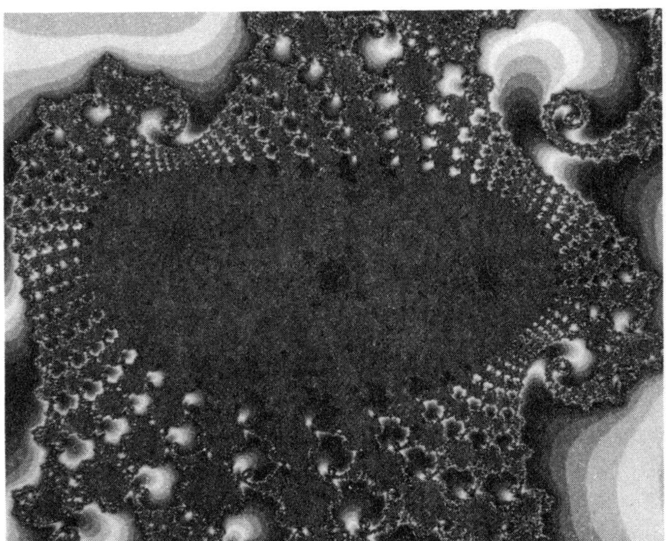

Abb. 5f

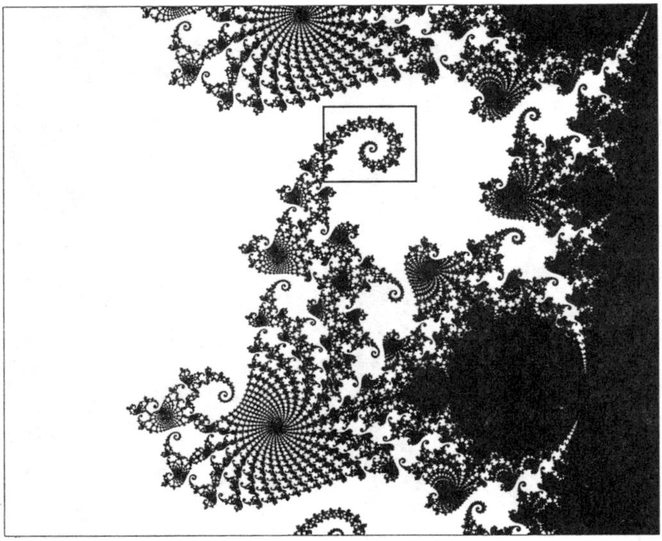

Abb. 5g

Abb. 5h

sich von der Populationsgenetik (logistische Gleichung) über die Strömungsphysik (Turbulenz) bis hin zur Molekulartheorie der Evolution (Selektionsgleichungen).

Die Nichtlinearität kann unter bestimmten Voraussetzungen zu einem weiteren höchst interessanten Phänomen führen, dem sogenannten deterministischen Chaos. Was sich zunächst wie ein Widerspruch in sich ausnimmt, ist die Bezeichnung für einen strengen gesetzmäßigen Zusammenhang, der dennoch zu völlig einzigartigen und nicht berechenbaren Naturerscheinungen führt. Diese Erkenntnis hat einen tiefgehenden Wandel in unserem traditionellen Wissenschaftsverständnis ausgelöst. Stand bisher das Allgemeine, wie es sich in der Wiederholbarkeit des natürlichen Geschehens manifestierte, dem Individuellen in Form des historisch Einzigartigen und Besonderen unvereinbar gegenüber, so müssen wir nun erkennen, daß unter gewissen Umständen allgemeine Gesetze selbst die Quelle für Individualität und Einzigartigkeit sein können.[6] Es liegt auf der Hand, daß diese Erkenntnis auch für die theoretische Diskussion im Rahmen der Ästhetik völlig neue Perspektiven eröffnet, weist sie doch auf einen tiefliegenden Zusammenhang von nomothetischen und idiographischen Wissenschaften hin.

## *Der Sinngehalt natürlicher Komplexität*

Die bisherigen Ausführungen bezogen sich ausschließlich auf den strukturellen Aspekt der natürlichen Komplexität und den damit verbundenen Formgehalt. Aber auch die funktionale Komplexität besitzt eine ästhetische Dimension, wie sie sich beispielsweise in der harmonischen Wechselbeziehung des Ganzen zu seinen Teilen ausdrückt. Es ist daher zu fragen, ob und inwieweit auch die Funktionalität und damit der Sinngehalt komplexer Phänomene einer algorithmischen Analyse zugänglich ist.

Da jede funktional wirksame Komplexität an gewisse Strukturen als Träger dieser Funktion gebunden ist, könnte man auf den

---

[6] B.-O. Küppers, *Physik der Geschichte?*, Paderborn 1991 (Paderborner Universitätsreden 25).

naheliegenden Gedanken kommen, den Sinngehalt mit dem Formgehalt zu verknüpfen, um auf diese Weise einen Ansatzpunkt für eine formale Behandlung des Sinngehaltes zu gewinnen. Diese Vorgehensweise scheint auch insofern gerechtfertigt zu sein, als immer bestimmte materielle und strukturelle Voraussetzungen erfüllt sein müssen, damit sich in einem komplexen Wirkungsgefüge eine funktionale, das heißt sinntragende Ordnung einstellen kann. Aber schon anhand einfacher Beispiele aus dem Bereich der menschlichen Sprache läßt sich zeigen, daß es zwischen Form- und Sinngehalt offenbar keine gesetzmäßigen Korrelationen gibt.

Man betrachte zum Beispiel die Sequenz

ABABABABABABABABABABABABABABABABABAB

Eine Folge, die aufgrund der regelmäßigen Anordnung ihrer Elemente einen hohen Formgehalt besitzt, läßt sich zwar mit einem einfachen Algorithmus generieren, sie kann aber offenbar keine sinnvolle Information verschlüsseln. Die Möglichkeit, in einer Symbolfolge Information zu verschlüsseln, nimmt offenbar in dem Maße zu, wie die Regularität der Folge und damit deren Formgehalt abnimmt. Eine sinntragende Buchstabenfolge, so hatten wir schon festgestellt, ist unter strukturellen Gesichtpunkten offenbar relativ ungeordnet.

Aber auch im Bereich natürlicher Komplexität scheint sich diese Erkenntnis zu bestätigen. Betrachten wir einmal die genetische Molekularsprache, die dem Phänomen der funktionalen Komplexität des Lebendigen zugrundeliegt. Als materieller Träger dieser Sprache dient eine bestimmte Klasse von biologischen Makromolekülen, die sogenannten Desoxyribonucleinsäuren (DNS). Hierbei handelt es sich um lange Kettenmoleküle, die aus nur vier Grundbausteinen aufgebaut sind. Die Initialen ihrer chemischen Bezeichnung lauten: A, T, G und C. In der DNS sind die vier Grundbausteine sequentiell miteinander verknüpft, wobei durch die lineare Abfolge der Bausteine die genetische Information verschlüsselt wird. Das Aufbauprinzip der genetischen Molekularsprache ist somit dem Aufbauprinzip der menschlichen Sprache sehr ähnlich. Dies gilt übrigens auch für höhere Strukturmerkmale, wie sie in der hierarchischen Organisation beider Sprachen zum Ausdruck kommen.

In der Schreibweise des Molekularbiologen liest sich der genetische Text für ein einfaches Viruspartikel, etwa das DNS-Virus¢X174, folgendermaßen:

CGTCCTTTACTTGTCATGCGCTCTAATCTCTGGC$_{43}$ …

Für solche informationstragenden Sequenzen gibt es offenbar keine sinnerzeugenden Algorithmen, die es gestatten würden, aus der Kenntnis der vorhergehenden 43 Bausteine die restlichen, noch nicht durch die experimentelle Analyse festgestellten Bausteine zu ergänzen. Aus der Struktur eines Informationsträgers kann man nicht auf dessen Inhalt schließen. Ebensowenig kann die Buchstabenfolge

DIE AKTUALITÄT DES ÄSTHETISCHEN IST …

allein aufgrund einer strukturellen Analyse der bereits vorhandenen Buchstaben vervollständigt werden kann. Da man andererseits die Nicht-Existenz eines sinnerzeugenden Algorithmus grundsätzlich nicht beweisen kann, bleiben die soeben gezogenen Schlußfolgerungen allerdings nur ein Vermutungswissen.

Wir kommen somit zu dem Ergebnis, daß in Bezug auf die natürliche Komplexität zwischen Form und Funktion, zwischen struktureller und funktionaler Komplexität offenbar keine eineindeutige Beziehung besteht. Die alte philosophische Frage nach der Verbindung von Form und Inhalt findet im Rahmen der Natur keine einfache und universelle Lösung. Daher kann aus einer Formanalyse allein auch nicht auf den Sinn geschlossen werden. Eher ist das Gegenteil zu konstatieren: Dynamisch geordnete Strukturen, die ein sinntragendes Wirkungsgefüge repräsentieren, weisen offenbar eine verhältnismäßig geringe strukturelle Ordnung auf. Dementsprechend ist das Phänomen des Naturschönen im Zusammenhang mit der funktionalen Komplexität für uns auch gar nicht über unsere Sinneswahrnehmungen sichtbar. Tatsächlich sprechen wir hier nicht mehr von der Schönheit einer Struktur, sondern von der Harmonie eines Wirkungsgefüges, wie sie in dem ausgewogenen und ausgeglichenen dynamischen Verhältnis des Ganzen zu seinen

Teilen zum Ausdruck kommt. Anders als der Begriff der Schönheit, der in einem unmittelbaren Zusammenhang mit der sinnlichen Erkenntnis von Strukturen steht, erstreckt sich der Begriff der Harmonie auf die Phänomene von Struktur *und* Funktion, da Proportionen als Kennzeichen von Harmonie sowohl in statischen als auch dynamischen Systemen vorkommen können.

## *Zusammenfassung*

Seit sich die Naturwissenschaften der Untersuchung komplexer Phänomene zugewendet haben, gewinnen auch die ästhetischen Aspekte von Naturerscheinungen zunehmend an Bedeutung. So führen Computersimulationen und Visualisierungen, die auf der Basis neuer wissenschaftlicher Konzepte, wie das der Chaosphysik, durchgeführt wurden, zu Strukturen von hohem ästhetischen Gehalt.

Man könnte geneigt sein, hierin den Ansatz für eine naturalistische Ästhetik zu sehen, die für das Naturschöne eine universell gültige Erklärungsgrundlage liefert. Doch die genauere Analyse zeigt, daß das Naturschöne, sofern es sich überhaupt in geeigneter Weise objektivieren läßt, vielfältige Wurzeln haben kann. Dies ist nicht zuletzt darauf zurückzuführen, daß dem Naturschönen ganz unterschiedliche Formen von materieller Komplexität zugrunde liegen, die sich nicht ohne weiteres vereinheitlichen lassen. So scheint beispielsweise das Naturschöne in Verbindung mit der strukturellen Komplexität auf den Formgehalt und das Naturschöne in Verbindung mit der funktionalen Komplexität auf den Sinngehalt natürlicher Objekte und Wirkungsgefüge zurückzuweisen. Neuere Erkenntnisse über das Wesen der natürlichen Komplexität geben aber zu der Vermutung Anlaß, daß die Wahrnehmung des Schönen in der Natur möglicherweise Ausdruck eines impliziten Wissens ist, das uns zu der Wahrnehmung des Gesetzmäßigen im Komplexen und damit zur Reduktion von Komplexität befähigt.

Aus dieser Sicht würde auch verständlich, wieso die Prinzipien der Einfachheit, der Eleganz, der kompakten Darstellung und so fort, kurzum ästhetische Gesichtspunkte im Prozeß des wissenschaftlichen Erkenntniserwerbs eine so große Rolle spielen. Sind es doch genau jene Prinzipien, die mit der algorithmischen Beschreibung unserer Welt und dem Ziel der Komplexitätsreduktion einhergehen.

## Abbildungslegenden

*Abb. 1.* Erscheinungsformen der strukturellen Komplexität. (a) Sternenhimmel und (b) Wolkenformation als Repräsentanten einer scheinbar ungeordneten Komplexität. (c) Baumstruktur und (d) verzweigte Bahn einer elektrischen Entladung als Beispiele für selbstähnliche Komplexität. (e) Facettenauge einer Fliege und (f) Blütenkorb einer Sonnenblume als typische Beispiele für eine geordnete Komplexität. Die genauere Analyse zeigt jedoch, daß die Übergänge zwischen den verschiedenen Formen der strukturellen Komplexität fließend sind. So stellt die Wolkenformation in Wirklichkeit eine selbstähnliche Komplexität dar (vergleiche auch Abb. 3) und der Sternenhimmel läßt bei geeigneter Perspektive und Ausschnittsgröße ebenfalls gewisse Ordnungsmuster erkennen (etwa die typische Spriralform von Galaxien).

*Abb. 2.* Erscheinungsformen der dynamischen Komplexität. (a) Brownsche Molekularbewegung. Mikroskopisch kleine Teilchen, die man in einen Tropfen Wasser bringt, sind nicht in Ruhe, sondern bewegen sich auf höchst unregelmäßige Weise. In dem hier gezeigten Bild wurde die an und für sich dreidimensionale Zick-Zack-Bewegung eines solchen Teilchens in das horizontale Gesichtsfeld eines Lichtmikroskops projiziert. Die Linien verbinden aufeinanderfolgende Punkte der Bewegung im Abstand von 30 sek (nach F. Reif[7]). (b) Funktionale Komplexität, wie sie in der geordneten Dynamik zellulärer Stoffwechselprozesse zum Ausdruck kommt. Gezeigt ist ein Ausschnitt aus den Stoffwechselkreisläufen des Bakteriums *Escherichia coli.*

[7] F. Reif, *Statistical Physics,* New York 1965.

*Abb. 3.* Virtuelle Welten, wie sie sich im Computer generieren lassen (nach H.-O Peitgen und D. Saupe[8]). (a) Fraktale Gebirgslandschaft. (b) Transformation der Gebirgslandschaft in eine Wolkenformation. Das Experiment macht deutlich, daß sich hinter scheinbar völlig ungeordneten Strukturen durchaus gewisse Regularitäten verbergen können, die sich der unmittelbaren Anschauung entziehen.

*Abb 4. Nautilus pompilius* ist ein in warmen Meeren lebender Kopffüßer. Im Röntgenlicht wird die regelmäßige Kammerung des Gehäuses besonders schön sichtbar (linkes Bild). Die geometrische Grundform des Gehäuses ist die sogenannte logarithmische Spirale, deren genaue Linienführung in mathematisch idealisierter Form ebenfalls gezeigt ist (rechtes Bild). Die dünnen, diagonal verlaufenden Linien sind alle nach den Proportionen des Goldenen Schnitts unterteilt, während die von der Spirale umhüllten Längenmaße eine Fibonacci-Folge bilden. Die logarithmische Spiralform kommt offenbar deswegen so häufig in der Natur vor, weil sie ein Wachstum bei gleichzeitiger Formerhaltung ermöglicht. Jeder Längenzuwachs wird durch ein proportionales Anwachsen des Radius ausgeglichen, so daß die betreffende Struktur größer werden kann, ihre Gestalt aber unverändert bleibt. Auf diese Weise unterliegt das Wachstum systemimmanenten Maßen.

*Abb. 5.* Strukturen der Mandelbrotmenge, dargestellt in der komplexen Zahlenebene. Bild a zeigt die Zahlenwerte des Realteils (Abzisse) zwischen $-2.25$ und $+0.75$ und die Zahlenwerte des Imaginärteils (Ordinate) zwischen $-1.5$ und $+1.5$. Alle folgenden Bilder entstehen durch sukzessive Ausschnittsvergrößerung. Durch unterschiedliche Helligkeitsstufen (oder Farbtönungen) wird angezeigt, wie schnell die Zahlenwerte außerhalb des »Apfelmännchens« infolge der Iteration über alle Grenzen wachsen (nach H.-O. Peitgen und P.H. Richter[9]).

---

[8] H.-O. Peitgen, D. Saupe, (Hrsg.), *The Science of Fractal Images,* Berlin, Heidelberg 1988.

[9] H.-O. Peitgen, P. H. Richter, *The Beauty of Fractals,* Berlin, Heidelberg 1986.

## Abbildungsnachweis

Abb. 1a –
Abb. 1b –
Abb. 1c aus: Eigen / Winkler: Das Spiel. Piper Verlag, München 1975; S. 23
Abb. 1d –
Abb. 1e aus: GEO-Wissen »Chaos und Kreativität«, Heft 2 vom 7. 5. 1990; S. 107
Abb. 1f aus: Richter / Scholz in: Küppers (Hrsg.): Ordnung aus dem Chaos, Piper Verlag, München 1987; S. 5.

Abb. 2a aus: Reif: Statistical Physics. Mc Graw Hill, New York 1965; Fig. 1.26, S. 34.
Abb. 2b Firma Boehringer, Mannheim.

Abb. 3a aus: Peitgen / Saupe (Hrsg.): The Science of Fractal Images. Springer Verlag, Heidelberg 1988; S. 116 (Abb. 9)
Abb. 3b aus: Peitgen / Saupe (Hrsg.): The Science of Fractal Images. Springer Verlag, Heidelberg 1988; S. 118 (Abb. 15)

Abb. 4 –

Abb. 5a – h aus: Peitgen / Richter: The Beauty of Fractals. Springer-Verlag Heidelberg 1986; S. 81 – 84 8Map.

Paul Feyerabend

# Die Natur als ein Kunstwerk

Also, meine Damen und Herren, ich werde Sie enttäuschen müssen, denn ich habe leider nicht so konkrete Sachen vorzubringen wie der Herr Küppers, vor allem habe ich keine so wunderschönen Bilder, wie er sie vorgestellt hat. Ich werde eine sehr abstrakte These vorbringen und ich werde sie zu begründen versuchen, nicht mit Bildern, sondern einfach mit Gerede.

Die These, die ich vorstelle, ist die folgende: Die Natur ist ein Kunstwerk, das geschaffen worden ist im Verlauf von Generationen von Künstlern, die man heute Wissenschaftler nennt. Und die Natur, damit meine ich den ganzen Kosmos angefangen vom big bang vor 15 Milliarden Jahren über die einfachen Elemente, die Galaxien, die Fixsterne, die nicht so einfachen Elemente, dann die Planeten, auf ihnen Lebewesen, zuerst ganz einfache, dann mehr komplizierte bis hinauf zu diesem zweifelhaften Meisterwerk, dem abendländischen Menschen. Das ist meine These. Jetzt werden Sie sagen, das ist ja eine ganz verrückte These. Wie ist es möglich, daß vorübergehende Eintagsfliegen wie die Menschen dieses riesige Universum gebaut haben sollen?

Meine erste Antwort ist, daß unsere Wissenschaftler ja etwas sehr Ähnliches annehmen. Sie nehmen an, daß diese winzige Eintagsfliege – der Mensch – das ganze Universum mehr oder minder gut erkannt hat, und daß es außerhalb dieses Universums, wobei das ›außerhalb‹ gehörig zu definieren wäre, nichts weiteres gibt. Aber ich habe noch andere Argumente. Zum Beispiel das Argument, daß sich Künstler oft nicht im Klaren sind über die Reichweite ihrer Gedanken und ihrer Tätigkeit.

Dafür drei Beispiele:

Das erste Beispiel ist der Platonismus in bezug auf die Zahl. Platoniker, angefangen von der Antike bis in die Gegenwart nehmen an, daß die Zahlen und ihre Beziehungen zueinander unabhängig von der menschlichen Tätigkeit existieren. Das hat die Platoniker zu ihren Studien angetrieben und hat viele konkrete Resultate hervorgebracht. Nun gibt es aber heutzutage viele Leute, die annehmen, daß die Zahlen Geschöpfe der menschlichen Erfindung sind. Wenn diese Leute recht haben, dann ist die ursprüngliche Annahme, daß die Zahlen unabhängig von uns Menschen existieren, eben ein Irrtum gewesen. Die Zahlengesetze bleiben nach wie vor bestehen. Natürlich. Aber sie erhalten eine ganz andere Deutung. Also, es kommt vor, daß Künstler – die Zahlen sind ja Artefakte nach der zweiten Interpretation – sich nicht im Recht befinden in bezug auf die Natur ihrer Werke.

Zweites Beispiel:

Erhebt sich nicht über uns am Abend der blaue Himmel, also heutzutage ja nicht mehr, aber in der Antike, im Nahen Osten, da waren die Sterne so nahe und da war der Himmel so deutlich, daß man direkt eine bronzene, azurne Halbkugel zu sehen glaubte. Und darauf gestützt entstand später die Annahme, der Himmel sei eine Kugel, die die Erde umgibt. Heute denkt man da anders. Es gibt keine Kugel – was wir vor uns sehen, ist kosmische Leere. Wiederum haben sich gewisse Leute, die etwas konstruiert haben, geirrt in bezug auf die Reichweite ihrer Konstruktionen.

Das dritte Beispiel sind die Homerischen Götter. Niemand nimmt sie heute ernst, aber es gab Zeiten, wo sie nicht nur gedacht, sondern erfahren wurden und nicht nur von abstrakt denkenden Leuten, die ja manchmal merkwürdige Dinge erfinden, sondern von Soldaten, denen Apollo mitten im Kriege zu helfen schien. Nach moderner Ansicht handelt es sich hier wieder um zum Teil unbewußte Konstruktionen, deren Reichweite überschätzt wurde.

Nun, auf diesen ersten Versuch, meine These zu retten, werden Sie vielleicht einwenden, daß Wissenschaftler auf so dumme Sachen nicht hereinfallen. Mit den Göttern haben sie schon seit langem aufgeräumt und dasselbe gilt vom blauen Himmel. Die Sache ist aber nicht ganz so einfach.

Die Platoniker in der Mathematik hatten von allem Anfang an mit verschiedenen Einwänden zu tun, darunter die Einwände des großartigen Aristoteles. Dieser hat aber nicht nur kritisiert. Er hat eine Mathematik hervorgebracht, die es verdient, auch heute noch angehört und untersucht zu werden. Nach ihm ist nämlich eine Linie nicht wie in der klassischen Mathematik eine Sammlung von Punkten, sondern ein Kontinuum.

Ein Punkt *entsteht*, wenn dieses Kontinuum geschnitten wird. Auch eine Bewegung ist nach ihm ein kontinuierlicher Prozeß, der nur dann Momente hat, wenn er vorübergehend zum Stillstand kommt. Als Folge davon hat ein sich bewegender Körper nach Aristoteles keine bestimmte Länge, denn das würde ja heißen, daß die Lage des Kopfpunktes und des Endpunktes in jedem Moment bekannt ist, aber Momente gibt es nur, wenn der Körper ruht. Das erinnert vage an die Quantentheorie, stellt aber auch eine Kritik dar an der Existenz ›objektiver‹ Momente.

Nun, was haben die Platonisten getan? Sind sie auf diese Einwände eingegangen? Zum Teil ja. Aber sie haben etwas viel Besseres getan, nämlich etwas sehr Hinterlistiges. Dem Platonismus vertrauend, haben sie begonnen, Artefakte einzuführen. Und damit hat sich die Debatte zwischen den Platonisten und ihren Gegnern, den Konstruktivisten, die sagen, daß die Zahl eine Konstruktion des Menschen sei, ganz verschoben. Denn jetzt, im 20. Jahrhundert genügt es nicht, wenn die Konstruktivisten nur abstrakte Argumente gegen die Platonisten vorbringen. Sie müssen zeigen, daß sie alles, was die Platonisten aufgebaut haben, daß sie die ganze klassische Mathematik auf ihre Weise nachkonstruieren können und das ist schwer. D.h. der Umstand, daß jene, für die Zahlen in der Welt unabhängig vom menschlichen Schaffen existieren, so viel komplizierte Dinge gefunden haben macht es den Konstruktivisten schwer, den künstlichen Charakter aller dieser Dinge nachzuweisen.

Nun, sie werden sagen, daß die reine Mathematik ein Kunstwerk ist, geben wir gerne zu – aber in den empirischen Wissenschaften liegt die Sache anders. Das ist nicht richtig. Wann fängt die moderne, empirische Wissenschaft an? So um die Zeit des Descartes und des Galilei sagen manche Leute. Was ging da vor? Erstens einmal war damals oft vom lieben Gott die Rede. Und zwar nicht nur so nebenbei, sondern als wesentlicher Bestandteil der Begründung der Forschung selber. Beim Hl. Thomas gibt es noch keine

Naturgesetze, aber es gibt Universalien. Und die Universalien haben Dauer. Warum? Weil Gott rational ist und daher beständig. Descartes sagt dasselbe. Gott ist rational, also stabil und darum gibt es auch stabile Naturgesetze. Ein erster Einwand gegen diese Ansicht kam von den Theologen, nämlich von Duns Scotus und von William Ockham. Nach der Auffassung dieser Theologen ist der liebe Gott nicht einfach ein abstrakter Denker, sondern es kommt vor allem auf seinen Willen an. Er will etwas und setzt es durch. Und den Willen Gottes können wir nicht durchschauen, wir können nur das Ergebnis der Willensakte Gottes feststellen. D.h. wir können höchstens feststellen, daß die empirischen Tatsachen in einer gewissen Weise aufeinander folgen und daß Naturgesetze Ordnungsprinzipien der Erfahrung sind aber nicht ewige Prinzipien der Natur. Wie war das bei Newton? Wissen Sie, über Newton könnte ich stundenlang reden, denn der war ein sehr interessanter Herr. Wie interessant, das stellte sich erst heraus, als die Wissenschaftshistoriker nicht mehr zu feige waren, seine Schriften ganz zu lesen. Die Geschichte dieser Schriften ist sehr interessant. Schon vor langer Zeit sind neben den schon bekannten wissenschaftlichen Schriften von Newton seine magischen Schriften und seine theologischen Schriften entdeckt worden, die viel umfangreicher sind und denen er viel Zeit gewidmet hat. Sie wurden versteigert und gekauft von zwei Herren, dem Arabisten Yahuda und dem Ökonomen John Maynard Keynes. Yahuda der, obwohl Jude, mit dem Staat Israel nichts zu tun haben wollte, wanderte nach Amerika aus. Dort bot er die Schriften verschiedenen Universitäten an, darunter Harvard und Yale. Aber man wollte nichts davon wissen – wir haben keinen Platz, war die Antwort. Man hatte scheinbar eine Riesenangst davor, daß der unbefleckte Glanz der Vaterfigur der modernen Wissenschaft getrübt werden könnte durch die Lektüre dieser Schriften. Heute ist die Lage anders. Die Frage ist nicht mehr, wie einer der größten Wissenschaftler aller Zeiten dazu kam, so lächerliche Dinge zu schreiben, sondern wie es geschehen konnte, daß einer der führenden antitrinitarischen Theologen seiner Zeit dazu kam, nebenher Physik zu betreiben? Denn Newton ließ sich oft nur mit Widerwillen von seinen theologischen Studien ablenken. Ihm ging es vor allem darum, die Erkenntnis zu fördern und die Erkenntnis war nach alter Lehre, die auch Newton akzeptierte, auf zwei Quellen gegründet: das *Wort* Gottes und das *Werk* Gottes. Das Wort Gottes war die Bibel, und das Werk Gottes war die Natur. Beiden mußte man sich mit Bescheidenheit nähern, d.h. in der Natur mußte man auf die Erfahrung achten und Spekulationen vermeiden. Hier ist also nach William Ockham eine weitere Version eines extremen Empirismus, die theologische Gründe hat. Und dieser Empirismus wurde den Erkenntnissen der Zeit durchaus gerecht.

Denn was hat man damals gewußt? Daß es in der Welt zwar einige Regelmäßigkeiten, aber viel Überraschungen und Ausnahmen gibt. Es gibt Kometen, neue Sterne, Seuchen, merkwürdige geologische Formationen, unbekannte und rätselhafte Krankheiten, plötzlich ausbrechende Kriege. Meteore, biologische Mißbildungen, Verhaltensabnormitäten (in seinem phänomenologischen Teil zählt der *Hexenhammer* davon eine ganze Menge auf) und vieles mehr. Chinesische Wissenschaftler haben das zur Kenntnis genommen, desgleichen Aristoteles. Denn für Aristoteles ist Natur nicht, was immer und ausnahmslos geschieht, sondern was meistens geschieht. Und doch haben führende Wissenschaftler und Philosophen der Zeit, haben Männer wie Galilei und Descartes von *unerbittlichen Naturgesetzen* gesprochen. Waren diese Herren verrückt? Und wie kam es, daß sich diese Ansicht durchsetzte und die Forschung bis hinein ins 20. Jahrhundert beeinflußte? Obwohl es selbst in der Himmelsmechanik zu Problemen gekommen war. Denn hier hatte Newton gefunden, daß die Störungen von Jupiter und Saturn sich nicht durch die Gravitation allein erklären lassen, und er nahm an, daß Gott von Zeit zu Zeit in das Planetensystem eingreift und es zurechtrückt. Das stimmte auch mit seiner Gottesauffassung überein, nach der Gott ein liebender Vater ist, der sich ständig um seine Kinder sorgt, nicht aber ein Prinzip, das ohne Sorge einfach auf Grund blinder Notwendigkeit die Ordnung aufrecht erhielt. Wie kam es also dazu, daß diese merkwürdige und empirisch absurde Auffassung unerbittlicher Naturgesetze am Ende doch ernst genommen wurde?

Wiederum über Artefakte und zwar auf der einen Seite Artefakte der Experimentation und auf der anderen Seite Artefakte der Mathematik. Viele Leute glauben, daß man durch Experimente einfach feststellt, was da ist. Aber schauen sie sich doch bitte selbst ein einfaches Experiment an, etwa eine Wägung. Da muß die Luft ruhig sein, es darf keine elektrischen Ladungen geben, der Auftrieb wird berücksichtigt, die Temperatur konstant gehalten – und so weiter. Moderne Hochenergieexperimente bauen ganze Städte auf, um eine Situation herbeizuführen, die normalerweise nicht eintritt und die also ein Artefakt ist.

Zweitens, die Mathematik. Die sogenannte große Ungleichung von Jupiter und Saturn schien zu zeigen, daß das Planetensystem auseinanderfällt. Es fällt aber nicht auseinander, wie Newton aus alten babylonischen Beobachtungen wußte. Also hielt Gott es mit Einsicht und Fürsorge zusammen – das war Newtons Argument. Die Nachfolger Newtons haben trotz dieser Schwierigkeit das Gravitationsgesetz verabsolutiert und in ein unerbittliches Naturgesetz verwandelt. Wie kamen sie mit den empirischen Schwierigkeiten zurecht? Sie haben es mit einer anderen Mathematik versucht, die weniger anschaulich war als die Newtons. Und dieser Weg schien nach etwa 100 Jahren erfolgreich zu sein. Indem er die Approximationen einen Schritt weiter trieb, zeigte Laplace, daß die Ungleichheit periodisch ist, nur eben mit einer großen Periode. Das Planetensystem fällt *nicht* auseinander. War das das Ende? Es war es nicht. Laplace hat Reihenentwicklungen verwendet, also Folgen von Zahlen, die kleiner und kleiner werden und die am Ende summiert werden. Man hat dann entdeckt, daß die Reihen zuerst konvergieren, dann aber divergieren. Bei vielen dieser Reihen ist die Summe, d.h. der für die Voraussage berechnete Wert unendlich – also Unsinn. Dann wies Bruns nach, daß Reihenentwicklungen allein zu quantitativen Voraussagen führen, das heißt, man kommt aus dem Unsinn nicht heraus. Galt das Gravitationsgesetz jetzt als widerlegt? Nein. Poincaré hat wieder neue Artefakte, neue mathematische Methoden eingeführt, und die haben die Schwierigkeit beseitigt.

Sehen Sie nun, was hier am Werk ist. Erstens ein starker Glauben, der den Tatsachen zum Trotz an der Idee unerbittlicher Naturgesetze und insbesondere an der Richtigkeit des Gravitationsgesetzes festhält. Zweitens werden die widerspenstigen Tatsachen durch Artefakte ersetzt und zwar einerseits durch Experimentalergebnisse, andererseits durch mathematische Gegenstände neuer Art. Heißt das, daß auch die gesamte Natur die wir so aufbauen, ein Artefakt ist, das heißt nicht uns aufgezwungen, sondern vielleicht durch andere und freundliche Artefakte ersetzbar? Die Antwort, die wissenschaftsfreundliche Kreise heute auf diese Frage geben, ist ein donnerndes Nein. Ein Experiment, sagt die Antwort, ist ja nicht einfach ein Artefakt. Es ist ein Artefakt, konstruiert zu einem bestimmten Zweck, nämlich um Störungen zu beseitigen und um einen Prozeß, an dem man interessiert ist, so zu verstärken, daß man ihn bemerkt. Gelingt das Experiment, dann profitiert davon auch die Technologie, die man nun mit neuen Erfindungen bereichern kann. Das widerlegt, so sagt die Antwort, die Annahme der Möglichkeit anderer Naturen als jener, die von den Wissenschaften immer genauer beschrieben wird.

Dabei wird allerdings vorausgesetzt, daß die Verfahren der Wissenschaften überall in allen Wissenschaften und in allen Schulen einer Wissenschaft genau dieselben sind. Das ist eine sehr populäre Annahme, die sich auch darin ausdrückt, daß man von *der* Wissenschaft spricht, als sei das ein einheitlicher Block von Methoden und Ergebnissen. Aber gerade das ist nicht der Fall. Erstens gibt es viele verschiedene Wissenschaften und die gehen auf sehr verschiedene Weise vor. Vergleichen Sie zum Beispiel den Konrad Lorenz, der mit seinen Gänsen im Gras herumkriecht, mit einer Gruppe Hochernergiephysikern, die einem neuen Teilchen auf der Spur sind. Dort die »unberührte Natur« vermehrt nur um dieses eine Individuum, das seine Ergebnisse außerdem in der Alltagssprache beschreibt, hier komplizierte Eingriffe, gesteuert von gelegentlich über hundert Individuen mit Fachausdrücken und mathematischen Formeln. Selbst besonderen Wissenschaften wie etwa die Kosmologie, oder die Hydrodynamik haben auf der einen Seite Leute, die gerne nahe an den Tatsachen bleiben und andere, die lieber in die Ferne schweifen. Natürlich wissen die beiden Gruppen voneinander, und sie reden übereinander manchmal auf sehr unfreundliche Weise. Molekularbiologen wünschen, daß Forschungszuschüsse vor allem an ihre Disziplin vergeben werden, während Soziologen darauf bestehen, daß ihr ganz anderes Vorgehen der Natur zumindest des Menschen viel näher kommt.

Als man Daniel Koshland, dem Herausgeber des Magazins SCIENCE sagte, das Geld für das menschliche Genomprojekt sollte doch besser an die Obdachlosen verteilt werden, antwortete er: »Ihr wißt eben nicht, daß diese Leute genetisch benachteiligt sind, aber unsere Forschungen werden ihnen helfen.« Das heißt die Obdachlosigkeit ist ein genetisches Problem. Nur wenige Soziologen werden ihm zustimmen. Es gibt also viele verschiedene Wege in den Wissenschaften. Und nun kommt das Interessante. Diese verschiedenen Wege haben Erfolg – nicht alle, aber viele von ihnen. Sie finden wichtige Tatsachen und tragen zur Erweiterung der Erkenntnisse bei. Oft bauen sie neue Wissenschaften auf. Und das heißt, daß die Natur nicht nur auf ein Verfahren, eben das »richtige« positiv reagiert, sondern auf viele verschiedene Verfahren, und uns dabei verschiedene Seiten zeigt.

Betrachten wir die Sache auf eine mehr allgemeine Weise. Ein Experiment wird angestellt und ein Ergebnis wird gefunden. Das kann man auf zwei verschiedene Weisen deuten. Entweder, das Ergebnis *war schon da,* aber wir mußten es erst finden. Oder, es war noch nicht da, wurde aber von der durch das Experiment angeregten Natur *produziert.* Welche Deutung ist die bessere? Ich würde sagen, die zweite Deutung ist vorzuziehen. Und zwar aus einer Reihe von Gründen. Den ersten Grund habe ich schon skizziert: Die Wissenschaften sind nicht einheitlich, es gibt verschiedene, einander widersprechende Verfahren und viele dieser Verfahren haben Ergebnisse. Der zweite Grund ist einigermaßen kompliziert. Er hängt zusammen mit der Quantentheorie wo man gefunden hat, daß Eigenschaften, die man für objektive Eigenschaften der Natur hielt, abhängen von der Weise, in der man an die Natur herangeht.

Der dritte Grund beruht auf einer Entdeckung in der Entwicklungshilfe. Es hat sich nämlich herausgestellt, und zwar auf Grund sehr trauriger Erfahrungen mit der Annahme, daß die beste Weise ein Problem zu lösen, die westlich-wissenschaftliche ist – es hat sich also herausgestellt, daß man viel weiter kommt, wenn man die Einheimischen, die man »entwickeln« will, zur Mitarbeit auffordert und ihre Meinungen, Vorschläge, Begründungen ernst nimmt. Auch diese Leute leben ja mit der Natur, ihre eigene Natur eingeschlossen, behandeln sie auf bestimmte Weise und die Natur reagiert positiv – viele Stämme und Nationen haben trotz ihrer merkwürdigen Ansichten (»merkwürdig« vom Standpunkt einer naiven Wissenschaftsgläubigkeit aus gesehen) für lange Zeit ihren Mitgliedern ein sowohl materiell als auch spirituell befriedigendes Leben geboten. *Das ist eine Tatsache,* nicht ein philosophischer Standpunkt, und zusammen mit den beiden vorhergehenden Gründen fordert sie uns auf, über die Welt, in der wir leben, weniger »objektivistisch« und mehr »relativistisch« zu denken und in Betracht zu ziehen, daß »die Natur« der modernen Wissenschaften vielleicht wirklich ein Kunstwerk ist, gebaut aus einem Material, das wir nicht kennen, das aber als physikalische Materie *erscheint,* wenn wir materialistisch damit umgehen.

Soweit meine drei Argumente für die zweite Deutung, nämlich, daß das, was wir herausfinden, wenn wir die Natur untersuchen, und zwar entweder mit unseren Augen oder mit Instrumenten oder mit Fähigkeiten, die abendländische Menschen schon lange verloren haben, nicht die Natur selbst ist, sondern die Weise, in der die Natur auf unsere Bemühungen reagiert. Uns selbst können wir aus diesen Reaktionen nie beseitigen. Das heißt aber, daß wir mit der Verachtung der Kulturen, die nicht unseren wissenschaftsgetränkten Ideen entsprechen, auch die Menschen verachten, die sie aufgebaut haben, die guten und hilfreichen Entdeckungen und Errungenschaften dieser Menschen eingeschlossen. Wir lehnen sie ab, nicht weil sie gefährlich sind, oder inhuman, sondern weil sie uns nicht in den Kram passen.

Und das war eigentlich der Grund, warum ich dieses etwas abenteuerliche Thema gewählt habe: die Natur als ein Kunstwerk – nämlich um Sie, meine Damen und Herren, die Sie vielleicht nicht so sehr in die Ästhetik und ihre subtile Verzweigungen versunken sind wie die gelehrten Vortragenden, aufzufordern, hie und da auch an diese Umstände zu denken. Ich habe hier den Abdruck eines Vortrags, den ich gestern gehört habe und der in der ZEIT erschienen ist. Das fängt so an: »Ein Terror liegt über dem Land. Die Akzeptanz des Ästhetischen. Die Sphäre, die man noch bis vor einem Jahrzehnt ehrlicherweise dem generellen Diskurs als nicht zugänglich empfand, scheint nunmehr dessen prominente Stimme geworden« usw. »Ein Terror liegt über dem Land« – Also was für ein Land meint der kluge Mann? Meint er Jugoslawien? Sicher nicht. Die »Akzeptanz des Ästhetischen« spielt dort eine nur geringe Rolle. Meint er Kalabrien, Sizilien, meint er Ostdeutschland oder Westdeutschland oder Amerika, wo ja Elend und Reichtum ganz nahe beisammen wohnen? Was meint er? Er meint den Terror des Ästhetischen ganz allgemein. Ja, du lieber Himmel! Wo ist denn diesem Herrn sein Sinn für Perspektive geblieben? Und nur im Falle, daß einige von Ihnen in ähnlicher Weise die Tendenz haben, diesen Sinn für Perspektive zu verlieren, rufe ich Sie auf, sich dann und wann zu erinnern, daß es Menschen gibt, denen vielleicht geholfen werden kann, wenn man nicht glaubt an unerbittliche Naturgesetze, sondern an die Vielfalt der Antworten der Natur, an die Vielfalt der Weise, in der sie von den Menschen behandelt, entstellt und ausgebeutet worden ist.

Siegfried J. Schmidt

# Wissenschaft als ästhetisches Konstrukt? Anmerkungen über Anmerkungen

## *Die »ästhetische Verfassung unserer Wirklichkeit«*

»Die ästhetische Verfassung unserer Wirklichkeit ist eine Einsicht nicht bloß mancher Ästhetiker, sondern aller reflektierten Wirklichkeits- und Wissenschaftstheoretiker dieses Jahrhunderts. Sie ist eine *fällige* Einsicht.« So bilanziert Wolfgang Welsch, der erfolgreiche Promotor einer »achtenswerten Postmoderne« den epistemologischen Stand der Dinge.[1] Bevor die Fälligkeit dieser Einsicht geprüft werden kann, bedarf es zunächst noch einiger Erläuterungen zum Kern dieser Einsicht, nämlich zur »ästhetischen Verfassung unserer Wirklichkeit«.

Welsch läßt die Geschichte dieser Einsicht im 18. Jahrhundert bei Baumgarten und Kant beginnen, und zwar beim Projekt einer epistemischen Ästhetik in Gestalt der transzendentalen Ästhetik als Lehre von den Anschauungsformen. Ästhetik gewinnt hier Gestalt als Aisthetik, als »Thematisierung von Wahrnehmungen *aller* Art«.[2] Die Kernthese dieser Aisthetik hat dann Nietzsche radikal auf den Punkt gebracht, »... indem er erstens zeigte, daß Wirklichkeit grundsätzlich *gemacht* ist – Tatsachen sind Tatsachen –, und indem er zweitens darlegte, daß diese Wirklichkeitskeitserzeugung mit *fiktionalen* Mitteln erfolgt: durch Anschauungsformen, Grundbilder, Leitmetaphern, Phantasmen.«[3] Varianten dieser Einsicht findet Welsch dann zuhauf im 20. Jahrhundert: in Otto Neuraths berühmter Metapher vom Umbau unseres Schiffes auf offener See; in Paul Feyerabends These, Wahrheit und Wirklichkeit

[1] Wolfgang Welsch, *Ästhetische Zeiten? Zwei Wege der Ästhetisierung*, Saarbrücken 1992, o. p.

[2] Ders., *Ästhetisches Denken*, Stuttgart 1990, S. 9.

[3] Ders., *Ästhetische Zeiten?*, a.a.O., o. p.

seien in der Wissenschaft ebenso stilrelativ wie in der Kunst; in Richard Rortys Überzeugung, daß die letzten Fundamente unseres Erkennens kulturelle Artefakte sind; und natürlich in Nelson Goodmans Demonstration der Pluralisierung unserer Wirklichkeitskonstruktionen.[4]

Seine Kernthese von der ästhetischen Verfassung unserer Wirklichkeit – konsequenter wäre schon hier der Plural Wirklichkei*ten* – faßt Welsch in folgendem »Dreisatz« zusammen: »Man kann die Einsichten dieses epistemischen Weges der Ästhetisierung in einem Dreisatz zusammenfassen: Wirklichkeit ist ästhetisch erstens, weil sie das Resultat unserer *Hervorbringung* bzw. *Konstruktion* ist. Sie ist ästhetisch zweitens, weil wir diese Konstruktionen im Ausgang von spezifisch *fiktionalen Mitteln* – Anschauungsformen, Metaphern, Grundbildern, Phantasmen – errichten. Und sie ist ästhetisch drittens, weil die Vielfalt der so entstehenden Wirklichkeiten nicht mehr fundamentalistisch auf *eine* Wirklichkeit – die es eben gerade nicht gibt – zurückgeführt werden kann, sondern eine *Gemengelage* darstellt, die plural, konfliktreich und schwebend – und darin spezifisch ästhetisch – verfaßt ist.«[5]

Ein kurzer Blick auf die interdisziplinäre akademische Landschaft läßt erkennen, daß die so umrissene Einsicht spätestens seit der Jahrhundertwende von vielen Stimmen formuliert worden ist, und zwar immer dort und dann, wo gegen realistische, ontologische und korrespondenztheoretische Auffassungen von Wahrheit und Wissen argumentiert wird: bei Vaihinger und Fleck, Piaget und Metzger, bei Kelly und Ash, bei Berger und Luckmann, bei Gergen und Maturana.

*Ein* interdisziplinärer Diskurs hat sich der Ausarbeitung und Begründung dieser fälligen Einsicht in besonders intensiver Weise angenommen: nämlich der *Diskurs des Radikalen Konstruktivismus*[6].

[4] »Die Bewegung verläuft von der einen und einzigen Wahrheit und einer fertig vorgefundenen Welt zum Erzeugungsprozeß einer Vielfalt von richtigen und sogar konfligierenden Versionen oder Welten.« (Nelson Goodman, *Weisen der Welterzeugung,* Frankfurt a.M. 1989, S. 10)

[5] Welsch, *Ästhetisches Denken,* a.a.O.

[6] Zu Einzelheiten vgl. Siegfried J. Schmidt (Hg.), *Der Diskurs des Radikalen Konstruktivismus,* Frankfurt a.M. 1987; ders. (Hg.), *Kognition und*

Mit seiner Version der ästhetischen Verfaßtheit unserer Wirklichkeit, die postmoderne Denker noch kaum zur Kenntnis genommen haben, sollen sich die folgenden Überlegungen beschäftigen.

## *Die konstruktivistische Version epistemischer Ästhetik*

Anschließend an eine lange philosophische Tradition von Demokrit und Pyrrho über Berkeley und Vico bis zu Kant und Vaihinger versuchen Konstruktivisten eine Naturalisierung der Erkenntnistheorie im Ausgang vom Wahrnehmungsproblem. Konsensuell ist dabei die Hypothese, daß Wahrnehmung kein passiver Vorgang ist, sondern eine Tätigkeit des Gehirns und der Sinne, die nach ihren eigenen Operationsbedingungen das produzieren, was uns dann mit meßbarer Zeitverzögerung als Wahrnehmung bewußt wird. Wir konstruieren durch unsere vielfältigen Tätigkeiten (Wahrnehmen, Denken, Handeln, Fühlen, Kommunizieren) eine Erfahrungswirklichkeit, die wir auf ihre Lebbarkeit (oder Viabilität), nicht aber auf ihre Übereinstimmung mit einer wahrnehmungsunabhängigen ontologischen Realität hin überprüfen können. Das gilt um so mehr in Gesellschaften mit entwickelten Massenmediensystemen, deren Medienangebote als weithin unüberprüfbare fiktive Faktoren in unsere Wirklichkeitskonstruktionen einfließen.

Im Gegensatz zum Alltagsgebrauch meint ›Konstruktion‹ im Diskurs des Konstruktivismus jedoch wohlgemerkt keine intentionale Haltung, sondern bezeichnet einen empirisch hoch konditionierten Prozeß, in dessen Verlauf Wirklichkeiten als auf interaktive und kommunikative Bewährung und Lebbarkeit hin ausgelegte Wirklichkeitsentwürfe entstehen.

Soweit der Konstruktivismus die Unzugänglichkeit der Außenwelt ›an sich‹ und das Eingeschlossensein des Erkennens in kognitiven Systemen vertritt, reformuliert er nur ältere Einsichten. Neu ist dagegen, wie Niklas Luhmann zu Recht betont, die Theo-

---

*Gesellschaft. Der Diskurs des Radikalen Konstruktivismus,* Frankfurt a.M. [2]1992; ders., *Zur Ideengeschichte des Radikalen Konstruktivismus* (im Druck); ders. (Hg.), *Kognitive Autonomie und soziale Kontrolle* (im Druck).

rie*form* der konstruktivistischen Theorie des selbstreferentiellen, in sich geschlossenen Erkennens.[7]

Bei der Ausarbeitung dieser Theorie stützen sich Konstruktivisten auf Forschungsergebnisse der Neuro- und Kognitionswissenschaften, die der Erkenntnistheorie die Einsicht zur Verfügung stellen, daß nur *operational geschlossene* Systeme erkennen können. Die einschlägige Formel dafür lautet »Selbstreferentialität«. Das Gehirn, so versucht etwa G. Roth nachzuweisen, ist ein selbstreferentielles kognitives System, dessen Zustände wesentlich durch die Interaktion seiner Komponenten (also durch seine Organisation) und nicht wesentlich (aber nicht etwa in keiner Weise!) durch die Umwelt bestimmt werden. Das Gehirn ist der Umwelt gegenüber selbstbestimmt, da operational geschlossen.

Natürlich ist das Gehirn über bereichsspezifisch arbeitende Sinnesorgane mit der Außenwelt verbunden, die durch ihre Einflüsse die Eigenschaften der Sinnesorgane verändert. Aber diese Veränderungen werden als unspezifische elektrische Impulse an das Gehirn weitergeleitet, das ihnen allererst durch systemspezifische Verarbeitungen Bedeutungen zuweist. Signalverarbeitung und Bedeutungszuweisung lassen sich im Gehirn nicht voneinander trennen. Bedeutungszuweisung, Bewertung und Deutung neuronaler Prozesse erfolgen nach gehirnspezifisch entwickelten Kriterien, wobei frühere Erfahrungen, Emotionen (u.a. gesteuert vom limbischen System) und senso-motorische Aktivitäten eine große Rolle spielen. »Es ist für das Gehirn und die Sinnesorgane als Teil der Welt sowohl im Prinzip unmöglich [...] als auch unzweckmäßig, die Welt abzubilden, ›so wie sie wirklich ist‹. Vielmehr ist es das Ziel des kognitiven Systems, Kenntnis über die Welt zu gewinnen, die für ein überlebensförderndes (oder zumindest einem aktuellen Interesse dienendes) Handeln ausreicht. Diese Unterscheidung existiert natürlich nicht in der Umwelt, die ja für verschiedene Systeme ganz verschieden bedeutungshaft ist, sondern muß durch das kognitive System selbst getroffen werden. Die Kriterien für Bedeutungshaftes entstammen vielmehr dem System selbst, auch wenn sie bei individuellem Lernen oder im Laufe der Evolution in Aus-

[7] Niklas Luhmann, *Soziologische Aufklärung 5. Konstruktivistische Perspektiven*, Opladen 1990, S. 33.

Kognition



einandersetzung mit der Umwelt gewonnen werden. Dies ist die grundsätzliche Selbstreferentialität des Gehirns bzw. des kognitiven Systems.«[8]

Die Grundbereiche der Erlebniswelt: Körper, Umwelt und Mentales (Vorstellen, Denken, Fühlen, Erinnern) resultieren aus sekundären Differenzierungen des kognitiven Systems selbst und gehören nicht etwa unterschiedlichen Seinsbereichen an. Daraus folgt, daß es für jedes Individuum nur *eine* Welt gibt, nämlich seine eigene Erlebniswelt, und daß die Erlebniswelten der Individuen nur partiell übereinstimmen.

Kognitive Wirklichkeiten werden unter spezifischen sozialen und kulturellen Bedingungen konstruiert, wobei Sprache und Kommunikation eine entscheidende Rolle spielen. Erkenntnis entspringt, wie Heinz von Foerster immer wieder unterstrichen hat, aus Tätigkeit: sie ist, wie Jean Piaget betont hat, an Verhalten und Handeln gebunden. Kurzum: Kognition ist ein aktiver Prozeß des ganzen Menschen (Körper und kognitives System), in dem sensorische, neuronale, motorische und emotionale Aktivitäten und Prozesse ebenso integriert sind wie soziale und kulturelle Voraussetzungen, die über Sozialisation und Enkulturation sozusagen fest in das kognitive System einprogrammiert sind. Kognition, so meine Kurzformel, läßt sich theoretisch modellieren als gesellschaftliche Konstruktion von Wirklichkeiten im Individuum als empirischem Konstruktionsort.

In diesem Konstruktionsprozeß spielt das Unterscheiden die wichtigste Rolle. Silvio Ceccato, George Spencer Brown und neuerdings Niklas Luhmann haben dieses Thema in den letzten Jahrzehnten besonders betreut.

Unterscheiden markiert eine Differenz und bereitet deren Bezeichnung vor, die wiederum nur im Rahmen von Unterscheidungen Sinn macht. Jede Unterscheidung hat ihren blinden Fleck, der im Unterscheidungsprozeß latent bleibt und erst in Beobachtungen zweiter Ordnung erkannt und rationalisiert werden kann. Unter-

---

[8] Gerhard Roth, Helmut Schwegler, *Kognitive Referenz und Selbstreferentialität des Gehirns: Ein Beitrag zur Klärung des Verhältnisses zwischen Erkenntnistheorie und Hirnforschung.* Universität Bremen (Manuskript) 1991, S. 3.

scheidungen werden damit notwendig beobachterabhängig getroffen, sie sind system-relativ.

Wahrnehmen und Erkennen als Handhabungen von Unterscheidungen liefern daher Konstruktionen, die bei anderen Unterscheidungen auch anders ausfallen können. In keinem Falle aber werden sie willkürlich getroffen; denn beobachtende Systeme sind eingebunden in evolutionäre Vorgaben, Erfahrungen, individuelles und kollektives Wissen, Normen und Emotionen, Institutionen und Machtkonstellationen. Sie erfolgen nicht, wie Spencer Brown und Luhmann behaupten, in einem »unmarked state«, sondern immer schon in einem sozial, politisch und kulturell geprägten Feld. Konstruktive Unterscheidungen bewähren sich nicht im unmittelbaren Vergleich mit der Umwelt. Vielmehr kontrolliert jedes beobachtende System seine Wirklichkeitsannahmen rekursiv durch die Beobachtung seiner Beobachtungen sowie die Beobachtung anderer Beobachter auf Anschließbarkeit, Kohärenz und emotionale Befriedigung hin. »Für die Erkenntnis«, so formuliert Niklas Luhmann, »ist nur das, was jeweils als Unterscheidung fungiert, eine Realitätsgarantie, ein Realitätsäquivalent. [...] daß die Unterscheidung Realität garantiert, liegt an ihrer eigenen operativen Einheit; aber gerade als diese Einheit ist die Unterscheidung ihrerseits nicht beobachtbar. [...] Die Realität ist das, was man nicht erkennt, wenn man sie erkennt.«[9]

Kants Frage: Wie ist Erkenntnis möglich? beantworten Konstruktivisten also mit der Hypothese: Als Operation eines von seiner Umwelt abgekoppelten Systems. Und diese Abkopplung wird erzeugt durch operationale (nicht etwa materiale oder energetische) Schließung, durch Selbstreferenz und Selbstorganisation. Damit wird weder die Realität der Außenwelt, noch das Bestehen von Beziehungen zwischen System und Umwelt oder die Realität der Systeme bestritten – konstruiert doch unser reales Gehirn unsere kognitive Wirklichkeit. Behauptet wird lediglich die kognitive Unzugänglichkeit der Realität von unserer Erfahrungswirklichkeit aus.

---

[9] Luhmann, *Soziologische Aufklärung*, a.a.O., S. 50f.

*Konvergenzen, Differenzen*

Bei allen Unterschieden der Herkunft und Orientierung – postmodernes Denken ist stark an Kunst und Literatur orientiert, konstruktivistisches Denken an Biologie, Kognitionswissenschaften und der Kybernetik zweiter Ordnung – scheinen beide Diskurse in einigen wesentlichen Punkten zu ähnlichen Konsequenzen zu kommen: Differenzlogisches Denken dominiert Identitätsdenken; die Vorstellung von *der* Wirklichkeit wird transformiert in ein Modell pluralistischer Wirklichkeitskonstruktionen, die sich in vielfältiger Weise – von Differenz bis Widerstreit – aufeinander beziehen; und die Konstruktion von Wirklichkeiten erweist sich als empirisch höchst komplex konditionierter Prozeß, in dem ein System kulturspezifischer Unterscheidungen, korreliert mit dem differentiellen System natürlicher Sprachen, zur Konstruktion und Evaluation von Wirklichkeiten in Interaktionen und Kommunikationen eingesetzt wird. Für diese kulturspezifischen Unterscheidungen gibt es, wie Heinz von Foerster und Niklas Luhmann betonen, keine Korrelate in der Umwelt. Sie dienen uns, wie Hans Vaihinger in seiner *Philosophie des Als Ob* schon 1911 formulierte, als kognitiv nützliche Fiktionen.

Beobachtungen erster Ordnung invisibilisieren die Einheit der Unterscheidung, mit der sie beobachten, und verführen damit zu unserem Alltagsrealismus, der Subjekt und Objekt sauber voneinander zu trennen können glaubt.[10] Kulturen operieren im Prinzip nicht anders, weshalb man Kulturen auch als Systeme der blinden Flecken einer Gesellschaft bezeichnen könnte. Sobald aber Beobachterstandpunkte zweiter oder dritter Ordnung eingenommen werden, wird auch Latenzbeobachtung möglich. Die Einsicht in die Konstruktivität als generelles Prinzip aller beobachtenden Systeme wird damit unausweichlich. Die Reaktionen auf diese Einsicht prägen die Signatur gegenwärtigen Philosophierens, das angesichts der Universalität des Konstruktionsprinzips verstört bis ver-

---

[10] Dagegen: »Castoriadis remarks in passing that the question of what comes from the observer and what comes from ›what is‹ will forever remain undecidable ...« (Paisley Livingston [ed.], *Disorder and Order,* Saratoga 1984, S. 23)

schmitzt die Konsequenzen diskutiert und dabei alte Schlagworte neu beatmet: Zwingen oder verführen die Einsichten in die ästhetische Verfassung unserer Wirklichkeit zu totalem Relativismus? Versinken wir in einem grauen oder grellen Pluralismus, in haltlose Komplexität? Was bleibt vom Vertrauen in Rationalität und Vernunft? Liefern die Wissenschaften überhaupt noch empirisch gehaltvolles Wissen? Leben wir im Zeitalter der Simulationen, der Simulacra und der virtual realities?

Ein billiges Argument gegen den Relativismusvorwurf könnte lauten, daß es Relativismus nur geben kann wo es Absolutes gibt – und wer wollte das heute noch ernsthaft dingfest machen. Ich denke vielmehr, Niklas Luhmann hat Recht, daß man sich mit dem Konstruktivismus wie mit der Unterscheidungslogik auf einen »unauflöslichen Relativismus« eingelassen hat[11], der aus der Systemspezifik kognitiver wie sozialer Systeme folgt. Aber ich habe oben nicht ohne Grund solches Gewicht darauf gelegt, daß alle Systemoperationen stets nur als empirisch konditionierte Operationen möglich sind. Deshalb hat ein konstruktivistischer Relativismus nichts zu tun mit Willkür, Chaos oder Nihilismus. Daß Konstruktivität als universaler menschlicher Operationsmodus heute vielen als Gefahr erscheint, liegt wohl eher daran, daß zunehmende funktionale Differenzierung moderner Gesellschaften das Unterscheiden einerseits freigegeben und beobachtbar gemacht hat, getroffene Unterscheidungen aber andererseits nicht länger in gesellschaftliche Gesamtformen oder Gesamtdeutungen einbindet und damit ihre Konstruktivität invisibilisiert. Relativismus konstruktivistischer Art rät nicht an: Gib alle Hoffnung auf Sicherheit auf!, sondern verkörpert sich eher in der Regel des Beobachtens zweiter Ordnung, die Luhmann so formuliert hat: Beobachte die Konditionierungen des Unterscheidens und Bezeichnens in kognitiven wie in kommunikativen Systemen! Die Anwendung dieser Regel führt zur Korrosion aller Heilsversprechen, Ideologien, Diktaturen und Supertheorien, sie entzieht den »Meistererzählungen« die Legitimation. Aber sie eröffnet andererseits Kritikpotential, sie legitimiert Differenz und Widerspruch. Wer sich nicht mehr auf »die Natur des Menschen«, auf unbefragbare Werte und letzte Wahrhei-

---

11 Luhmann, *Soziologische Aufklärung*, a.a.O., S. 29.

ten berufen kann, braucht viel Phantasie und Kreativität, braucht Musilschen Möglichkeitssinn und Verantwortlichkeit – darin den Künstlern ähnlich. Er oder sie muß nicht nur damit rechnen, daß eine Pluralität von Beobachtern die Realität in vielen Facetten wahrnimmt und bewertet, sondern daß, wie Gotthard Günther formuliert hat, mit Polykontexturalität zu rechnen ist, also mit einer nicht begrenzbaren Vielheit von Kontexten als Bereichen der Möglichkeit sinnvoller Unterscheidungen.

Dieser konstruktivistische Relativismus hat enge Bezüge zu einem »achtenswerten« postmodernen Pluralismus.

Wolfgang Welsch wendet sich emphatisch gegen falsche Formen postmoderner Pluralität, nämlich gegen Beliebigkeit und Potpourri, die Pluralität tilgt, »... indem sie alles zu einem Brei der Gleichheit und Beliebigkeit verrührt.« Hier wird Pluralismus bloß als Auflösungslizenz, nicht aber als Reflexionsgebot erfaßt und praktiziert.[12] Wie aber kann man sich dem »real existierenden Pluralismus« (K. Acham) in Politik, Religion und Wissenschaft gegenüber verhalten? Geht wirklich alles (Paul Feyerabend), oder brauchen wir einen postmodernen Holismus (Jean Baudrillard), weil ungehemmte Pluralisierung und Differenzbildung ab einem bestimmten Punkt kontraproduktiv werden? Oder ist überhaupt nur noch universale Indifferenz angesagt? Mediales Rauschen?

Antworten auf so globale Fragen sind problematisch. Darum konzentriere ich mich auf den Aspekt des wissenschaftlichen Pluralismus, wo eine Antwort schon schwer genug ist.

## *Wissenschaft, Pluralismus und Empirie*

In der Konsequenz postmodernen wie konstruktivistischen Argumentierens liegt die Hypothese, daß alle Erkenntnis und Wahrheitssuche kulturell geprägt und damit – aus der Sicht eines Beobachters zweiter Ordnung – bio-sozio-historisch kontingent ist. Davon sind auch die Naturwissenschaften nicht auszunehmen, die

[12] Wolfgang Welsch, *Unsere postmoderne Moderne,* Weinheim $^{2}$1988, S. 81.

keine objektiv wahre Abbildung der Realität liefern, sondern ebenfalls (nur?) Wirklichkeitsmodelle, die allerdings auf ihre (im soziohistorischen Kontext evaluierte!) technische Effizienz hin überprüft werden können. Geschichtlichkeit und Relativität sind mithin in keiner Wissenschaft mehr als Makel anzusehen, wodurch, wie etwa Karl Acham und Helga Nowotny betonen, der Pluralismus der Wertsysteme, Traditionen und Theorien entdramatisiert wird.[13] Wer wie aufgeklärte kritische Rationalisten, postmoderne Denker und Konstruktivisten Pluralismus als Alternative zu einem theoretischen Monismus befürwortet, tritt einerseits für die Freiheit der Wissenschaften ein, bindet andererseits diese Freiheit an die Bedingung, daß die Suche nach Alternativen (also ein rationaler Theorienpluralismus) als vernünftiger Wille zur Problemlösung realisiert wird. Rationalität verschwindet damit nicht etwa aus den Wissenschaften, sondern erscheint als Methode der kontrollierten Problemformulierung und Problemlösung.[14] Eben hier, an Methode und Rationalität, verläuft die Grenzscheide zwischen wissenschaftlichen und nicht-wissenschaftlichen Erkenntnismöglichkeiten. Damit ist wohlgemerkt eine Differenz beschrieben, aber nicht bewertet. Wissenschaft versucht, Probleme zu lösen, die wissenschaftlich lösbar sind. Daneben stehen – wie Ludwig Wittgenstein immer wieder unterstrichen hat – Probleme, die auf anderen Wegen, mit anderen Problemlösungsstrategien gelöst werden. Wissenschaftler würden sich lächerlich machen, erhöben sie heute noch einen Alleinvertretungsanspruch für alle Arten von Problemlösungen. Aber es wäre auch verkehrt, Wissenschaft bloß als ein Sprachspiel unter anderen zu bezeichnen; denn in ihrem Bereich gibt es keine Alternative.

---

[13] Helga Nowotny, »Kommunikation, Zeit, Öffentlichkeit.« In: W. Hömberg, M. Schmolke (Hg.), *Zeit Raum Kommunikation,* München 1992, 17–29 und Karl Acham, »Der Mensch im Zeitalter des kulturellen Pluralismus.« In: A. Huter (Hg.), *Zukunft des Fernsehens – Ende der Kultur?,* Innsbruck, Wien 1990, 31–61.

[14] Vgl. dazu Hans-Joachim Niemann, *Die Strategie der Vernunft. Rationalität in Erkenntnis, Moral und Metaphysik,* Braunschweig, Wiesbaden 1993.

Auch wenn wissenschaftliche Erkenntnis nicht länger auf Objektivität im Sinne absoluter Wahrheit orientiert oder durch sie legitimiert werden kann, ist damit noch lange keiner Beliebigkeit das Wort geredet. Wissenschaftliche Erkenntnis als Suche nach bestmöglichen Problemlösungen behält spezifische Differenzqualitäten gegenüber Kunst, Politik oder Religion. Auch wenn kein objektives Maß für beste Problemlösungen zur Verfügung steht, gibt es in der Wissenschaft bewährte Kriterien gegen Beliebigkeit, angefangen von der logischen Konsistenz der Argumentation, der Einfachheit und Widerspruchsfreiheit der Theorie bis hin zur empirischen Überprüfung, bei der all das herangezogen wird, was zum Zeitpunkt der Prüfung unproblematisch ist. Dabei spielt die Sprache, in der Problemstellungen und Problemlösungen formuliert sind, eine ebenso wichtige Rolle wie der nachvollziehbare methodische Weg der Problemlösung. Damit wird nicht etwa gegen die leider seltene stilistische Brillanz wissenschaftlicher Abhandlungen votiert, wohl aber ein schwerwiegendes Bedenken gegen manche postmodernen Texte vorgebracht, die die Grenze zwischen Literatur, Philosophie und Wissenschaft bloß stilistisch aufheben wollen, damit in aller Regel aber nur das produzieren, was Wolfgang Welsch »falschen Pluralismus« oder was Karl Acham »mißverstandene Einheit« genannt hat.

In einer funktional differenzierten Gesellschaft, in der Wissenschaft, Kunst und Politik noch als eigene funktionsbestimmte Sozialsysteme bestehen, hebt man Systemgrenzen nicht per fiat oder durch Stilistik auf. Eine Vielzahl (nach Regeln und Prinzipien) miteinander konkurrierender Theorien macht aus historischer Kontingenz noch keine aktuelle Beliebigkeit. Wissenschaft ist keine Form der Kunst.

Natürlich kann es zu kreativen Einsichten führen, bestehende Unterscheidungen zu problematisieren – aber als Mittel dazu kommen nur präzise Unterscheidungen in Frage, will man nicht Texte der Gattung »nicht-wissenschaftliche schlechte Belletristik« erzeugen. Man darf sich nicht täuschen: the systems strike back!

Wissenschaft operiert prinzipiell auf der Ebene von Beobachtungen zweiter Ordnung. Das bedeutet zweierlei. Zum einen beobachtet sie die Bedingungen und Konditionierungen des Unterscheidens und Benennens, betreibt Latenzbeobachtung und kommt damit ihrem Kritik- und Analyseauftrag nach, der ihr im Zuge funktionaler Differenzierung zugewachsen ist. Zum zweiten betreibt sie – auch im Bereich der sogenannten Geisteswissenschaften – empirische Forschung, falls sie denn sinnvoll, das heißt zum Ziele jeweils bestmöglicher rationaler Problemlösungen betrieben wird.

Was aber kann für Konstruktivisten noch ›empirisch‹ bedeuten?

Grundsätzlich formulieren Konstruktivisten die Frage nach der Wirklichkeit von einer ontologischen in eine kognitionstheoretische Frage um. Kriterien für Wirklichkeit müssen kognitionsrelativ bestimmt werden. Wie Peter Kruse gezeigt hat, ist das zentrale Kriterium für Wirklichkeit Stabilität: »Denkresultate werden von uns unter anderem immer dann als wirklichkeitsbezogen eingestuft, wenn sie gezielte Vorhersagen ermöglichen, das heißt eine stabile Handlungsgrundlage bilden, wenn sie reproduzierbar, das heißt logisch stabil, und vermittelbar, das heißt sozial stabil sind. Das gilt für jede wissenschaftliche Theorie.«[15]

Während realistische Erkenntnistheoretiker davon ausgehen, daß die Stabilität des Seins die Stabilität der Wahrnehmung bedingt und diese jene bestätigt, kommt Kruse – in Anlehnung an Ergebnisse der Gestaltpsychologie wie der Theorie dissipativer Strukturen – zu dem umgekehrten Ergebnis. Stabilität, so Kruse, ist Ergebnis selbstorganisierter Ordnungsbildung, die ständig aktiv aufrechterhalten werden muß, da die grundlegende Funktionsweise kognitiver Systeme Instabilität ist. Damit wird eine Einsicht neu bestätigt, die Heinz von Foerster mit seinem Theorem der Eigenwertbildung formuliert hatte. Kognition ist für von Foerster Errechnen von Errechnungen, und das Objekt der Wahrnehmung wird damit theoretisch faßbar als Symbol für Eigenverhalten, das immer dann stabil wird, wenn die rekursive Anwendung kogniti-

[15] Peter Kruse, »Stabilität – Instabilität – Multistabilität. Selbstorganisation und Selbstreferentialität in kognitiven Systemen.« In: *DELFIN* XI, 1988, S. 35–57, hier S. 35. – Zur Ausdifferenzierung von Wirklichkeitskriterien vgl. Michael Stadler, Peter Kruse, »Über Wirklichkeitskriterien.« In: V. Riegas, Chr. Vetter (Hg.), *Zur Biologie der Kognition*, Frankfurt a.M. 1990, S. 133–158.

ver Operationen auf kognitive Operationen keine Zustandsveränderung mehr herbeiführt.[16]

Wissenschaftliche Erkenntnisproduktion vollzieht sich primär auf der Ebene von Kommunikation im Rahmen des Sozialsystems Wissenschaft. Kommunikativ gehen Wissenschaftler nicht mit stabilen Realitäten um, sondern mit kommunikativ stabilisierten Beschreibungen oder Unterscheidungen in der Erfahrungswirklichkeit einer Gesellschaft.

›Empirisch forschen‹ kann dementsprechend bestimmt werden als Herstellung logischer, pragmatischer und sozialer Stabilitäten (sensu Kruse), mit denen Wissenschaftler wie mit unabhängigen Gegenständen kommunikativ umgehen. Alles was zu dieser Stabilitätskonstruktion argumentativ erfolgreich herangezogen werden kann, fungiert – je nach Kriterium und Kontext – als Datum oder Beleg. Die Erzeugung von Daten nach theoretisch-methodologisch kontrollierten Verfahren ist aber genau das, was Heinz von Foerster als *Trivialisierung* beschrieben hat[17], nämlich eine Form der Konstruktion von stabilen Unterscheidungen unter zum Teil extrem komplexitätsreduzierten Bedingungen (etwa in Laborversuchen). Konsequenterweise muß also ›empirisch‹ von der traditionellen Referenz auf »die Realität« und den Beobachter erster Ordnung umgestellt werden auf Kognition und methodisch kontrollierte Beobachtung zweiter Ordnung. Die aus empirischer Forschung resultierende Intersubjektivität trägt genau so lange, wie sich ihre Auswirkungen auf die wissenschaftliche Kommunikation stabil halten lassen; sie endet, wenn sie einer neuen Beobachtung zweiter Ordnung nicht (mehr) standhält. Wie M. Stadler und P. Kruse mit Nachdruck betonen, können empirische Untersuchungen »... im Denken eines Konstruktivisten eher Hinweise als Beweise erzeugen; Hinweise nämlich auf eine in sich stimmige, konsistente Sichtweise von nach bestimmten Regeln erzeugten Daten, die beim Hinzukommen weiterer Daten oder Überlegungen durch

[16] Vgl. Heinz von Foerster, *Wissen und Gewissen. Versuch einer Brücke.* Hg. von S. J. Schmidt. Frankfurt a.M. 1993.

[17] Ebd., S. 206f.

jede andere Sichtweise abgelöst werden kann, die einen höheren Grad an Konsistenz aufweist.«[18]

Wissenschaftliches Denken ist also aus zwei Gründen zu einem theoretischen Pluralismus verpflichtet. Zum einen, um alle Möglichkeiten von Problemlösungen ausschöpfen zu können – Vielheit wird hier im Konflikt fruchtbar[19]; und zum anderen, um Einzigkeits- und Alleinvertretungsansprüche auflösen zu können. In diesem Sinne ist sie ein »Gegenmittel gegen die Allheilmittel« (K. Acham). »Der Wille zur Wahrheit als das Bestreben, nicht täuschen zu wollen, auch sich selbst nicht, bildet dabei das ethische Fundament jeder rationalen Argumentation.«[20] – Imre Lakatos hatte diese Haltung in den sechziger Jahren »intellectual honesty« genannt. –

Wissenschaft ist ein aisthetisches Konstrukt, ohne Frage. Sie liefert Modelle von und für Wirklichkeit auf eine spezifische Weise, die so kein anderes Sozialsystem imitieren kann (und warum sollte es auch?). Die Kontingenz ihrer Problemlösungen ist unübersehbar, ihre Wahrheitsgewißheit verblaßt oder ganz geschwunden. Aber noch ist ihre Unentbehrlichkeit unbestreitbar, eine Alternative nicht in Sicht. Die Mühe lohnt, so meine ich, ihr Kritikbewußtsein durch Visibilisierung ihres Status als aisthetisches Konstrukt zu befördern.

## *Postscriptum*

Differenz, Dissens und Widerspruch zählen zum Signet postmodernen Denkens. Dabei wird Differenz aber bewußt mit Übergang und

---

[18] Stadler, Kruse, *Über Wirklichkeitskriterien,* a.a.O., S. 147.

[19] Das betont aus postmoderner Perspektive auch Wolfgang Welsch: »... erst auf der Ebene des Widerstreits von Konzeptionen tritt jene Pluralität hervor, die gravierend und fruchtbar ist, und die Subjekte wären gehalten, bis in diese Dimension des Widerstreits sich argumentierend zurückzuarbeiten«. Welsch bindet denn auch Pluralität an die »Praxis der Artikulation und Zuschärfung« *(Unsere postmoderne Moderne,* a.a.O., S. 322)

[20] Acham, *Der Mensch im Zeitalter des kulturellen Pluralismus,* a.a.O., S. 59.

Verbindung zusammengedacht. Das läßt mich hoffen, daß für einen künftigen kritischen Dialog zwischen Postmoderne und Radikalem Konstruktivismus die Zeichen günstig stehen, daß der Konstruktivismus als eine Form modernisierter Moderne für postmoderne Denker als Gesprächspartner interessant ist. Diese Zuversicht wird von Wolfgang Welsch gestützt, der klar und deutlich feststellt: »Die Kongruenz von Postmoderne und ›harter‹ Moderne mag heute noch erstaunen, morgen wird sie ein Gemeinplatz sein.«[21]

---

[21] Welsch, *Unsere postmoderne Moderne,* a.a.O., S. 201.

# KUNST

Jean-Christophe Ammann

# Bild und Zeit: Zum Denken von Gegenwart und vom Lesen der Kunst

## *Einführung (zum Titel)*

- Jeder Künstler verarbeitet nicht nur *Gegenwart,* er ist immer selbst auch Gegenwart. Die folgenden Gedanken behandeln dieses Thema einer nur mehr im *Selbst* zu eruierenden und bestimmenden Gegenwart, nachdem die innovativen, sprachbildenden Strömungen dieses Jahrhunderts, genannt Avantgarden, die immer mehr aus- denn einschlossen, seit nun bald zwanzig Jahren der Vergangenheit angehören.
- Die Verbindung von *Wortsprache* und *Bild,* Wortsprache oder Bild, weist zwar eine quer durch dieses Jahrhundert reichende Geschichte auf, *thematisiert* wird diese Verbindung jedoch erst im Rahmen dessen, was als Konzept Kunst ab Mitte der sechziger Jahre bezeichnet wurde.[1]
- Seit Panofsky ist uns das *Lesen* von Kunstwerken geläufig. Lesen meint hier eine vom Künstler bewußt im Werk angelegte Tätigkeit, ob im Sprachbild oder Bild als Bild. Lesen meint also das Identifizieren von Bedeutungsträgern, das Fragen nach Sinn und Funktion dieser Bedeutungsträger, sofern vom Künstler in dieser Perspektive angelegt.

## *On Kawara: Linearität und Chaos*

On Kawara ist Japaner. Er ist 60 Jahre alt, verließ Japan 1958, reiste viel, was er auch heute noch tut – wie wir sehen werden –

---

[1] Siehe Wolfgang Max Faust, *Bilder werden Worte – Zum Verhältnis von bildender Kunst und Literatur. Vom Kubismus bis zur Gegenwart,* Köln 1987. Lea Ritter-Santini (Hg.), *Mit den Augen geschrieben. Von gedichteten und erzählten Bildern,* München 1991.

und ließ sich 1965 in New York nieder. Am 4. Januar 1966, acht Jahre, nachdem er Japan verlassen hatte, entstand sein erstes *Datums-Bild.* Seither malte er meines Erachtens[2] nur Datums-Bilder. Das Datum auf dem Bild entspricht dem Tag, an dem er das Bild malt. Mit dem Datum hat es keine besondere Bewandtnis auf sich. Das Datum wird auf eine Leinwand, auf Keilrahmen aufgespannt, gemalt. Der Künstler verwendet keine technischen Hilfsmittel, wie zum Beispiel eine Schablone. Das Datum wird mit Bleistift vorgezeichnet. Die Malerei erfolgt in mehreren Schichten. Meistens ist die Farbe ein dunkles Schiefergrau. Die Verwendung von anderen Farben, wie Rot oder Blau, ist eher selten, hat keine weitere Bedeutung. On Kawara verwendet acht verschiedene Bildergrößen (von 20,5 × 25,5 cm bis 155 × 226 cm). Die beiden kleinsten packt er oft in sein Reisegepäck, um sie in anderen Städten, Ländern und Kontinenten zu malen. Jedes Datums-Bild kommt in eine von ihm gefertigte Pappschachtel, auf deren Boden sich Titelseite oder Zeitungskopf der örtlichen Tageszeitung jener Stadt befinden, wo er das Bild malt. Stets verwendet er die Sprache des Landes, in dem er sich aufhält. (Esperanto in all jenen, die nicht das lateinische Alphabet benutzen.)

Da On Kawara für das Malen eines Datums-Bildes einen Tag braucht, entspricht das Datum dem größten gemeinschaftlichen Nenner für Gegenwart. Gegenwart ist jedoch einzig aus der Erfahrung von Vergangenheit und Zukunft zu eruieren. Deshalb hat On Kawara in den ersten fünf Jahren, also von 1966–1970, keines seiner Bilder verkauft, weil er wissen wollte, ob er fähig ist, Vergangenheit und Zukunft als eigene, in der Gegenwart verankerte Dimension zu behaupten.

Das Datum als Ausdruck von Gegenwart hebt Gegensätze nicht auf, sondern es harmonisiert diese (wie eine Tageszeitung). So wird das Datums-Bild, unabhängig vom Datum selbst, zu einer säkularisierten Ikone, enthaltend die generativen Prinzipien wie Suchen und Finden, Ordnung und Unordnung, Zufall und Notwendigkeit, das Ähnliche und das Verschiedene.

---

[2] Zum Beispiel: *One Million Years (Past),* 1969–70 und *One Million Years (Future),* 1980–87.

Abb. 1: On Kawara (* 1932); Titel: Nov. 23, 1977; Entstehungsjahr: 1977; Maße: 45,4 × 61,5 cm

Abb. 2: On Kawara (* 1932); 1) Titel: Dec. 8, 1975; Entstehungsjahr: 1975; Maße: 45,5 × 61,5 cm. 2) Titel: 6. Juli 1976; Entstehungsjahr: 1976; Maße: 25,5 × 33 cm. 3) Titel: Nov. 23, 1977; Entstehungsjahr: 1977; Maße: 45,5 × 61,5 cm

Zur Bedeutung von Harmonie im japanischen Denken sei hier nur die älteste Devise für das Regieren angeführt: Die Dinge zur Ruhe bringen.[3]

Die Zeit ist linear, der Raum chaotisch. Die durch das Datum bewirkte Linearität in seinem Schaffen zeigt nur die eine Seite. Die andere ist das durch das Reisen bedingte Zufällige. Damit verbunden das Malen von Bildern in einer schier beliebigen räumlichen Streuung.

In einer Ausstellung in Rotterdam waren 1991 89 Datums-Bilder zu sehen, die in 89 verschiedenen Städten dieses Planeten entstanden waren.[4]

Das *Mobilitätsprinzip* ist dem Schaffen von On Kawara konstitutiv. Das Mobilitätsprinzip ist nicht Mittel zum Zweck, um die Linearität chaotisch zu unterwandern, sondern die Möglichkeit, das Raum-Zeit-Prinzip weiterzuführen, quasi Tag für Tag.

On Kawaras Schaffen stellt grundsätzlich die Frage nach der *Kreativität.*

Anthropologisch gesehen wurde im jüdisch-christlichen Denken die Welt geschaffen. Sie endet aus christlicher Sicht in der Apokalypse.

Im japanischen Denken ist die Welt zeitlos, sie hat keinen Anfang und kein Ende. Insofern zählt nur die Gegenwart oder die Tradition, jedoch gibt es keine metaphysische Anfangs- oder Endbestimmung. Anthropologisch gesehen sind wir aus jüdisch-christlicher Perspektive gewissermaßen zur Kreativität verdammt.

Wir haben ein individuelles Verständnis von Individualität und somit ein individuelles Verständnis von Kreativität. Im japanischen Denken steht das Kollektive im Vordergrund, »Selbstaufgabe vor Selbsterfüllung«[5]. (Insofern entspricht das Datum auch einem kollektiven Verständnis von Gegenwart.)

Man stelle sich die Retrospektive eines westlichen Künstlers vor, in einer Spannbreite von 26 Jahren. Vor unseren Augen entfaltet sich die *Geschichte seiner Kreativität,* deren Bewertung, sowohl

---

[3] In: Kurt Singer, *Spiegel, Schwert und Edelstein – Strukturen des japanischen Lebens,* Frankfurt a.M. 1991, S. 130.

[4] Museum Boymans van Beuningen, Rotterdam 1991.

[5] Singer, *Spiegel, Schwert und Edelstein,* a.a.O., S. 131.

auf den gesamten Zeitabschnitt als auch auf einzelne Teilabschnitte bezogen, ganz unterschiedlich ausfallen kann.

Im Falle von On Kawara stehen wir vor einem durch das einzelne Datum bestimmten ritualisierten, harmonischen Zeitfluß. Je nachdem, wie ich den Rundgang beginne, verfolge ich die Zeit zurück oder bewege mich mit der Zeit voran. Jedes Datums-Bild wirft mich auf mich selbst zurück, nicht oder weniger auf das spezifische Datum, sondern wohl eher auf die Zeitspanne. Ich begegne mir selbst wie im Spiegelbild einer Teetasse und erblicke ein Gesicht, das ich in mir selbst nicht mehr finden kann. Mein »voyeuristischer« Blick wird nicht befriedigt, außer ich habe vielleicht eine Vorstellung und ein Bild meines Selbst, was jedoch das Schwierigste sein dürfte, gemäß Walker Percys wunderbarem Buch »Loch im Kosmos – Das letzte hilf Dir selbst Buch«[6].

On Kawaras Kreativitätsprinzip steht dem unseren wie Antimaterie und Materie gegenüber. Die Tatsache, daß er erst viele Jahre, nachdem er Japan verlassen hatte, mit den Datums-Bildern in New York begann, macht deutlich, daß, unabhängig von möglichen Einflüssen der Minimal Art und Konzept Kunst, eine Vision herangereift ist, die aus einer »philosophischen« Sicht die unerträglichen Gegensätze einer allmächtigen Gegenwart mit dem Selbst in Einklang zu bringen weiß.

(Für jedes Jahr steht ein Bild. Somit ergeben sich für den Zeitraum von 1966–1991 26 Datums-Bilder.)

## *Jeff Wall: Der dialektische Bilddiskurs*

Wer das monumentale Cibachrom »The Storyteller« (1986, 229 × 437 cm) von *Jeff Wall* (* 1946) betrachtet, könnte, auf den ersten Blick, den Eindruck erhalten, es handle sich um einen Schnappschuß. Aber der Schein trügt. Es ist eine durch und durch konstruierte Fotografie, und die Menschen, die sich auf dem Bild befinden, sind sorgfältig ausgewählte Schauspieler. Der zeitliche Aufwand, dieses Foto mit all den Voraussetzungen herzustellen, kann durch-

[6] Basel 1991.

Abb. 3: Jeff Wall (* 1946); Titel: The Storyteller; Entstehungsjahr: 1986; Maße: 229 × 437 cm

aus dem Aufwand entsprechen, es mit malerischen Mitteln zu realisieren. Gerade das malerische Vorbild aber schwebt Wall vor Augen: die ungewöhnliche Zentralperspektive, welche den Unterbau der Autobahn von einem Waldstück trennt, dazwischen ein paritätisch dreigeteiltes »Niemandsland«, bestehend aus zementierten Bruchsteinen, knöcheltiefem Buschwerk und zertrampelter, lehmiger Erde. Wir befinden uns in Vancouver, British Columbia, wo Jeff Wall wohnt, eine Stadt und ein Staat mit einem hohen Indianeranteil. Unter dem Autobahnunterbau, rechts, hockt einsam ein Indianer. Links, auf dem lehmigen Erdboden am Waldrand, sitzen drei Menschen um ein fast erloschenes Feuer: zwei junge Männer, denen eine junge Frau engagiert eine Geschichte erzählt. Alle drei sind Indianer. Etwas oberhalb, ebenfalls am Waldrand, liegen und sitzen auf einem Schlafsack ein mißmutig dreinblickender, fetter Mann und eine füllige, mit einer Wolljacke bekleidete Frau – es ist Herbst –, die einen freundlichen Blick auf die Dreiergruppe wirft. Es sind ebenfalls Indianer.

Die Dreiergruppe ist ganz offensichtlich eine Umkehr des »Déjeuner sur l'Herbe« von Edouard Manet aus dem Jahr 1863. Dort sitzt die nackte Frau, selbstbewußt dem Bildbetrachter in die Augen blickend, im Park, umgeben von zwei miteinander diskutierenden, der Zeit entsprechend schwarz gekleideten Herren. – Der fette Mann und die üppige Frau sind eine Paraphrase auf Georges Seurats »Un dimanche d'été à l'île de la Grande Jatte« (1884/85). Die Menschen bilden in ihrer Situierung ein mit der Zentralperspektive übereinstimmendes Dreieck. Der einzelne ist einsam, das Paar ist auf sich angewiesen, in der Dreiergruppe herrscht Spannung. Vielleicht erzählt die Frau den beiden schlanken jungen Männern ihre gemeinsame Geschichte. Weshalb ist das Paar fett und üppig? Ein Zufall ist das nicht, hat doch Wall, wie erwähnt, die Schauspieler genau ausgewählt. Ich denke, weil der Metabolismus der Indianer auf »Junk Food« und Alkohol verheerend reagiert. Sie degradieren deren Körper. Die mit der zentralperspektivischen Linienführung übereinstimmende Gruppierung der Menschen kennzeichnet zugleich ihr Außenseitertum. Sie befinden sich örtlich im Abseits und sitzen oder liegen im »Dreck«. Der einzelne Indianer sitzt zwar auf zementierten Bruchsteinen, ist dafür jedoch einsam und verlassen.

Bedenkenswert ist auch die folgende Überlegung: Der Realismus von Manet war vom Stil her jedem geläufig. Schockierend und skandalös war jedoch das in den Alltag versetzte Motiv: die nackte, selbstbewußte Frau, von zwei Männern umgeben, die ihre Nacktheit als durchaus selbstverständlich betrachten. Bei Seurat ist es das Motiv, das allen zugänglich ist. Eine sonntägliche Situation: Die Bürger verlassen die Stadt, um sich am Flußufer und unter den Bäumen auszuruhen. Schockierend und skandalös wirkte dagegen die »impressionistische« Malerei, die das Licht in die Spektralfarben zerteilt, es objektiv zu protokollieren sucht. Insofern ist »The Storyteller« von Jeff Wall auch ein Kommentar zum Prinzip Avantgarde. Eine Avantgarde, die der Künstler dialektisch zu überwinden sucht, indem er den Realismus der Werbung als Mittel (Lichtkasten) mit der sozialen und gesellschaftlichen Wirklichkeit (Gegenwart) in eine historische und kunstgeschichtliche Perspektive setzt. Diese ist um so aufschlußreicher, als sich sowohl bei Manet wie bei Seurat die aufstrebende, selbstgenügsame Bourgeoisie in ihrem Selbstverständnis von Unabhängigkeit darstellt. Hier dagegen sind es – wörtlich und bildlich – im Ausgegrenztsein verharrende Menschen.

Da »The Storyteller« schon derart präzis auf Lektüre angelegt ist, kommt man an den Kabeln, die das Werk in der Mitte horizontal und bildparallel durchschneiden, nicht vorbei. Ganz offensichtlich dienen die oberen Kabel der Aufhängung einer Fahrleitung, so daß man daraus schließen kann, daß im nicht sichtbaren Teil des Vordergrundes eine Bahn durchfährt. Dieses angedeutete Bewegungsmoment verhält sich wie zum suggerierten Schnappschuß: So, wie man ein für alle Male dem Fotografen über die Schulter schaut, so erblickt man in der Verzögerung des Vorbeifahrens, als sich herausbildenden Bewußtseinsakt, die Szenerie. Beide Momente: Schnappschuß und Vorbeifahrt sind auch bei Manet bzw. bei Seurat vorhanden. Bei Seurat durch die Möglichkeit, im Boot das behäbige Bürgertum im sonntäglichen Nichtstun zu beäugen.

## *Rémy Zaugg: Die Wahrnehmung des Ortes*

Der Jurassier *Rémy Zaugg* (* 1943) hat im Museum für Moderne Kunst an zwei eher beiläufigen Wänden die Bilder HIER und DORT (1988/89, Acryl auf Baumwolle, 30,3 × 89,1 cm bzw. 30,3 × 103,2 cm) angebracht.

Beide Bilder bezeichnen einen Ort im Museum. Stellvertretend für viele Orte und für viele Wände. Rémy Zaugg, dessen Arbeitsgebiet die Wahrnehmung ist, fordert den Betrachter auf, die *Architektur* in Augenschein zu nehmen: Überall ist hier und dort. Aber diese Aufforderung gelingt nur, wenn man HIER und DORT selbst präzis in Augenschein nimmt. Beide Leinwände sind mit einer hellen, monochromen Paste regelmäßig, horizontal-wellig bestrichen. Auf diese gerippte Masse sind in Schiefergrau die Worte Hier und Dort gemalt. Die Ränder der Buchstaben sind messerscharf. Ein kurzes Nachdenken besagt, daß keine Schablonen zur Anwendung gelangen konnten, denn das hätte fatale Folgen bei einem derart verworfenen Gelände. Die Buchstaben wurden mit Bleistift vorgezeichnet und mit dem Pinsel in minutiöser Arbeit ausgeführt, den Unregelmäßigkeiten gegen den Strich laufend, talaufwärts und talabwärts folgend. In diesen Bildern ist jeder Bruchteil eines Millimeters »hier« und »dort«, im Sinne: hier muß ich aufpassen und dort.

Insofern sind HIER und DORT nicht überhebliche Hinweisschilder, sondern sie legitimieren sich aus der eigenen, akribischen Arbeit, beinhalten somit eine vergleichbare akribische Begutachtung der Architektur als Behälter für die Kunst. Es gibt die schöne Geschichte von Josef Albers, der Piet Mondrian in Paris besucht und nicht versteht, weshalb der holländische Künstler sich derart abmüht, gerade Linien zu malen: »Weshalb verwendest Du kein Abklebeband?«, fragt er. »Hör mal Albers«, antwortet ihm Mondrian, »hättest Du mir dies vor zehn Jahren gesagt, dann hättest Du mein Leben verändert.«

Und noch etwas: Die Zweisprachigkeit verleiht den beiden Worten hier und dort eine merkwürdige Zeitdimension. Nimmt man die dritte Arbeit mit dem Wort ICI (1989/90, 30,3 × 55 cm) hinzu, wird sie vollends deutlich. Hier kann für »hier« (gestern) stehen und dort für (il / elle) »dort« (er / sie) schläft. ICI tritt an

Abb. 4: Rémy Zaugg (* 1943); 1) Titel: ICI; Entstehungsjahr: 1989/90; Maße: 30,3 × 55 × 2,1 cm. 2) Titel: DORT: Entstehungsjahr: 1989/90; Maße: 30,3 × 103,2 × 2,1 cm. 3) Titel: HIER; Entstehungsjahr: 1989/90; Maße: 30,2 × 89,1 × 2,1 cm

die Stelle von hier (hier, an diesem Ort). Das Gestern bezeichnet die *Vergangenheit*, das Schlafen die *Dauer*, das Hier die *Gegenwart*. Das sind die für die Werke der Sammlung verbindlichen Kriterien. Unabhängig von ihrer Qualität ist das unvermittelte Jetzt (in Form des Hier) immer mit einem Erkennen, einem plötzlichen Erkennen verbunden. Es ist, als ob das Bild aus dem Schlaf gerissen wurde, eine vom Betrachter aktualisierte Potentialität durch den Akt der Wahrnehmung.

Umgekehrt hängt im Raum der »Geschichtenerzählerin« von Jeff Wall ein blankgeschliffenes, Ton in Ton gemaltes Bild mit der Aufforderung »Stell dir vor das Bild sieht dich, aber du selbst siehst es nicht« (1988–1990, Acrylfarbe und Siebdruck auf Baumwolle, 234 × 213 cm). Also, ich stelle mir vor, ich gehe durch die Sammlung eines Museums, schaue mir das eine oder andere Bild etwas genauer an, und plötzlich habe ich das Gefühl, daß mich alle Bilder anschauen, neugierig begutachten, mich auffordern, sie wahrzunehmen, auch diejenigen, die ich vielleicht gar nicht wahrnehmen will. Ich beginne zu rennen, will den Blicken der Bilder entrinnen.

Der zweite Aspekt hat etwas mit dem Charisma der Werke zu tun. So, wie die bewußt plakative Wirkung der Arbeit von Jeff Wall eine bis ins Detail konstruierte ist, so ist die optische Zurücknahme des Werks von Rémy Zaugg nicht weniger konstruiert. Der Zurücknahme entspricht die größte Forderung an den Betrachter: Nimm mich wahr, nimm mich für wahr, denn ich wurde geschaffen, um mich mitzuteilen. Da Rémy Zaugg Wahrnehmung thematisiert, schließt dieses Werk alle anderen mit ein. Damit ist noch keine Wertung verbunden. Nimm mich wahr / für wahr kann ja nur heißen, daß Anschauung und Wahrnehmung zu einer solchen Wertung führen können, keineswegs müssen.

## *Lothar Baumgarten: Die Sprache als Waffe*

Lothar Baumgartens »Frankfurter Brief«, im Museum für Moderne Kunst mit Jeff Walls »The Storyteller« vergleichbar, ist ein realistisches Panorama einer ortsbezogenen Gegenwart. Jede Arbeit des 1944 geborenen Düsseldorfers ist ortsbezogen, d. h. steht mit dem Ort sowohl unmittelbar räumlich als auch geographisch / historisch / gesellschaftlich / politisch in Beziehung. Frankfurt als Wirtschaftsmetropole der Bundesrepublik und die Dynamik deutscher Kompositwörter als sprachimmanentes Kriterium bilden das Thema seiner direkt auf vier Wände ausgeführten Arbeit.

Zur *Typographie:* Sie stammt von Paul Renner, der 1925/26 die Frankfurter Städelklasse für Werbegrafik und Typographie leitete. 1933 verließ er Deutschland in Richtung Amerika, nicht weil er Jude war, sondern die Linke vertrat. Renner ist der Schöpfer der berühmten Futura. Die hier verwendete Typographie entwarf er in den USA, so daß Lothar Baumgarten das Doppel-S neu schaffen mußte.

*Zur Ausführung:* Lothar Baumgarten fand die Typographie in einem kleinen Büchlein, aus dem er sie sukzessive bis auf die gewünschte Dimension vergrößerte. Die Buchstaben wurden aufgezeichnet und in einer über zwei Monate dauernden Arbeit gemalt, ohne Schablone, größtenteils von ihm selbst. Schriftenmaler, die dies tun können, gibt es nicht mehr. Umgekehrt zeigt sich, daß die persönliche Ausführung ihm am Herzen lag. Er erwies sich als passionierter Maler, der sich in nichts von einem anderen Maler, der ein Bild malt, unterscheidet.

Diese möglicherweise als nebensächlich betrachteten Erläuterungen sind deshalb wichtig, weil sie Bestandteil und Form der *Malerei* sind: Eine realistische, gesellschaftspolitische Topographie des in Sprache ausgedrückten Denkens. Die Kompositwörter, 57 an der Zahl, sind der Politik und den Medien entnommen, auf den unverputzten Wänden schwarz, auf den schwarzen Wänden weiß ausgespart.

*Komposition und Zuordnung:* Geht man von Begriffen wie Topographie und Panorama aus, so ergeben sich einerseits einsichtige Positionierungen und Gruppierungen, andererseits solche, die bewußt in der Schwebe gehalten werden. Die Kompositwörter vermitteln ganz verschiedene Kategorien von Vorstellungen und Bildern, bezeichnen Zustände, Gegenstände, Verhalten. Sie entstammen verschiedenen Bereichen, zum Beispiel der Politik, der Ökonomie, der Geschichte, der Natur und der Ökologie, der Technik.

Vor allem aber wird, wie *Martin Traute*[7] festgestellt hat, »Kreativität, Kombinatorik und Synthese zum einen, Abstraktion, Konkretion oder Verdinglichung zum anderen durch Sprache signalisiert«. Und weiter stellt er fest, daß mit der abstrakten Konkretion von Sachverhalten eine Reduktion des konkreten Inhaltes einhergeht: »Das Wort ›Kolonialschäden‹ deckt diesen nicht ab. Komposita sind Zeichen eines rationalen, abstrahierenden bzw. verkürzenden Gebrauchs von Sprache, und zu ihrem Verständnis ist meist die Kenntnis ihres Entstehungszusammenhangs oder der Herkunft Voraussetzung.«

Daß »Geldmachtwille« ganz oben an der Wand steht und die »Lebensqualität« in Verbindung mit den »Billiglohnländern« ganz unten, spricht für sich selbst. Die gleiche Positionierung betrifft »Konjunkturhimmel« (oben), »Fitnesslandschaft« und »Randhunde« (unten). Ein Randhund ist ein ausgegrenzter Mensch, der zu nichts mehr zu gebrauchen ist. Gruppierungen wie »Erfolgsdruck«, »Scheckbuchdiplomatie«, »Helfershelfer« stehen solchen gegenüber, die, aus dem ursprünglichen Kontext herausgelöst, vorstellungsmäßig relativ schwierig einzuordnen sind: »Naturverzicht«, »Denkfigur«, »Selbstwartung«.

»Auffanglager«, »Hautfarbe«, »Asylgehorsam« werden flankiert von »Windbestäubung«, »Fernwärme« und »Bleiberecht«.

Gewissermaßen im Kielwasser von »Kapitalmystik« finden sich »Altlast«, »Quasispezies« und »Menschenhandel«.

Während »Kettenverträge«, »Wendehals« (Vogel), »Miethai« und »Warteschleife« eher isoliert in Erscheinung treten, bilden »Ausgliederung«, »Brudervolk« und »Kaufkraft« sowie »Adlerfrage«, »Grundschuld« und »Spätbewältiger« Ensembles.

Als Betrachter fühlt man sich plötzlich ausgesetzt, Teil einer täglichen Wahrnehmungsstrapaze von Gegensätzlichkeiten, deren dramatische und tragische Ausuferung man bis zur Abstumpfung zur Kenntnis nimmt.

Kritische Stimmen verlangten bereits nach einem Jahr die Übermalung der Wände, andere meinten, der Raum würde sich

---

[7] Martin Traute, *Frankfurter Brief* (1989/91), Seminararbeit (Leitung Dr. Rolf Lauter), Museum für Moderne Kunst, Frankfurt am Main, Sommer 1992.

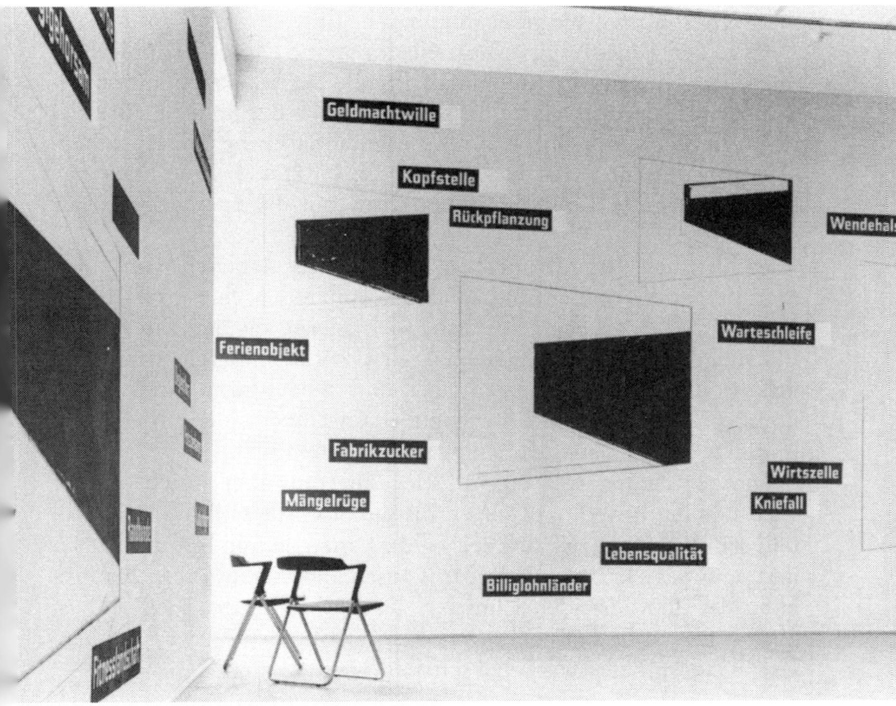


Abb. 5: Lothar Baumgarten (* 1944); Titel: Frankfurter Brief; Entstehungsjahr: 1989/91; Painted wall work

mit dem Bedeutungsverlust der Kompositwörter gewissermaßen selbst aufheben.

Das erste Postulat verkennt, daß es sich hier um Malerei handelt, um eine sehr präzise Komposition, wobei die gegenläufig ineinanderspielenden Trapezoide auf die Durchlässigkeit des Raumes und auf den Blick nach außen verweisen. Ein Außen, welches eben diese Kompositwörter geschaffen hat.

Was den Bedeutungsverlust angeht, meine ich, daß Baumgarten nur in ganz wenigen Ausnahmen aktuelle Begriffskoppelungen verwendet hat, denn es geht ihm darum, *mittels* der Sprache eine viel tiefer liegende, sprachspezifische Mentalitätsebene anzusprechen. »Verwaggonierung« (Wannseekonferenz 1942) und »Durchrassung« (ein prominenter Politiker 1991) trennt, auf der Sprachebene, nur ein Schritt.

Schließlich ist anzumerken, daß gerade Arbeiten von solch räumlichen Ausmaßen und solcher Komplexität eine große Reflexionszeit beanspruchen. Ich habe viel gelernt aus den zahlreichen Führungen mit Besuchergruppen. Erst kürzlich sagten mir Leute, daß sie allmählich die Beziehungen und Bedeutungen dieser Wortkomposite verstünden. Einer sagte es unmißverständlich: »Es sind immer zwei Mühlsteine, die etwas zermalmen.«

Lothar Baumgarten ist Künstler, aber aus ihm spricht immer auch der Anthropologe, der er aus guten Gründen nicht sein will und sein kann. Er, der sich seit bald zwanzig Jahren mit der Kultur und dem Schicksal der Ianomanis auseinandersetzt, kennt das Problem des dilettierenden Künstlers als Anthropologe. Vielleicht ist es ihm gerade deshalb gelungen, keine Dokumente und Kommentare, sondern Kunstwerke zu schaffen.

In »Amazonas Kosmos« (1985) befinden sich über die gesamte Wandhöhe, auf Mittelachse ausgerichtet, in vertikaler Gliederung, von oben nach unten, die Namen der Bodenerze: Uran – Blei – Gold – Titan – Kobalt – Eisen. Zwischen den rot gemalten Buchstaben stehen, wieder auf Mittelachse ausgerichtet, auf den Kopf gestellt, in kleineren mit Bleistift ausgeführten Buchstaben, von oben nach unten, die Tiernamen: Ara – Jaguar – Tapir – Caiman – Boa – Aguti – Tatu.

Die Ianomanis sind der älteste Indianerstamm Mittel- und Südamerikas, an der Grenze zwischen Venezuela und Brasilien angesiedelt. 1985 schwappte die erste Welle der Goldgräber nach Roraima (im Norden von Brasilien), die zweite Welle von etwa 40000 Männern konnte nicht mehr aufgehalten werden. »Es kam« – so Paul Grote – »zu Gewalttaten gegen die Ianomani. Die Flüße wurden leergefischt und mit Quecksilber verseucht, das zum Binden des Goldes verwendet wird. Die Pflanzungen der Indianer wurden verwüstet, der Wald leer geschossen ...«[8]

In »Amazonas Kosmos« erscheinen die Erze, als Gegenstand des Begehrens, in leuchtendroter Präsenz, die Tiere, die diesem Begehren vielfältig zum Opfer fallen, sind auf den Kopf gestellt, ausradierbar.

## *Andreas Slominski und Jochen Flinzer: Das Wahrnehmen des Nebensächlichen (Beiläufigen)*

Das Nebensächliche und Beiläufige wahrnehmen, das Unsagbare benennen, haben schon manche Künstler getan. Jedoch stellt sich immer die Frage, von welchem Standpunkt aus solches geschieht.

Etwas beiläufig wahrnehmen meint etwas anderes als das Beiläufige. Das Beiläufige ist das Nebensächliche. Und was ist das Hauptsächliche? Das Hauptsächliche ist wie der Luxus, auf den man verzichten kann. Luxus ist, auswählen zu können. Sich bescheiden heißt nichts anderes, als innerhalb des Spektrums von Luxus genügsam zu sein. Das ist überhaupt keine Leistung. Innerhalb des Benennbaren – was das Hauptsächliche ausmacht – bin ich genügsam. Ich bewege mich aber immer noch im Strom des Hauptsächlichen, des Benennbaren. Aber was geschieht, wenn ich mich in das Nebensächliche und somit ins Nichtbenennbare bewege? Dort, wo die Begriffe fehlen? Wo die Begriffe fehlen, kann man nicht denken bzw. nur inadäquat denken.

Wenn ich ein ökologisches Bewußtsein habe, heißt das noch nicht, daß ich fähig bin, ökologisch zu handeln. Zwischen Bewußt-

---

[8] In: Frankfurter Allgemeine Zeitung, 30. 1. 1992, Nr. 25.

sein und Handeln gibt es die Spannbreite des Denkens. Das Bewußtsein ermöglicht die Begriffsbildung und somit das Denken. Mit den alten Begriffen kann ich ökologisches Bewußtsein und entsprechendes Handeln nicht kurzschließen. Erst veränderte Begriffe schaffen ein verändertes Denken. Hierzu braucht es eine Generation.

»Die Kunst«, sagt Walker Percy, »macht das Dilemma des Selbst nicht nur sagbar, sondern auch belachbar.«[9]

Was ist im Falle von *Andreas Slominski* (* 1959) der Unterschied zwischen einem sorgfältig *konstruierten* Abreißkalender, von dem nur mehr die graue Pappunterlage zu sehen ist, und einem ebenso sorgfältig *konstruierten* Penner-Fahrrad – das Fahrrad des Künstlers selbst, vollgepackt mit seinen Habseligkeiten (»Ohne Titel«, 1991)? Was den Kalender angeht, haben all die benenn- und lokalisierbaren Monatsblätter am Ende des Jahres eine buchstäblich unsägliche Pappunterlage entblößt, die, vergleicht man sie mit anderen dem selben Zweck dienenden Unterlagen einen nicht geringeren Reichtum an Unterschieden in Farbe, Tönung und Faserung aufweist als die Kalenderblätter, nur eben ganz anderer Art. Wenn die Aborigines eintausend Begriffe für die Farbe Braun besitzen, heißt das jetzt nicht, daß wir ebenso viele Begriffe für die Farben, Tönungen und Strukturen der Pappe entwickeln müssen. Aber dieses Werk enthält die Aufforderung, in die *Grauzonen* des Nebensächlichen vorzustoßen, jene Unterscheidungen einzubringen, die das Hauptsächliche relativieren, dieses sogenannte Hauptsächliche in einem anderen Licht erscheinen lassen. Das bedingt ein *prozeßhaftes Wahrnehmen,* das mit der *Begriffsbildung einhergeht.*

Wenn ich, anläßlich von Führungen, die Besucher frage, seit wann ihnen Penner-Fahrräder, wie sie Andreas Slominski konstruiert hat, bekannt seien, lautet die häufigste Antwort: »seit einigen Jahren«. Auf das Fahrrad gepacktes Hab und Gut ist nicht vom Himmel gefallen. *Es ist das Resultat eines schleichenden Prozesses.* Haben wir diesen Prozeß der Degradation wahrgenommen? Über welche sprachlichen Mittel – Begriffe – verfügen wir, nicht nur, um solche Erscheinungen im einzelnen zu benennen, sondern

[9] Percy, *Loch im Kosmos,* a.a.O., S. 133.

Abb. 6: Andreas Slominski (* 1959); Titel: Ohne Titel; Entstehungsjahr: 1991

auch, um das gesamte Umfeld zu qualifizieren? Diese Fragen sind konstitutiv dem Schaffen von Andreas Slominski eingeschrieben.

Der Einwand, »Duchamp läßt grüßen«, kann nicht gelten, denn das konstruierte »Ready Made« von Slominski bedeutet, den gefundenen Gegenstand in die Kunst zu reintegrieren. Der Ausgliederung von Banalität (Duchamp) entspricht die Eingliederung von Komplexität, beidemal als Sprengstoff mit verschiedenen, zeitbedingten Vorzeichen. Anders ausgedrückt, unter dem Gesichtspunkt der Intentionalität: Der wie auch immer banale, alltägliche Gegenstand, den Duchamp dem Kunstkontext aufzwang, war grundsätzlich provokatorischer Natur. Slominski findet den Alltag derart provozierend, daß er ihn der Kunst einverleibt. Da seine Gesten extrem fragil sind, müssen sie Gewalt und Schönheit im Unscheinbaren des Nebensächlichen vereinen. So sind seine geschichteten Reinigungstücher (ab 1987) die domestizierte und gleichzeitig ekstatische Form dessen, was Paul Klee 1914 in den Tunesienaquarellen als Lichterlebnis emphatisch zum Ausdruck gebracht hat.

Die Frage nach dem Nebensächlichen erforscht *Jochen Flinzer* (* 1959) am eigenen Leib, indem er all das tut, was Menschen an Energie in ihre Freizeit investieren. Sie hoffen wöchentlich auf das große Los, sie schlagen die Zeit tot, sie fiebern dem nächsten Fußballspiel entgegen, sie frönen der Sammelleidenschaft, sie sind auf Abenteuer aus und lassen sich tätowieren.

Das ganze Jahr 1984 spielte Jochen Flinzer, erfolglos, Mittwochslotto. Die Kopie des eingesandten Scheins klebte er auf Tapete, in den selben Ausmaßen wie der Schein. So ergab sich schließlich ein Band von 5 Meter Länge und 16 cm Höhe. Mit Nähseide stickte er die angekreuzten Felder aus und bezeichnete die Arbeit mit »53 Wochen Pech«. Von Beginn bestimmte er, daß Vorderseite und Rückseite gleichwertig seien, was heißt, daß auf der einen Seite fein säuberlich gestickte Kreuze sichtbar sind, auf der Rückseite dagegen ein stachliges Netz von sich überschneidenden Linien.

Diesem Prinzip von Gleichwertigkeit der Vorder- und Rückseite ist Jochen Flinzer bis heute treu geblieben. Die Sichtbarmachung der Rückseite ist die zeichenhafte, reale, durch die Vorder-

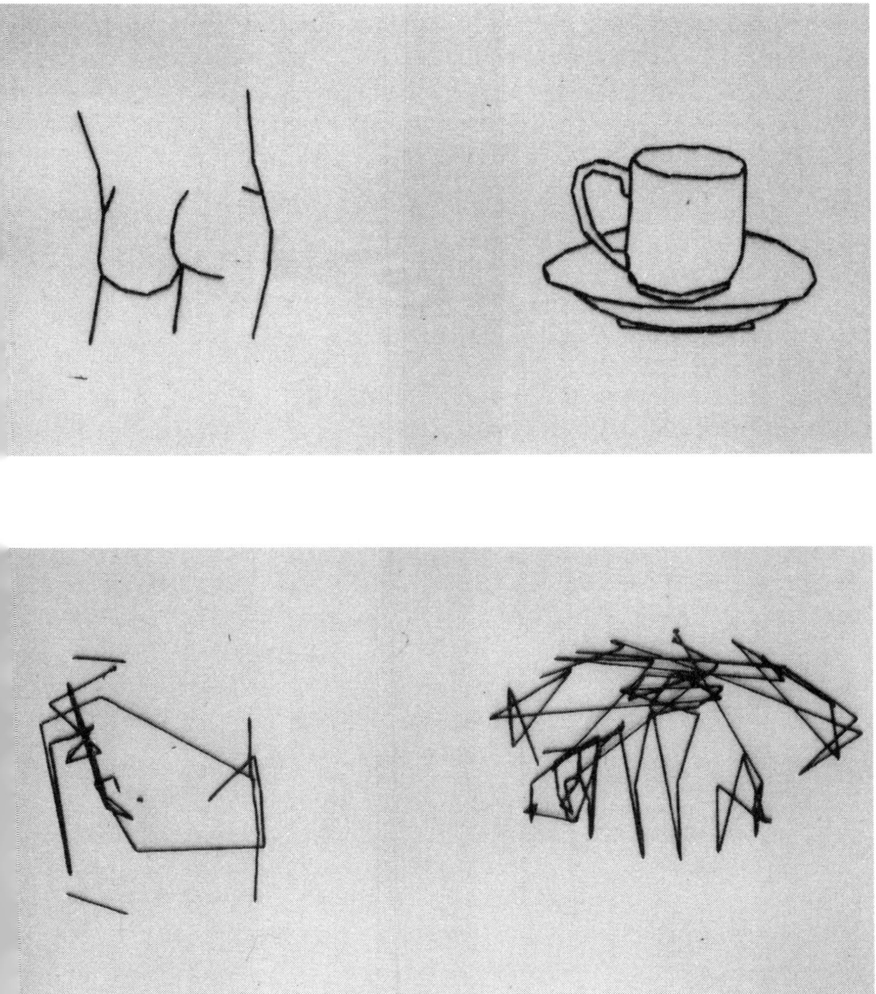

Abb. 7: Jochen Flinzer (* 1959); Titel: Arsch und Tasse (zehnteilige Folge, zwei Beispiele, Vorder- und Rückseite); Entstehungsjahr: 1991; Maße: DIN A4, je zwei in einem Rahmen

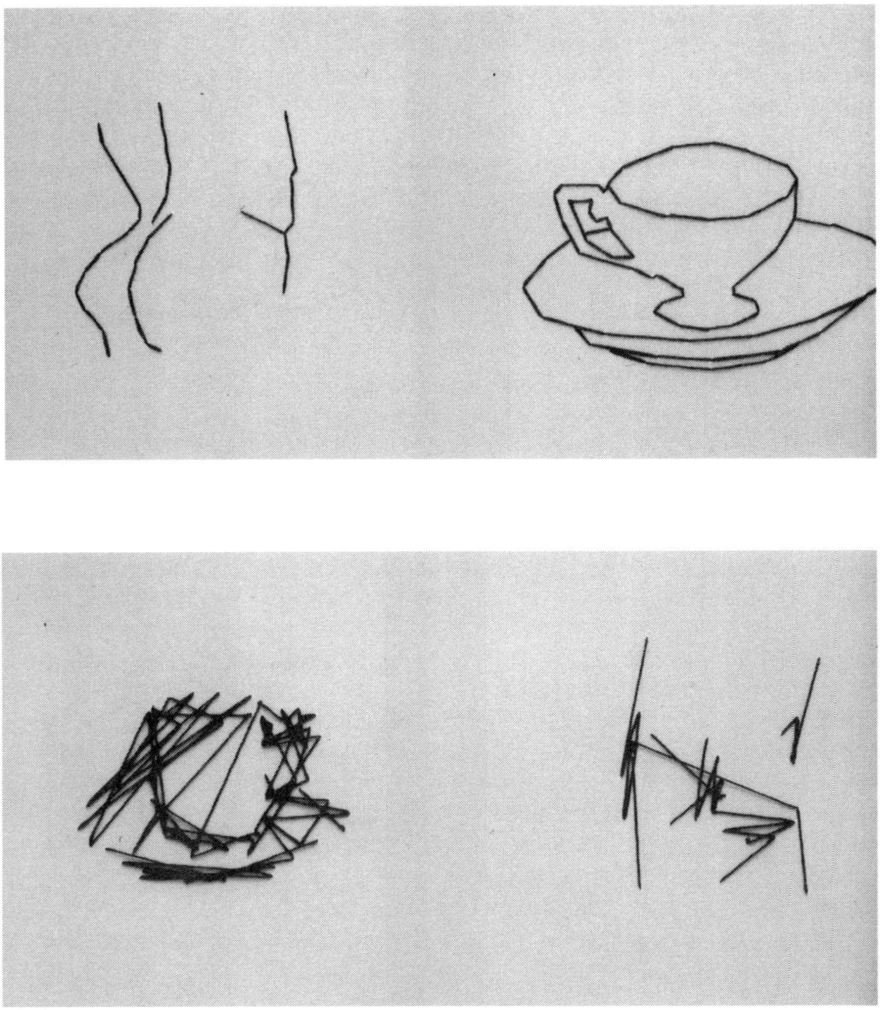

Abb. 8: Jochen Flinzer (* 1959); Titel: Arsch und Tasse (zehnteilige Folge, zwei Beispiele, Vorder- und Rückseite); Entstehungsjahr: 1991; Maße: DIN A4, je zwei in einem Rahmen

seite stets überprüfbare Verzeitlichung eines gewaltigen Potentials an Hoffnung, Leidenschaft, emotionaler Energie: eines obsessiven Prinzips.

1986 hat er Fußballberichte über Spiele des Hamburger Sportvereins abgeschrieben, fein säuberlich in Rauhfasertapete gestickt. Und wiederum ist die Rückseite Ausdruck eines raumzeitlichen obsessiven Fieberns. Ein mentales Dispositiv gekennzeichnet durch die Droge Fußball (»Thomas Kroth wies den Weg zum Sieg«, 1986).

Jochen Flinzer nimmt sich nicht aus. Er steht, reflektierend, mitten drin.

Ein Jahr später, 1987, stickt er ein gesamtes Kreuzworträtselheft aus, die Seiten aufgeklebt auf einen zweiteiligen Paravant (»Rätselecke«). Schwedenrätsel nennt sich das Heft. Auf der Titelseite befindet sich ein attraktives Covergirl. Im allgemeinen ist es so, daß der Paravant etwas verdeckt: jemanden, der sich auszieht. In alten Filmkomödien sieht man, wie plötzlich Seidenstrümpfe und BH auf die obere Kante zu liegen kommen. Vielleicht hat die Dame, die rätselhaft den Umschlag ziert, den Künstler zur Verwendung des Paravents inspiriert. Tatsache ist, daß das dichte Fadengeflecht auf der Rückseite einem Decouvrieren entspricht, einem Bloßlegen von Suchen und Finden, von Erinnerung und Gedächtnis. Tatsache ist, daß wenn der Konzentrationsakt, all die verschieden angelegten Kreuzworträtsel zu lösen, vorbei ist, das Heft in den Abfall wandert. Auch die Sammelleidenschaft gehört in den Freizeitbereich, wie in der Serie »Arsch und Tasse« (1991). Betrachtet man die Rückseite der Arbeiten, verwischt sich das Objekt der Begierde – Ärsche und Teetassen – zum Bild eines diffusen, energetischen Netzes. Der Energieaufwand, das Objekt der Begierde zu erlangen, unterscheidet sich einzig von der obsessiven *Ausrichtung* dieser Begierde.

Flinzers neueste Arbeiten bestehen im Sticken von Tätowierungen, ein dem Tätowieren selbst vergleichbarer Akt. Das obsessive Tun verwandelt sich in obsessive Bilder: physisch, sexuell und emotional aufgeladene Logos, die ein für alle Male die Haut verzieren (oder verunzieren). Der Dolch, der die Rose durchsticht *(Debbie Lenz, Artistic Dermagraphics, Youngstown OH,* 1992), scheint es der Weltrekordlerin Jenny Thompson angetan zu haben. Gemäß einer Pressemeldung über die olympischen Spiele in Barcelona vom

29. Juli 1992 (»Basler Zeitung«) ließ sie »sich nach ihrer enttäuschenden Silbermedaille über 100 m Freistil eine Tätowierung verpassen. Die linke Schulter der 19 Jahre alten Amerikanerin ziert jetzt die Zeichnung eines blau-grünen Schwertes, das das Herz einer Rose durchbohrt. ›Es war eine spontane Aktion‹, sagte die Frustrierte.«

Ich glaube, daß einige Voraussetzungen in einer stark sich verändernden Wirklichkeitserfahrung das Denken von Gegenwart in der heutigen Kunst prägen.

Zum Beispiel gibt es aufgrund der Allgegenwart von Wissen und der Verfügbarkeit von Bildern nur mehr starke oder authentische Bilder, die weder wahr noch falsch sind.

Als Wortsprache inszenierte Bildsprache kann im Bewußtsein eine Vielzahl sich selbst generierender Bilder auslösen, die Auswirkungen auf Wahrnehmung und Verhalten bewirken.

»Der von alten Tabus freigesetzte Körper ist abstrakter und intimer zugleich geworden«, sagt Thomas Ziehe. Er »kann nun, soweit er privat ist, subjektiver werden, und soweit er öffentlich ist abstrakter. Die sich öffentlich treffenden Körper werden entstofflicht, sie sind eher Bild- und Zeichenangebot als stoffliche Körper, die ich berühren, ertasten, anfassen dürfte.«[10]

---

[10] Thomas Ziehe, *Zeitvergleiche – Jugend in kulturellen Modernisierungen,* Weinheim, München 1991, S. 150.

Dietmar Kamper

# Erinnern, Wiederholen, Durcharbeiten: Über prähistorische Wahrnehmungsmuster in einer Ästhetik des Posthistoire

## *Vorbemerkungen*

Im Jahre 1914 publizierte Freud »Weitere Ratschläge zur Technik der Psychoanalyse (II): Erinnern, Wiederholen, Durcharbeiten.«[1] Die Gedanken stehen im Zusammenhang einer ständigen Reflexion auf das, was der Analytiker tut und was ihm dabei begegnet. Es geht um die Einschätzung des Widerstandes gegen die Analyse. Es geht des Näheren um das Durcharbeiten des Widerstandes, der daraus entsteht, daß der Patient sich nicht erinnern kann und stattdessen wiederholen muß. Es geht möglicherweise sogar darum, daß – wie Freud konzediert – Patienten den Widerstand nur leisten, um davon einen Krankheitsgewinn zu haben. Durcharbeiten wäre dann eine Technik, die zum Scheitern verurteilt ist. Die drei gestuften Techniken entsprechen den Epochen in der Entwicklung der Psychoanalyse, von der Hypnose bis zur Annahme, daß ein Vergessen, Verdrängen, Verneinen der Wahrheit von Menschen positiv besetzt werden kann und so unüberwindlich wird.

Die folgenden Überlegungen versuchen den Rahmen der Analysetechnik zu erweitern, etwa so, wie Jacques Lacan[2] es begonnen hat, um von der Biographie zur Geschichte weitergehen zu können. Dabei steht dann nicht nur der individuelle, sondern ein kollektiver Widerstand zur Debatte. Dementsprechend wären das Epochale der Erinnerung und Wiederholung und das Neuartige am Durcharbeiten genauer zu bestimmen. Schwierig ist dabei die Exposition

---

[1] Sigmund Freud, »Erinnern, Wiederholen, Durcharbeiten« (1914), in: ders., *Studienausgabe, Ergänzungsband: Schriften zur Behandlungstechnik*, Frankfurt a.M. 1975, S. 205 ff.

[2] Jacques Lacan, *Die vier Grundbegriffe der Psychoanalyse*, Olten 1980[2].

eines schiefgedrückten spiraligen Zusammenhangs von Prähistorie und Posthistoire. Obwohl er seit über hundert Jahren diskutiert wird, ist immer noch strittig, ob die Annahme einer Vor- und Nach-Geschichte und einer Spiegelfunktion von »Urmensch und Spätkultur« (Gehlen)[3] überhaupt logisch zulässig sei. – Hier wird dafür plädiert, derart tentative Bezeichnungen akzeptabel und brauchbar zu finden, allerdings nur zu heuristischen Zwecken, also um besser zu begreifen, was in den laufenden Prozessen einer Ästhetisierung der Welt, bis zum Stillstand, geschieht. »Ästhetik des Posthistoire«[4] soll also heißen: Analyse als Durcharbeiten des Widerstandes, der sich in den Auflösungstendenzen der Geschichte herausgebildet hat, und zwar in Rücksicht auf eine Wahrnehmung diesseits des Ich, auf dem Niveau des zerstückelten Körpers.

## *1. Von Kopf zu Kopf, mythisch und modern*

Orpheus, der Versager, dem es nicht gelungen war, die Frau, Eurydike, aus dem Hades zu holen, verkündet schließlich einen Kult des reinen Lichtes – ähnlich wie Echnaton – und wird auf Geheiß des Dionysos von den Mänaden in Stücke gerissen. Der übriggebliebene Kopf singt; er singt und prophezeit ohne Unterlaß im Namen Apollons. Man wirft ihn in einen Fluß; er singt weiter. Er treibt übers Meer nach Lesbos, predigt die Knabenliebe gegen das Menschenopfer und singt. Er wird in einer Höhle aufgebahrt, singt, prophezeit, predigt ohne aufzuhören. Allen, die es hören, geht er auf die Nerven. Am Ende spricht der Gott ein Machtwort und bringt seinen Adepten zum Schweigen. Andere erzählen, daß Zeus selbst mit seinem Blitz intervenieren mußte, auch deshalb, weil der Kopf des Orpheus pausenlos göttliche Geheimnisse verraten habe.[5]

---

[3] Arnold Gehlen, *Urmensch und Spätkultur,* Wiesbaden $^{4}$1977.

[4] Dietmar Kamper, »Nach der Moderne. Umrisse einer Ästhetik des Posthistoire«, in: Wolfgang Welsch (Hrsg.), *Wege aus der Moderne. Schlüsseltexte der Postmoderne-Diskussion,* Weinheim 1988, S. 163 ff.

[5] Robert von Ranke-Graves, *Griechische Mythologie,* Bd. I, Reinbek 1960, S. 98 ff.

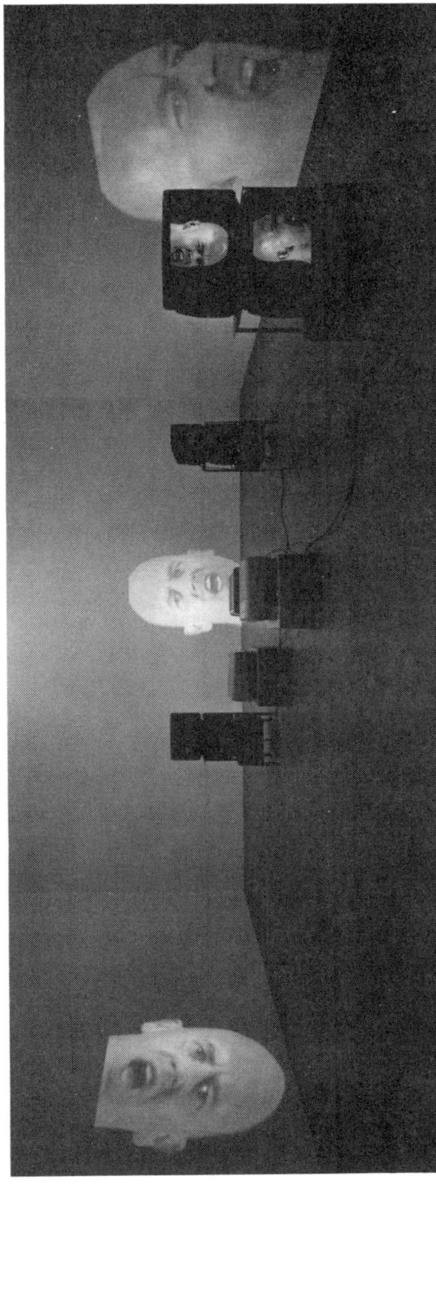

Abb. 1: Bruce Naumann, »Anthro-Sozio«, Videoinstallation Documenta IX, 1992

Auf der documenta IX singt am Eingang des Museum Fridericianum ein Kopf.[6] Er dreht sich um seine vertikale Achse und singt, nein schreit: »Help me, hurt me, Sociology« – »Feed me, eat me, Anthropology«. Der Kopf annonciert, daß die Kunst den Zusammenhang mit dem Ganzen verloren hat. Der Körper ist vom Kopf getrennt. Und selbst der Kopf ist nicht mehr einzig; er ist verdoppelt, versechsfacht worden. Er dreht sich, fünfmal links und einmal rechts herum. Er ist zweimal aufrecht; viermal hängt er nach unten. Er singt schreiend in einer sich schraubenden Drehbewegung von der endgültigen Verkopfung der Welt. An einem Ort, der mit Zeichen der Computer-Topographie markiert ist, singt er vom Elend der Selbst-Behauptung, von caput und vom Kapital, von der Kapitalisierung ohne Ende. Er bringt singend den Schrei der Vernunft zum Ausdruck, der ein letzter Schrei ist, ein Schrei nach dem verlorenen Körper, ein Schrei nach dem Nicht-Kopf, nach dem Anderen. Er hat sich vor lauter Verzweiflung, Versechsfachung auf den Kopf gestellt. Ein auf den Kopf gestellter Kopf, der sich mit sich und gegen sich dreht, das ist das Bewegungsgesetz einer Welt, die den Körper hinter sich zu lassen versucht, um ihn als Rest, als bloßen Abfall auf dem Friedhof der Geschichte vergessen zu können.

## *2. Der zerstückelte Körper der Prähistorie*

Man kann die Geschichte als eine Versuchung der Menschen durch den Kopf lesen. Schon was ihr vorausgeht, das Prähistorische, besteht in einem ersten Versuch, den Körper zu verabschieden. Dieser Abschied findet auf der Grenze von Kult und Mythos statt. Der Mythos ist die Erzählung einer Ablösung, die dann auf Verabsolutierung drängt. Und was der Geschichte nachfolgt, das Posthistorische, besteht in lauter letzten Versuchen, das Absurde einer solchen absoluten Selbstbehauptung zu demonstrieren. In einer »Ästhetik des Posthistoire« wird verzeichnet, wie der Wahn des Selben zwangsläufig in die Dimension des zerstückelten Körpers

[6] Bruce Naumann, Anthro-Sozio. Videoinstallation.

führt. Das geht zugleich nach beiden Seiten, nach vorwärts und nach rückwärts. Wer über die Geschichte mit ihren Wiederholungszwängen hinaus will, muß gleichzeitig vor die mythischen Erinnerungen zurück. Das Durcharbeiten findet an zwei Fronten statt, an den Folgen und an den Ursachen des Sündenfalls, am Niedergang und am Aufgang der Geschichte. Obwohl die Geschichte keinen Bogen beschreibt, der am Ende zum Anfang zurückkehrt, werden an jener doppelten Grenze Wahrnehmungsmuster rekapituliert, die fundamental sind. Zuletzt kommt heraus, was ganz früh investiert und zwischenzeitlich vergessen wurde: wie das Abenteuer einer »Erkenntnis überhaupt« trotz aller Ablösungsversuche rückgebunden bleibt an die Bedingungen eines sterblichen Körpers, an eine zeitbedingte »transzendentale Körperlichkeit«.

Geschichte ist zuletzt vergebliche Anstrengung gegen die Macht des Vergessens. Während über die frühen Jahrhunderte hinweg die Erinnerung ausreichte: »anamnesis«, um der Lethe zu entgehen und die a-letheia, d.h. Wahrheit, wiederzufinden, mußte die Moderne die Wiederholung bemühen, die Wieder-Holung im doppelten Wortsinn einer ausdrücklichen Rettung der Dinge aus dem Vergessen und der Iteration, des puren Noch'mal und Noch'mal. Dann aber geriet auch diese Anstrengung unter Druck. Ohne ihrer Intention zu genügen, wurde sie bloße Form, leerer Wiederholungszwang. Dagegen hat Freud vorgeschlagen, sich durchzuarbeiten durch die verfallenen Räume des Bewußtseins bis zu den Zeitkapseln der Biographie, um die Dinge anders wahrnehmen zu können, mit veränderter Wahrnehmung. Der Schritt vom Bewußtsein zur Wahrnehmung ist der Schritt von der Geschichte zwischen Mythos und Moderne zum Posthistoire und zur Prähistorie. Er entlastet nicht von der Erinnerung und auch nicht von der Wiederholung. Alles Durcharbeiten ist zusätzlich.

## *3. Objekt der Wissenschaft, Subjekt der Wahrnehmung*

Die Schreie des singenden Kopfes auf der documenta IX sind artikuliert. Zwei Satzfolgen, entsprechend den unterschiedlichen Adressaten, lassen sich hören: »Hilf mir, verletze mich, Soziologie« – »Ernähre mich, esse mich, Anthropologie«. Als Soziologe und Anthropologe, der in der Wissenschaftskritik erfahren ist, vernimmt man, betroffen, eine kurze Geschichte der Disziplinen. Die Soziologie wollte ihrem »Objekt« helfen von Anfang an; sie hat es am Ende maßlos verletzt. – Die Anthropologie wollte ihr »Objekt« ernähren, sie hat es rettungslos verzehrt. Die Hilfe stand im Programm, Verletzung und Verzehrung standen nicht im Programm, aber sie sind als Nebenwirkung und Spätfolge nun an der Tagesordnung. Auch die kühnsten Programme des Vergessens, Verdrängens, Verneinens von Wahrnehmung können nicht verhindern, daß die Wirkungen und Folgen zum Ausdruck und zur Sprache kommen. Die zweimal zwei, parataktisch angeordneten und der Disziplin als Adressat zugeordneten Sätze sprechen Anfang und Ende der wichtigsten Sozial- und Humanwissenschaften an, wie sie innerhalb der Disziplinen immer noch nicht zur Kenntnis genommen werden. Daß die Sätze einem sich drehenden, schreienden Kopf in den Mund gelegt sind, öffnet den Blick des Betrachters und spannt die Aufmerksamkeit auf einen Sachverhalt, der dem Kopf selbst entgeht: daß es in der Geschichte darum gegangen ist, die Welt auf den Kopf zu bauen und daß dieser Kopf, für sich genommen, versagt hat.

Zugleich gibt es in der Epoche der Selbstreferentialität, der Autoreferenz der Systeme keinen externen Standpunkt mehr. Wer den Körper zum Abfall erklärt, kann ihn nicht als Heilsbringer in Anspruch nehmen. Das Objekt der Wissenschaft ist das Subjekt der Wahrnehmung. Aus den Resten des verletzenden Verzehrs müssen die kommenden Referenzen gefiltert werden. Der Schrei der Vernunft nach dem Anderen verhallt in einer Welt des Selben und trifft bestenfalls auf ein körperliches Gespür. Insofern ist es in der Tat der Körper des Kunstbetrachters, der das ausgedrückte und sprachlich verdichtete Geschehen referiert, gewissermaßen als Medium der Medien, wie Bazon Brock[7] es medial vermittelt. Transzendentale Körperlichkeit als Bedingungsnetz der Wahrnehmung ist unwiderruflich gezeichnet von den Ereignissen der vergangenen Geschichte. Insofern kann der singende, schreiende Kopf, der im Schraubstock der historisch produzierten Apparaturen steckt, nur

---

[7] Bazon Brock, dokumenta 9. Der Körper des Kunstbetrachters. Ein Videokatalog.

zum Schweigen gebracht werden, wenn es gelingt, die Mythen und Theorien, Produkte des Kopfes, nach rückwärts und nach vorwärts zu verlassen. Weil das Objekt der Geschichte das Subjekt der Vor- und Nachgeschichte ist, muß man sich bis zur Rückseite der Bilder und Begriffe durcharbeiten.

## *4. Auf der Rückseite der Bilder*

Die radikale Ebene des zerstückelten Körpers ist eine Dimension an der Grenze der Wahrnehmung. Die Erfahrung ist dort, wo Gründe in Wurzeln übergehen, noch Schmerz und nicht schon Bild oder nicht mehr Bild und schon Schmerz. Es geht an solcher Grenze nicht um die Mythen, sondern um die Orte, an denen Mythen entstehen, bzw. nicht um Theorien, sondern um die Orte, an denen Theorien aufhören. Das ist zugleich die Grenzlinie des Entstehens und des Aufhörens einer kontinuierlichen Ich-Funktion, für die Lacan[8] das Gesetz der Verschränkung von Trauma und Phantasma formuliert hat: das Phantasma schützt ein Trauma, das Trauma stützt ein Phantasma. Kein Mensch, der Ich sagt, lebt wirklich. Die Realität des Körpers ist der Erfahrung entzogen. Sie erscheint im Imaginären, zunächst konnotiert mit einer notwendigen Selbstverkennung des Ich. Erst später kann die Sprache für die Zumutungen des Spiegelstadiums entschädigen. Die Zerstückelung des Körpers ist unerträglich. Das Imaginäre ist dementsprechend eine Schutzhaut. Die symbolische Ordnung der Sprache mag ein Wissen von jener Verschränkung ermöglichen.

Während die allgemeine Lage der Objekte in Soziologie und Anthropologie – und demgemäß auch in der Kunst – auf einen Narzißmus erster Güte verweist, verlassen einige Künstler ostentativ die Spiegel-Position. Das geht durch die Flächen hindurch und hinterläßt deren Zerstörung. Das gewohnte Gegenüber von Bild und Auge wird auf mannigfaltige Weise abgebaut. Bildträger und Bildrahmen erleiden dasselbe Schicksal wie der Körper. Sie enden als Stückwerk. Zunehmend kommen Rückseiten von Bildern zur Darstellung. Man

---

[8] Lacan, *Die vier Grundbegriffe der Psychoanalyse*, a.a.O.

versteht dann ihr Funktionieren, wie es in Schichten vom Hinter- zum Vordergrund aufgebaut ist. Aber auf der Rückseite der Bilder steht nichts geschrieben. Die Unmöglichkeit der Wahrnehmung kann nicht begriffen, sie kann nur wahrgenommen werden. Dort findet man Narben und Wunden. Dort ist die Geschichte der Traumatisierung verzeichnet, die von ferne eine Geschichte des Realen ist. Denn man wird in der Kunst der Gegenwart nicht mehr in Geschichten verstrickt, sondern in Situationen verwickelt, die als Problem das Entstehen und das Vergehen eines tendenziell autistischen Gesamt-Objekts-Subjekts der Wahrnehmung aufwerfen. Dabei geht es um die Stellung oder die Bewegung dieses Objekts-Subjekts im Raum, in der Zeit, wie sie sich nach einem Rücksprung Hals über Kopf an »einfachen Verhältnissen« zeigen lassen: Rechts-Links; Vorne-Hinten; Oben-Unten; Innen-Außen. Dies sind die Wahrnehmungsmuster des Körpers, transzendental verstanden.

## *5. Der Verlust des Gleichgewichts (Zwischen Kant und Hölderlin)*

Wahrnehmungsmuster auf der hier angestrichenen Ebene einer transzendentalen Körperlichkeit heißen bei Kant »Schemata«[9]. Er bestimmt sie als das Dritte neben Bild und Begriff, zwischen der unbewußten Tätigkeit der Einbildungskraft und den selbstbewußten Kategorien des reinen Verstandes. Die Schemata stammen nicht aus der Erfahrung, sind aber auch nicht der Verfügung des Denkens unterworfen. Im Schema kommt ein generatives, konstruktives Verhältnis zum Tragen. Das Schema, schreibt Kant, ist »ein Monogramm der reinen Einbildungskraft a priori, wodurch und wonach die Bilder erst alle möglich werden, die aber mit dem Begriff nur immer vermittels des Schemas, welches sie bezeichnen, verknüpft werden müssen und an sich demselben nicht völlig kongruieren«. Während Bilder mit dem Raum zu tun haben, gehören Schemata in die Zeit und schlagen die Brücke von der äußeren Welt zum inneren

[9] Immanuel Kant, *Kritik der reinen Vernunft* (1781). Vom Schematismus der reinen Verstandesbegriffe.

Sinn: »Die Schemate sind ... nichts als Zeitbestimmungen a priori nach Regeln, und diese gehen nach der Ordnung der Kategorien auf die Zeitreihe, den Zeitinhalt, die Zeitordnung, endlich den Zeitinbegriff in Ansehung aller möglichen Gegenstände«. Die Kant'schen Bestimmungen sind am Modell eines in der Balance sich haltenden aufrechten Körpers ermittelt, der zudem noch in der Linie seiner Schwerkraft sich bewegt und also seinen Kopf oben trägt. In Betracht der seit Kant stattgehabten Beschleunigung der Geschichte und einer entsprechenden Radikalisierung der Wahrnehmung muß man jedoch einen anderen Fall in Anschlag bringen.

Hölderlin[10] hat in seinen Anmerkungen zum Ödipus auf einen solchen Fall hingewiesen. Er deutet die Stationen der Geschichte als fortschreitende Untreue der Götter gegen die Menschen und beschreibt in der Folge einer Kette von Entblößungen die Übermacht der bloßen Bedingungen der Zeit und des Raumes: »In solchem Momente vergißt der Mensch sich und den Gott und kehret, freilich heiliger Weise, wie ein Verräter sich um. – In der äußersten Grenze des Leidens besteht nämlich nichts mehr, als die Bedingungen der Zeit oder des Raumes.« Strenggenommen gibt es also nicht einmal mehr Zeit und Raum, sondern nur noch deren Bedingungen in den Wahrnehmungsmustern eines auf den Kopf gestellten Kopfes.

## 6. *Das Schwinden der Sinne*
## *Ein Fall für die Wahrnehmung*

Was Kant in seinen »Kritiken« durch Rückgang in die Bedingungen der Möglichkeit von »Erkenntnis überhaupt« freigelegt hat, wird von Hölderlin als Tendenz ins Unmögliche, als dramatischer Konflikt zwischen dem Göttlichen und dem Menschlichen dargestellt, in dem Untreue und Verrat wie eine Replique auf den desolaten Stand der Geschichte aussehen. Die Menschen können ihres Standes und der dem Stand entsprechenden Bewegung keineswegs mehr sicher sein. In aller Wahrnehmung kommt eine Umkehr zum Tragen. Im Verhältnis der Menschen zu sich selbst erscheint eine

[10] Friedrich Hölderlin, *Anmerkungen zum Ödipus,* 3. Abschnitt.

Blöße, die bis auf die Knochen geht. Diese Blöße ist die Kunst, die das fortschreitende Schwinden der Sinne des Körpers für die sinnliche Wahrnehmung rekapituliert, und zwar mittels einer dreifach gestuften Anstrengung als Erinnern, Wiederholen, Durcharbeiten.

In einem vor zehn Jahren geschriebenen Text steht folgende Passage, die den angesagten Fall in Form einer Parabel neu zu fassen versucht: »Ein Mensch, dem die Sinne schwinden, beginnt zu fallen. Er kommt aus dem Gleichgewicht. Ihm wird – oft bei Ohrensausen – schwarz vor Augen. Sein Horizont verschwimmt. Er verliert die seit früher Kindheit geübte ›Aufrichtigkeit‹, und mit dieser vertikalen Haltung alle Errungenschaften der Würde. Bei den Zuschauern, sofern es welche gibt, breitet sich Gelächter aus, das den aufkommenden Schwindel noch einmal verstärkt. Da Auge und Ohr ihren Dienst versagen, springen – gleichsam als Notsysteme zur Vermeidung des Falls – Fuß und Hand ein. Doch die tastende Orientierung, der Haut-Kontakt zu den festen Dingen, hilft dem, der torkelt, nur vorübergehend. Und da die anderen Nahsinne (Geruch und Geschmack) fast völlig aus der Übung sind, erscheint der Sturz unaufhaltsam. Gegen die machtvolle Übelkeit ist kein Kraut mehr gewachsen. Ekel und Müdigkeit nehmen in der Beschleunigung des Fallens überhand. Das Letzte, was überhaupt wahrgenommen wird, ist eine entstrukturierte Schwere, der Aufprall am Boden und – vielleicht – blitzartig ein Schmerz.«[11] Es hat den Anschein, als ob eine solch parabolische Metapher derzeit reflexiv wird, als Gefahr und als Herausforderung. Jedenfalls organisiert sich die Kunst heute – nicht nur auf der documenta IX – immer deutlicher als Dokument dieses Falles.

## *7. Im Gegenteil der symbolischen Ordnung*

Der Raum verliert seine angestammten Qualitäten. Die Zeit wird zum Problem. Ein Körper im gemessenen Stand hat andere Wahr-

---

[11] Dietmar Kamper, Christoph Wulf, »Blickwende. Die Sinne des Körpers im Konkurs der Geschichte«, in: Kamper, Wulf (Hrsg.), *Das Schwinden der Sinne,* Frankfurt a.M. 1984, S. 9.

nehmungsmuster als ein Körper im beschleunigten Fall. Schon längst waren Fern- und Nahräume virtuell, als die Technik der Virtualität erfunden wurde. Schon längst lag die Paradoxie der Zeit auf der Hand – daß es nämlich umso weniger davon gibt, je mehr man davon spart – als die Langsamkeit zur Lebensform stilisiert wurde. Aber das hilft alles nicht viel weiter. Also achte man auf Umwertungen fundamentalerer Art. Die Rechts-Links-; Vorne-Hinten-; Oben-Unten; Innen-Außen-Verschränkung der frühen Wahrnehmung steht neuerdings zur Disposition. Die in der Geschichte forcierte Bevorzugung von Rechts, Vorne, Oben, Innen bzw. der entsprechenden Richtungen, wird posthistorisch nach Mustern der Prähistorie noch einmal verkehrt, meist durch Betonung des ungewohnten Gegenteils. Man geht, soweit es möglich ist, nach außen, um sich selbst fremd zu werden. Man legt die unhaltbare Konventionalität des Bodens, des Grundes frei, auf dem man steht und sich bewegt. Man diskriminiert den historischen Fortschritt als Fluchtbewegung, die eine Urangst nur verdeckt, aber nicht bearbeitet. Und man kippt die mühsamen Balancen der Wahrnehmung nach links, seitdem klar ist, daß die politische Orientierung einer bloß vermeintlichen Alternative aufgesessen ist.

Die aktuellen Gegenrichtungen der Kunst, die von Kritikern als Agenturen des Verrats und der Untreue ausgemacht werden, lassen sich geradezu danach aufreihen, wie sie die Muster der transzendentalen Körperlichkeit gegen die Geschichte drehen: als Affirmation der »Furie des Verschwindens« gegen das »coming out« aller Produktion; als forcierte Bewegung in den Absturz, gegen eine Ideologie des »Hohen«, gar des »Höchsten«; als Flucht Hals über Kopf statt der Selbstbehauptung in fortgesetzter Konfrontation mit den Widerlichkeiten der Zeit; als linkseinwärts gedrehte Erschütterung all jener Symmetriebedürfnisse, die dem Motto des rechten Weges folgen …

## *8. Wie die Kunst ihr Fehlen herausarbeitet …*

Das Verlangen nach Verständlichkeit dessen, was gegenwärtig geschieht, hat verrückte Folgen gehabt. Eine der verrücktesten ist die

Forderung, daß alle Menschen dieselbe Wahrnehmung haben sollen. Dadurch wächst die Diskrepanz von Logik und Ästhetik, von Bewußtsein und Wahrnehmung immer mehr. Die steigende Komplexität der Welt wird weiterhin mit einer Simplifizierung der Köpfe kompensiert. Anstrengungen in der Gegenrichtung führen per se in die Singularität. Dadurch öffnet sich zwischen dem Allgemeinen und dem Besonderen, zwischen dem Universalen und dem Partiellen ein neues Feld: die »Ästhetik des Posthistoire«, eine sich selbst wahrnehmende Wahrnehmung unter den Konditionen ihrer fortschreitenden Zerstörung und Vernichtung. Die Einsicht, daß die Reichweite von Mythos und Moderne – trotz des gegenteiligen Anspruchs – begrenzt ist, öffnet dem Schrecken Tür und Tor, daß auch das Arbeiten an dieser Grenze – das Durcharbeiten – umsonst sein könnte. So kommt es zu einer paradoxen Wahrheit. Singularität der Kunst heißt, daß sie umso überflüssiger wird, je notwendiger sie für die Wahrnehmung ist.[12]

Die Landkarten der Sprache sind durchlässig geworden für den Stoff, den sie verdecken. Sogar die aufgeblähte Immanenz des Imaginären zeigt Risse. Die Einheit der Geschichte wird als suggestiv verstanden und mit aktiver Passion unterboten. Bewußtsein und Wille sind längst strukturiert wie Film, Wahrnehmung beginnt erst im Filmriß. Die Arbeit an der Fläche der Außen- und Innenräume, am Boden und an der Decke, die Mühe, hinter den eigenen Rücken zu kommen und auch im beschleunigten Fall noch Rechts und Links unterscheiden zu können, wissen sich längst als Ereignisse der Zeit. Sie machen das Bildhafte im Sinne der Vorstellung ebenso zunichte wie die Hoffnung auf Versöhnung in einer Welt, die ihre Zeichenordnung seit jeher symbolisch organisiert. Die Kunst besteht heute darin, symbolische Ordnungen zu ruinieren. Wahrnehmung ist fundamental »diabolisch«: sie reißt auf, sie geht unter die Haut, sie ist nah an den Dingen, zu nah, um noch theoretisch sein zu können. Der Aufstand gegen die Macht der Zeichen und

---

[12] Die hier angestrengten Gedankengänge verdanken sich einer intensiven Beschäftigung mit dem bisherigen Werk von Jan Fabre, Antwerpen, und ausführlichen Gesprächen mit der Künstlerin Silvia Breitwieser, Berlin, die auszugsweise demnächst im Kunstforum International veröffentlicht werden.

der Widerstand gegen den Sog der Bilder zwingen zum Auslöschen der Kraft der Bezeichnung. Auf den Bildflächen, Bildschirmen, Bildhäuten verschwindet derzeit der große Signifikant. Damit arbeitet die Kunst nach und nach ihr eigenes Fehlen heraus.

Stephan Schmidt-Wulffen

# VOM AUSSENSEITER ZUM AGENTEN

## *Über Öffentlichkeit und künstlerische Legitimation*

»Es geht darum, etwas ganz Neues zu wollen,« schreibt van Gogh im Oktober 1883 an seinen Bruder, »eine Art Neuschöpfung seiner selbst zu unternehmen, ganz einfach mit dem Gedanken: ça ira ...« Gasquet notiert 1912 die Gespräche mit Cézanne, der die Kunst als einen Stand der Gnade empfand, »wo sich uns die allgemeine Erregung gleichsam religiös, aber ganz natürlich, offenbart.« »Man muß« schrieb Matisse 1953, »zeitlebens so sehen können, wie man als Kind die Welt ansah, denn der Verlust dieses Sehvermögens bedeutet gleichzeitig den Verlust jedes originalen, das heißt persönlichen Ausdrucks.«[1]

Der Mythos des Ursprünglichen, Authentischen, Originalen steht bei Künstlern der Moderne hoch im Kurs, ob als Neuschöpfung der eigenen Identität, als kindlich-frischer Blick oder als Symbiose mit der Natur. Auf irgendeine Weise sucht jeder sich seinen eigenen Weg zu tiefsten Quellen. Das ist immer auch, Gauguin hat das demonstriert, eine Reise weg von der Zivilisation. Zwischen mir und meinem besseren Selbst stehen die Konventionen der Gesellschaft; zwischen meinem Meinem und dem besseren Wissen lauert eine nur an niederen Zwecken ausgerichtete Vernunft. Das originale künstlerische Empfinden soll sich jenseits bürgerlicher Normen und ihrer Zweckrationalität entwickeln in einer durch nichts getrübten Unmittelbarkeit. Hier findet sich der ersehnte Einklang mit jener ›allgemeinen Erregung‹ Cézannes: das Individuum, auf dem Weg zu sich selbst, entdeckt sich als Teil eines geheimnisvollen Ganzen.

---

[1] *Als Mensch unter Menschen. Vincent van Gogh in seinen Briefen an den Bruder Theo,* Berlin 1959, Bd. 1, S. 322. H. Matisse, *Farbe und Gleichnis,* Frankfurt a.M. 1960, S. 113. P. Cézanne, *Über die Kunst. Gespräche mit Gasquet,* München 1980, S. 14

Mittlerweile wirken diese Behauptungen fadenscheinig. Vom Anspruch auf Ursprünglichkeit ist in den Augen jüngerer Künstler und Theoretiker nur noch eine Rhetorik übrig geblieben, die sich gegen das zeitgemäße Denken sperrt. Das findet auch das künstlerische Denken eingebettet in die Konventionen der Alltagssprache, in die Strukturen gesellschaftlicher Rollenspiele. Es konkurrieren zwei Entwürfe von Künstlertum, die ich vergleichen möchte. Beide konstituieren ein jeweils anderes Verhältnis zur Öffentlichkeit und erschließen sich dabei unterschiedliche Aktionsräume für ihre Praxis.

## *Originalität als Diskurs*

Am meisten erstaunt am Mythos des Ursprünglichen, daß seine Künstlichkeit so spät entdeckt wurde. Selbst heute gibt es noch Apologeten einer ›reinen Gegenwart‹, die Kunst von Nicht-Kunst durch das Kriterium der Unmittelbarkeit zu unterscheiden hoffen. Dabei macht doch bereits eine erste Lektüre der einschlägigen Briefe, Tagebücher und Manifeste das Stereotype und Konstruierte solcher Ideen deutlich. Die Begriffe dieser Ideologie der Spontaneität finden so folgerichtig zusammen, daß Rosalind Krauss geradezu von einem »discourse of originality« sprechen konnte.[2] In seiner Folgerichtigkeit läßt sich dieser Diskurs Begriff für Begriff aufschließen: Originalität verlangt zunächst die Unabhängigkeit des Subjekts von aller Bevormundung durch Konventionen. Der Künstler muß, um seine Autonomie zu finden, jenseits aller Logik und Theorie, jenseits der gesellschaftlichen Konventionen arbeiten. Wo Kunst entstehen soll, ist Sozialität ausgehebelt; wo gesellschaftliches Leben pulsiert, muß Kunst fremd wirken. Im Diskurs der Originalität sind Künstler und Gesellschaft antagonistisch gedacht.

Deshalb gehorcht die künstlerische Arbeitsweise auch besonderen Verfahren, die darauf ausgerichtet sind, den Einbruch von Kalkulation und Planung in das spontane Tun zu vereiteln. Kunst entsteht, wenn der Künstler vom Ergebnis der eigenen Arbeit selbst

---

[2] Rosalind E. Krauss, *The originality of the Avant-Garde and other Modernist Myths,* Cambridge und London 1986, S. 157 ff.

überrascht wird. Keine Vorstellung darf vorwegnehmen, was das Werk in seiner sprachlosen Stofflichkeit sein wird. Seine Unvergleichlichkeit bleibt spürbar in seiner Theorieferne, im Versagen jedes Interpretationsversuches. Originalität meint in einem zweiten Sinn also auch das Werk, insofern es aus nichts Bekanntem abgeleitet ist und völlig für sich selbst steht. Künstler neigen deshalb dazu, aus den vorhandenen Mitteln etwa der Malerei eine ganz eigene Sprache zu entwickeln. Honig, Fett, Filz, Kupfer, Eisen hat Joseph Beuys z.B. unter einem energetischen, nicht allein unter ihrem gestalterischen Aspekt gesehen. Seine Skulpturen entstanden als eine Art Metapher-Maschinen. Die latente Vieldeutigkeit zwischen Skulptur, Maschine, Philosophem entzieht das Werk einem direkten Verstehen. Sie läßt es mit den konventionellen Denkstrukturen inkompatibel erscheinen. Beuys hatte durch diesen Verweischarakter seiner Arbeiten jedoch schon mit einigen Prinzipien der Moderne gebrochen. Deren Gemälde und Skulpturen sollen nämlich nicht einmal darstellen, sie sollen auf keine ihnen äußerliche Realität verweisen, sondern sie *sind* Realität. Das begründet die Vorstellung, in ihnen erscheine exemplarisch eine kosmische Gesetzlichkeit, die alle begrifflichen Anstrengungen überträfe. Ein solches Werk kann der Betrachter nicht begreifen, er muß es in einem Akt begriffsloser Kontemplation, in unmittelbarer Anschauung aufnehmen.[3]

Versteht man ›Originalität‹ als einen Diskurs, dann wird klar, wie sich die Intentionslosigkeit künstlerischer Praxis aus dem Anspruch des Originären mehr logisch ergibt, als daß sie einer unmittelbaren Erfahrung entspräche. Es wird deutlich, daß die Reflexionsfeindlichkeit des Künstlers, wie sie z.B. immer noch der letzte

[3] Vgl. u.a. Barnett Newmann, »The Sublime Is Now«, in: ders., *Selected Writings and Interviews,* New York 1990, S. 170–173. »We are reasserting man's natural desire for the exalted, for a concern with our relationship to the absolute emotions. We do not need the absolete props of an outmoded and antiquated legend. We are creating images whose reality is self-evident and which are devoid of the props and crutches that evoke associations with outmoded images, both sublime and beautiful. We are freeing ourselves of the impediments of memory, association, nostalgia, legend, myth, or what have you, that have been devices of Western European painting ... The image we produce is the self-evident one of revelation ...« (a.a.O., S. 173)

documenta-Leiter Jan Hoet propagiert, nur aufgrund der Autonomie von Künstler und Werk postuliert werden kann, keineswegs aber aus den Arbeiten selber folgt. Das Netz der Begriffe wird schließlich verklammert durch eine Ontologie, die neuzeitliches Philosophieren längst widerlegt hat: die idealistische Vorstellung nämlich einer verborgenen Welt der Prinzipien und Ideen, zu der man, sei es durch die Form der Arbeitsdisziplin, sei es durch Erleuchtung, nur ausnahmsweise Zugang findet. Der Künstler dieser Ideenwelt erscheint denn auch als Figur einer repräsentativen Öffentlichkeit vorbürgerlicher Zeiten. Er zeigt sich als Verkörperung eines ›höheren‹ Wissens, ganz wie ein feudaler Grundherr, den Gottes Gnade ins Amt gesetzt hat.

Ich schließe diese Betrachtung zum Diskurs der Originalität mit einem Blick auf Joseph Beuys ab, der vielleicht der erfolgreichste Vertreter dieser Denkweise war. Wir sehen eine Aufnahme während der Aktion ›wie man dem toten Hasen die Bilder erklärt‹, die 1965 in Düsseldorf stattfand. Beuys, dessen Kopf mit Honig und Goldblättern bedeckt ist, hält einen toten Hasen im Arm und trägt ihn, durch die eigene Ausstellung spazierend und mit ihm redend, von Bild zu Bild, erläutert ihm seine Bilder, »weil ich sie den Leuten nicht erklären mag«.[4] Anrührend an dieser Aufnahme ist nicht die Symbolik – der Honig als Metapher für das menschliche Denken, der Hase als Symbol der Inkarnation –, sondern die Intimität des Künstlers mit dem toten Lebewesen angesichts der teilnehmenden Öffentlichkeit, die Beuys nicht mehr wahrzunehmen scheint. Das Foto zeigt ihn selbstvergessen; ihm ist scheinbar nicht bewußt, daß er beobachtet, fotografiert wird. Mit seinem merkwürdigen Gespräch überspringt Beuys die rationalen Denkmodelle, er sucht eine rein spirituelle Dimension zu erschließen und orientiert sich in Richtung einer universellen, nicht gesellschaftlichen Kommunikation.

---

[4] Vgl. G. Adriani, W. Konnertz, K. Thomas, *Joseph Beuys. Leben und Werk,* Köln 1981, S. 152 ff.

## *Von der Originalität zum Diskurs*

Die Amerikanerin Cindy Sherman fotografiert sich Ende der siebziger Jahre in verschiedensten Situationen per Selbstauslöser. Entgegen der traditionellen Aufgabe von Porträtfotografie sucht sie dabei nicht nach dem Unverwechselbaren, dem Ureigenen, dem Authentischen. Sie wird auch nicht vom unbemerkt gebliebenen Kameraauge überrascht. Das fotografische Bild wird als Klischee erkannt und zum Bestandteil der Arbeit, der Kunstkonzeption. Sherman denkt an Spielfilmszenen, an eingefahrene Rollenmuster von Weiblichkeit, an Werbeaufnahmen. Statt auf die Überwindung des gesellschaftlichen Klischees zu zielen, läßt sie es in ihren Fotos konkret werden.[5] In der Thematik dieser Fotografien spiegelt sich eine gewandelte Auffassung vom Verhältnis zwischen Künstler und Gesellschaft: deren Normen erscheinen jetzt nicht mehr als Behinderung des Schöpferischen, sondern als dessen Ausgangspunkt.

Bei genauerer Betrachtung erschließt sich in den Selbstbildern der Sherman ein Modell künstlerischer Produktion im Medienzeitalter, das mehr und mehr an die Stelle des auf Ursprünglichkeit zielenden Arbeitsmodells früherer Zeiten tritt. Der Draht des Selbstauslösers, den man in diesen Bildern zwar nicht immer sieht, dessen Präsenz aber durch die eingenommene Pose suggeriert wird, verändert den Charakter der Fotografie tiefgreifend. Die Aufnahme dokumentiert nämlich nicht nur ein Objekt aus der Sicht eines Subjekts. Subjekt und Objekt gehen eine spezifische Verbindung ein. Cindy Sherman hat genau dann auf den Auslöser gedrückt, als sie annahm, die Fotografie würde sich mit der Vorstel-

---

[5] Cindy Sherman interviewed von Jeanne Siegel in: J. Siegel (Hg.), *Art Talk, The Early 80s,* Ann Arbor 1988, S. 269 ff. »I'd seen a lot of movies that these women had been in but it wasn't so much that I was inspired by the women as by the films themselves and the feelings in the films.« (Ebd., S. 272; gemeint sind Schauspielerinnen wie J. Moreau, B. Bardot und S. Loren). Vgl. a. ebd., S. 279: »Coming out of the 70s, which were concerned with the ›natural look‹, I was intrigued with the habits and restraints women of the 50s put up with.« Einführend in die Arbeit von Cindy Sherman vgl.: *Cindy Sherman,* München 1982 und Thomas Kellein (Hg.), *Cindy Sherman,* Stuttgart 1991.

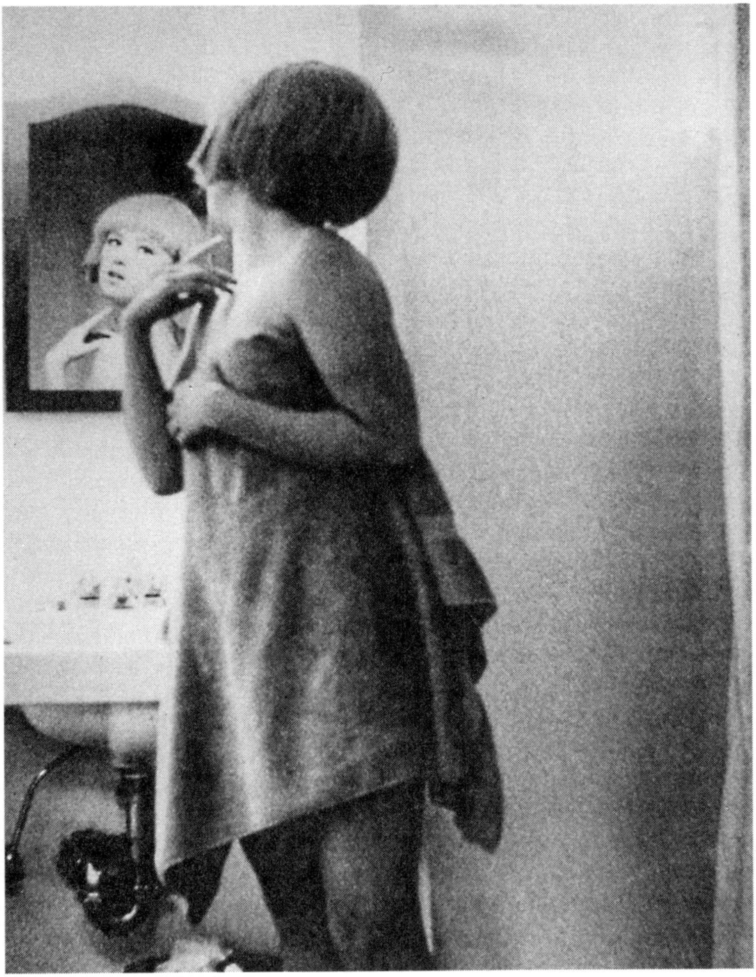

Abb. 1 Cindy Sherman. Untitled. Film Still, 1977 (Metro Pictures)

lung, die sie sich von sich selber gemacht hat, decken. Das Bild reproduziert also nicht ein Individuum, sondern dessen Imagination eines Ichs. Die Vorstellung ihrerseits zielt aber nicht auf Originalität und Unverwechselbarkeit, sie gibt sich als eine konventionell überformte ausdrücklich zu erkennen. Das Imaginäre an der Fotografie tritt überhaupt erst zutage, weil es durch das Stereotyp des Rollenspiels gebrochen ist. Würde sich Cindy Sherman in ihren Selbstporträts als Individuum suchen, dann träte jedenfalls der konventionelle Filter jeder Wahrnehmung und damit deren Fiktionalität nicht in Erscheinung. Indem sie die Pose des Pin-Ups, der bemühten Hausfrau oder der existentialistischen Intellektuellen einnimmt, stellt Cindy Sherman eine Behauptung über die gesellschaftliche Vermitteltheit unserer Wahrnehmung und Selbstwahrnehmung ganz allgemein auf. Wie das Kleinkind beim Blick in den Spiegel so konstituiert auch Cindy Sherman ihr gesellschaftliches Ich auf einer »fiktiven Linie«: Ihre Fotos zeigen nicht, was sie ist, sondern was sie sein soll. Ihre Aufnahmen paraphrasieren jene »Verkennungsfunktion«, von der Lacan sagt, daß sie unsere ganze Existenz bestimmt. Was da im Spiegel als imaginäres Ich erscheint, identifiziert die Sprache fälschlicherweise mit dem Selbst. Übersehen wird, daß es sich um eine äußerliche, fiktive und gesellschaftlich bereits geprägte Gestalt handelt, die hinfort zum Maßstab für die Arbeit am Selbst wird.[6]

Cindy Shermans Fotografien sind ein ästhetisches Gegenprogramm zur Ideologie des Originären. In ihnen erscheint das Ursprüngliche, und das Subjekt ist seit Descartes ›Cogito‹ das entscheidende Prinzip von Unmittelbarkeit, selbst als Fiktion, als Produkt der Vorstellungskraft. Der Zugang zum Unmittelbaren ist allein schon durch die Tatsache verstellt, daß es wahrgenommen werden will. Der Blick erscheint bei Sherman als immer schon kodiert, geprägt

---

[6] Vgl. J. Lacan, »Das Spiegelstadium als Bildner der Ichfunktion, wie sie uns in der psychoanalytischen Erfahrung erscheint«, in: ders., *Schriften* 1, Frankfurt a.M. 1975, S. 61 ff. Die Theorien des französischen Poststrukturalismus fanden, vermittelt durch amerikanische Kunsttheoretiker wie Hal Foster, Douglas Crimp oder Craig Owens, Eingang in das Denken amerikanischer Künstler.

von gesellschaftlichen Stereotypen. Das, was der Diskurs der Originalität als unmittelbares Phänomen auszugeben versucht, verschwindet hinter einem Vorhang aus Imagination und Sprache. ›Es gibt keinen Rückzug auf das Elementare, weil die Idee des Ursprünglichen selbst schon ein Ideologem ist. Alles versinkt in der schieren Verkettung von Signifikanten ...‹, so könnte man die entscheidende Einsicht vielleicht paraphrasieren. Oder auch so: ›Keine Vorstellung bildet sich ohne das Zwischenspiel der Sprache. Sprache selbst müßte das einzig Ursprüngliche sein, wenn sie nicht ein unendlicher Prozeß wäre, der sich jeder Idee eines Anfangs vollkommen entzieht.‹ Und um nicht in den Verdacht einer erneuten Ontologisierung zu kommen, müßte man an dieser Stelle auf den besonderen Charakter der Strukturidee hinweisen. Die Ideologie des Originären operiert mit dem Gegensatz von Anwesenheit und Abwesenheit. Hinter der falschen Anwesenheit des Gesellschaftlichen empfindet der Künstler die Abwesenheit des Wahren. Mit einer Vielzahl künstlerischer Strategien versucht er, am Prinzipiellen teilzuhaben, die Wahrheit in sich präsent werden zu lassen. Der Strukturalismus kennt aber weder Anwesenheit noch Abwesenheit. Mit dem Lautsystem als Modell entdeckt er im anwesenden Element immer die Spur der abwesenden. Im Spiel von Anwesenheit und Abwesenheit bildet sich Struktur. Diese Vorstellung greift nicht nur eine lineare Zeitvorstellung, eine weitere Schlüsselidee der Avantgarde, an. Sie blockiert das Denken in Begriffen von Ursprünglichkeit und Originalität auch durch den Verlust der Idee einer unmittelbaren Präsenz.

Unter dieser Erkenntnis zerbricht für viele Künstler heute die Ideologie des Originären. Sie wird zersetzt durch eine Art ›linguistic turn‹, eine radikale Form von Sprach- und Zeichentheorie, die die Künstler zum Maßstab ihres Handelns machen. Dieses sprachorientierte Denken erscheint bei näherem Hinsehen selbst zu einem Zeitgeist-Syndrom zu gehören, das die Phänomene eher unter dem Aspekt der Wiederholung als der Originalität, der unendlichen Verschiebung eher als des Ursprungs, der Uneigentlichkeit eher als der Essenz begreift.

Abb. 2: Cindy Sherman. Untitled, 1990 (Metro Pictures)

## *Öffentlichkeit als Arbeitsfeld*

Die Einsicht in die Fiktionalität von Sprache und in ihren konventionellen Ursprung hat das Kunstverständnis in den letzten zwanzig Jahren entscheidend verändert. Mit der Idee der Ursprünglichkeit verloren Künstler auch die Vorstellung von der Autonomie des Subjektes, von der Spontaneität seines Tuns, von der Originalität des Produktes, von der Ursprünglichkeit des Materialen. Sie entdecken sich als Mitglieder jener Gesellschaft, für deren Antipoden sie sich gehalten haben. Die Radikalität dieses Paradigmenwechsel wird noch deutlicher, wenn man sich vor Augen hält, daß mit der Außenseiterrolle eine ganze Praxis, eben ein spezifisches Materialverständnis, Handlungsformen, Werkbegriffe verbunden waren – ein Diskurs der Originalität eben. Der skizzierte Wandel im Kunstverständnis stellt auch eine Herausforderung dar, eine komplexe Praxis neu zu erfinden. Die Künstler suchen nach ihrem Platz *in* der Gesellschaft. Sie erproben andere Rollenmuster, erforschen agierend ihre Zwänge, verdinglichen sie in ihrer Strukturiertheit und schaffen sich so operative Freiräume.

Cindy Sherman entwickelte bald einen zweiten, anderen Bildtypus angeregt durch ›Lohnarbeit‹ für Magazine wie Vogue und Vanity Fair. Erschienen Werbung, Journalismus, Fernsehproduktion, Design, Architektur und Mode früher als Banalisierung der Hochkunst, so haben heute Künstler keine Skrupel mehr, temporär in diese Berufsfelder zu wechseln und ihre Produktionsformen für die eigenen Zwecke zu übernehmen. Der Verlust von Unmittelbarkeit hat für die Strukturiertheit unterschiedlicher Felder gesellschaftlicher Praxis sensibilisiert. Wenn Künstler sich solcher ›Dispositive‹ bedienen, dann begeben sie sich nicht einfach nur unter den Zwang ihrer Normen. Sie verdeutlichen dadurch auch das Prinzipielle des jeweiligen Handlungszusammenhanges, machen ihn als Bedingungsgefüge erkennbar. 1990 posiert Cindy Sherman als »Satyrknabe«, wie er aus Caravaggios Gemälde in der Villa Borghese bekannt ist. Ein Stück Malerei wird im technischen Medium Fotografie nachgebildet. Die Unterschiede beider werden Thema. Die arbeitsteilige, synthetische Produktionsweise inszenierter Fotografie suggeriert den additiven Bildaufbau der Tafelmalerei. Das dem neuzeitlichen Medium inadäquate Motiv Satyrknabe weist auf die konventionelle Verbindung von Form und Inhalt. Zeitgenössische Kunst verlangt, über das Werk hinauszusehen auf die mit ihm verbundenen konventionalisierten Produktionsweisen.

Der Österreicher Franz West hat Gipsskulpturen entwickelt, die zum Anfassen sind. Genauer: Ihre Formen wollen nicht nur wahrgenommen werden. Sie sind auf gewisse Körperhaltungen bezogen, bei denen diese ›Paßstücke‹ Räume zwischen den Gliedern füllen. Konsequenterweise hat West dann auch Gebrauchsgegenstände wie Stühle, Tische, Bänke als ›Paßstücke‹ aufgefaßt und damit eine hybride Verhaltensform zwischen ästhetischer Rezeption und alltäglichem Gebrauch etabliert. Vollends wenn Künstler sich der Architektur als Arbeitsfeld zuwenden, wird deutlich, daß das Interesse an sozialen Handlungsformen keineswegs nur analytisch ist. Es entsteht vielmehr eine Interaktion, die die Künstler nutzen, um ihre eigene Rolle in der Gesellschaft neu zu lokalisieren. Siah Armajani baut in Lake Placid ein ›Reading House‹ vollkommen ohne künstliches Licht. Der Leser hat sich dem Tageslicht anzupassen; so will es Armajani. Er lenkt damit die Aufmerksamkeit von der kulturellen Tätigkeit auf das natürliche Geschehen, sucht Natur und Kultur für den Benutzer des Lesehauses zu vermitteln.[7]

Am Beispiel von Architektur und Skulptur wird leicht einsehbar, wie Künstler heute mit den gesellschaftlichen Konventionen als Material eine neue Öffentlichkeit zu konstruieren suchen, in der ihre Werke eine äußerst vieldeutige Rolle spielen. Sie sind nicht einfach nur Botschaft, die interpretiert werden soll. Die Idee des Autors ist fragwürdig geworden. Stattdessen werden Handlungsdispositive exponiert, so daß sie, und sei es durch provoziertes Versagen, zu Bewußtsein kommen, veränderbar werden. Inhalte im traditionellen Sinn des ›Was soll das bedeuten‹ spielen dabei eine immer geringere Rolle. Stattdessen zielen die Künstler auf Funktion und Wirkung des Werkes im sozialen Feld. »A painting's

---

[7] Vgl. Franz West, *Katalog des Landes Österreich aus Anlaß der Biennale di Venezia 1990.* Museum für moderne Kunst, Frankfurt (Hg.), *Siah Armajani. Sacco und Vanzetti Leseraum,* Frankfurt 1990

Abb. 3: Reading House, 1979. Lake Placid, New York

meaning lies not in its origin, but in its destination«, sagt Sherrie Levine, die durch ihre Repliken von Meisterwerken bekannt wurde.[8] Komplizierter und unanschaulicher wird die Situation dadurch, daß mehr und mehr die Öffentlichkeit selbst zum Thema der Kunst wird, jene Prozesse der Meinungsbildung, wie sie durch Fernsehen, Film, Magazine gesteuert werden. Ähnlich wie Armajani im Stadtbild suchen Künstler hier gestalterisch Einfluß zu nehmen. Öffentlichkeit ist innerhalb der Kunst selbst zur gestalterischen Aufgabe geworden.

---

[8] S. Levine, »Five Comments«, in: Brian Wallis (Hg.), *Blasted Allegories. An Anthology of Writings by Contemporary Artists,* New York 1987, S. 92.

Gottfried Boehm

# Der erste Blick
# Kunstwerk – Ästhetik – Philosophie

## *I.*

Die »Aktualität des Ästhetischen« schwankt in ihrem Aussagewert beträchtlich. Bezeichnet sie eine Behauptung, ein auszuführendes Programm, einen Wunsch, eine Frage? Skepsis bleibt schon deshalb angebracht, weil der Begriff des »Ästhetischen« allzu Verschiedenes zusammenrafft. Die Aisthesis als sinnliche Wahrnehmung der Wirklichkeit hat – um ein Beispiel zu nennen – noch lange nichts mit jener spezifischen Differenz zu tun, die durch ein Werk der Kunst gesetzt wird. Wer die Geschichte der ästhetischen Reflexion kennt, der weiß, wie schwankend sie verlief und wie vieldeutig ihr Begriff blieb, wie wenig argumentative Sicherheit aus ihr gewonnen werden kann. Zwischen Positionen höchster Emphase des Ästhetischen (zu denen auch gegenwärtige Tendenzen rechnen) und Positionen seiner größten Nichtigkeit, taumelte sie dahin.

Auf welche Gründe sollte sich die gegenwärtige Aktualität berufen können? Welcher Begriff von Ästhetik kommt dabei in den Blick? Zumal er doch eine paradigmatische Rolle übernehmen soll, die über das engere akademische Feld hinausreicht, von allgemeinerem, zivilisatorischem Belang ist? Was vermag uns das Ästhetische heute verständlich zu machen, was wir sonst *nicht* verstehen könnten? Welche Probleme sind einer ästhetischen Lösung gegenwärtig zugänglicher als sie es ehedem waren? Die Welt, so elend und hungrig sie war und ist, wird sich von ästhetischen Rettungen kaum beeindrucken, noch viel weniger verändern lassen. Oder doch? Rührt die Kunst an den »Problemnerv der Zeit«, ist »Ästhetisierung« wirklich der Schlüsselbegriff oder gar die Signatur des gegenwärtigen Zeitalters? Hat sich mit ihr eine lingua franca ausgebildet, in der wir – jenseits des Kauderwelschs der technischen und wissenschaftlichen Spezialisten und der ebenso modischen wie heterogenen Debatten – über ein »transversales« Medium, über einen gemeinsamen Nenner verfügen?[1]

Einer weitgehenden Aktualitätsbehauptung des Ästhetischen möchten wir widersprechen. Wir wissen, wie wenig Überzeugungskraft zeitdiagnostischen Momentaufnahmen in aller Regel zukommt, wie sichtabhängig sie bleiben, wie schnell sie veralten. Die Korrespondenzen zwischen dem »Ästhetischen« und der »Realität« erscheinen uns sehr viel *fragiler,* als es jener Optimismus verspricht. Besonders dann, wenn man die *Kunst* als Repräsentanten des Ästhetischen ernst nimmt. Sie muß auf ihrer Fragilität *beharren,* wenn sie ihre Rolle behalten möchte. In eine ästhetische *Praxis* läßt sie sich nicht überführen, allen Verallgemeinerungen setzt sie die Zäsur ihrer Selbstbezüglichkeit entgegen. Die Kunst ist ein unsicherer Bundesgenosse und wird es bleiben. Zur Begründung dieser Behauptung verweisen wir auf eine *Prämisse,* die wir dem schwankenden Status der ästhetischen Reflexion (und ihrer Geschichte) ablesen, um daraus unsere These und den Argumentationsgang unserer Darlegung herzuleiten. Zur Prämisse rechnen wir die Feststellung, daß die *ästhetische Reflexion* (ob sie das selbst durchschaut oder nicht) einen tiefsitzenden und explosiven *kulturellen Konflikt* anzeigt. Seinen Anfang nimmt er nicht erst in der Moderne, wo sich Autonomie der Kunst und gesellschaftliche Praxis schroff gegenüberstehen. Platons Verdikt gegen den wahrheitslosen ästhetischen Schein und gegen die Erkenntnisansprüche des Mythos ist ebenso ein früher Beleg wie das rigide, alttestamentarische Bilderverbot. Seitdem brach dieser Konflikt immer wieder aus, wurde er immer wieder geschlichtet, schwelte er (halbwegs besänftigt) weiter. In ihm meldet sich die latente Unvereinbarkeit zweier Ansprüche, die aufzulösen wir nicht hoffen können. Schlagwortartig lassen sie sich anzeigen in Gegensätzen wie: Sinnlichkeit versus Begriff, ästhetischer Schein versus Licht der Idee oder Suggestionskraft eines Bildwerkes versus Undarstellbarkeit des unsichtbaren Gottes. Dieser Konflikt repräsentiert keinen rohen, vorgeschichtlichen Antagonismus. Er zeigt sich im Unsag-

[1] Die z.T. mit Anführungszeichen gekennzeichneten Anspielungen beziehen sich auf: Wolfgang Welsch, »Die Aktualität ästhetischen Denkens«, in: ders., *Ästhetisches Denken,* Stuttgart 1990, S. 41 ff., S. 71 ff.

barkeitstopos der Rhetorik[2], unter verschiedensten Bestimmungen auch in der neueren Kunstreflexion und -produktion. Die sinnliche Stummheit abstrakter Bildwerke erneuerte diese Unsagbarkeit ebenso, wie z.B. René Magrittes Exposition eines anderen Zustands, den er »le mystère«[3] nannte, oder die neuerdings wieder so viel beachtete Kunst der Erhabenheit, z.B. Barnett Newmans, Walter de Marias u.a.

Nimmt man diese Aspekte ernst, dann setzen sie der Bestimmungskraft des Begriffs (in Gestalt welcher Analyse auch immer) eine *Grenze.* Deren *Unüberwindbarkeit* besteht nicht darin, daß unsere Empfindungsfähigkeit geschmälert erscheint, wir in einen ›anästhetischen‹ Zustand geraten wären[4]. Was wir, angesichts von ›Schönheit‹ oder ›Kunst‹ vielmehr entbehren müssen, ist die Bestimmbarkeit ihrer *Essenz.* Sie verschließen sich in ihrem *Sachgehalt.* Das Erste und das Letzte umschreibt der Satz: »Ich weiß nicht *was?*« Dieser uralte und unvermindert aktuelle Satz *ästhetischer Reflexion* macht unmißverständlich deutlich, daß sich der Anspruch wissenschaftlichen Fragens hier in einem Ausnahmezustand befindet. Der unbeirrte theoretische Frageimpuls, welcher die europäische Wissenschaftsidee begründete und andauernd begleitete: Was? und Warum? *(τί ἐστίν)* dringt hier, so scheint es, nicht durch. Oder: er gelangt an eine *Grenze.* In der Geschichte der Ästhetik (wie der Kunst) hat man diesen Umstand auch, etwas ratlos, als »Irrationalismus« gekennzeichnet, der sich als eine wilde ontologische Spur im klaren Muster einer ansonsten vernünftigen und aufgeklärten Welt abzeichne. Beschreibungen dieses Typs fallen der Unbeweglichkeit ihres Vernunftkonzeptes zum Opfer, sie verwechseln die Hemmung der Bestimmbarkeit mit der Absenz jeder Einsicht.

---

[2] Vgl. Stefan Matuscheks erhellende Darstellung: *Über das Staunen. Eine ideengeschichtliche Analyse,* Tübingen 1991, z.B. S. 112 – 113.

[3] René Magritte, *Sämtliche Schriften,* München 1981, z.B. S. 385: »Natur und Mysterium«.

[4] Die Konjunktur der Anästhetik beginnt mit Odo Marquards Einführung dieses Gegenpols zur Ästhetik (gesammelt in: *Aesthetica und Anaesthetica. Philosophische Überlegungen,* Paderborn 1989), worauf W. Welsch zurückkommt: *Ästhetik und Anästhetik,* a.a.O., S. 9 ff., neuerdings auch Lyotard.

Die angedeutete Konfliktlinie durchläuft auch unsere gegenwärtige Kultur. An ihr kommt es immer wieder zu wilden Ausbrüchen: Bilderstürmen, Kulturkämpfen, Jugendbewegungen, Kunstrevolutionen etc. Zwischen Kunst und Philosophie ist mithin eine Feindschaft gesät, die wir nicht zu schnell befrieden wollen und sollen. Der Wissenschaftsname der Ästhetik (in Analogie zu: Logik, Ethik etc. gebildet) *verschweigt* dieses Dilemma eher, anstatt es zu verdeutlichen. Es wäre auch nicht verstanden, wenn wir uns auf die eine oder andere Seite schlagen würden: einem zu kurzen Rationalitätsbegriff zu einem leichten Sieg *über* die Kunst (oder auch: *in* der Kunst) verhülfen oder uns mit bloßer Propaganda für Sinnlichkeit befaßten. Wer sich auf Kunstwerke bezieht, begegnet beiden Aspekten. Der Konflikt *artikuliert* und *schlichtet* sich fallweise, dann, wenn es dem Künstler gelungen ist Sinnlichkeit und Diskursivität in der Form des Werkes zu vereinen. Im Akt der Lektüre oder Betrachtung partizipieren wir an diesem außerordentlichen Sachverhalt.

Jenseits des ästhetischen Grundkonfliktes sind Harmonisierungen unübersehbar. Zu ihnen rechnet, – ein erstes Beispiel –, jenes denkwürdige Vermögen mit dem Namen »Geschmack«, in dem sich Sinnlichkeit, Phantasie, Verstand, Ideenbildung und intersubjektive Vebindlichkeiten ausbalancieren. Auch dieser »Gemeinsinn« (sensus communis) bleibt, historisch gesehen, brüchig und revisionsbereit.[5] In einzelne Kunstwerke möchte er gar nicht erst eindringen. Allgemeingültigkeit repräsentiert er nicht in der Form der Erkenntnis, sondern, wie Kant gezeigt hat, im Spiel der Einbildungskraft, welches Empfindungen mit Verstandestätigkeit zur Übereinstimmung bringt. – Ein zweites Beispiel: auch die Utopien einer globalen Ästhetisierung der Welt verfolgen zwiespältige Ziele. Ihre gutgemeinte Absicht, unter Vorzeichen eines allgegenwärtigen Stils nicht nur die sichtbaren Artefakte, sondern auch die menschlichen Handlungen und Denkweisen zu formieren, widerspricht sich selbst. Eine gelungene universelle Ästhetisierung wäre von Terror ununterscheidbar. Entsprechende überschwängliche

---

[5] Vgl. Hans-Georg Gadamer, *Wahrheit und Methode,* Tübingen 1960, S. 16 ff.: sensus communis, S. 31 ff.: Geschmack.

Programme, wie sie Moderne und Postmoderne hervorbrachten, sind glücklicherweise stets gescheitert.

Der Künstler als ein *Grenzgänger* darf sich ästhetischen Doktrinen mit Allgemeinheitsanspruch nicht unterwerfen. Die ihm obliegende Auslotung des Konfliktes müßte darüber aus dem Blick geraten. Man würde ihn dann vielleicht noch als eine Figur des Zeitgeistes feiern, seiner künstlerischen Ernsthaftigkeit wäre zu mißtrauen. Ein Künstler, der sich auf jenen Konflikt, jene Grenzgängerschaft wirklich einläßt, *kann* daran *scheitern*, ein Künstler, der sich nicht darauf einläßt, kann *nicht einmal* scheitern. Er hätte sich aus dem Umkreis des riskanten Kriteriums entfernt, welches ihn definiert, dem des *Gelingens*.

Aus solchen Überlegungen modelliert sich ein verändertes Verständnis *ästhetischer Reflexion*. Wir möchten sie als eine *Grenzdialektik* kennzeichnen, in der die Grenzen des *Sagbaren*, das Terrain der möglichen Fakten möglichst genau erkundet wird, um damit das, was sich *nicht sagen* läßt, *sichtbar* zu machen. Die Grenzen des Verstandes sind noch lange nicht diejenigen der Erfahrung. Vors Auge rückt jene dichte Verknüpfung, die das einzelne Werk geleistet hat, in der sich das *Faktische* mit seiner *Wirkung* überkreuzt. In der Grenzdialektik wird die Herausforderung ausgetragen, mit welcher die Kunst gegenüber der Wissenschaft, d.h.: der Ästhetik auftritt. Wissenschaftliche Rationalitätsansprüche bleiben in Geltung, sie beschränken freilich ihre Tragweite. Eine solche Form des Wissens verfügt über einen geminderten Allgemeinheitsanspruch. Sie unterwirft sich der Abhängigkeit zweier *Quellen*, die dem Werk Präsenz verleihen, seine theoretische Erschließbarkeit aber auch limitieren. Sie muß sich auf *Geschichte* einlassen (die dem Werk allererst Individualität zuströmen läßt, seinen Kunstcharakter kennzeichnet) und: sie muß sich auf die fragile Existenz des *Werkes* einlassen. Ohne die genannten Bedingungen, welche der ästhetischen Reflexion gleichermaßen eine Grenze setzen und inhaltliche Fülle geben, bleibt alle Rede vom »Ästhetischen« bodenlos und unausgewiesen. Ästhetik konvergiert mit Interpretation.

## *II.*

Ein ästhetisches Modell dieses Typs, welches seine eigene Endlichkeit mitbedenkt, muß mit Einwänden rechnen. Sie können, wie wir gesehen haben, nicht nur im Namen der sozialen Begabung des Geschmacks erhoben werden, sondern – besonders unter Vorzeichen der Moderne – auch unter Hinweis auf den Rationalitätscharakter der künstlerischen Produktion, bzw. auf die *Erweiterung* oder die *Entgrenzung* des Kunstbegriffs, mit welcher die Differenz zwischen ästhetischen und realen Bestimmungen überhaupt dahinfällt. Dem Konzept einer Grenzdialektik wären damit seine Voraussetzungen entzogen.

Dieser Einwand hat Gewicht. Durch die moderne Verschwisterung zwischen künstlerischer Gestaltung und theoretischer Reflexion haben sich auch die Koordinaten der Ästhetik verschoben. Wenn – um das griffige Wort Arnold Gehlens[6] aufzugreifen – in der modernen Kunst die *Theorie* an die Stelle der *Ikonographie* getreten ist, dann blickt die Kunstphilosophie nicht länger nur von außen auf die historische Kette der Kunst, sie besitzt vielmehr eine Fülle werkinterner Anschlußstellen. So richtig diese Beobachtung ist, Gehlens Schlußfolgerung, moderne Kunst sei ihrem Wesen nach konzeptuell und wissenschaftsförmig, erscheint deshalb noch lange nicht zwingend. Sie ist falsch.

Wir sind damit schon mit dem engeren Thema unserer Debatte, der *Selbstbezüglichkeit* befaßt. Der Begriff verweist auf Phänomene und Strukturen, die man der Kunst der Moderne immer wieder abgelesen hat. Zum Beleg diente das ausgeprägte ästhetische Bewußtsein moderner Künstler, das sich in einer Folge theoretischer Texte äußerte, welche die künstlerische Produktion begleiten können – wobei nicht entscheidend ist, ob der Autor selbst oder ein seine Arbeit unterstützender Ideologe als Verfasser auftritt.

Das wichtigere Beweismittel besteht freilich in der Reflexivität der Werke selbst: einer ihnen eingeschriebenen Struktur oder Prozeßform. Ihre äußeren Ursachen hat diese steigende Selbstbezüglichkeit offenbar in den Veränderungen der Lebenswelt, wie sie die wissenschaftlich-technischen Umwälzungen seit dem 19. Jahrhun-

6 Arnold Gehlen, *Zeit-Bilder*, Frankfurt a.M., ²1965.

dert mit sich brachten. Paul Klee faßte sie in den markanten Satz zusammen: »uns trägt kein Volk«. Weniger metaphorisch und mit Adorno ausgedrückt: selbstverständlich ist, daß nichts mehr als selbstverständlich gelten kann.[7] Auch künstlerische Arbeit vermag ihre Legitimität nicht vorauszusetzen, sondern muß sie selbst hervorbringen, am überzeugendsten so, daß sie jedermann aus dem Werk entgegenkommt. Dennoch öffnet sich eine Kluft zwischen gesellschaftlicher und künstlerischer Realität, die auch das einzelne Kunstwerk nicht überbrücken kann und darf. Es bewährt sich als Gegenkraft, bewirkt ein »displacement« (R. Sennett), weit entfernt davon als universaler Index der Ästhetisierung zu funktionieren.

Wenn bestehende soziale oder kulturelle Referenzrahmen nicht länger tragen, akzentuiert sich die Aufmerksamkeit um. In einer phänomenologischen Askese gehen die Künstler auf die ihnen zu Gebote stehende *Selbsterfahrung* und auf jene *Elemente* zurück, die ihr *Gestaltungsmedium* jeweils bedingen. Diese beiden – Selbstbezüglichkeit des Autors und des Werkes – werden nun zu den tragenden Fundamenten, dabei nicht selten als voraussetzungslos, ursprünglich oder unvordenklich eingeschätzt.[8] Selbstreferenz ist keine Dreingabe (weder des Künstlers noch des Betrachters), sie ist in die Physiognomie der Kunst unauslöschlich eingeprägt. Wir erkennen sie in Bildern seit Delacroix, den Impressionisten oder den Fauves in wechselnder Gestalt. Es sind die visuellen Buchstaben, die im Werk ausgebreitet sind, aus denen der Betrachter dessen Gehalt allererst *realisiert*. Auch die kognitiven Chiffren und Konstrukte der kubistischen Bilder lassen sich als ein derartiges Alphabet verstehen. Schließlich steigert sich die Selbstbezüglichkeit in den Werken der abstrakten Kunst noch einmal. Ihre völlig unlite-

---

7 Theodor W. Adorno, *Ästhetische Theorie,* Frankfurt a.M. 1970. Das Buch beginnt mit dem Satz: »Zur Selbstverständlichkeit wurde, daß nichts, was die Kunst betrifft, mehr selbstverständlich ist, weder in ihr noch in ihrem Verhältnis zum Ganzen, nicht einmal ihr Existenzrecht.«

8 Dieter Henrich, »Kunst und Kunstphilosophie der Gegenwart«, in: W. Iser (Hg.), *Immanente Ästhetik, Ästhetische Reflexion,* München 1966, (Poetik und Hermeneutik II), S. 29: »Denn Kunst ist Rückgang im Medium der Präsentation und Darstellung, die das Dargestellte sichtbar macht, indem sie Unvordenkliches dem Anschein der Dinge entringt.«

rarische, hermetische Beschaffenheit gibt der Autoreferenz (auch der Autopoiese) eine unübersehbare Rolle: Sinn verliert seine letzten abbildlichen Komponenten, gewinnt dafür aber eine bis dahin unbekannte Elementarität und Direktheit.

In diesem Zusammenhang ist es nicht wichtig, die Zahl der Beispiele zu vermehren oder sie detailliert zu interpretieren. Keine Frage, daß sich der beschriebene Befund bis in die Gegenwart ausbreitet, in Jackson Pollock oder Warhol, in Beuys oder Ad Reinhardt sich auf neue Weise manifestiert. Er ist geeignet unsere Problemstellung zu erhellen und zu präzisieren: wie konvergiert Sinnlichkeit mit Sinn? Von hier aus wollen wir schließlich auch noch einen Hinweis versuchen, der die möglichen Beziehungen zwischen der ästhetischen Innenwelt des Werkes und der realen Außenwelt (des Alltags, der Reflexion, der Wissenschaft oder Philosophie) charakterisiert.

Selbstbezüglichkeit betont, wie wir sahen, das Buchstäbliche. Faktisches tritt am Werk hervor: das Bild in seiner Dinglichkeit, die Farbe als Material, das Sujet, bedingt von seinen Gestaltungselementen. Schon früh wurde die Grenze erkundet, an der sich Werke von Gebrauchsobjekten kaum oder nicht mehr unterscheiden. Duchamps ätzende Probe am Kunstbegriff hat sich dem Gedächtnis der Moderne unauslöschlich mitgeteilt. Aber auch die neu entstehende Gattung des *Objektes* (seit Picassos frühen Anstößen, den Arbeiten der russischen Konstruktivisten etc.) eröffnet neue Blicke auf Dinge oder montierte Konstrukte, die gleichwohl »bedeuten«. Wie unterscheiden sich reine reale Dinge von Kunstwerken? Dieser Frage ist Arthur C. Danto[9] an Exempeln avancierter Modernität nachgegangen: an Gemälden, die wie aufgespannter Stoff aussehen, Plastiken, die Objekte sind etc. Wenn wir sie unsererseits aufgreifen, hilft zunächst die Feststellung weiter, daß auch die genaueste Analyse des Materials, der Erzeugungsbedingungen, des Dingcharakters, überhaupt: der Faktizität nicht geeignet ist unsere geistige Aktivität bezüglich des Werkes hinreichend und angemessen zu erfassen. Sei es, daß sich auch im reduziertesten Gebilde anschauliche Korrespondenzen aufbauen, die das Auge be-

---

[9] Arthur C. Danto, *Die Verklärung des Gewöhnlichen,* Frankfurt a.M. 1984, S. 17 ff.: »Kunstwerke und reine reale Dinge«.

schäftigen, sei es, daß wir am *Kontext* eines Objektes erkennen, daß es artifiziellen Stellenwert besitzt, sich in seiner tautologischen Identität nicht erschöpft, sondern *»als etwas«* verstanden werden will. Wodurch werden wir veranlaßt, das Faktische nicht auf seiner Faktizität beruhen zu lassen, warum sind auch Warhols »Brillo-Boxes« oder Donald Judds »Cubes« nicht Exempel der kategorialen Klasse: Ding, sondern der Klasse: Metapher?

Antworten auf diese Fragen lassen sich nicht verallgemeinern. Es bedarf der Erläuterung der historischen Umstände und Ursachen, die es allererst gestatten, beispielsweise einen Waschpulverkarton als ein »Werk« zu betrachten. Die künstlerischen Maßnahmen müssen dahinführen, daß er sich vom Kontext des Gebrauchs, aus dem er stammt und auf den er zurückweist, *abzuheben* imstande ist. Erst wenn sich ein derartiger *Kontrast* zeigt, kann auch einem kruden Objekt ein semantisches, sinntragendes »als« zukommen. Eine solche *ikonische Differenz* etabliert sich auf verschiedene Weise. Werk*intern,* vermittels Gestaltung, aber auch *objektextern* durch Kontextwechsel (wie der Hinweis auf Duchamp und die Folgen bereits verdeutlichte).

Auch der werkinterne Kontrast trägt einen historischen Index, der ihn in seiner individuellen Besonderheit allererst verständlich macht. Die in der neuzeitlichen Kunst lange Zeit selbstverständliche Figur-Grund-Logik beginnt sich am Ende des 19. Jahrhunderts, z.B. bei Cézanne, umzukehren. Matisse formuliert sie als eine vieldeutige, inverse Beziehung. Im Bild des »Tanzes« (1909/10, Eremitage, St. Petersburg) beispielsweise behandelt er den leeren blauen Grund ebenso als eine positive Form wie die Körper der tanzenden Frauen. Der Grund tauscht sich, in konkurrierender Lektüre, mit den Figuren aus, die er eigentlich trägt. Derartigen visuellen Paradoxien begegnen wir auch in der abstrakten Malerei. Malewitsch hat Farbfelder vor hellem Grund so angeordnet, daß wir sie als Metaphern eines dynamischen Gleichgewichtes, eines Energiefeldes wahrnehmen, virtuelle Bewegung unter gleichzeitiger Mitwahrnehmung des starren geometrischen Konstruktes. Dessen Faktizität könnten wir beispielsweise ausmessen. Das Bild freilich als eine differente, wirkungsträchtige Fläche hätten wir damit nicht im Blick. Bei Künstlern wie Mondrian oder Josef Albers, auch bei einigen konkreten Malern, läßt sich sogar ein Kalkül nachweisen, d.h. ein regelgeleitetes Verfahren, das die Gestaltung steuert, zumindest in sie einfließt. Nichts hindert uns daran, das Buchstäbliche dieses Kalküls zu identifizieren, seine Regeln zu rekonstruieren.

*Und dennoch:* Auch dieses Faktum wird nur sprechend, wenn wir uns in den visuellen Prozeß involvieren lassen. Bei Bildern hat der Übergang von Faktizität in Wirkung sehr häufig etwas mit der Überschaubarkeit der Flächengrenzen zu tun. Besonders deutlich wird dieser Umstand dann, wenn er außer Kraft gesetzt wird. Das ist bei Barnett Newman der Fall, der um eine Entgrenzung des Bildes und seiner Wahrnehmung bemüht war. Seiner ästhetischen Maxime suchte er zu folgen, indem er die Simultaneität einer Gesamtwahrnehmung durch Formatsteigerung und Nahansicht verunmöglichte. Der Betrachter, der nicht genügend Distanz hat, taucht in die Intensität einer überstarken Farbenergie ein, die ihn zurückstößt. Setzt Newmans Aktualisierung des Sublimen eine derartige Disproportion zwischen Blick und Bild voraus, so wird sie ansonsten gerade vermieden. Das Gemälde zeigt sich überschaubar, es öffnet sich dem Auge: zunächst in der Abfolge seiner Bestandteile, deren *Gesamtheit* sich *nacheinander* erschließt. In dieser Zuwendung identifizieren wir *alles, was der Fall ist.* Schon ein geringfügiger Wechsel in der Modalität der Aufmerksamkeit läßt uns zu einer *gleichzeitigen* Lesbarkeit *aller* Details gelangen. Die faktischen Tatsachen in ihrer Abfolge werden jetzt in der Vieldeutigkeit ihres Beziehungsnetzes angeschaut. Wir sehen nicht länger die *gesamten* Elemente, wir sehen die Elemente in ihrer *Gesamtheit.* Das Faktische zeigt sich »als« etwas: das monochrome Farbfeld z.B. »als« pulsierende Ebene, das Chaos von Farbspuren »als« ein Kräftefeld mit verbundenen Spannungszentren etc. Die Semantik dieser Wirkungen vermöchten wir selbstverständlich weiter zu bestimmen.

Die in der Wahrnehmung des Betrachters feststellbare ikonische Differenz läßt sich auch als Ausprägung jenes kulturellen Grundkonfliktes diskutieren, den wir als das eigentliche Agens ästhetischer Reflexion beschrieben haben. Die ominöse ›Sinnlichkeit‹ der Kunst ist keine vage Anmutung odgl., sie ist Teil der künstlerischen Formulierung, im Bau des Werkes niedergelegt. Sie repräsentiert kein Reich des Unmittelbaren, sondern manifestiert sich im Spiel der Reflexion. Wie wir sahen: Im Übergang *zwischen* dem identifizierenden Nacheinander der Betrachtung und einer

Gesamtwahrnehmung. In dieser *Passage* zeigt sich die Fülle und Unerschöpflichkeit eines Werkes. Der Versuch, für die Multivalenz in der ästhetischen Erfahrung einen bestimmenden Begriff zu finden, macht die Differenz um so deutlicher. Der Versuch »auszusagen« was das Werk ist ähnelt der Geschichte vom Hasen, der gegenüber dem Igel immer zu spät kommt. Das Werk ist immer schon »allda«, zeigt sich *anders* als das *gleiche*. Die scheinbar abgehobene Reflexionsfigur der Selbstbezüglichkeit ist, näher besehen, der Ort des ästhetischen Konfliktes, in dem sich Sinnlichkeit mit Begriffsförmigkeit auf eine fruchtbare Weise überkreuzt.

Der Sinn eines Werkes verortet sich in der ihm eigentümlichen Differenz. Ihrer logischen Struktur nach ähnelt sie einem Schlußverfahren, in dem wir die zwischen Ober- und Untersatz erkennbare *Lücke* in einer Konklusion schließen. Anschauliche Kontraste sind rhetorischen Verfahren (z.B. dem Enthymem) verwandt[10], vermöge dessen sie das Publikum involvieren. Seine Beteiligung wird durch den Reiz jener Lücke stimuliert, die sich zum Überspringen darbietet. Über die Beschaffenheit jenes Kontrastes hatten wir einiges klargelegt: er erlaubt den Sachverhalt Bild »als« Bedeutung zu lesen. Die Konklusion, die sich als Wirkung zeigt, ist nicht sprachlicher sondern visueller Natur, verfügt gleichwohl aber über eine logosartige Sinnfälligkeit. Die Form einer Aussage hat sie niemals, auch möchte sie (in aller Regel) nicht abbilden oder illustrieren.

Die Schlußfigur, die wir ikonische Differenz nennen, ist häufig inversiv, elliptisch oder paradox. Ihr Gehalt ist von Sinnlichkeit durchtränkt. Sie ist ein A-logon. Die Unvollständigkeit der logischen Verbindung, die wir z.B. an der Inversion von Figur und Grund exemplifizierten, ist im Falle der Kunst alles andere als ein Mangel. Im Gegenteil: je markanter die Lücke, je suggestiver der Kontrast der beteiligten Momente, um so mehr erfährt sich der Betrachter seinerseits beteiligt. Gerade, weil sich in der Schlußform der ikonischen Differenz der Schluß nicht »ziehen« läßt, sich in einer abgeschlossenen Information oder Aussage die Prämissen nicht erledigen, perpetuiert sich die Wirksamkeit des künstlerischen Gebildes. Die Unvollständigkeit der logischen Konstruktion

---

10 Zum Enthymem: Quintilian, *Inst. Orat.*, V 10, 3. Vgl. Danto, *Die Verklärung des Gewöhnlichen,* a.a.O., S. 258 ff.

appelliert aber nicht nur an unsere Beteiligungslust, sie lenkt auch auf die sinnlichen Bedingungen des Werkes immer wieder zurück. Sie bringt uns zum Punkt einer Genese, von dem her wir die jeweilige Materialität in ihrer Anordnung »als« Konfiguration eines Sinnes zu lesen lernen.

Derartige Vergleiche gestatten es, die eigentümliche Sinnpotenz von Bildern besser zu verstehen. Sie ist um so offensichtlicher, je weniger sich ikonische und logische Kontraste austauschen lassen. Die *Überkreuzung* von signifiant (mit seiner materiellen Anordnung) und signifié weist aber auch auf die sinnliche Natur des Werkes zurück. In seiner chiastischen Struktur zeigt und kultiviert sich jener tiefgreifende Konflikt, von dem die Rede war. Seine Schlichtung geschieht immmer für *einmal*, sie muß in einem jeweiligen Werk gelingen. Als Konflikt steht er damit aber weiter an, schon deshalb, weil seine Voraussetzungen fortbestehen.

Als Medium der Einlösung oder Konkretisierung des Konfliktes haben wir das wissenschaftliche Verfahren einer Grenzdialektik vorgeschlagen. Die theoretische Erörterung, die wir versuchten, machte einige ihrer Voraussetzungen und Implikate deutlich. Ihre eigentliche Bewährungsprobe hat die Grenzdialektik allerdings interpretierend zu bestehen. Sie veranlaßt uns alles Faktische lückenlos und genau zu sagen, um darin auf seine Grenze zu stoßen, über die unser inneres und äußeres Auge nur wahrnehmend hinwegkommen. Der Blick auf künstlerische Sachverhalte liest sie »als« Metapher. Das geistige Auge reicht weiter als die Sprache der Analyse. Unser Verständnis von Kunst behindert dieser Umstand nicht. Im Gegenteil. Ließe sich dasjenige, was sich uns *zeigt*, auch angemessen *sagen*, es gäbe keine überzeugenden Gründe, den Umweg der Kunst zu betreten. Mitten im Werk bricht der ästhetische Konflikt auf und eröffnet uns mögliche Welten.

## *III.*

Unser Plädoyer für eine Grenzdialektik und gegen die Universalisierung des Ästhetischen bereitete indirekt auch die nun folgenden Schlußüberlegungen vor. Sie behandeln die Frage möglicher Berührungspunkte zwischen ästhetischem und wissenschaftlichem Diskurs. Solche Verbindungen oder Verwandtschaften sollten sich nachweisen lassen, wenn sich die Welt der Kunst weder isoliert (im Sinne einer geschlossenen Autonomie) noch der Wirklichkeit ununterscheidbar anverwandelt (im Sinne einer universellen Ästhetisierung).

Die Frage der Konvergenz dürfte sich auf vielfältige Weise diskutieren lassen, schon deshalb, weil Nahtstellen an verschiedenen Orten zu vermuten sind. Eines dieser Scharniere wäre in einer der unseren verwandten Debatte aufzuweisen, derjenigen über die Konkurrenz von Mythos und Logos. Ein aufklärerisches Klischee sieht zwischen beiden die Verbindung eines entwicklungsgeschichtlichen Aufstieges, der die Mythologie abgetan und wahrheitslos hinter sich läßt. Dem ist neuerdings und zu recht wieder entgegengehalten worden, daß der Mythos über einen eigenen Zugang zur Wahrheit verfügt, dessen genuine Qualitäten durch den Logos nicht überholt worden sind.[11] Wir knüpfen im folgenden an unseren bisherigen Argumentationsgang an. Bei dieser Gelegenheit sollte sich auch die kryptische Erwartung einlösen, die der Titel unserer Darlegungen absichtsvoll erzeugte.

»Der erste Blick«: Diese Wendung weist auf die Aktivität des Auges, angesichts der Kunst. Sie läßt sich präzisieren. Ihre Erschließungskraft antwortet auf dasjenige, was Werke präsent machen. Deren innere Reflektiertheit stattet sie mit einer Selbstaffektion aus, die ihnen zugleich sinnliche Undurchdringlichkeit und eine unerschöpfliche Sinnlatenz verleihen. Der Betrachter sieht sein Interesse stets neu erregt, auch eine lange und intensive Beschäftigung mit dem Werk mindert die ästhetische Spannung nicht. Immer wieder steigt die jeweilige ästhetische Welt aus der Formulierung des Künstlers auf. Immer wieder sehen wir: *wie ein erstes Mal.* Nicht deshalb, weil wir alles vergessen hätten, was uns vorher angezogen und beschäftigt hatte. Im Gegenteil: je kundiger wir mit ihm umgehen, um so komplexer vermögen wir ein Werk zu sehen. Ebenso unbestritten ist selbstverständlich, daß uns Bilder, Skulpturen, Gedichte usw. fremd werden können, wir ihnen entwachsen

[11] Hans Blumenberg, *Arbeit am Mythos,* Frankfurt a.M. 1979; Kurt Hübner, *Die Wahrheit des Mythos,* München 1985.

oder vor ihrer Verschlossenheit kapitulieren. Die Kunst ist kein Zauberstab, sondern – wie alle kulturellen Artefakte – ein auf Arbeitsaufwand und Arbeitsteilung beruhendes Produkt, das auch vom Betrachter wiederum Arbeit verlangt – wenn auch eine sehr spezifische. »Der erste Blick« suggeriert keine Ursprünglichkeit. Wenn uns freilich der Dialog mit dem Werk gelingt, dann sind wir imstande, die ihm einwohnende Welt immer wieder neu aufsteigen zu lassen. Das Sehen gewinnt dabei eine *primäre* Kraft. In verschiedener Hinsicht. Die Frische unseres Blickes erneuert sich immer wieder. Was sie zu Gesicht bekommt werden wir mit der Realität nicht verwechseln, schon deshalb, weil es vermöge artifizieller Maßnahmen erzeugt wurde. Es ist in sich und für sich eine eigene Realität. Sie repräsentiert ein A-logon, in dem sich die Sinnlichkeit mit ihrem Sinn überkreuzt – wie wir dargelegt haben. Damit wird deutlicher, worauf ›der erste Blick‹ anspielt. Er meint keine allererste Wahrnehmung, der eine zweite oder dritte folgt, sondern ein *hervorbringendes Sehen,* das eine überschaubare, eine ganze Welt zu Gesicht bekommt.

Auf diesem Wege wird jeder Betrachter in fragile und mögliche Erfahrungen verwickelt, die dem Zusammenhang des Alltags eher entrissen sind, als daß sie ihn bestätigen. Das Bedürfnis, dem zivilisatorischen Chaos oder der Konvention Zäsuren entgegenzusetzen ist ungebrochen. Die Kunst kann am ehesten abgeschlossene Gegenmodelle, mögliche Welten, imaginäre Orte ausbilden, die uns gestatten, an einem uralten (vermutlich auch unverzichtbaren) anthropologischen und kulturellen Bedürfnis festzuhalten. Es ist das Bedürfnis nach Überblick, es ist die Lust Totalitäten zu sehen, eine Geschichte zu erzählen, ein Bild zu betrachten, eine Melodie zu hören: d.h. zu *beginnen* und zu *enden,* das *Ende* mit dem *Anfang wieder zu verknüpfen.* So disparat uns künstlerische Werke entgegenkommen, sie wollen in unsere Lebenserfahrung integriert sein. Sie schaffen Distanzen, öffnen neue Blicke, lassen darin das Altbekannte neu und anders erscheinen. Etwas Fremdes, Irritierendes bricht in die alltägliche Erfahrung des Betrachters ein, macht ihn aufmerksam, sensibel, weist ihm die Chance eines Beginnes: *wie zum ersten Mal.*

Eine solche Phänomenologie der ästhetischen Erfahrung erinnert uns an einen analogen Befund in der *Philosophie:* Die Analogie bezieht sich auf das Problem ihres Anfangs, nicht auf die darauf folgende Theorieentwicklung. Der Anfang der Philosophie: das meint auch ihren *sachlichen Ursprung* und damit, in nuce, ihre ganze Aufgabe. Nennen wir die Aktivität, die den Anfang setzt und dabei ein Ganzes in den Blick bekommt, jetzt nicht mehr den ersten Blick, nennen wir sie eher den Blick der Theorie, der im griechischen Verbum *θεωρεῖν* enthalten ist und ein Sehen meint, das sich als Philosophie entfaltet, oder nennen wir es mit Plato *θαυμάζειν*, dessen deutsches Äquivalent »staunen« altertümlich klingen mag.[12] Eignen wir uns seine Bedeutung deshalb in einer Umschreibung an. Wer staunt, hält inne. Was ihn dazu veranlaßt, ist etwas Außerordentliches, das die Konvention alltäglicher Erfahrung durchbricht. Es setzt eine Zäsur, sie teilt sich dem Staunenden mit. Staunen meint deshalb eine exemplarische Öffnung der Augen, ein erstes Sehen, zu dem die Setzung einer Distanz gehört, ein Sehen das aus der Zerstreuung befreit, die Aufmerksamkeit nicht auf dieses oder jenes lenkt, sondern auf Dominanzen, Kontexte, Totalitäten. Wer staunt, begegnet auch dem Bekannten auf andere Weise, wird sensibel für das Unbekannte. Wer staunt, unterbricht falsche Diskurse und sinnlose Debatten, er verweigert sich der voreiligen und unbegründeten Beantwortung von Fragen. Vielleicht ist es der Grund des Fragens selbst? Es ist jedenfalls ein Impuls, der auch die Voraussetzungen des eigenen Denkens und Wahrnehmens überprüfen und bestimmen möchte.

Diese Hinweise müssen genügen, um eine mögliche Brücke zwischen der fragilen Existenz der Kunst (ihrer Verschlossenheit, ihrer chiastischen Logik, ihrer Neigung zu Paradoxien und Fremdheiten, zum Verwunderlichen und Sublimen) und der umsichtigen Existenz der Philosophie zu schlagen. Beide gehen auf ihre Weise aufs Ganze. In diesem Sinne ist der Blick des Kunstbetrachters auch ein Stimulans des Denkens, begegnet der Philosoph im Kunstwerk dem *Anfang* seiner eigenen Aufgabe.

---

[12] Matuschek, *Über das Staunen*, a.a.O., S. 8 ff.: Staunen als Ursprung und Ziel der Philosophie. Der Verfasser zeigt vor allem auch die inneren Beziehungen des philosophischen Staunens mit demjenigen der Poetik (als Wirkungskalkül), S. 24 ff.

# PHILOSOPHISCHE ÄSTHETIK

Armin Wildermuth

# Ästhetik – Zwischen Philosophie und künstlerischer Praxis

## *I.*

Der Begriff Ästhetik fordert stets ein abklärendes Geplänkel. Er bezeichnet einerseits zuwenig – andererseits zuviel. Es gibt eine konventionelle Tradition, die ihn auf die Kunstphilosophie festlegen möchte, es gibt aber auch den Versuch, eine erweiterte Tradition aufzudecken, die den Anspruch einer Fundamentalphilosophie in sich schließt. Ästhetik führt an die Grenze zur Irrelevanz oder in die Fundamente der Philosophie und des Verstehens. Die Diskrepanz könnte größer nicht sein.

Auch an den Grenzen gibt es viele Unklarheiten. Wer soll und darf über Kunst und künstlerische Praxis sprechen? Kann Kunstphilosophie nur vom Standpunkt des engagierten oder des imaginären Betrachters aus entwickelt werden? Sollen die Künstler selbst zu Philosophen werden, und welchen Status haben die sprachlichen Äußerungen der bildenden Künstler für diese selbst? Welchen Status darf ihnen von denen zugemessen werden, die sich nicht als Künstler bezeichnen? Mit diesen Fragen ringen heißt bereits: sich aus den Gefilden der Philosophie hinausbegeben zu den Orten, wo Kunst entsteht und selbst praktisch wird. – Folgen wir dem im Wort Ästhetik implizierten Sinn von *αἴσθησις* als Wahrnehmung, Empfindung, Sinneswerkzeug etc. und dem von A. G. Baumgarten in seiner »Aesthetica« von 1750 entfalteten Entwurf von »Wissenschaft der sinnlichen Erkenntnis«,[1] dann weitet sich der Horizont über den Bereich der Künste hinaus. Baumgartens Intention war es,

[1] A. G. Baumgarten, *Aesthetica,* Frankfurt a.O. 1750/58, § 1. – Über das Programm der Ästhetik Baumgartens orientiert H. R. Schweizer, *Ästhetik als Philosophie der sinnlichen Erkenntnis. Eine Interpretation der »Aesthetica« A. G. Baumgartens. Mit teilweiser Wiedergabe des lateinischen Textes und deutscher Übersetzung,* Basel, Stuttgart 1973, S. 16 f.

die Ästhetik neben den rationalistischen Vernunftwissenschaften und Philosophien als eine Philosophie eigenen Gepräges zu begründen. Problemkomplexe, die in der antik-scholastischen Philosophie in einem übergreifenden Ganzen, der Metaphysik, ihren Stellenwert besaßen – und dabei wie das pulchrum (bei Bonaventura) beinahe zum vierten Transzentalen (neben bonum, verum, unum) zu höchsten Weihen aufsteigen konnten[2] –, fanden sich im 18. Jahrhundert plötzlich allein gelassen und auf sich gestellt. Neue Platzzuweisungen wurden vollzogen: das Schöne wanderte zu den »schönen Künsten« und ins Wohlgefällige, die Sinnlichkeit etablierte sich in den unteren Etagen der niederen Erkenntnisvermögen und der Speicherungsräumlichkeiten für Außeninformationen, während die Wahrnehmung zu einer subjektiven Fähigkeit wurde, überhaupt Dinge oder auch Gefühle zu bemerken. Mit dem Verlust des metaphysischen Rahmens wurde das Ästhetische aus dem Kosmos der antik-scholastischen Geschlossenheit verstoßen.

Dabei bestand im Zeitalter der Aufklärung durchaus die Absicht, die Natur selbst zu erforschen und sich von den ontologischen Vorgaben von Aristotelismus und Platonismus zu befreien. Die Malerei ging mit der Erfindung der Zentralperspektive in der Eroberung der phänomenalen Welt voran und wurde selbst eine Weile zur führenden Wissenschaft. Die Sinnlichkeit wurde von den Naturwissenschaften zugleich akzeptiert und negiert, nämlich als der Horizont, in dem sich Erfahrung abspielt, aber auch als ein Hindernis, das die echte Weltsicht trübt und verfälscht. So postulieren die Philosophen der Aufklärung die sinnlich gegebenen Daten als Fundament allen Erkennens, doch liefern sie zugleich das Mißtrauensvotum mit, daß sie nicht verläßlich seien und durch ra-

---

[2] K. Peter, *Die Lehre von der Schönheit nach Bonaventura*, Werl/Westf. 1967, S. 115 f. Das Hindernis, das »pulchrum« in den Kontext der drei Transzendentalien unum, bonum und verum aufzunehmen, dürfte im trinitarischen Dogma zu suchen sein. Es könnte aber auch sein, daß das Ästhetische – und damit die sinnliche Erfahrung in ihrem intensiven Aspekt – die überlieferte philosophische Systematik sprengt. Auch bei Kant muß man eine sehr grundlegende Veränderung seines transzendentalphilosophischen Denkens annehmen, wenn in der Kritik der Urteilskraft das anfänglich verharmloste Ästhetische gleichwertig neben die theoretische und praktische Vernunft gestellt wird.

tionale Theorien der Korrektur bedürfen.[3] Der Sonnenaufgang ist also zugleich sinnlich richtig, aber theoretisch falsch. Eine Grundskepsis gegenüber allem Sinnlichen, vor allem gegen den Augenschein, gehört schon lange zum Rüstzeug jeder wissenschaftlichen Bildung und jedes einigermaßen akzeptablen Weltverständnisses. Und jeder moderne Mensch hat es mit seiner Erziehung eingesogen, daß das sinnlich Vertraute unzuverlässig und eine Quelle von Mißverständnissen und Fehlern sei. Das Mißtrauen gegen Unmittelbarkeit ist heute perfekt und theoretisch anscheinend gut begründet. Dennoch stehen wir vor der Tatsache, daß wir das Ästhetische nicht kennen.

Es wäre sicherlich nützlich, die Geschichte des Ästhetischen in der Moderne nachzuzeichnen.[4] Es wäre die Geschichte eines Ärgernisses. Es müßte auch geklärt werden, in welcher Weise die Begriffe Sinnlichkeit, Wahrnehmung, Leiblichkeit, Schönheit, Bild und Kunst zu semantischen Erfindungen der Moderne wurden. Selbst der Neologismus des »Ästhetischen« ist ein Produkt einer modernen Konstellation, in der mit Hilfe eines höchst unbestimmten Begriffs divergente Elemente wieder in ein Ganzes integriert werden sollten. Im Hintergrund steht der entschwundene Kosmos, der die in sich ruhende Einheit von Welt und Seele darstellte. Von der Erinnerung an ihn zehren noch Sätze wie jener von A. G.

---

[3] Die anfängliche Ablehnung des Baumgartenschen Entwurfs einer eigenständigen Ästhetik durch Kant fiel sehr scharf aus, vgl. *Kritik der reinen Vernunft*, B 35, 36.

[4] Bausteine zu einer Geschichte der modernen Ästhetik finden sich u.a. in den folgenden Werken: W. Haftmann, *Malerei im 20. Jahrhundert. Eine Entwicklungsgeschichte*, München 1979 (1. Auflage 1954); W. Hofmann, *Die Grundlagen der modernen Kunst*, Stuttgart 1987 (1. Auflage 1965, 2. Auflage 1978); W. Tatarkiewicz, *Geschichte der Ästhetik, 3. Bd.: Die Ästhetik der Neuzeit*, dt. von A. Loepfe, hg. von H. R. Schweizer, Basel, Stuttgart 1987 (Polnische Originalausgabe 1967); G. Schröder, *Logos und List. Zur Entwicklung der Ästhetik des Schwebens. Untersuchungen zur Geschichte der Ästhetik in der frühen Neuzeit*, Königstein/Ts. 1985; W. Schulz, *Metaphysik des Schwebens. Untersuchungen zur Geschichte der Ästhetik*, Pfullingen 1985; H. Hübner, *Die Wahrheit des Mythos*, München 1985, S. 293–323; H. Belting, *Bild und Kult. Eine Geschichte des Bildes vor dem Zeitalter der Kunst*, München 1990, S. 11–27, 510–545.

Baumgarten, daß sinnliche Erkenntnis letztlich nichts anderes als Erscheinung sei[5] oder wie dieser von Ignaz Paul Vital Troxler (einem Schüler des jungen Schelling): »Die Sinnlichkeit aber ist an sich intuitiv oder auf eine ursprüngliche und unmittelbare Weise innewerdend und wahrnehmend die Erscheinungswelt selbst, von welcher man nicht sagen kann, sie sei subjektiv oder objektiv, sie sei im Menschen oder in der Welt für sich.«[6] Es gibt einen ganzen Strom von Denkbemühungen, die die entschwindende sinnliche Welt in ihrer Eigenmacht noch retten wollten, wofür die Namen Berkeley, Rousseau, Maine de Biran, Goethe, Heß, Feuerbach, Fiedler und vor allem Nietzsche stehen mögen. Die nietzscheanischen Postulate sind bekannt: Umkehrung des Platonismus, Wahrheit des Scheins und die Große Vernunft des Leibes.[7]

Zahlreich sind auch die Anstrengungen in den letzten Jahrzehnten, eine Umkehr oder ein neues Denken unter Führung sinnlich-kosmischer oder ästhetischer Richtlinien zu entwickeln. Wichtige Schritte in dieser Richtung unternahmen die Phänomenologie Edmund Husserls und die Philosophen, die man unter die Etikette der phänomenologischen Bewegung stellen kann (Maurice Merleau-Ponty,[8] Michel Henry,[9] Heinrich Rombach[10] u.a.). Man vergegenwärtige sich das ganze Ausmaß der in diesen Philosophien enthaltenen Kritik an der bisherigen philosophischen Tradition, zu

---

[5] H. R. Schweizer, »Sinnlich-ästhetische Erkenntnis als Beziehungsfeld von Welt und Mensch bei H. Barth, A. G. Baumgarten und I. P. V. Troxler«, in: G. Hauff, H. R. Schweizer, A. Wildermuth (Hg.), *In Erscheinung treten. Heinrich Barths Philosophie des Ästhetischen,* Basel 1990, S. 197.

[6] I. P. V. Troxler, *Naturlehre des menschlichen Geistes, oder Metaphysik,* Hamburg, Zug 1985, S. 141 f.

[7] F. Nietzsche, *Werke in drei Bänden,* hg. von K. Schlechta, München 1960, Bd. 3, S. 88; zu dieser Stelle vgl. M. Heidegger, *Gesamtausgabe* Bd. 47, S. 112 f., 123 u. a.

[8] M. Merleau-Ponty, *Das Auge und der Geist. Philosophische Essays,* Hamburg 1984 (L'Oeil et L'Esprit, Paris 1964).

[9] M. Henry, *Phénoménologie matérielle,* Paris 1990.

[10] H. Rombach, *Phänomenologie des gegenwärtigen Bewußtseins,* Freiburg i.Br. 1980.

der auch die »Dialektik der Aufklärung«,[11] die »Ästhetische Theorie« Adornos[12] und die Philosophie Ernesto Grassis[13] zu rechnen sind – so kann man einer Anstrengung gewahr werden, die auf eine regelrechte Umkehr unserer Denkgewohnheiten abzielt.

Wie längst aus diesen Darlegungen klargeworden ist, sollte eine heutige philosophische Ästhetik im Sinne einer Philosophie des Ästhetischen entwickelt werden.[14] Doch wie wir bemerkt haben, erweitert sich der Horizont konstant, wenn wir der Spur folgen, die sich im Begriff der Ästhetik feststellen läßt. Nähmen wir sie auf, so wie sie sich vorerst zeigt, so würde sie uns an den vielen Unterscheidungen und Differenzen vorbeiführen, an denen die philosophische Tradition reich ist, wie z.B. Wahrnehmung und Erkenntnis, Sinnlichkeit und Verstand, Leib und Seele, Körper und Geist, res extensa und res cogitans, Vieles und Eines, Chaos und Ordnung, Materie und Bewußtsein, Sinnesdaten und Erkenntnis, zerstückelter Körper und Ich, hyletisches und noetisches Bewußtsein.[15] Die Spur führt uns in die Archäologie von anonymen Grundentscheidungen oder Grund-Scheidungen, von Diremptionen und Differenzen, von Einstellungen, Positionalitäten und Bewußtseinsstellungen, die immer auch ihre philosophischen Texte erzeugt haben, an denen die Philosophie- und Geistesgeschichte aufgereiht wird.[16] Es ist aber geboten, dieser Spur nicht vorbehalt-

---

[11] M. Horkheimer, Th. W. Adorno, *Dialektik der Aufklärung. Philosophische Fragmente*, Frankfurt a.M. 1971 (1. Auflage 1944).

[12] Th. W. Adorno, *Ästhetische Theorie*, Frankfurt a.M. 1973.

[13] E. Grassi, *Die unerhörte Metapher*. Hg. mit einer Bibliographie des Verfassers von E. Hidalgo-Serna, Frankfurt a.M. 1992. Ebenfalls im Anschluß an M. Heidegger kann genannt werden: G. Picht, *Kunst und Mythos*. Mit einer Einführung von C. F. von Weizsäcker, Stuttgart 1986.

[14] Zum Begriff des Ästhetischen im Unterschied zur Ästhetik vgl. W. Henckmann, K. Lotter (Hrsg.), *Lexikon der Ästhetik*, München 1992, S. 20 f., 24 f. Auch H.-G. Gadamer benutzt den Terminus »Begriff des Ästhetischen«, allerdings in kritischem Sinne, in: *Wahrheit und Methode*, Tübingen 1960, S. 81 ff.

[15] M. Foucault, *Die Ordnung der Dinge*, Frankfurt a.M. 1974 (franz. Originalausgabe Paris 1966), S. 24 f. u.a.

[16] Paul Graf Yorck von Wartenburg, *Bewußtseinsstellung und Geschichte. Ein Fragment*, Hamburg 1991. – Über den Horizont einer Tie-

los zu folgen, sondern sie nur zu benutzen, um die Differenzen selbst zu »destruieren«.

Das hier skizzierte ästhetisch-aisthetische Denken will sich nicht auf das Schöne oder auf den ästhetischen Schein, aber auch nicht auf die subjektive Wahrnehmung abstützen. Denn Wahrnehmung als aisthesis bedeutet die Stätte, an der Erscheinungen – jenseits von Subjekt und Objekt – in besonders intensiver Weise ihr Erscheinen vollziehen. Das »φαίνεσθαι«, das »Sich-ereignen-von-Erscheinung«, kurz: »das Erscheinen« ist das principium, der »Ursprung« (ein heute umstrittener Begriff), das »wirklich Wirkliche«, auf das dieses Denken zurückgehen will. Es ist dies kein Etwas und kein Begriff, sonst wäre es kein principium. Es muß, wenn es seiner Intention treu und eingedenk aller Differenzen bleibt, sich jenseits der cartesischen Unterscheidungen ansiedeln. Und selbst das Erscheinen der Erscheinung[17] oder das Wahrnehmen von Wahrnehmbarem darf nicht als »Erstes« gesetzt werden, auf das sich dann das »Denken« richten könnte. Wie es bei diesem Ansatz unvermeidlich ist, wird in dem so Ausgeschiedenen fälschlicherweise ein Irrationales, ein Unerkennbares, ein Opakes und Irreduzibles, ein Ursprung entdeckt, von dem das »Denken« sich abzugrenzen oder mit ihm ins Einvernehmen zu setzen habe.

Erinnert sei – es mag dies als kühner Sprung über die Jahrhunderte hinweg gelten – an den Spruch des Parmenides, den ihm eine Göttin offenbarte. Das entsprechende Fragment B 3 wurde so übersetzt: »... denn dasselbe ist Denken und Sein«,[18] oder »... denn

fengeschichte, die hier nur skizziert sein kann, orientieren unterschiedlich: F. W. J. Schelling (Weltalter), W. Dilthey (historische Vernunft), F. Nietzsche (Nihilismus, Große Politik), E. Husserl (europäisches Menschentum), M. Heidegger (Seinsgeschichte), H.-G. Gadamer (wirkungsgeschichtliches Bewußtsein), G. H. Mead (symbolischer Interaktionismus), N. Luhmann (anonyme Leistungen des Kollektivs).

[17] Über die Differenz von Erscheinung und Erscheinen vgl. H. Barth, *Erkenntnis der Existenz. Grundlinien einer philosophischen Systematik*, Basel, Stuttgart 1965, S. 174 ff.

[18] H. Diels, W. Kranz, *Die Fragmente der Vorsokratiker*, Berlin 1960, Bd. 1, S. 231.

dasselbe kann gedacht werden und sein«,[19] oder: »Denn das Selbige ist intensiviert wahrzunehmen (νοεῖν) und zu sein (εἶναι)«.[20] Wenn wir uns dieser letzten Übersetzung anschließen, dann ist auch das Wort Heraklits und Hölderlins nicht weit: »das Eine in sich selbst unterschiedne.«[21] Was mit diesen Hinweisen gesagt sein soll, ist dies: im parmenideischen Denken ist die Differenz von »wahrnehmen / denken« und »sein« (verbal verstanden) aufgehoben oder derart abgeschwächt, daß von einer Differenz eigentlich nicht mehr gesprochen werden kann. Es ist seltsam genug, daß der Zustand, den Parmenides in seiner sog. Ontologie des wahrnehmend-denkenden Seins oder des seienden Wahrnehmungsdenkens anvisiert, am besten mit der »sinnlichen Erkenntnis« umschrieben werden kann. Das Sinnliche ist selbst auch Erkenntnis und in seinem Sich-ereignen erfüllt und wirklich. Ungetrübt durch subjektivistisches Denken, welches das Sinnliche allein auf der Seite des erlebenden Subjekts lokalisiert, formuliert Parmenides freier und positiver. Das IST, nämlich das Selbe, das in aller Veränderung Bleibende und Erfüllte, das Zeitlose und Beginnlose, zeigt sich als das Konstante und Zentrale der Unmittelbarkeit.[22]

## *II.*

Philosophische Ästhetik, selbst im Unmittelbaren positioniert, sollte sich gemäß diesen Präliminarien in zwei Richtungen entwik-

---

[19] Parmenides, *Vom Wesen des Seienden.* Die Fragmente griechisch und deutsch. Herausgegeben, übersetzt und erläutert von Ivo Hölscher. Mit einem Nachwort 1986, Frankfurt a.M. 1986, S. 16 f.

[20] I. W. Rath, *Die mythische verkannte Vernunft. Perspektiven einer vernünftigen Alternative,* Wien 1992, S. 79. – Ein wahres Kompendium unterschiedlichster Übersetzungen und Interpretationen – philologischer und philosophischer – findet sich bei H. Padrutt, *Und sie bewegt sich doch nicht. Parmenides im epochalen Winter,* Zürich 1991, S. 107 ff., 700f.

[21] F. Hölderlin, *Sämtliche Werke,* Stuttgart 1958, Bd. 3, S. 85; *Hyperion oder Der Eremit in Griechenland,* in: F. Hölderlin, Köln 1984, S. 585.

[22] Zur Kritik des Begriffs des Unmittelbaren vgl. J. Derrida, *Grammatologie,* Frankfurt a.M. 1983, S. 272 u.a.

keln: einerseits in Richtung einer radikalen Auflösung aller Ontologisierungen, aller Selbstbegrenzungen des Verstehens, der Negierung der Negativitäten und der Aufsprengung des subjektivistischen Gettos – und andererseits in Richtung der Freilegung aller originären Bedeutungspotenzen, der Affirmation der Evidenzen und aller Exponenten des unmittelbaren Verstehens. Die folgenden Erörterungen sollen auch verstanden werden als ein Versuch der Rettung des Unmittelbaren. Daß dies in einer bloßen Gedanken-Skizze nicht geleistet werden kann, ist nicht weiter zu explizieren. Der Kurs, den eine philosophische Ästhetik heute steuern könnte, dürfte sich orientieren an den traditionellen Erkenntniskomplexen wie φαινόμενον / φαίνεσθαι,[23] αἴσθησις / αἰσθητά,[24] natura naturata / natura naturans,[25] an der transzendentalphilosophischen Legitimierung des Ästhetischen,[26] an den Phänomenologien der Wahrnehmung, an den symbolischen Welterzeugungsphilosophien[27] und an der hermeneutischen Philosophie – mit der notwendigen Korrektur, daß das »ästhetische Bewußtsein« als gleichursprüngliche Dimension in sie einzuführen ist.[28] Diese Positionen

---

[23] Platon, *Theaitetos* 141 d 3 ff.; Sextus Empiricus, *Grundriß der pyrrhonischen Skepsis.* Einleitung und Übersetzung von M. Hossenfelder, Frankfurt a.M. 1968, S. 98 u.a.

[24] W. Welsch, *Aisthesis. Grundzüge und Perspektiven der Aristotelischen Sinneslehre,* Stuttgart 1987.

[25] B. d. Spinoza, *Ethica* I, prop. 29, schol.

[26] I. Kant, *Kritik der Urteilskraft,* 1790.

[27] N. Goodman, *Weisen der Welterzeugung,* Frankfurt a.M. 1984 (engl. 1978).

[28] H.-G. Gadamer polemisiert, trotz seines Ansatzes beim Sein des Kunstwerkes, in einer etwas verkürzenden Weise gegen das »ästhetische Bewußtsein«, so als ob die Gefahr der »Eigenbedeutung der Wahrnehmung« abgewehrt werden müsse. Im Unterschied zu einer mehr künstlerisch-ästhetischen Auffassung von Wahrnehmung versteht er den Versuch, die perzeptive Selbstkundgabe zu erreichen – wie sie z.B. Konrad Fiedler mit seiner »Theorie der reinen Sichtbarkeit« vorschlägt –, als eine »Abstraktion«. Konsequenterweise müßte auch Husserls »Epoché« als Abstraktion bezeichnet werden. Die Arbeit an den Phänomenen bedeutet auch bei ihrer Reinigung von begrifflichen Vorbelastungen keineswegs, daß ihr geschichtlicher Charakter aufgehoben wird. Im Gegenteil: die freie Wahrneh-

gelten aus der heutigen dekonstruktivistischen Sicht als überholt und durch einige linguistisch-semiotische Einwände und Spitzfindigkeiten in die Irrelevanz verwiesen. Das Unmittelbare und Originäre droht zu verdampfen. Es retten zu wollen, indem man es – wie George Steiner – der Gewalt göttlicher Präsenz wieder unterstellt,[29] ist ein untauglicher Versuch, denn die harte Arbeit an den Phänomenen und an der erscheinenden Gegenwart wird dadurch gerade wieder vermieden.

Es wäre falsch, das Spontane, Kontingente, Erlebnishafte, Augenblickliche und Plötzliche als das primäre Ästhetische zu bezeichnen. Es ist vielmehr das Konstante selbst, das als Unmittelbares erschlossen werden muß. Das Augenblickliche ist nur ein besonderes Hervortreten, eine besondere Dramatisierung des Konstant-Originalen, in dem wir existieren und worin wir den Weltfaden spinnen.[30] Wenn es eine Anknüpfung an Baumgarten und im Hintergrund auch an Leibniz gibt, dann in der Einsicht, daß der Weltbezug des Menschen in seinem Wesen sinnliches Erkennen und fortwährendes Welterzeugen ist. Das Universum des Leibniz ist in seiner ontologischen Verfassung noch von durchgehender Perzeptivität, indem die Wahrnehmung zugleich kosmische und

---

mung vernimmt gerade auf sensibelste Art den geschichtlichen Aspekt dessen, was durch sie erscheint. Es macht sich hier geltend, daß Gadamer sich bei seiner Argumentation weitgehend vom Begriff des Ästhetischen bei Kierkegaard leiten läßt. Vgl. *Wahrheit und Methode,* a.a.O., S. 91.

[29] George Steiner, *Von realer Gegenwart. Hat unser Sprechen Inhalt?* Mit einem Nachwort von Botho Strauß, München, Wien 1990.

[30] Bei vielen Versuchen, die »Plötzlichkeit« oder andere Kategorien des »Unmittelbaren« für die Ästhetik zu aktivieren, kann man sich des Eindrucks nicht erwehren, daß sie nur Mittel zum Zweck sind, nämlich den nicht eingrenzbaren Status der Kunst in der Moderne (und Postmoderne) so zu formulieren, daß die Inkommensurabilität von Kunst als utopischer oder kreativer Erkenntnisschub wieder in den sozialen und kulturellen Kontext eingeholt werden kann. Ansätze, um aus diesem Zwang auszubrechen, finden sich bei K.-H. Bohrer, *Plötzlichkeit. Zum Augenblick des ästhetischen Scheins,* Frankfurt a.M. 1981. Nur wenige Autoren wagen es, die radikale Begriffssperrigkeit, Offenheit und Asozialität von Kunst und Ästhetik zu artikulieren. So z.B. K. P. Ließmann, *Ohne Mitleid. Zum Begriff der Distanz als ästhetische Kategorie mit ständiger Rücksicht auf Theodor W. Adorno,* Wien 1991.

humane Bedeutung besitzt. Selbst das Denken als »apperceptio« stellt eine entwickelte Form der »perceptio« dar, und trotz monadischer Fensterlosigkeit nimmt es somit am kosmischen Prozeß teil.[31] Von diesem Weltverstehen scheinen wir schon Lichtjahre entfernt zu sein. Das Evidente wird zum Ausnahmefall, kann in die Augen springen und den Lauf der gewohnten Dinge stören, wie ein aufgestörter Hund, der den Passanten anbellt. Doch diese einfache Inszenierung des Unmittelbaren verkennt, daß wir stets direkt nicht nur zu uns selbst sind, sondern auch zu den Erscheinungen, denen wir begegnen und die wir miterschaffen. Es geht also um Licht und nicht um Lichteffekte, es geht um den Klang und nicht nur um Musikaufführungen, es geht um die Konstanz des sinnlichen Erkennens selbst.

Den Fluß des Erscheinens verdecken wir stets mit vorwegnehmenden Erklärungsmustern. Nur wenn wir gezwungen werden, neu über ihn zu denken, ihn zu »stellen« oder zu be-»greifen«, nehmen wir ihn wahr. Gerade im merkwürdigen Zustand, in dem die Begriffe nicht greifen und die Worte versagen oder gar noch nicht verfügbar sind, erfahren wir die Nähe des Erscheinenden. Doch sobald wir es in den Kontext von »Etwas als Etwas« stellen, ordnet es sich ein in den unendlichen Kontext der Zeichen und verschwindet. Es hält sich vielleicht noch als ein Schatten unter den Zeichen, als eine Erinnerung, daß die Zeichen ein Daß (quod) besitzen, das nicht aus ihrer Seinsart hervorgeht. Es gibt auch kein »erstes Etwas«, wenn wir die semiotische Stringenz durchhalten.[32] Im endlosen Fluxus der »Etwas-als-Etwas-Bezüge« und der Zeichenverweise hält sich ein Erscheinendes auf, das ungesehen bleibt. Und doch ist es das, was immer schon in unserem Blick aufgegangen ist.[33]

---

[31] G. W. F. Leibniz, *Monadologie* 14, 21, 30.

[32] Derrida, *Grammatologie,* a.a.O., S. 416 ff.

[33] Mit expliziten Universalansprüchen treten heute semiotische Philosophien auf, die aber alle die Genese des Zeichens aus der erscheinenden Erscheinung nicht untersuchen. Vgl. J. Simon, *Philosophie des Zeichens,* Berlin, New York 1989. – G. Schönrich, *Zeichenhandeln. Untersuchungen zum Begriff einer semiotischen Vernunft im Ausgang von Ch. S. Peirce,* Frankfurt a.M. 1990.

Wenn wir von der unüberholbaren Offenheit oder Gelichtetheit des Erscheinens ausgehen, kommen wir zu folgenden, nichtsubjektivistischen Formulierungen: In einem integralen Sinn geht es im Verstehen des Un-Mittelbaren um das erscheinende Leben selbst, das in seinem Sich-Zeigen sich verwirklicht. Im Sich-zeigen, im Sich-hören-lassen, in seinem Wahrgenommenwerden, in seinem Erscheinen, in seinem Sich-zu-erkennen-geben erfüllt es sich und bleibt doch offen für Ausdeutung, auch wenn es in seinem Erschlossensein voll aufzugehen scheint. Doch letztlich ist es auf sein Erkanntwerden angelegt, denn auch das, was sich verbirgt, ist ein Modus des Sich-zeigens. Auch die verstellte sinnliche Erscheinung, auch die ver-ästhetisierte und stilisierte, birgt in sich das Offenbare, an das wir anknüpfen müssen und immer schon angeknüpft haben, wenn wir zu einer sinnlichen Erkenntnis gelangen wollen, die präziser, umfassender, kritischer oder emphatischer als der »erste Blick« sein soll.

Was also erscheinungsorientiertes, ästhetisches Denken versucht, ist nichts anderes, als den erfüllten, konstant in Aufgang und Entschwinden begriffenen Wirklichkeitsbereich, d.h. den lebendigen Kosmos in unserer sinnlichen Erfahrung, wieder zu entdekken.[34] Wieder entdecken meint, auf vergessene oder ausgeschlossene Schichten der Weltinterpretation und Weltintegration zurückgreifen und sie wieder in den philosophischen Diskurs einbringen. Doch der Diskurs ist nicht möglich, wenn nicht – wie dies in der Kunst geschieht – an der Aisthesis gearbeitet wird. Philosophische Ästhetik sollte sich also der ästhetischen Praxis aussetzen und aus ihr selbst ihre Einsichten formulieren.

Nochmals: Es geht im Unmittelbaren um das »*φαίνεσθαι*«, um das aktuelle Erscheinen und Sich-ereignen, an dem die Begriffsbildung sich immer wieder übt und dennoch scheitert, weil das sich selbst bestimmende Denken, das selbst als Sprache Erscheinung ist,

[34] Den sinnlich-ästhetischen Zugang zum Kosmischen reflektieren besonders R. zur Lippe, Sinnenbewußtsein. Grundlegung einer anthropologischen Ästhetik, Reinbeck bei Hamburg 1987 und G. Böhme, *Für eine ökologische Naturästhetik,* Frankfurt a.M. 1989.

sich in seinem Vollzug von sich selbst trennen müßte.[35] Die Ungebrochenheit des aktuellen Erscheinens kann durch das Zerbrechen aller Interpretationen korrelativ ein-sichtig gemacht werden, jedoch nur durch das Zerbrechen faktischer Interpretationen und nicht durch ein vorwegnehmendes dialektisches Spiel von Negativitäten. Reflexives Denken hat die Tendenz, die frontale Begegnung mit dem Erscheinen zu vermeiden, es zu verdecken und das Andere seiner selbst durch den Gedanken des Andersseins in sich zu domestizieren. Nur die Mythen der Weltschöpfung und des Weltbeginns in der Zeit erinnern, unadäquat und in einer narrativen Projektion, an den konstanten Beginn und Aufgang der Welterscheinungen. Im modernen philosophischen Diskurs regrediert dieser Schöpfungs-Mythos zu »Kontingenz«, »Zufall« und »Konstruktion«.

Höchste Dignität erreicht das Erscheinen in der Epiphanie des Göttlichen. Es wäre verfehlt, den Gedanken dieser Epiphanie gegenständlich zu verstehen, so als ob »das Göttliche« oder »ein Gott« sich einen Ort auswählten, an dem sie ihre Performanz inszenieren wollten. Auch das Göttliche gewinnt seine Wirklichkeit allein in seinem Erscheinen – wie direkt oder indirekt sich dieses Erscheinen auch vollziehen möge. Nur in einem aktuell sich vollziehenden Erscheinen und der ihm angemessenen Einstellung oder Bewußtseinsstellung kann sich Göttliches zeigen als eine Weise höchster Erscheinens-Steigerung. Göttliches ist, indem es sich offenbart. Dies ist der Sinn von Epiphanie, verstanden aus dem Eigenwesen des Erscheinens der Erscheinung. Kierkegaard entwirft in den »Philosophischen Brocken«[36] das Modell eines anderen Sehens, das vom Gesehenen her erweckt werden muß. Jede theologische oder philosophische Erklärung beugt den Gedanken der Epiphanie unter das Joch linear verstandener »Vorgänge« oder »Prozesse«. »Offenbarung« ist im radikal Unmittelbaren anzusiedeln, wo keine weitere Erklärung erheischt wird und auch nicht durch dialektische Selbstzerstörung herauszufordern ist. In der heutigen

---

[35] Vgl. A. Wildermuth, »Philosophie des Ästhetischen. Das erscheinungsphilosophische Denken Heinrich Barths«, in: G. Hauff, H. R. Schweizer, A. Wildermuth (Hg.), *In Erscheinung treten,* a.a.O., S. 252 ff.

[36] S. Kierkegaard, *Philosophische Brocken oder Ein Bröckchen Philosophie,* Düsseldorf, Köln 1952 (Kopenhagen 1844).

Gedächtnisübung um die Erhabenheit, die in der philosophischen Reflexion eine größere Rolle als in der Kunst selbst spielt, schimmert diese Offenbarungsmächtigkeit des Erscheinens durch.

Auch Kunst ist durchaus epiphanisch zu verstehen und ist Erscheinen aus eigenem Recht. Das Göttliche muß deswegen nicht schon von selbst in ihr erscheinen. Sie ist primär praktische Arbeit am reinen, d.h. ungebrochenen Erscheinen – wie sich auch immer Kunst als Anti-Kunst oder als Zerstörerin von schönem Schein gebärden mag. Wie Kant darlegt,[37] bezieht sich die Kunst-Ästhetik zunächst auf das Schöne und damit auf das, was in seinem Entwurf schon Objekt oder Gegenstand sein muß und sich so im Horizont einer Ausgelegtheit vor das ungehemmte Erscheinen stellt. Der weitere Horizont öffnet sich erst in der Ästhetik des Erhabenen. In ihr dreht sich das Verhältnis um. Die andere, die kosmische Seite der »Einbildungskraft« erschließt sich und übernimmt die Führung, und der Kosmos läßt sich in seinem »rohen«, »wilden« Werden enthüllen. Das Erhabene enthüllt einen Bezug, der Individuum und Kosmos verbindet. Die heutige Bemühung um das Erhabenene ist ein Indiz dafür, daß das in der semiotischen Lebenswelt von der emergierenden Wirklichkeit abgeschnittene Individuum einen Anker in verlorenen Grund senkt.

## *III.*

Werfen wir aber noch einen Blick auf das Unternehmen, das Unmittelbare zu retten, und machen wir darum einen Schritt zurück in die Kindheit, in den Zustand, in dem die Dinge noch nicht bloße Gegenstände, sondern belebte Wesen sind. Er begleitet uns im Alltag als die konstante Präsenz des Physiognomischen. In ihm

[37] I. Kant, *Kritik der Urteilskraft* § 28, 29. – Eine eigenwillige Interpretation des Erhabenen artikuliert J.-F. Lyotard, der in Kants Darlegung besonders das Dissoziieren von Form und Material akzentuiert und darin den Griff nach einer immateriellen Materie zu entdecken glaubt, vgl. Nach dem Erhabenen. Zustand der Ästhetik, in: J.-F. Lyotard, *Das Inhumane. Plaudereien über die Zeit,* Wien 1989, S. 238 ff.

verschränken sich ästhetische Manifestation und Bedeutung, ja sie werden identisch und anschaubar. Wie wir heute vom »Ästhetischen« sprechen, so verwende ich den Begriff des »Physiognomischen«, um ihn von dem, was unter Physiognomie oder Physiognomik fungiert, abzuheben.[38] »Antlitz« und »Gebärde« besitzen unmittelbare Bedeutungskraft, die wir durch den täglichen Umgang mit unseren Nächsten und Mitmenschen so eingeinnert haben, daß wir physiognomische Erkenntnis konstant benutzen, aber nicht bemerken. Es ist uns selbstverständlich, daß wir in Antlitz und Gebärde Leben sehen, so daß erst der Tod der Andern uns die Welt des Lebens in der Welt der Dinge enthüllt.

In der Begegnung, auch in der flüchtigsten, steht immer schon fest, daß der Eine den Andern als lebendes Wesen versteht und sieht. Diese kommunikative Verschränkung ist durch Emmanuel Levinas thematisiert worden,[39] mit bedeutenden ontologischen Konsequenzen. In der »Epiphanie des Antlitzes« tritt der Andere in seiner Bedeutung, in seiner Lebendigkeit aus seiner Körperlichkeit, und ich sehe ihn in seiner Lebendigkeit und verstehe seine Erscheinung als das Erscheinen seines Lebens. Doch darf das, was hier als Leben bezeichnet wird, nicht als etwas anderes als das Erscheinen selbst erfaßt und verselbständigt begriffen werden. Antlitz und Gebärde sind Manifestationen in der Einheit von Sinnlichkeit und Erkenntnis. Das Antlitz ist immer schon Offenbarkeit, es gibt kein bedeutungsloses Antlitz, es ist immer schon ein »Herausgetretenes«. Es gibt kein anderes Seiendes, das so in der

---

[38] Das Physiognomische hat offensichtlich die Eigenschaft, sogleich zu pervertieren, wenn es »wissenschaftlich« als »Physiognomik« erfaßt werden soll. Allerdings erinnert die Rückbesinnung auf Paracelsus und J. Böhme an die große Vergangenheit der physiognomischen Weltinterpretation, wie sie sich noch in der »Signaturenlehre« der beginnenden Neuzeit darstellte, vgl. G. Böhme, *Für eine ökologische Naturästhetik,* a.a.O. S. 121 ff. Als Beispiel eines universalen Anspruchs des Physiognomischen neuerer Zeit ist immer noch das Denken R. Kassners besonders erwähnenswert, vgl. D. Kamper, *Zur Geschichte der Einbildungskraft,* München, Wien 1981, S. 168 ff.

[39] E. Lévinas, *Die Spur des Anderen. Untersuchungen zur Phänomenologie und Sozialphilosophie,* Freiburg i.Br., München 1987, S. 209–235. – Durch die Epiphanie des Andern wird Lévinas zufolge die griechische Ontologie, die bis heute die Philosophie beherrscht, radikal in Frage gestellt.

Einheit von Bedeutung und Manifestheit aufgeht und in diesem Aufgegangensein sich hält – so lange, bis es erlischt und stirbt. Das unmittelbare Sehen des Lebens ist die Basis aller Begegnung, aller Kommunikation, aller Interaktion und aller Information. Das, was in der Epiphanie des Antlitzes und in der physiognomischen Verschränktheit alles Lebendigen geschieht, ist nicht zu reduzieren auf Subjekte, die nachträglich ins Gespräch kommen oder in Kommunikation treten. *Vor* der sprachlichen Kommunikation liegt das physiognomische Herausgetretensein zum Andern. Das kommunikative Offensein für den Andern und das Sehen erscheinender Bedeutung im Antlitz des Begegnenden ist ein so wirkliches Ereignis wie der Geschmack. Es ist Einheit von subjektiver Empfindung und objektivem Gehalt. Diese lassen sich nicht trennen.

Der anscheinend triviale Aspekt des Physiognomischen ist darum von höchster Brisanz. Die unmittelbare Erschlossenheit des Andern in seinem Erscheinen als Antlitz, Gebärde, Gestalt eröffnet auch die Gemeinschaft der Leidensfähigen. Das Mitleid übersteigt sogar die Grenze des Menschlichen und bezieht auch Tiere ein. Wenn heute versucht wird, das intuitive Verstehen der Leidensfähigkeit zur Basis der Ethik zu machen, ist das Ästhetische mehr als nur ein Symbol des Ethischen – es ist selbst ethisch bedeutsam. Der Hintergrund der jüdisch-jesuanischen Ethik sei erinnert: Liebe deinen Nächsten wie dich selbst. Denn, so muß beigefügt werden: der Nächste ist »Bild Gottes«, in der Sprache Kants: er ist Zweck an sich selbst. In der vollen Akzeptanz des Andern liegt primär die Akzeptanz seines leibhaften Erscheinens. Und wenn Schiller auf diesen ästhetischen Selbstzweckgedanken den »ästhetischen Staat« gründen will,[40] dann hat er verstanden, daß es nur Sittlichkeit gibt, wenn sie sich in der leibhaften Gemeinschaft aktualisiert. In der durch die Kommunikationsmedien erweiterten Sinnlichkeit ist die Chance einer ästhetischen Mitleids-Solidarität zum mindesten gegeben. Die telegene Brutalität ist dagegen die tägliche Einübung eines Sadismus, der die Brisanz des Physiognomischen neutralisiert.

---

[40] F. Schiller, »Über die ästhetische Erziehung«, 27. Brief, in: *Schillers Werke,* Weimar 1962, Bd. 20, S. 410 ff.

Antlitz und Gebärde, Stimme und Licht – dies sind die exponiertesten Erscheinungen, die unmittelbar auch Bedeutungen sind. Als Metaphern sind sie beliebt. Oft vergißt man, daß sie das Wirklichste sind, das wir erkennen können – und deren Verstehen wir immer hinter uns haben.

## *IV.*

Grundsätzlich ist festzuhalten: Die Crux der Philosophie ist, daß sie als reflexives Denken dem erscheinenden Ereignis hinterherhinkt. Sie faßt nicht den Akt des In-Erscheinung-tretens. Sie faßt ihn vielleicht, wie dies in einem Satz geschieht, in der Verdünntheit eines Akt-Begriffs. Dadurch wird das »Erscheinen der Erscheinung« in einen Prozeß verwandelt. Darum muß sich Philosophie als ästhetisches Denken stets zurücknehmen, um zu vermeiden, daß sie in eine neue Naturgnosis abfällt. Sie kann aber als sprachliche Erscheinung, besser: als sprechendes Erscheinen sich selbst als dem sinnlichen Welterscheinen immanent erkennen. Sie ist an semantische Kontexte gebunden und an sie verwiesen. Doch eines kann sie und muß sie tun: ihren eigenen Reflexionsakt als ein Erscheinen einsichtig machen, sich selbst und dadurch ihre Konstituiertheit radikal zur Auflösung bringen. Reflexion vollzieht sich stets, indem sie Erscheinendes sich verfügbar macht und in begrifflichen und ontologischen Konstanten zum Stehen bringen will. Alle diese Akte, die abscheiden, Homogenitäten schaffen (wie das Sein, die Natur, der Gegenstand, die Sprache u.a.), sind zu erkennen als Formen der Selbstontologisierung der Reflexion. Paradox ist, daß wir durch die Reflexion konstant verlieren, was wir im unmittelbaren Verstehen ganzheitlicher Fülle schon besitzen. So ist z.B. die sinnliche Erkenntnis des Lichts das Licht selbst. Anders und allgemeiner gesagt: Als Wesen sinnlicher Erkenntnis sind wir Götter oder Gott selbst, als Philosophen sind wir Simulatoren oder Dialektik-Inszenatoren. Als Alltags-Menschen sind wir beides nicht und wollen keines der beiden Extreme sein. Der »intuitus originarius« ist nicht in einen Superintellekt zu projizieren, von dem sich der endliche Intellekt als »intuitus derivatus« absetzen müßte. Das original anschauende Denken, die »intellektuelle Anschauung«, vollzieht sich als ein konstanter, unter dem reflexiven Denken sich konstituierender »Prozeß«. Obwohl ästhetisches Denken »sinnlich« ist, darf es gerade das, was sich als un-sinnlich, als reflexiv und damit als zurückkommend vollzieht, nicht in quasi-sinnliche Prozesse und gegenständliche Quasi-Anschauungen verwandeln. Kurz: es muß eine konstante Gegenbewegung gegen jede Verfestigung im Weltverstehen und Welterzeugen als eine aufhebende, auflösende Reflexion aufrechterhalten werden, als eine Reflexion, die alle Resultate wieder zurücknimmt und verflüssigt.

## *V.*

Ein Exkurs in die Praktische Vernunft Kants kann die Autonomie der ästhetischen Praxis erhellen. Denn in der praktischen Vernunft bildet der Gedanke der Autonomie den Pfeiler, der die ganze Sittlichkeit trägt.[41]

Wie Kant darlegt,[42] ist die praktische Vernunft »gleichsam als ein Faktum«[43] zu betrachten. Seine Absicht ist es, den Bereich frei-

[41] So bei P. Singer, *Praktische Ethik*, Stuttgart 1990, S. 35 f., 85 ff. u.a.

[42] Die folgende Interpretation erfolgt im Hinblick auf die unbeachtet gebliebene Kant-Darstellung H. Barths in seinem Werk »Philosophie der praktischen Vernunft«, Tübingen 1927. Wie »der eigentliche Schwerpunkt der ethischen Gedankengänge im Grunde außerhalb ihrer zu suchen ist« (S. 118 f.), und sie am »gemeinen Mann« der »Probe des alltäglichen Beispiels« unterworfen sind, so wird hier auch daran angeknüpft, daß die ästhetischen Gedankengänge in der alltäglichen künstlerischen Praxis ihren »Vorrang« besitzen, eingedenk der Einsicht Kants: »Vor einem niedrigen, bürgerlichen gemeinen Mann, an dem ich eine Rechtschaffenheit des Charakters in einem gewissen Maße, als ich mir von mir selbst nicht bewußt bin, wahrnehme, bückt sich mein Geist, ich mag wollen oder nicht und den Kopf noch so hoch tragen, um ihn meinen Vorrang nicht übersehen zu lassen« *(Kritik der praktischen Vernunft, 77)*. Man stoße sich nicht an der ungewohnten Ausdrucksweise. In Analogie zur Praxis des gemeinen Mannes sei nun die ästhetische Praxis des Künstlers verstanden, zumal jede Praxis, die »es gibt«, auch wahrnehmbar, also ästhetisch ist.

zulegen, in dem sich die Vernunft in ihrer Praxis zeigt. Man kann seinen Einsatz kurz mit dem Satz beschreiben: Es gibt praktische Vernunft.[44] Kein theoretisches Prinzip genügt ihr und kann sie – in ihrer Wirklichkeit – begründen. Praktische Vernunft ist, wie es ihre Bezeichnung sagt, »vernünftig«, aber nicht theoretisch, deswegen nicht irrational, sondern atheoretisch. Wenn es nun Schwierigkeiten bereitet, die praktische Vernunft in ihrer Wirklichkeit zu beschreiben, so genügt der Hinweis auf die in ihre Alltagspraxis verstrickten Individuen, die durch ihre Entscheidungen von Augenblick zu Augenblick praktische Vernunft verwirklichen. Kant beabsichtigt nicht, eine »Handlungstheorie« zu entwickeln, weder im Sinne der »Ethik« noch der »Soziologie«. Denn im Abstraktionshorizont wissenschaftlicher Beschreibungen regrediert Ethik zu einem Komplex von Handlungsregeln, die man je nach Intention mit sog. »Werten« bestücken könnte. Dies hat nichts mit einer Vernunft, die durch sich selbst praktisch wird, zu tun. Es gibt keine »reine« praktische Vernunft, denn indem sie Absicht auf gutes Handeln in sich erzeugt, ist sie bereits in den Horizont der Wirklichkeit eingetreten. Was Kant als Grundsatz seiner Ethik formuliert, den kategorischen Imperativ, ist bereits das Resultat einer Reflexion der transzendentalen Vernunft. Wer Kant Formalismus vorwirft, hat verkannt, daß keine Philosophie wirklicher als die Wirklichkeit sein kann. Praktische Vernunft manifestiert sich als sich vollziehende; im Willen um ihre Verwirklichung ist sie bereits »wirklich«. Kant ist vorsichtig, wenn er die Sollens-Wirklichkeit beschreibt, sie ist nicht Faktizität im Sinn gegenständlicher Ontologie, sie ist nur »gleichsam ein Faktum« – mit dem Anspruch, wirklichkeitsmächtiger als die Naturwirklichkeit (der newtonschen Naturwissenschaft) zu sein. Denn sie erschafft sich, produziert sich, insofern sie sich vollzieht.

Dieser Exkurs soll im Sinne einer Analogie von praktischer und ästhetischer Vernunft verstanden werden. Wir spüren damit dem Gedanken der »Kritik der Urteilskraft« nach, daß das Schöne »Symbol der Sittlichkeit« sein kann, weil in ihnen etwas »Analogi-

---

[43] Kant, *Kritik der praktischen Vernunft,* 81.

[44] Kant, ebd. 3.

sches« liege.[45] Zu diesem Analogischen gehören die transzendentale Selbstkundgabe und die Irreduzibilität. Das »Schöne«, das sich erst in der Einstellung der »Interesselosigkeit« manifestiert, ist eine Wirklichkeit eigener Art, ist ästhetische Eigenwirklichkeit, die sich keiner begrifflichen Bestimmung beugt. Sie ist nicht ein »ganz Anderes«, dem Menschen letztlich Entzogenes, ist doch das Ästhetische bei Kant mit dem »Lebensgefühl«, mit »Lust und Unlust« verbunden. Die Autonomie des Ästhetischen als transzendental verstandene Selbstmanifestation, die sich ebenfalls wie die praktische Vernunft atheoretisch gebärdet, entgleitet nicht in die Unbegreiflichkeit der Kunst, die allein, gemäß Adorno, begreiflich gemacht werden solle. Auch hier hilft der Seitenblick auf die alltägliche Praxis, in der konstant ästhetische Entscheidungen vollzogen werden. Denn dort, wo uns die ästhetische Praxis in ihrer Selbstbezüglichkeit, in ihrer Stringenz am deutlichsten entgegentritt, finden wir die Praxis der Kunst. Die Philosophie und keine Kunst-Ästhetik kann analogisch an sich selbst vollziehen, worin ästhetische Praxis bestehen könnte. Ist praktische Vernunft durch sich selbst wirklich, dann ist sie auch schon immer in den Horizont des Ästhetischen eingetreten. Der Impetus des Sollens erscheint als das schlichteste Etwas, als irgendetwas, als Readymade, in seiner Wirklichkeitsspitze.[46]

Am Ende des 20. Jahrhunderts wird deutlich – und der gegenwärtige Ästhetik-Boom darf nicht darüber hinwegtäuschen – daß sich die philosophische Ästhetik seit dem Impressionismus nicht mehr um die ästhetisch-künstlerische Praxis gekümmert hat. Noch heute wird eher über »ästhetische Erfahrung« reflektiert, als daß man sich mit den Kunstwerken, mit den Kunsterscheinungen und den Künstlern und Künstlerinnen selbst einließe. Es gab auch Symposien über Sachverhalte, die es streng genommen gar nicht gibt, so über den »ästhetischen Schein«. Heute ist das Verhältnis zur ästhetisch-künstlerischen Praxis immer noch höchst ambivalent, ist man doch gerne bereit, vor den Gefahren einer Verselbständigung des Ästhetischen zu warnen – doch plötzlich entdeckt

---

45 Kant, *Kritik der Urteilskraft* § 59.

46 Gemäß den Darlegungen von Th. de Duve in seinem Referat am 4. 9. 1992.

man die paradigmatische Bedeutung der Kunst für die Philosophie selbst. Kunst als die Übersteigerung der Philosophie der Kunst! Schelling sei erinnert, auch Merleau-Ponty (Cézanne), Adorno (Samuel Beckett). Fragt man nach Philosophen, die auf die Kunst heute einwirken, so ist nur Ludwig Wittgenstein zu nennen. Vielen Künstlern der Concept Art ist er so wichtig wie Marcel Duchamp.

Es wäre an der Zeit, der sichtbar gewordenen Autonomie der Kunst des 20. Jahrhunderts einen symbolischen Stellenwert in der Selbstreflexionsgeschichte der Philosophie zuzuerkennen.[47] Der Aufbruch der Kunst um das Jahr 1910 kann nachträglich als ein Durchbruch und als ein nachholender Vollzug von Einsichten verstanden werden, die die philosophische Aufklärung im 18. Jahrhundert erreichte.[48] Stellvertretend für die vielen künstlerischen Bewegungen seien genannt: Cézanne, Malewitsch, Mondrian, Kandinsky, Dadaismus. Es ist das Ergebnis der Kunst dieses Jahrhunderts, daß sie, auf sich selbst gestellt, das große Unternehmen der transzendentalen Grundlegung des Erkennens an sich selbst vollzog. Es vergingen 200 Jahre, bis eine Kunst auftrat, die den Schritt in die ästhetische Selbstbegründung wagte – mit Erfolg. In rasch aufeinander folgenden Schüben kam sie an ihr Ziel – mit dem Ergebnis, daß sie sich heute ganz neu orientieren muß.

In einer groben Vereinfachung kann man sich die Geschichte der bildenden Kunst in den vergangenen 150 Jahren als einen Prozeß der ästhetisch-künstlerischen Autonomisierung vergegenwärtigen, vergleichbar einer transzendentalen Selbstreflexion der Kunst über ihre eigenen Voraussetzungen und einer immer strengeren Freilegung ihrer Mittel, Materialien, Techniken bis zum Zentrum ihrer Selbstproduktion und Kreativität. In diesem Prozeß durchdrang sie sich selbst und katapultierte sich in einen Zustand der Selbstverfügbarkeit, so daß sie sich von allen traditionellen Bin-

---

[47] So das Votum von G. Boehm, in: W. Oelmüller (Hg.), *Kolloquium Kunst und Philosophie, Bd. 2, Ästhetischer Schein,* Paderborn u.a. 1982, S. 337 f.

[48] So bei W. Schulz, *Metaphysik des Schwebens,* a.a.O., S. 11 ff., 415 ff.; J.-F. Lyotard, *Philosophie und Malerei im Zeitalter ihres Experimentierens,* Berlin 1986, S. 76 f.; H. Böhringer, *Begriffsfelder. Von der Philosophie zur Kunst,* Berlin 1985. Mit einer gegenüber dem Kunst-Großbetrieb kritischen Haltung ders., *Moneten. Von der Kunst zur Philosophie,* Berlin 1990.

dungen freigespielt hat. Das »Beliebige« tritt als Kunstkategorie auf oder die Freiheit von 360 Graden, wie Jean-Christophe Ammann formuliert.[49] Dies bedeutet nicht, daß die Kunst mit ihrer eigenen Geschichte brach, wie dies die Bruch-Inszenierungen der Moderne glauben machen wollten. Ihre Selbstverfügbarkeit erreichte sie, indem sie den in ihrer eigenen Geschichte angelegten Tendenzen folgte. Sie bildet heute – wie das zu sich selbst gekommene absolute Wissen der »Phänomenologie des Geistes« – eine Leerstelle, an der sie, um existent zu bleiben, oft nur noch die Erinnerung an sich selbst zitiert. Die heutigen Selbstzitierungen scheinen zu bezeugen, daß Kunst ihre eigene Geschichte in das Mittel ihrer Selbstverwirklichung transformiert – darin der Philosophie unserer Tage nicht unähnlich. Dies kann als das Ende der Kunstinterpretation alten Stils betrachtet werden: vollendete Selbstreflexion, verbunden mit der Akzeptanz aller ihrer geschichtlichen Erscheinungen, also der ganzen Kunst-Geschichte.

Sie hat sich ihrem eigenen Selbstproduktionsakt zugewandt und ist nun daran, ihre »Sinnlichkeit« zu reflektieren und zu medialisieren. Dies dürfte der Preis dafür sein, daß sich die Fixierung auf das Kreativitätsprinzip nur mit einem hohen Grad an Reflexivität und Entsinnlichung und echter Arbeit an der Wahrnehmung durchführen läßt. Schmidt-Wulffen hat am Beispiel von Cindy Sherman's Arbeiten dargelegt, wie die originäre Sinnlichkeit in Utopie transformiert wird.[50] So sehen wir heute das seltsame Schauspiel einer »entwirklichten« Kunst, die ihre Hervorbringungen mit einer verborgenen sinnlichen Primärwirklichkeit konfrontiert. Darum entsteht der Eindruck einer »Simulation«, auf die J. Baudrillard mit Penetranz aufmerksam macht.[51] Der Verlust der »naiven«, »originären« sinnlichen Erkenntnis zeigt sich daran, daß man von einer schon als Resultat auftretenden Bildlichkeit ausgeht und sich auf die Suche nach der »wirklichen Wirklichkeit« macht. Auf dem Standpunkt der transzendentalen Reflexivität kann nur

[49] Anläßlich der Plenumsdiskussion am 4. September 1992. Die Beliebigkeit oder reine Etwasheit ist durch Marcel Duchamps Readymade bereits vorgedacht worden.

[50] In seinem Referat am 4. September 1992.

[51] J. Baudrillard, *Der symbolische Tausch und der Tod*, München 1992.

noch die Intention auf Wirkliches, das selbst nicht Bild werden will, sichtbar gemacht werden.

Die entpersönlichte, entsubjektivierte Kunst von heute erweckt indirekt die Gegenwärtigkeit einer erfüllten, subjektiv geladenen ästhetischen Erkenntnis. Das Arrangement von Zeichen, Symbolen, visuellen oder plastischen Readymades verweist auf ein höchst unpersönliches Zentrum von Organisation. Selbst der sog. Kreativitätsakt, auf den Joseph Beuys hinstrebte, wird der Strategie der Sichtbarwerdung unterworfen und damit seiner existentiellen Einzigartigkeit enthoben.[52] So zeigen die postmodernen Architekturen ein cleveres Spielen mit Formen und Strukturen, ohne daß der Wille oder der Kreativitätsakt eines einzelnen Architekten spürbar wird.

Auf dem Gang zu ihrer hier idealtypisch fixierten Selbstreflexion oder Selbstreflexiertheit erzeugt Kunst konstant neue Kunstformen, so daß die klassischen Disziplinen Malerei und Skulptur als Ballast unserer Zivilisation bezeichnet werden.[53] Die transzendentale Totalmobilisierung hat alle Bilder, Gegenstände und Medien erfaßt, so daß alles und jedes Bestandteil einer sich selbst bestimmenden Kunst werden kann.

Halten wir fest: Es gibt heute einen »Spielraum«, in dem sich Kunst in einer anscheinend absoluten Freiheit verwirklicht. Doch diese Freiheit verpflichtet, denn wer in diesen Spielraum eintritt, muß fähig sein, sich selbst Regeln geben zu können. Vor allem muß er die Grundregel akzeptieren, sich eigene Regeln zu geben. Wie John Cage postuliert, gilt auch die streng durchgeführte Nicht-Regel, was zwar ein Widerspruch ist, doch neue ästhetische Bereiche erschließt. Seine »Rede über nichts« ist ein Musterbeispiel, wie die bisherigen Regeln, um einen Vortrag zu halten, auf die echte

---

[52] Harlan, Rappmann, Schata, *Soziale Plastik. Materialien zu J. Beuys*, Achberg 1984, S. 102. – W. Kotte, »Denkformen bei Beuys«, in: V. Harlan, D. Koepplin, R. Velhagen (Hg.), *Joseph Beuys-Tagung. Basel 1. – 4. Mai 1991*, Basel 1991, S. 49 ff.

[53] Die Aspekte Beschleunigung, Geschwindigkeit und das Verschwinden verleitet einige Kunsttheoretiker, sie zum Zentrum einer neuen Ästhetik zu erheben, so z.B. bei Paul Virilio, *Ästhetik des Verschwindens*, Berlin 1986 (Franz. Originalausgabe Paris 1980); Peter Weibel, *Die Beschleunigung der Bilder*, Bern 1987.

Sprechzeit reduziert werden und dadurch reine Ver-Lautbarung zum Hören gebracht wird.[54] Dieser offene Spielraum fordert, daß jeder Mitspielende auch seine eigene Kunstform erfinden muß, mit allem Zubehör, an Instrumenten, Material, Verhaltensmustern etc. Das Spiel verlangt, es von einer besonderen Positionalität aus zu spielen – oder auch, wie Lawrence Weiner folgerte: das Spiel auch sein zu lassen.[55] Standnehmen, Einstellung, Verhalten, Positionalität – alle diese Termini sind philosophischer Grundbestand von Lebensphilosophie, philosophischer Anthropologie und Phänomenologie. Von dieser Einstellungsentscheidung aus erschließt sich ein jeweiliger Wirklichkeitshorizont, dessen Erforschung und Produktion die Form der Kunst bestimmen kann. Auch die Reduktion auf das zeitliche Standnehmen (On Kawara), auch das Hier und Jetzt der Wahrnehmung in der Reduktion einer Schrift wird selbst wieder in die Kunst einbezogen.[56]

Auch in der traditionellen Kunst gibt es kein Entrinnen vor den Anforderungen dieses Spiels. Die Malereien von Gerhard Richter, Eric Fischl, Jean-Charles Blais, Daniel Buren (als unterschiedliche Beispiele) sind durchsetzt mit verschiedenen Sehvoraussetzungen, die in ihrer eingeübten Unmittelbarkeit gebrochen werden und zu einer in sich sehr dirimierten Einheit verschmelzen. Es ist nicht selbstverständlich für den Maler, daß er Pinsel und Leinwand benutzt.[57]

---

[54] John Cage, *Silence. Vortrag über nichts,* Neuwied, Berlin 1969.

[55] Lawrence Weiner, *A Selection of Works with Commentary by / Eine Werkauswahl mit einem Kommentar von R. H. Fuchs, Ausstellungskatalog Kunsthalle Basel,* 28. August – 3. Oktober 1987, Basel 1976: »With relation to the various manners of use:
1. the artist may construct the piece
2. the piece may be fabricated
3. the piece need not to be built

Each being equal and consistent with the intent of the artist the decision as to condition rests with the receiver upon the occasion of receivership.«

[56] Rémy Zaugg, *Für ein Bild* – mit Beiträgen von J.-Ch. Ammann, Th. Vischer, F. Ph. Ingold, R. Zaugg, Basel 1988.

[57] So stellen z.B. die Bilder auf Plakatabrissen von J.-Ch. Blais eine eigentümliche Synthese dar u.a. aus den Nouveaux Réalistes, den surrealistischen Strategien der dessins automatiques, der Pop-art, Arte povera und

Als Gegenthese gegen die These der Irrelevanz von Malerei und Skulptur angesichts der neuen Medien ist aufgrund der transzendentalen Verfassung und ihrer Genese zu erwägen, ob nicht alle heutige Kunst eine Form von Malerei ist, aber ohne die Mittel und Materialien der bisherigen Malerei. Dies würde das Statement Michelangelos in ein neues Licht rücken, daß alle Kunst mit der Malerei begonnen habe.

## *VI.*

Ich komme zurück zum Ausgangspunkt, zur autonomen ästhetischen Praxis. – In der Konsequenz dieser modellhaften Darstellung müßte man sagen, daß die autonome ästhetisch-künstlerische Praxis zur Entsinnlichung und zur isolierenden Beschäftigung mit dem Produzieren von Kunst selbst führte. Ein durchgehendes Moment des Reflexiven hat sich durch alle Kunst hindurchgefressen und hat sich selbst zum Erscheinen gebracht. Die Kunst ist deswegen nicht falsch, sie kann nicht anders sein, als wie sich das Erscheinen der Erscheinung vollzieht, im sprachlichen Medium reflektierter Erscheinung. Darin liegt ein Verlust an erfüllter ästhetischer Erkenntnis, aber auch ein Gewinn, wird doch die ästhetische Dimension der Kognition erschlossen: Sprache selbst ist erscheinend.

Diese Darlegung führt zu einem radikal offenen Verstehen dessen, was in der bis anhin ausgeübten »Kunst« geschehen ist. Die ästhetische Praxis kann nur in dieser selbst entschieden werden. Dies bedeutet, daß Kunst so unbestimmt ist wie Philosophie. Die ästhetische Praxis ist in ihrer Selbstklärung frei von allen bisherigen inneren und äußeren Bestimmungen und Begrenzungen. Ihr transzendentaler Status ist derart, daß sie nur aus sich selbst Eigendeutungen zuläßt. Die autonome ästhetische Praxis führt grundsätzlich über »Kunst« hinaus, was alle, die ihr begegnen, einladen sollte, ihre Existenz neu zu überdenken.

---

aller Stadien der suprematistischen und (post?)-suprematistischen Malerei von Malewitsch; vgl. J.-Ch. Blais, *Affiches arrachées. Mit einem Textbeitrag* von A. Wildermuth, Basel, Stuttgart, Bad Cannstatt 1990.

Es ist nicht einzusehen, warum Kunst an ihrer eigenen Entfaltung gehindert, ja verhindert werden soll, nur weil sie bis anhin eine kulturelle Rolle der ergänzenden Dienstleistung innehielt. Die Aufarbeitung, Aneignung und Erinnerung der Kunst des 20. Jahrhunderts muß doch zum Schluß führen, daß diese der Philosophie gleichen Zeitraums als ebenbürtig zur Seite zu stellen ist. Die Philosophie ist dies der Kunst schuldig.

In der Begegnung von Philosophie und Kunst zeichnet sich nun ein eigenartiges Wechselspiel ab: Die Philosophie bricht auf, sich ihrem eigenen ästhetischen Untergrund zu nähern, während die Kunst nach einer vollen Wendung zum Ästhetischen dieses zugunsten einer Selbstreflexivität verliert. Dies kann als ein sehr grobes Modell angesehen werden, ohne daß dabei etwas gesagt worden wäre über Normen, die aus ihm abgeleitet werden könnten. Bei allen diesen philosophischen Erörterungen über die ästhetische Praxis ist zu sagen, daß sie in dieser selbst nur mittelbar engagiert sind. Sie kann darauf dringen, die Voraussetzungen für sie zu klären. Doch streng genommen ist ästhetische Praxis nur in der Selbsterhellung des Ästhetischen lokalisiert. Philosophie kann aber durch den begründeten Verzicht, der Kunst Normen zu geben und sie erklären zu wollen, sich aufgerufen sehen, ihr eigenes Ästhetisch-Sein sich anzueignen.

Martin Seel

# Zur ästhetischen Praxis der Kunst

»Praxis der Kunst« nenne ich vereinfachend jede menschliche Tätigkeit des wahrnehmenden oder herstellenden Umgangs mit Werken der Kunst. Dies ist keineswegs die einzige Art ästhetischer Praxis; sie ist vielmehr eine unter anderen Arten ästhetischen Verhaltens. Über diesen Zusammenhang möchte ich sprechen. Ich werde untersuchen, wie sich die ästhetische Praxis des Umgangs mit Werken der Kunst zur ästhetischen Praxis im allgemeinen verhält.

Ein negatives Ergebnis meiner Betrachtungen möchte ich gleich vorwegnehmen: Es ist sinnlos, die ästhetische Praxis der Kunst in einem methodischen oder normativen Sinn zum Modell ästhetischer Praxis *im allgemeinen* zu erheben, wie es sinnlos ist, die ästhetische Praxis in einem methodischen oder normativen Sinn zum Modell der menschlichen *Lebenspraxis* zu erheben. Die ästhetische Praxis der Kunst ist eine *lokale* Praxis, sowohl im ästhetischen als auch im existentiellen Sinn. Das Verhältnis, in dem sie sowohl zur übrigen ästhetischen als auch zur übrigen existentiellen Praxis steht, ist keines der Kontinuität. Zu den Bedingungen der Teilnahme an dieser Praxis gehört eine Distanzierung aller übrigen Praxis.

## 1. Ästhetik und Ethik

Bevor ich den Ort der kunstästhetischen Praxis genauer zu bestimmen versuche, möchte ich daran erinnern, wie sich *ästhetische* Praxis im allgemeinen zur *menschlichen* Praxis im allgemeinen verhält. Sie ist ein besonderer Teil der menschlichen Praxis. Sie ist derjenige Teil menschlicher Praxis, die sich durch die beiden Merkmale einer selbstbezüglichen Sinnlichkeit und einer vollzugsorientierten Zeitlichkeit auszeichnet. Soll von ästhetischer Praxis im allgemeinen die Rede sein, so muß »Sinnlichkeit« hierbei in einem sehr weiten Sinn verstanden werden – sie muß nicht nur alle Sinne umfassen können, sondern darüber hinaus affektive Reaktionen und imaginative Leistungen, die von sinnlicher Affiziertheit ausgelöst, begleitet oder getragen werden. *Selbstbezüglich* sind diese sinnengeleiteten ästhetischen Wahrnehmungen, insofern es ihnen nie allein um das jeweils *Wahrgenommene,* sondern stets zugleich um das Geschehen der *Wahrnehmung* des jeweils Wahrgenommenen geht. *Vollzugsorientiert* ist dieses Wahrnehmen, weil es ihm zunächst und vor allem um den *Vollzug* dieser doppelstelligen Wahrnehmung geht. Der ästhetischen Wahrnehmung geht es primär um die Zeit ihres Vollzugs selbst. Sie erfolgt um ihrer selbst und um ihrer jeweiligen Objekte willen; in ästhetischen Dingen ist das eine vom andern nicht zu trennen. Ästhetische Praxis ist eine Tätigkeit der sinnengeleiteten Wahrnehmung, der es um die Objekte und Vollzüge dieser Wahrnehmung selbst geht.

Diese sehr knappe Bestimmung ist natürlich nur haltbar, wenn sie einer Reihe von Einwänden standhalten kann. Ein erster Einwand reklamiert die *kognitive* Relevanz ästhetischer Wahrnehmung. So richtig es aber ist, daß ästhetische Praxis bedeutende – und genuine – Erkenntnis ermöglichen kann, so gilt dies doch nicht von ästhetischer Praxis schlechthin. Der zweite Einwand stellt den vollzugsorientierten Charakter ästhetischer Praxis in Frage. So richtig es aber ist, daß ästhetische Praxis häufig nicht *ausschließlich* vollzugsorientiert ist, daß mit ihr oft noch andere, über die eigenen Grenzen hinausreichende Zwecke verbunden werden – wäre sie für die Individuen nicht zunächst einmal *selbst* ein Zweck, so wäre es keine ästhetische Praxis. Daß ich mit einer Handlung, die ich um ihrer selbst willen ausführe, noch weitere, externe Zwecke verfolge, daß sie mir also nicht nur Zweck, sondern *auch* Mittel ist, ändert nichts an ihrem Charakter als einer selbstzweckhaften Handlung. Ein dritter Einwand besagt, die Charakterisierung ästhetischer Praxis als einer selbstbezüglich sinnengeleiteten Wahrnehmungstätigkeit bevorzuge einseitig die ästhetische Rezeption gegenüber der ästhetischen Produktion. So richtig es aber ist, daß ästhetische Rezeption und ästhetische Produktion kategorial verschiedene Dinge sind (worauf ich unten noch ausdrücklich eingehen werde), so wesentlich ist es der künstlerischen Arbeit, daß sie Wahrnehmungsvollzüge der beschriebenen Art zumindest impliziert. Außerdem gilt vom Künstler, daß er nicht nur das *intendierte Objekt,* sondern gerade den *Prozeß* der ästhetischen Werkfindung intendiert. Die gelungenen Objekte einer vollzugsorientierten ästhetischen Wahrnehmung setzen eine vollzugsorientierte ästhetische Herstellung voraus. Ein vierter Einwand schließlich besagt, die gegebene Bestimmung zeichne ein allzu positives Bild ästhetischer Aktivität. So richtig es aber ist, daß ästhetische Praxis oft eine lästige und leidige Sache ist – etwa für den Künstler, der eine Krise durchlebt, für den Theaterbesucher, der einer langweiligen Inszenierung beiwohnt oder für den sprichwörtlichen Musiker, der es haßt, Schönberg zu spielen –, so ergibt sich doch dieses vielfältige Elend ästhetischer Praxis allein aus der Möglichkeit einer vielfältigen Erfüllung. Wie jede andere Praxis kann die ästhetische scheitern; wie jede andere nicht-instrumentelle Praxis kann sie ihr internes Telos verfehlen. Ihr allgemeines internes Telos aber ist einfach dies, in Zustände und Prozesse einer vollzugsorientierten und selbstbezüglichen sinnengeleiteten Aufmerksamkeit zu führen.

Je trivialer dies erscheint, desto besser. Wäre es trivial, bräuchte über die Aufgaben der Ästhetik kein Streit zu bestehen. Ästhetik wäre Theorie ästhetischer Praxis – Aufklärung der Bedingungen und Bedeutungen jenes besonderen Tätigseins, dem es in vollzugsorientierter Weise um selbstbezügliche sinnliche Wahrnehmungen geht[1].

Eine Konsequenz dieses Verständnisses möchte ich ausdrücklich nennen. Ästhetische Praxis unterscheidet sich von aller übrigen Praxis nicht durch irgendwelche Funktionen, die sie erfüllt, sondern durch eine bestimmte innere Verfassung, die ihr zukommt. Ihr »Telos« ist ein *internes* Telos. Welche sozialen, therapeutischen, ökonomischen und sonstigen Funktionen ihr außerdem zukommen mögen, ist zwar im faktischen Leben keineswegs

---

[1] Ästhetik in diesem bereits recht weiten Sinn muß strikt unterschieden werden von einer philosophischen, psychologischen oder physiologischen Untersuchung der Bedingungen von Wahrnehmung (und Erkenntnis) *überhaupt,* die lediglich über *Bedingungen* der *besonderen* Aktivität *ästhetischer* Wahrnehmung Auskunft geben kann. *»Aisthetik«* in dieser umfassenden Bedeutung liegt vor jeder philosophischen *»Ästhetik«;* sie sollte daher nicht mit letzterer zusammengeworfen werden, wie dies in der gegenwärtigen Ästhetik-Euphorie leider oft geschieht.

gleichgültig, darf aber den Begriff dieser Praxis nicht bestimmen. Der generelle Sinn ästhetischer Praxis ist gerade, gegenüber allen diesen externen Funktionalisierungen indifferent sein zu *können*. Da sie nicht um anderer Ziele und Zwecke willen ausgeübt werden muß, braucht sie auch nicht im Namen anderer Ziele und Zwecke erklärt und gerechtfertigt zu werden.

Eine zweite Konsequenz möchte ich nennen, die völlig im Einklang mit der ersten steht, obwohl es auf den ersten Blick so scheinen kann, als widerspreche sie ihr. Ästhetik ist ein Teil der Ethik. Wenn es stimmt, daß es die Ästhetik mit einem weiten Feld vollzugsorientierter Praxis zu tun hat, ist sie *als solche* ein Teil der Ethik – freilich keiner Ethik des moralischen Respekts, sondern einer Ethik des gelingenden Lebens. Wovon immer die Ästhetik handelt, sie analysiert erreichte oder verfehlte Möglichkeiten des Daseins, die sich ohne weiteres, »um ihrer selbst willen«, lohnen. Damit gehört sie zu jenem Bereich der Ethik, in dem nach Bedingungen oder Bestandteilen eines gelingenden Lebens gefragt wird.

Darüber hinaus hat die ästhetische Theorie sogar einen genuinen Bezug auch zur Moralphilosophie im engeren Sinn. Wenn es stimmt, daß die Ästhetik von Aspekten gelingenden Lebens handelt und es weiterhin richtig ist, die Moral als eine Respektierung von Grundbedingungen und Grundformen guten Lebens zu verstehen, gehört das ästhetische Leben zu jenen Daseinsmöglichkeiten, die unter den Schutz der Moral gestellt sind. Das bedeutet aber: Nicht die Ästhetik hat sich an der Moral zu orientieren, sondern umgekehrt: Die Moral und ihre Philosophie sehen sich gezwungen, den Eigenwert ästhetischer Praxis zu respektieren. Dieser Eigenwert aber wäre verfehlt, würde die ästhetische Praxis zum *Inbegriff* individualethischer Praxis erklärt. (Ob man diesen Fehler mit dem frühen Marx oder mit dem späten Foucault macht, bleibt sich gleich.) Auch die beste *»Ästhetik* der Existenz« wäre bloß eine halbe *»Ethik* der Existenz«. Was ein gelingendes Leben ist, läßt sich in ästhetischen Begriffen nicht hinreichend erläutern. Wie es sich erläutern läßt (wie ein umfassendes Verständnis guten Lebens auszusehen hätte), kann der Ästhetik wiederum gleichgültig sein. Sie hat genug damit zu tun, eine *besondere* Möglichkeit menschlicher Praxis in ihren konstitutiven Bedingungen zu untersuchen. Sie hat genug damit zu tun, den internen Sinn dieser Praxis zu erläutern. Sie hat genug damit zu tun, das Telos eines Tätigseins (und des ihm zugehörigen Bewußtseins) zu analysieren, dem es zunächst und vor allem um die Gegenwart seiner spezifischen Vollzüge und Objekte geht.

## 2. Kunst und ästhetische Praxis

Nur mit Mühe freilich läßt sich überhaupt *ein* allgemeiner Begriff ästhetischer Praxis angeben. Entsprechend blaß ist auch die Bestimmung, mit der ich die ästhetische Praxis von der übrigen abgegrenzt habe. Zu einer aufschlußreichen Erkundung der Möglichkeit ästhetischer Praxis gelangt man erst, wenn man sich auf die konstitutive *Verschiedenheit* ästhetischer Einstellungen und Objekte einläßt. In Anknüpfung an die gegenwärtige Diskussion werde ich im folgenden drei grundlegende Formen ästhetischer Praxis unterscheiden. Von ihnen aus werde ich meine Leitfrage zu beantworten suchen – die Frage, wie sich die ästhetische Praxis der *Kunst* zur ästhetischen Praxis *im allgemeinen* verhält.[2]

### *a. Ästhetik der Korrespondenz*

Eine erste Form ästhetischer Praxis entspringt dem menschlichen Bedürfnis nach einer sinnhaften Gestaltung der Lebensumgebung. Ästhetische Wahrnehmung und Herstellung hat es hier mit der anschaulichen Formung der alltäglichen Wirklichkeit zu tun. Ästhetische Praxis orientiert sich dabei an Gestaltungen, die bestimmte Lebensmöglichkeiten oder Lebensvorstellungen, sei es zum Ausdruck bringen, sei es konturieren, sei es erzeugen. Will man es auf einen Begriff bringen, so liegt es nahe zu sagen, diese ästhetische Praxis sei auf die Wahrnehmung oder Herstellung sinnlich-sinnhafter *Korrespondenzen* gerichtet.

Von solchen Korrespondenzen ist die Lebenswirklichkeit des Menschen heute wie gestern durchsetzt. Man muß dabei keineswegs an die Phänomene der jeweils jüngsten Mode denken; man kann an alle Formen denken, in denen ein anschauliches Arrange-

---

[2] Zu diesen drei ästhetischen Dimensionen vgl. ausführlich Verf., *Eine Ästhetik der Natur*, Frankfurt a.M. 1991.

ment von Lebenssphären geschieht. Das reicht über alle Fragen der Kleidung und der häuslichen Einrichtung, der Gestaltung öffentlicher Räume und Orte bis hin zu den Drucktypen, die Sie auf Ihrem Computer wählen oder den stilistischen Entscheidungen, die bei der Organisation einer Beerdigung zu treffen sind. Ich muß darüber nicht viel sagen, denn die heutige Konjunktur der Ästhetik ist im wesentlichen die Konjuktur einer Ästhetik existentieller Korrespondenzen. Gegenüber der klassisch-modernen Ästhetik, die auf das Kunstwerk und seine Autonomie fixiert war, kann die Korrespondenzästhetik mit Recht auf die Alltäglichkeit und Überallheit des menschlichen Stilisierungsverlangens hinweisen – eines Bedarfs, dem nicht durch isolierte Konstruktionen, sondern durch situierte Gestaltungen entsprochen wird. Jedoch erliegt die neuere Ästhetik nicht selten der Verlockung einer *Totalisierung* dieser Dimension ästhetischer Praxis. Diese Tendenz sehe ich etwa bei Pierre Bourdieu oder auch in der Naturästhetik Gernot und Hartmut Böhmes oder in dem, was seit Foucault unter dem Titel einer Ästhetik der Existenz firmiert.[3] Korrespondenz, so kann es hier scheinen, ist das eigentliche Fundament, ist Anfang und Ende aller ästhetischen Praxis.

Das mag zwar in einem historischen Sinn zutreffen, ist aber ansonsten verfehlt. Nicht zuletzt das Beispiel der Kunst spricht gegen die Totalisierung einer Ästhetik der sinnhaften Gestaltung. Natürlich hat die Kunst seit jeher korresponsive Wirkungen gehabt und seit jeher auch auf solche Wirkungen gezielt. Gemälde beinflussen die Atmosphäre des Raums, in dem sie hängen, Musik erfüllt den Ort ihres Erklingens mit Anklängen aller Art, jeder Film (und mancher Roman) zielt darauf, einen Raum *imaginärer* Korrespondenzen entstehen zu lassen, während sich die Architektur darum bemüht, gestaltende Räume des Lebens *realiter* zu eröffnen. Selbst aber, wenn alle Kunst eine korresponsive Seite oder einen korresponsiven Grundzug hätte, wäre sie noch lange nicht Kunst der

---

[3] P. Bourdieu, *Die feinen Unterschiede. Kritik der gesellschaftlichen Urteilskraft,* Frankfurt a.M. 1984; G. Böhme, *Für eine ökologische Naturästhetik,* Frankfurt a.M. 1989; H. Böhme, *Natur und Subjekt,* Frankfurt a.M. 1988; M. Foucault, *Sexualität und Wahrheit,* 3 Bde., Frankfurt a.M. 1977 ff.

existentiellen Gestaltgebung allein. Mehr noch: Sie wäre von ihrer korresponsiven Konstitution her gar nicht zu verstehen.

Viele der stilisierenden Effekte und Wirkungen nämlich, die Werke der Kunst erzielen, erzielen sie durch eine vorangehende Unterbrechung, ja Ausschaltung aller situationsgebundenen Korrespondenz. Die sinnhaften Gestaltungen, von denen eine Ästhetik der Korrespondenz spricht, sind per definitionem *kontextuelle* Phänomene; es handelt sich um Formen oder Formzusammenhänge, die auf eine sinnenfällige Weise den Charakter der Situation prägen oder konturieren, in denen sie ihre gestaltende Energie entfalten. Die Bedeutung dieser Formen ist von der faktischen oder möglichen Bedeutung der Situationen, denen sie eine Gestalt verleihen, nicht zu trennen. Die Geste, die einer schönen Lampe eignet, enthält bereits den Bezug auf einen existentiellen Raum, auf den sie ihre Grazie oder Kühle ausstrahlt – auch wenn sie vorerst noch im Schaufenster steht. An dieser unmittelbaren Kontinuität zur Lebenspraxis aber haben Kunstwerke nicht teil. Sie sind, was sie sind, kraft ihrer internen Konstruktion. Diese interne Verfaßtheit ist beim Kunstwerk nicht gleichbedeutend mit externer Gestaltgebung. Im Unterschied zum einfachen korresponsiven Objekt markiert das Kunstwerk eine Grenze zwischen sich und der Welt. Es stellt seinen Formzusammenhang der übrigen – und gerade auch der übrigen ästhetischen – Formung der Welt gegenüber. Eben hieraus, aus dieser Gegenüberstellung, können einzelne Werke der Kunst eine ungeheure korresponsive Macht entfalten. Die stilisierende Wirkung, die die Kunst seit jeher in die Breite der alltäglichen ästhetischen Orientierungen hinein entfaltet hat, setzt die Fähigkeit der *Brechung* aller ästhetischen Korrespondenz voraus. Darin liegt eine unumgängliche Gegnerschaft zwischen der Praxis ästhetischer Stilisierung und dem Umgang mit Kunst. Die ästhetische Praxis der Kunst ist auf korresponsive ästhetische Praxis nicht zu reduzieren.

### *b. Ästhetik der Kontemplation*

Obwohl die Ästhetik gegenwärtig von dem Gedanken ästhetischer Korrespondenz beherrscht, wenn nicht berauscht ist, gibt es doch starken Widerstand. Der Gegenvorschlag lautet, ästhetische Praxis überhaupt nicht aus einem Bedürfnis nach sinnhafter Gestaltung, sondern vielmehr aus einem Verlangen nach sinn*abstinenter* Aufmerksamkeit zu verstehen. Ästhetisches Bewußtsein erfülle sich nicht in der geglückten Stilisierung, sondern vielmehr in der geglückten *Suspension* allen Stils, aller sinngebenden Form. Diese Theorie des Ästhetischen wird heute nicht selten mit dem Namen des Erhabenen verknüpft. Das Erhabene erhält dabei eine temporale Explikation. Erhaben ist demnach die Erfahrung des reinen Augenblicks – eines Augenblicks, in dem die Kontinuität des Sinns durchbrochen ist, eines Augenblicks, der außerhalb jeder pragmatisch gerichteten, nach Zukunft und Vergangenheit hin gegliederten Zeit steht. In diesem ästhetischen Augenblick tritt real oder imaginär Gegebenes in sinnfremder Phänomenalität hervor. Ästhetische Praxis, so verstanden, erlaubt eine radikale Distanzierung jeder etablierten Sicht der Dinge, jedes erwartbaren Laufs der Welt. Sie hält sich im Auge der Gegenwart auf, in dem alle Orientierungen gegenstandslos werden.

Will man es auf einen Begriff bringen, so liegt es nahe zu sagen, die so verstandene ästhetische Praxis vollziehe sich in Akten einer reinen *Kontemplation* – allerdings einer dezidiert *ästhetischen* Kontemplation, die mit dem metaphysischen auch das theoretische Erbe ohne Bedauern hinter sich gelassen hat. In diesem Sinn etwa plädiert Karl Heinz Bohrer heute für eine kontemplative Ästhetik des »absoluten Präsens«; auch Jean-François Lyotards Analysen zum Erhabenen weisen in eine ähnliche Richtung.[4] Man kann sich den

[4] K. H. Bohrer, »Zeit und Imagination – Die Zukunftslosigkeit der Literatur«, in: J. Huber (Hg.), *Wahrnehmung von Gegenwart*, Basel, Frankfurt a.M. 1992, S. 81–102; J.-F. Lyotard, »Das Erhabene und die Avantgarde«, in: *Merkur* 38 (1984) S. 151–164. Zu Lyotard vgl. M. Seel, »Gerechtigkeit gegenüber dem Heterogenen?«, in: *Merkur* 43 (1989) 916–923. – Was Bohrers Ästhetik der Kontemplation betrifft, so scheint mir die Rede von einem »absoluten« Präsens der ästhetischen Wahrnehmung nicht konsequent – besser wäre es, von einem »reinen« oder »bloßen« Präsens zu sprechen. Die kontemplative Anschauung *geht zurück* auf bloße Gegenwärtigkeit und *verweilt* in dieser – das ist ihre spezifische *Zeitform*, die nur mit unzulässigen rhetorischen Anleihen bei der metaphysischen Tradition als »Zeitlosigkeit« beschrieben werden kann. Einer Verwechslung der besonderen Zeitlichkeit der Kontemplation mit außerzeitlichen, gar ewig-

Gegensatz zu einer Ästhetik der Korrespondenz kaum krasser denken. Nicht die sinnhafte Gestaltung, sondern der sinnferne Augenblick erscheint jetzt als das Zentrum einer unverwässerten ästhetischen Praxis. Dieses Schisma der modernen ästhetischen Theorien – so verstehen es auch die Anwälte einer kontemplativen ästhetischen Einstellung – verweist auf eine gravierende Differenz in der modernen ästhetischen Praxis selbst. Das Gefallen an existentieller Stilisierung und die Konzentration auf das bloße Spiel der Erscheinungen stellen zwei irreduzible und inkompatible Orientierungen ästhetischer Praxis dar. Das bedeutet aber, daß für die Ästhetik kein Anlaß besteht, in einem methodischen oder normativen Sinn zwischen diesen beiden Dimensionen – und diesen beiden Theorien – des Ästhetischen zu wählen. Gerade der *Gegensatz* zwischen korresponsiver Sinnstiftung und kontemplativer Sinnstörung dürfte für ein volles Bild ästhetischer Praxis wesentlich sein.

Jedoch bietet sich die Ästhetik der Kontemplation als die überlegene *Kunsttheorie* an. Sie attackiert die Ästhetik der Korrespondenz mit dem – wie ich meine, zutreffenden – Argument, im Glauben an die Kontinuität zwischen ästhetischer und existentieller Praxis habe sie den ästhetischen Status zumindest der modernen Kunst im Ansatz verfehlt. So richtig es aber ist, daß von der Ästhetik der Korrespondenz kein Weg zu einer angemessenen Theorie der Kunst führt – dasselbe gilt auch für die moderne Ästhetik der Kontemplation. Eine konsequente Ästhetik der profanen ästhetischen Kontemplation nämlich hat keine Mittel, hinreichend deutlich zwischen kontemplativen Akten und kontemplativen Objekten zu unterscheiden. Objekt einer kontemplativen Wahrnehmung ist einfach das, was Objekt eines Aktes solcher Wahrnehmung ist. Der Augenblick ästhetischer Kontemplation ist ein Augenblick der rücksichtslosen Aufmerksamkeit für etwas, das durch die Art seiner Wahrnehmung aus jeder denkbaren praktischen und intellektuellen Kontinuität herausgerissen wird. Das muß überhaupt kein Kunstwerk oder sonst ein in ästhetischer Absicht hergestellter Ge-

---

keitsbezogenen Zuständen unterliegen auch die eindringlichen Analysen von M. Theunissen: »Können wir in der Zeit glücklich sein?« u. »Freiheit von der Zeit. Ästhetisches Anschauen als Verweilen«, beide in: ders., *Negative Theologie der Zeit,* Frankfurt a.M. 1991.

genstand sein. Nahezu alles und jedes kann Gegenstand einer kontemplativen ästhetischen Anschauung werden. Was ein Kunstwerk von beliebigen Objekten der Kontemplation unterscheidet, läßt sich daher durch den Hinweis auf den ästhetischen Präsens der Kontemplation allein nicht bestimmen.

Aber könnte man nicht sagen, das kompromißlos moderne Kunstwerk sei darum ein unvergleichlicher *Anlaß* kontemplativen ästhetischen Bewußtseins, weil es zugleich eine konstruktive *Exposition* von Augenblickszuständen leiste?[5] Bei Virginia Woolf, Robert Musil, William Carlos Williams, Peter Handke und vielen anderen werden kontemplative Augenblicke zu einem zentralen Thema der Literatur; die Exponate von Donald Judd oder Richard Serra fordern in ihrer »nackten« Präsenz die kontemplative Empfänglichkeit des Betrachters heraus. Die Imagination und Ausstellung sinnferner Gegenwärtigkeit, so ließe sich sagen, gehört zum Gehalt vieler bedeutender moderner Werke der Kunst; zugänglich, so könnte man folgern, sind diese Werke nur kraft eines kontemplativen ästhetischen Bewußtseins, das diese Konstruktion des Kunstwerks mitvollziehen kann. Diese Erläuterung aber darf eine Ästhetik der Kontemplation nicht geben; sie sprengt ihren Rahmen. Ihrzufolge nämlich erweist es sich als *Sinn* moderner Kunstwerke, eine Welt im reinen Präsens zu präsentieren. Einen solchen Sinn aber haben die Gegenstände der strikten ästhetischen Kontemplation zunächst einmal nicht. Es können daher nicht kontemplative Tugenden sein, die einem ästhetischen Objekt den Status eines Kunstwerks verleihen, wieviele dieser Tugenden jedem einzelnen Kunstwerk auch zukommen mögen.[6]

Der Ästhetik der Kontemplation ergeht es also nicht anders als der Ästhetik der Korrespondenz: Sie kann der internen Konstruktion des Kunstwerks nicht gerecht werden. Wie die Kunst die Gesetze der korresponsiven Gestaltung auch dort durchbricht, wo sie selbst ein hohes korresponsives Potential entfaltet, so überschreitet sie das Gebot der kontemplativen Sinnfremdheit gerade da, wo

---

[5] Diesen Weg scheint Bohrer (*Zeit und Imagination*, a.a.O.) zu gehen.

[6] Zu den Aporien einer kontemplativen Ästhetik der Kunst (unter Hinweis auf Fernando Pessoa und Marcel Duchamp) s. Verf., *Eine Ästhetik der Natur*, a.a.O., S. 42 ff. u. 245 ff.

ihre Werke entweder hervorragende Anlässe zur kontemplativen Wahrnehmung oder einmalige Darbietungen kontemplativer Weltzustände sind. Kunstwerke sind weder geradewegs sinnhafte Gestalten des Lebens noch geradewegs sinnferne Augenblicke des Abstands vom Leben.

*c. Ästhetik der Imagination*

In dieser Situation sieht es so aus, als könnte die konventionellste unter den Strömungen der modernen Ästhetik entscheidende Vorteile verbuchen. Sie ist von Anfang an eine Ästhetik der Kunst. Sie ist von Anfang an eine Theorie der internen Verfassung künstlerischer Objekte. Sie versucht diese Verfassung über den Zeichencharakter von Kunstwerken zu bestimmen. Von allen übrigen Dingen nämlich unterscheiden sich Kunstwerke darin, daß sie nicht nur von der Welt, sondern zugleich *über* die Welt sind; von allen anderen Zeichen und Symbolen aber unterscheiden sie sich darin, daß sie sich nicht (oder jedenfalls nicht primär) auf etwas in der Welt beziehen, sondern vielmehr *Sichtweisen* der Welt präsentieren.[7] Im Unterschied zu repräsentierenden *Darstellungen* kann man hier von imaginativen *Darbietungen* sprechen. Die Imagination der Kunst bezieht sich nicht auf das, was der Fall ist, sie artikuliert Kontexte der Relevanz dessen, was der Fall ist oder der Fall sein könnte. Die Begegnung mit Kunst wäre somit eine Situation der Begegnung mit Gebilden, die Zeichen menschlicher Situationen der Begegnung mit etwas sind.

Die Theorie des Kunstwerks als eines, wie ich es nenne, imaginativen Zeichens, ist am weitesten im Kontext der analytischen Ästhetik, bei Nelson Goodman und vor allem bei Arthur Danto entwickelt worden.[8] Ästhetische Praxis kommt hier von vornher-

---

[7] Ich gebrauche den Begriff der »Sichtweise« hier in dem formalen Sinn, den Heidegger im Auge hat, wenn er sagt, es handle sich hier um einen »›universalen Terminus‹ (...), der jeden Zugang zu Seiendem und zu Sein als Zugang überhaupt charakterisiert« *(Sein und Zeit,* Tübingen 1979, S. 147).

[8] N. Goodman, *Sprachen der Kunst,* Frankfurt a.M. 1973; A. C. Danto, *Die Verklärung des Gewöhnlichen. Eine Philosophie der Kunst,* Frankfurt a.M. 1984. – Auch eine Ästhetik diesen Stils ist übrigens in der Lage, einen

ein als »Praxis der Kunst« in den Blick. Die Objekte dieser ästhetischen Praxis sind nun weder existentiell sinn*haft* wie diejenigen der korresponsiven, noch radikal sinn*fern* wie diejenigen der kontemplativen Anschauung. Es handelt sich vielmehr um sinn*reflexive* Gebilde. Das imaginative Objekt stellt keinen existentiellen Sinn *her*, es stellt sinnkonstitutive Sichtweisen *aus*. Es *versieht* nicht eine lebensweltliche Situation mit einer bedeutsamen Geste, es *konfrontiert* seine Betrachter oder Leser oder Hörer mit möglichen Sichtweisen ihrer selbst und der Welt. Somit *unterbricht* das imaginative ästhetische Objekt die Kontinuität zwischen der pragmatisch-alltäglichen und der ästhetischen Situation. Aber diese Unterbrechung erfolgt nicht, wie bei der ästhetischen Kontemplation, durch ein anschauungsversessenes Ausblenden aller sinnhaften Bezüge. Denn solche Bezüge werden vom imaginativen Objekt gerade zur Anschauung gebracht. Während die Objekte der Kontemplation keinen Sinn haben, ist es der Sinn dieser Objekte, Horizonte möglichen Sinns zu exponieren.

Ich habe zuletzt von »imaginativen Objekten« und nicht bereits von Kunstwerken gesprochen, weil auch eine bloße Ästhetik der Imagination den Status von Kunstwerken nicht hinreichend zu erfassen vermag. Eine bloße Theorie der internen Bedeutungshaftigkeit künstlerischer Objekte müßte deren eigenartige Dinglichkeit verfehlen. Denn zwar sind Kunstwerke Dinge, die in einem besonderen Sinn Zeichen sind, aber sie sind auch Zeichen, die in einem besonderen Sinn Dinge sind. Kunstwerke sind Zeichen, die in ihrem Zeichendasein nicht aufgehen, die vielmehr aus ihrem Zeichendasein heraus eine eigene sinnliche Präsenz entfalten, die ihren internen Bedeutungszusammenhang überschreitet und sogar durchschlägt. Kunstwerke sind imaginative Zeichen-

---

generellen Begriff ästhetischer Praxis zu formulieren. Denn die ästhetische Imagination muß nicht an Kunstwerken vollzogen werden; sie kann wiederum (nahezu) alles und jedes so auffassen, als *wäre* es Kunst. (Wenn man z.B. einen Sonnenuntergang anschaut, als wäre er ein Gemälde von Turner, oder einen beliebigen Sandhaufen auf einer Baustelle, als wäre es ein Objekt konkreter Kunst.) Jedoch ist diese *projektive* Imagination klarerweise abhängig von der *konstruktiven* Imagination der Kunst. Insofern ist die imaginative ästhetische Praxis – im Unterschied sowohl zur korreponsiven als auch zur kontemplativen – immer eine kunst*bezogene* Praxis.

dinge, die als solche ein hohes korresponsives und kontemplatives Potential enthalten.

Gerade deshalb aber stellt die Theorie des imaginativen Kunst-Zeichens eine unumgängliche *Basis* einer Ästhetik der kunstbezogenen Praxis dar. Nur sie kann begreiflich machen, was das Kunstwerk vom bloßen Objekt existentieller Stilisierung und vom reinen Objekt sinnferner Augenblicke unterscheidet. Nur sie kann andererseits begreiflich machen, warum Kunstwerken *als* Kunstwerken häufig eine hohe korresponsive und kontemplative Energie zukommt. Seine besondere *korresponsive* Macht gewinnt das Kunstwerk gerade durch sein imaginatives Potential. Indem es Sichtweisen der Welt präsentiert, öffnet es nicht selten die Wirklichkeit für diese Sicht. Seine besondere *kontemplative* Präsenz gewinnt das Kunstwerk ebenfalls aus seiner präsentativen Leistung. Zum einen sind kontemplative Einstellungen ein prominenter Inhalt künstlerischer Darbietungen zumal in der Malerei, Literatur und Musik der Moderne. Aber das ist nicht der eigenlich interessante Fall. Dieser ist erst dort gegeben, wo sich das Kunstwerk *selbst* in ein Gegenüber sinnabstinenter Konzentration verwandelt. Wie die dekonstruktive Ästhetik gezeigt hat, lauert diese Möglichkeit überall. Die Elemente eines Kunstwerks und der Sinn, den sie im konstellativen Zusammenwirken gewinnen, bilden keine feste Einheit. Wo aber die Sinnhaltigkeit der Elemente – oder der ganzen Konstellation – eines Werks fraglich wird, tritt seine ungesättigte Sinnlichkeit blitzartig hervor. So hervortreten kann sie wiederum nur im Kontext eines Gebildes, das seinen internen Sinn aus der Sinnlichkeit seiner Konstruktionselemente bezieht. Diesen unstillbaren Konflikt zwischen Sinn und Sinnlichkeit kann aber nur derjenige ästhetische Gegenstand entfachen, der nicht allein ein kontemplatives, sondern zugleich ein imaginatives Objekt – und also ein Kunstwerk – ist.

Nur die Theorie des Kunstwerks als einer imaginativen Artikulation weltbildender Sichtweisen, mit einem Wort, kann die ästhetische Praxis der Kunst aus der Möglichkeit der *Überlagerung* der drei Weisen ästhetischer Orientierung begreifen. Nur sie vermag im Kunstwerk das *ästhetisch nicht festgelegte* Ding zu erkennen – dasjenige Ding, das die Wahrnehmenden mit der Gegenwart einer möglichen Welt konfrontiert, das ihre Wirklichkeit mit sinnhaften

Gestaltungen versieht und das doch in der Lage ist, ihre Wahrnehmung von aller Sinnerwartung zu befreien.

*d. Ästhetische Rätsel*

Natürlich habe ich ein bißchen übertrieben. Nicht jedes Kunstwerk ist in allen drei ästhetischen Dimensionen interessant; nicht von jedem darf man eine dreifache ästhetische Artikuliertheit erwarten. So wie sich die verschiedenen Künste in diesem Punkt unterscheiden, so tun es nochmals die einzelnen Kunstwerke.[9] Insofern ist meine Rede von »dem« Kunstwerk und seiner ästhetischen Verfassung extrem vereinfachend. Diese Vereinfachung erscheint mir jedoch im gegebenen Zusammenhang legitim. Denn es kommt mir auf den grundsätzlichen Umstand an, daß alle Kunstwerke – und ich meine hier wirklich alle – zumindest *potentiell* ästhetische Zwitterwesen sind. Kunstwerke sind ästhetische Objekte mit einem unsicheren ästhetischen Status.

Wenn das richtig ist, müssen wir Kunstwerke als ästhetische Experimente mit den ästhetischen Stellungen zur Welt verstehen. Das Kunstwerk ist Zentrum einer ästhetischen Praxis, die sich nicht auf eine der Grundmöglichkeiten ästhetischer Praxis festlegen läßt. Damit ist eine Position der Distanz sowohl zur bloßen Korrespondenz als auch zur bloßen Kontemplation wie auch zur bloßen Imagination markiert. Die ästhetische Praxis der Kunst *bricht* mit jeder einfachen ästhetischen Praxis. Eben dadurch aber, daß sie eine jede – potentiell wenigstens – an ihre und über ihre Grenzen führt, *intensiviert* sie jede dieser Praktiken auf unvergleichliche Weise. Das Kunstwerk als Medium der Konfrontation mit Sichtweisen der Welt, das zugleich Weisen der Welt korresponsiv eröffnet und doch zugleich allen (auch allen *seinen)* Sinn kontemplativ entrückt, spielt alle Möglichkeiten ästhetischer Praxis weniger miteinander als gegeneinander aus. Kunstwerke, so könnte man mit Adorno sagen, sind ästhetische Rätsel – freilich ohne darum metaphysische Rätsel sein zu müssen.

---

[9] Auf die hier nötigen Differenzierungen bin ich im kunsttheoretischen V. Kapitel meiner »Ästhetik der Natur« (a.a.O., bes. S. 248–257) näher eingegangen.

## 3. Zur Praxis des Künstlers

Blicken wir kurz zurück. Ästhetische Praxis, so hatte ich anfangs gesagt, ist eine Tätigkeit der sinnengeleiteten Wahrnehmung, der es um die Objekte und Vollzüge dieser Wahrnehmung selbst geht. Inzwischen haben wir einen differenzierteren Begriff dieser Praxis gewonnen. Wer an ästhetischer Praxis teilnimmt, überläßt sich entweder dem situativen Einfluß sinnhafter Gestalten oder der puren Gegenwart sinnfremder Phänomene oder der internen Artikuliertheit sinnreflexiver Präsentationen – oder mehrerem davon zugleich. Wer sich auf die ästhetische Praxis der *Kunst* einläßt, hat Umgang mit Objekten, die darauf angelegt sind, den Rezipienten in eine solche mehrfache ästhetische Aufmerksamkeit zu verstrikken. Die ästhetische Praxis der Kunst eröffnet ein Experiment mit den ästhetischen Stellungen zur Welt, in denen sich wiederum grundlegende involvierte, distanzierte, reflexive – Stellungen zur Wirklichkeit *überhaupt* spiegeln.[10] Sie ist eine Praxis der *Freisetzung* von allen anderen Formen der Teilnahme an den Dingen der Welt. Zugleich ermöglicht sie eine *Intensivierung* jeder Form ästhetischen Bewußtseins und ästhetischer Präsenz. Diese Freisetzung und diese Intensivierung sind das Wahrzeichen kunstästhetischer Praxis. Im ästhetischen Spiel mit grundlegenden Stellungen zur Welt hält sie einen Spielraum gegenüber allen diesen Stellungen offen.

Diese ästhetische Freiheit und diese ästhetische Involviertheit sind sowohl eine Sache der Rezeption als auch der Produktion von Kunst. Und doch ist es in beiden Fällen nicht dieselbe Sache. In meiner bisherigen Darstellung habe ich mich vorwiegend an der Wahrnehmung von Kunst orientiert. Die ganze Betrachtung aber bliebe unvollständig ohne einen Blick auf die Bedingungen der Herstellung von Kunst. Ein volles Bild der ästhetischen Praxis der Kunst muß der Eigenart auch dieser Tätigkeit gerecht werden können. Obwohl wir in der Praxis der Kunst-Herstellung alle die Aspekte des Umgangs mit Kunst wiederfinden, von denen bisher die Rede war, hat sie doch ein ganz anderes Gesicht als die Praxis der bloßen Kunst-Wahrnehmung. Ich möchte deshalb nicht schließen, ohne etwas über die *Arbeit des Künstlers* gesagt zu haben.

---

[10] Vgl. Verf., *Eine Ästhetik der Natur,* a.a.O., S. 296 ff. u. 311 ff.

Immerhin ist die Praxis der Künstler eine unerläßliche Bedingung allen übrigen Umgangs mit Kunst. Die selbstzweckhafte Praxis der Kunstwahrnehmung ist abhängig von der selbstzweckhaften Praxis des Künstlers. Der Künstler stellt Objekte her, die eigentlich weder Mittel noch Zwecke sind, die gleichsam vor aller Zwecksetzung entstehen, wieviel bewußte und kalkulierte Intention ihre Entstehung auch begleiten mag. Er macht Gegenstände, die allein zu dem Zweck da sind, im Angesicht möglicher Betrachter, Leser, Hörer usw. zu imaginativen, kontemplativen und korresponsiven Wahrnehmungszwecken zu werden. Der Künstler erfindet Objekte, deren Zwecke erst noch erfunden und entdeckt werden müssen.

Ein formaler Begriff des Künstlers ergibt sich aus der bisherigen Überlegung unmittelbar. Künstler sind Produzenten imaginativer ästhetischer Objekte, die nicht auf diese eine ästhetische Dimension festgelegt sind. Imagination als künstlerische Handlung, so müßte man folgern, tendiert aus innerer Logik dazu, kontemplative und korresponsive Effekte zu produzieren. Dies, so meine ich, ist tatsächlich der Fall. Sichtweisen der Welt lassen sich künstlerisch nicht präsentieren, ohne die Form- und Verfahrensqualitäten eines Werks zu präsentieren; in dieser Selbstpräsentation ästhetischer Objekte, auf die der Künstler hinarbeitet, liegt jedoch von vornherein die Möglichkeit, daß sich die kontemplative Sinnlichkeit eines Werks gegen seinen imaginativen Zeichencharakter erhebt oder daß sich sein interner Sinn mit der externen Sinnhaftigkeit korresponsiver Gestaltgebung mischt. Man kann sogar sagen, der Künstler arbeite vor allem auf diese *Selbstpräsentation* seiner Objekte hin, in der Erwartung, daß sich hieraus eine komplexe ästhetische Präsenz wie von selbst ergeben möge. Mit einem Wort: Der Künstler – und ich denke, nur der Künstler – ist derjenige, der die drei Formen ästhetischer Praxis *uno actu* realisieren kann.

Ich kann diese These hier nicht eigens belegen. Ich möchte sie lediglich an einem – zudem fragmentarischen – Beispiel, einem Ausschnitt aus einem Gedicht Rolf Dieter Brinkmanns, verdeutlichen. Zwar ist dieses Beispiel das *Produkt* eines Künstlers und kann daher nicht unmittelbar über den *Prozeß* seiner Produktion Auskunft geben. Mit etwas Phantasie aber kann man sich an diesem Beispiel leicht klarmachen, worin der grundsätzliche Unterschied zwischen ästhetischer Wahrnehmungsperspektive und ästhetischer

Herstellungsperspektive liegt. Außerdem ließe sich die Phantasie in diesem Fall recht gut durch Philologie unterstützen – im Falle Brinkmanns ist der Prozeß des Schreibens, der zu seinen Gedichten führte, ungewöhnlich gut dokumentiert. So ist das Gedicht, aus dem ich die ersten drei (von insgesamt elf) Strophen zitiere, auch nur die Vorfassung eines Gedichts, das sich in anderem Kontext und unter anderem Titel in Brinkmanns Band »Westwärts 1 & 2« findet.[11]

*Sie alle träumen vom*

Süden: Wörtersüden, nächtlicher Gaukel
und Schwebetiersüden, Lungersüden, Bunte
Hose Süden, Asphaltsüden, Scheissköter
Süden, Turnschuh und Ölkanistersüden.

Vieläugiger, schneller Blick Süden,
Mottensüden, grünblauer Swimmingpool
Süden, das Lied des Südens ist das
monotone Lied der Klimaanlage, ein

Süden voller Appartments, Käfersüden,
Musikbox und schwarze Wellblechtür
Süden, Schotter, Aluminiumbierdosen
süden, südliche Radiostationen nachts

halb zwei. (...)

Das Gedicht läßt die Aura des Wortes »Süden« erstehen, beschwört und zerstört, bedenkt und besingt sie in einem. Es überläßt sich dem Klang seines wieder und wieder skandierten Hauptwortes, so sehr, daß es für Augenblicke alle Bedeutung verliert und einfach zum betörendsten aller Wort-Laute wird. Es greift das Gedächtnis des Lesers an, verstrickt ihn in Erinnerungen, lockt ihn aus der Gegenwart des Texts in die Ferne eigener südlicher Vergangenheiten. Das Gedicht wäre ein schöner Beleg für die Interaktion der drei ästhetischen Dimensionen auf dem engen Raum eines lyri-

---

[11] R. D. Brinkmann, *Eiswasser an der Guadelupe Str.*, Reinbek 1985 (ohne Paginierung); vgl. ders., *Westwärts 1 & 2*, Reinbek 1975, S. 78 f.

schen Texts. Es stellt ein flirrendes Sprachbild des Südens her; es läßt diese Imagination in reinem Klang versinken; aus dieser kontemplativen Hellhörigkeit wiederum treibt es den Leser in idiosynkratische Reminiszenzen.

Aber auf diese komplexe *Lesbarkeit* kommt es jetzt nicht an. Denn wir dürfen das *Schreiben* eines Gedichts nicht voreilig von dem *Resultat* dieses Schreibens, erst recht nicht von einer *Interpretation* dieses Resultats her verstehen. Der Prozeß des Schreibens determiniert dieses Resultat ja erst. Wie der Prozeß der ästhetischen Wahrnehmung muß er in seinem inneren Vollzug ernstgenommen werden. Der Vollzug ästhetischer Produktion ist gleichfalls dadurch gekennzeichnet, daß es sich um einen selbstzweckhaften Vorgang handelt. Wie der ästhetischen Wahrnehmung geht es der ästhetischen Herstellung primär um die Zeit ihres Vollzugs selbst. Wie jene erfolgt sie zugleich um ihrer selbst und um ihrer Objekte willen. Wie dort ist der Wert der betreffenden Handlung vom Wert der betreffenden Objekte nicht zu trennen. Aber hier sind die Objekte noch gar nicht da – jedenfalls noch nicht fertig da. Sie entstehen erst mit der Zeit des Schreibens. Sie entstehen erst in der Zeit eines Schreibens, das in seiner Aktivität verweilt. Dieses Präsens der künstlerischen Produktion ist weder der abgetrennte Augenblick der Kontemplation, noch die situative Gegenwart der Korrespondenz, noch der semiotische Prozeß der Imagination. Es ereignet sich früher als die unterschiedlichen Zeiten der späteren Präsenz des möglicherweise entstehenden Werks. Die Zeit der künstlerischen Tätigkeit gilt der Arbeit an den Möglichkeiten eines möglichen Werks. Gerade dieses irreale Moment benennt die Realität dieser Arbeit. Der Schriftsteller schreibt in der Gegenwart seines möglichen Werks – einer Gegenwart, die für ihn häufig erregender ist als die seines fertigen Produkts.

Der Autor Brinkmann, der auf dem Wege zu jener Gedichtfassung ist, aus der ich zitiert habe, überläßt sich der Farbe, dem Geschmack, der Gestalt, der Geste der Wörter, die er in den Zusammenhang eines werdendes Textes stellt. Er testet und variiert ihre Reaktion aufeinander. Er kostet das Wort »Süden« aus; er kombiniert es mit Ausdrücken und Wendungen, die für den Süden oder für Vorstellungen vom Süden oder einfach als optische und akustische Kontrastmittel neben dem kurzen, weichen, lautlich dunklen, aber bildlich hellen Wort »Süden« stehen. Er insistiert auf seinem Grundwort wie auf einem Grundton, den er mit hundert anderen Laut-Tönen mischt, um ihn stets wieder rein heraustreten zu lassen. Er läßt die Imagination einer Realität aus der Realität eines Wortes aufsteigen, das durch die rasche Wiederholung eben diese Realität verliert. (»Süden. Aus der Realität in die Fiktion. Süden« – mit dieser Zeile schließt das Gedicht.) Brinkmann organisiert die Wortzusammenstellungen, von denen er ausgeht, zu strophenförmigen, grammatisch meist unabgeschlossenen Abschnitten, die sich in einem schnellen Rhythmus aneinander reihen. (All das organisiert er für die Endfassung noch einmal um.) Die Bewegung seines Schreibens besteht darin, das, was er schreibt, in eine bestimmte syntaktische und semantische Bewegung zu bringen. Diese Bewegung läßt er entstehen, indem er dem hierbei Entstehenden zu folgen versucht.

Der Schriftsteller Brinkmann sagt nicht irgend etwas mit eigenen, fremden Worten oder »anderen« Worten, wie alle übrigen Sprecher das tun. Er sagt überhaupt nichts; er teilt nichts mit, er stellt nichts dar, er nimmt nicht Stellung. Ausgehend von der gegebenen Sprache, verfaßt er ein Stück Sprache, schreibt er einen Text, der um dieser seiner Sprache willen da ist, und zur Ausstellung dieser Sprache, die ihn freistellt für eine mehrfache ästhetische Lektüre. Dem Schriftsteller geht es um das schreibende Erfinden und das erfindende Schreiben selbst. Er ist jemand, der um des Schreibens willen schreibt. Und so alle anderen Künstler. Denn nur, wer dies tut – der mit dem Material, mit dem er operiert, um des Operierens an diesem Material willen operiert –, wird zu Gebilden kommen, die unseren ästhetischen Sinn in der Weise überfordern, wie gelungene Kunstwerke das nun einmal tun.

Jean-François Lyotard

# ANIMA MINIMA

Wenn es keine Ideale mehr gibt, läßt das Interesse daran nicht etwa nach, sondern es verlegt sich auf die Manier, sie darzustellen. »Manier« nannte Kant den *modus aestheticus* des Denkens. Ästhetisch ist der Modus einer Zivilisation, die von ihren Idealen im Stich gelassen worden ist. Sie kultiviert das Gefallen an deren Darstellung – und nennt sich dann Kultur.

Die Ideale der abendländischen Zivilisation, die aus der antiken, christlichen und modernen Tradition hervorgegangen sind, haben sich zerschlagen. Dies hat seinen Grund nicht in der sogenannten »Realität«, der historischen, sozialen, politischen oder technisch-wissenschaftlichen Realität. Die stetig wiederkehrenden Krisen oder vielmehr: die permanente Krise, aus der sich die Entwicklung des Abendlandes speist, entspringt einer wesenhaften Disposition. Die abendländische Zivilisation ist dadurch gekennzeichnet, daß sie ihr Wesen als Zivilisation hinterfragt. Dieses Hinterfragen macht die Singularität dieser Zivilisation aus, es verleiht ihr zugleich – jedenfalls dem Anspruch nach – universelle Tragweite.

Mit wiederholter Geste schafft sich das Abendland Ideale, stellt sie in Frage und verwirft sie wieder. Dies geschieht nicht nur in der Philosophie, d.h. in der griechischen Tradition. Potentieller Zweifel oder Nihilismus durchzieht auch das christliche Mysterium oder die Formen der Physik und Metaphysik der klassischen Moderne. Gleich unter welchem Namen sie sich eingebürgert hat, die Macht des Negativen erhebt in jedem Fall den Anspruch auf Allgemeinheit; sie verspricht, die ganze mögliche Erfahrung zu realisieren und zu verstehen. Im absoluten Wissen vollendet sich der Nihilismus.

Die Ästhetik ist aktuell, weil das Abendland seinen Nihilismus aktualisiert, indem es sich – mit melancholischem Wohlgefallen – der Kontemplation der zerrütteten Ideale hingibt, die es hinter sich läßt. Die Ästhetik ist neu, weil der Nihilismus alt ist. Das

Abendland weiß, daß Zivilisationen sterblich sind. Doch dieses Wissen genügt, um es unsterblich zu machen. Es lebt von ihrem Tod wie von seinem eigenen. Es macht sich zum Museum der Welt. So hört es auf, Zivilisation zu sein und wird Kultur.

Wir haben viele Wörter, um die der Kultur innewohnende Ästhetisierung zu umschreiben: Inszenierung, Jagd nach Sensationen, Mediatisierung, Simulation, Vorherrschaft des Künstlichen, verallgemeinerte Mimesis, Hedonismus, Narzißmus, Selbstreferenz, Selbstaffektion usw. Alle verweisen auf den Objektverlust und darauf, daß sich das Imaginäre gegen die Realität durchsetzt. Eine Bestandsaufnahme dieser süßen Enttäuschung ließe sich auf allen Gebieten des Handelns und Denkens durchführen: die »Humanwissenschaften« bieten hier unerschöpfliches Material. Dazu nur ein paar zufällige Beispiele: die Auslöschung der bäuerlichen Lebensweise, die ökologische Schonung der Natur, der Golf-Krieg im Fernsehen, die Spekulation an den internationalen Geldbörsen, die Wissenschaft als künstlerische Erfindung, der Glaubwürdigkeitsverlust der Politik, alle »Befreiungen«: der Frau, des Kindes, der Minderheiten, der Sexualitäten. Die Kultur löst auf, was an der Existenz der – individuellen oder kollektiven – Körper schicksalhaft, schmerzhaft und endlich ist. Sie ist eine körperlose Ästhetik, eine Fiktion aus gedämpften und gefilterten *αἰσϑητά*. Sie löst ein *pensiero debole* (Vattimo) aus, in dem Sujektsimulakren Objektsimulakren austauschen (Baudrillard), dafür genügt die »demokratische« Bedingung einer ungestörten »Konversation« (Rorty).

Manches weist darauf hin, daß auch die Philosophie vom Gift der Ästhetik bereits so infiziert ist, daß sie darin das Heilmittel für ihre Enttäuschung zu finden hofft. Aus der Ästhetik würde sie dann die tröstliche Versicherung schöpfen, mit der Realität in Kontakt zu bleiben. Wenn die Realität ästhetisch wird, dann widmet sich auch die Philosophie der Ästhetik oder wird sogar selbst zur Ästhetik und bleibt ein Kind ihrer Zeit.

Sie sollte sich allerdings erinnern, daß dies reine Dummheit ist. Denn zum einen bleibt sie immer ein Bastard. Egal ob früh- oder spätreif, ist sie stets der Sprößling einer wilden Ehe, den die Zeit nur selten als den ihren anerkennt. Und zwar zu Recht. Denn so wenig wie die Malerei Rembrandts, entstammt das Denken Spinozas dem 17. Jahrhundert in Holland. Wie das Künstlerische läßt sich auch das Philosophische nicht aufs Kulturelle reduzieren. Und noch aus einem anderen Grund ist die Vorstellung von der Philosophie als Kind ihrer Zeit problematisch: Wenn die Realität unserer Gegenwart irreal wird, wenn sie sich allgemein ins Imaginäre auflöst, wie könnte sich die Philosophie dann noch als Kind ihrer Zeit begreifen? Durch Ästhetisierung ihrer selbst?

Die Philosophie hat nun aber im Ausgang von der Unterscheidung der Idealitäten des Wahren, Guten und Schönen die letztere isoliert und ihr eine eigene Disziplin des Denkens gewidmet, die von den Erfordernissen der anderen Idealitäten wohlunterschieden ist. Die zeitgenössische Kultur verrührt diese Idealitäten jedoch und ertränkt ihren Unterschied in der Suppe der Ästhetisierung. Die Philosophie darf nicht ihrerseits darin eintauchen, sondern muß hier im Gegenteil ihr Unterscheidungsvermögen einsetzen und gleichzeitig fragen, wie sie dies heute tun kann.

Schließlich ergibt sich das allererste Motiv, warum sich der traditionelle Philosoph der Hilfestellung durch die Ästhetik verweigern sollte, daraus, daß er über deren innere »Inkonsistenz« im Vergleich zum argumentativen Diskurs nicht hinwegsehen kann. Die soeben erwähnte »Disziplin distinkten Denkens«, die für die Untersuchung des Geschmacks erforderlich ist, hat sich seit den Anfängen der philosophischen Ästhetik der Vereinnahmung durch den λόγος so stark widersetzt, daß sie dessen Imperium erschütterte. Wenn die Philosophie sich zur Ästhetik bekennen oder sich gar – schlimmer noch – selbst in Ästhetik verwandeln soll, muß sie damit rechnen, ihre Privilegien des rationalen Wissens einzubüßen. Dann wird sie, weit davon entfernt, die sie umgebende Ästhetisierung zu reflektieren, die »verheerenden« Wirkungen weitertreiben und verstärken müssen, welche die philosophische Ästhetik seit zwei Jahrhunderten im Schoß der Philosophie hervorgebracht hat. So setzt sie der philosophischen Ästhetik ein Ende, indem sie diese vollendet.

An die inhärenten Schwierigkeiten der philosophischen Ästhetik sei hier nur kurz erinnert. Sie entsteht – zusammen mit der Kunstkritik – im modernen Denken, als die Kunst beginnt, sich als autonome Aktivität zu begreifen, die nicht mehr auf die kulturellen und politischen Zwecke reduzierbar ist, denen sie stets und überall gehorcht hat. Zu Beginn des 18. Jahrhunderts kam es zu den ersten öffentlichen Ausstellungen. Musikalische, visuelle und literarische Kanons, mehr oder weniger von der klassischen oder christlichen Poetik festgelegt, bildeten die Legitimation für Werke, die dazu bestimmt waren, die höfische Gesellschaft oder die Gemeinschaft der Gläubigen in Rührung zu versetzen. Beide waren mit diesen Kanons vertraut, die »Manieren« definierten, welche auf dieser oder jener Konzeption des idealen Schönen beruhten.

Das neue Publikum der Ausstellungen und Salons hingegen ist in Sachen Geschmack nicht bewandert. Es beurteilt die Werke, ohne daß es darin ausgebildet worden ist, sein Gefallen Regeln zu unterwerfen. Es glaubt kaum noch an Idealitäten. Das Wohlgefallen an der Kunst kann also nicht durch Regeln a priori bedingt sein, die den Geschmack normieren; es kann sich nur um Regularitäten handeln, die aus einer Vielzahl von in Freiheit abgegebenen Urteilen zu gewinnen sind. Aus dieser Umkehrung, welche die Poetik ausschaltet, entsteht die Ästhetik, und sie stößt sogleich auf die Aporie, in die sie als philosophische Disziplin hineintreiben muß: die Bedingungen eines Geschmacksurteils, das begrifflich nicht bestimmbar ist, argumentativ zu explizieren.

Denn entweder sind diese Bedingungen tatsächlich bestimmbar – dann ist auch der Geschmack bestimmt, und wir kehren zur alten Ordnung der Poetik zurück. Oder der Geschmack ist nicht bestimmt – dann kann die Ästhetik nicht argumentativ expliziert werden, und das Gefühl des Schönen bleibt in jene Nacht der Anschauung getaucht, in der alle Katzen grau und alle Urteile gleichermaßen gültig sind. Die Kantische Kritik entwickelt diese fatale Alternative unter dem Titel der Antinomie des Geschmacks. Um diese aufzulösen, muß sie jedoch ein paar logische Monstren zulassen: Zweckmäßigkeit ohne Vorstellung eines Zwecks, Allgemeinheit ohne Begriff, bloß exemplarische Notwendigkeit – und vor allem ein interesseloses Wohlgefallen. Wenn sie sich diesen Paradoxien nicht beugt, hat die Ästhetik stets das Nachsehen: entweder wird sie vom argumentativen Diskurs verbannt, oder sie wird dessen Geißel. So balanciert sie auf einer prekären Schwelle, von der aus sie allerdings den bloßen Begriffen die Macht abspricht, das Gefühl des Schönen zu bestimmen. Kaum entstanden, nimmt sie der rationalistischen Philosophie die Hoffnung, die Gesamtheit der Erfahrung in ein einheitliches System pressen zu können.

Ein Rätsel läßt sich noch lösen, aber ein Mysterium muß für die Vernunft undurchdringlich bleiben. Die Schönheit einer Form ist für den Verstand ein Rätsel. Daß man jedoch von der sinnlichen »Präsenz« eines »Dinges« ergriffen werden kann, das nicht in Formen sinnlich darstellbar ist, das ist für die gemeine Logik ein unannehmbares Mysterium. Und doch führen sämtliche Beschreibungen des Gefühls des Erhabenen auf einen solchen Abweg. Die Regularitäten der Natur geraten außer Rand und Band, die Wahrnehmung vermag ihr Feld nicht mehr zu behaupten, aber seit Longinus steht fest, daß dieses Desaster der *αἴσθησις* die intensivste ästhetische Gemütsbewegung veranlassen kann. Als ästhetische Grenzerfahrung wird der Spasmus des Erhabenen – wie das Glück des Schönen – anläßlich einer Empfindung verspürt, aber dann, wenn diese die Sinnlichkeit übersteigt und dermaßen entzückt, daß sie sich zu verlieren droht, anstatt in der Empfindung die süße Übereinstimmung der Vermögen widerhallen zu lassen, wie sie sich beim Schönen einstellt.

Natürlich vermag keine *τέχνη* jene Wirkung des *Überschwenglichen** zu erzielen, und eine das Erhabene anstrebende Kunst ist dem Lächerlichen preisgegeben. Auch die Natur ruft diese Gemütsbewegung nur unter der Bedingung ihrer Denaturierung hervor. Deshalb gibt es keine Poetik des Erhabenen. Gibt es überhaupt eine Ästhetik des Erhabenen?

Das Erhabene erfordert eher eine negative Ontologie. Und doch wird von der Kunst stets diese Absurdität erwartet: sinnlich (visuell, literarisch, musikalisch ...) davon Zeugnis abzulegen, daß etwas dem Sinnlichen fehlt oder es übersteigt – sein Name spielt dabei keine Rolle, es ist das Unnennbare.

Diese Erwartung richtet sich nicht nur an Werke, die Kunsthistoriker als »avantgardistisch« bezeichnen. Oder alle »großen« Werke sind avantgardistisch, insofern ihr dauerhafter Wert in der Aporie jener immateriellen »Präsenz« liegt, die ihre Materie nahelegt. Die modernen Avantgarde-Bewegungen haben dies nur wieder ins Gedächtnis gerufen. Die Werke behalten nämlich selbst dann, wenn ihr »kultureller Kontext« verschwunden ist, zuweilen noch die lebendige Macht, uns zu ergreifen, weil wir jenes Publikum

---

* Im Original deutsch.

ohne vorherbestimmten Geschmack sind, das erst in der Moderne entstehen konnte; diese Werke appellieren zunächst mit den »Manieren« ihrer Zeit an die mysteriöse »Präsenz«, die selbst zeitlos ist, die sie jedoch sinnlich gegenzeichnen. Nie einander gleich, erheben sie alle die gleiche Klage: die Existenz des Ästhetischen ist stets aufs neue von der Knechtschaft und vom Tod zu erwecken. Die Warnung vor dem Nichts läßt sich in jedem großen Werk vernehmen.

Es gehört zu den philosophischen Gemeinplätzen, die Wahrheit des Seins in seiner Abwesenheit gegen die falsche Fülle der Erscheinungen auszuspielen. Daher mißbilligt die Philosophie die Unbeugsamkeit des ästhetischen Gefühls, das hartnäckig der Illusion verhaftet bleibe. Damit reduziert sie jedoch die Empfindung auf einen Erkenntnismodus, dessen Nichtigkeit sie mühelos aufzeigen kann. Nun ist die Empfindung aber auch die Affektion, die das »Subjekt« – man müßte sagen: das »Körper-Denken«, ich werde es *anima* nennen – anläßlich eines sinnlichen Ereignisses verspürt. Egal ob wahr oder falsch, die *αἴσθησις* verändert unmittelbar die *anima*, indem sie deren Disposition (*ἕξις*) zum Wohlbefinden oder zum Unwohlsein verschiebt. Die philosophische Ästhetik verleiht dieser engen Verknüpfung den Status eines Prinzips. Ein solches setzt jedoch eine Seelensubstanz voraus, die das Vermögen besäße, affiziert zu weren. Diese metaphysische Voraussetzung soll in den folgenden Überlegungen »eingeklammert« werden.

Die philosophische Ästhetik kann in jener spontanen Affizierbarkeit der Seele durch das Sinnliche das Zeichen einer ursprünglichen Übereinstimmung des Denkens mit der Welt sehen. Auf diese Harmonie glaubte die Philosophie zuweilen das Prinzip einer für den Geist wahrnehmbaren Naturteleologie gründen zu dürfen. Dabei übersieht sie jedoch die Ambivalenz der Empfindung, die in allen Analysen des – in sich so widersprüchlichen – erhabenen Gefühls deutlich wird.

Die Affizierbarkeit der Seele durch die Empfindung ist nicht nur Zeichen eines beiderseitigen Einvernehmens. Insgeheim gibt sie eine absolute gegenseitige Abhängigkeit zu erkennen. Die *anima* existiert nur als affizierte. Die Empfindung, sei sie angenehm oder abscheulich, zeigt der *anima* zugleich an, daß sie gar nicht existierte und unbeseelt bliebe, wenn nichts sie affizierte. Die Seele ist nichts anderes als das Erwachen einer Affizierbarkeit, und ohne ein

Timbre, eine Farbe, einen Duft, ohne das sinnliche Ereignis, das sie erregt, bliebe sie »unaffiziert«. Diese Seele affiziert sich nicht selbst, allein das andere affiziert sie von »außen«. Existieren ist hier nicht die Tat eines Bewußtseins, das sein noematisches Korrelat sucht. Existieren ist Gewecktwerden aus dem Nichts des Unaffiziertseins durch ein sinnliches Dort. Augenblicklich zieht eine affektive Wolke (nuée) auf und breitet für einen Augenblick ihre Nuance aus.

Die Empfindung durchbricht eine träge Inexistenz. Sie rüttelt diese wach, oder vielmehr: sie bringt sie zur Existenz. Was wir »Leben« nennen, entspringt einer Gewalt, die von außen auf etwas Lethargisches wirkt. Die *anima* existiert allein als erzwungene. Das *αἰσθητόν* entreißt das Unbeseelte dem Saum seiner Inexistenz, es durchbohrt dessen Leere mit seinem Blitz und läßt daraus die Seele hervortreten. Ein Laut, ein Geruch oder eine Farbe setzen aus dem neutralen Kontinuum ein pulsierendes Gefühl frei.

Die Seele gelangt nur abhängig von einer vergewaltigten und erniedrigten Sinnlichkeit zur Existenz. Die Bedingung des Ästhetischen ist die Unterwerfung unter das *αἰσθητόν*, sonst herrscht Anästhesie. Man ist entweder durch das Erstaunen über das andere erwacht, oder man ist vernichtet. Die Qualität des Gefühls, seine Quidditität, sei es Wohlbefinden oder Unwohlsein oder beides zugleich, kann diese Bedingung vergessen machen, aber nicht aufheben. Noch in den Zuständen lebhaftester Erregung ist die Seele nicht autonom, sondern wird von außen bewegt und erregt. Prekär und unvorbereitet wie das sinnliche Ereignis, das sie erwachen läßt. Und selbst wenn dieses sie ins Mark trifft, sie in den Abgrund der Schmerzes und / oder der Lust wirft und vollkommen mitreißt, so bleibt sie doch zwischen dem Schrecken ihres drohenden Todes und dem Grauen ihrer geknechteten Existenz gefangen. Und wenn das *αἰσθητόν* nun fehlte ...? Oh, wenn es doch fehlte und endlich Schluß damit wäre ...! Auch im geheimen Einklang der Seele mit dem Sinnlichen besteht der jenem *double bind* geschuldete Stachel fort.

Die so beschriebene Bedingung des Ästhetischen weist eine gewisse Analogie zur antinomischen Textur des erhabenen Gefühls auf, die seit Longinus und insbesondere durch die Analysen von Burke und Kant erkannt wird. Die hier gegebene Beschreibung dehnt nun die spezifische Analyse des erhabenen Gefühls auf jedes ästhetische Gefühl aus. Heute bemühen sich Künstler und Schriftsteller, zuweilen auch Philosophen, in der Empfindung die »Präsenz« dessen aufzuspüren, was der Empfindung entgeht: ein Neutrum, ein Graues, ein *blank* »wohnt« den Nuancen eines Lautes, einer Färbung oder einer Stimme inne. Die Empfindung entkommt diesem Nichts, in das sie immer wieder zu versinken droht. Noch in den prächtigsten Gemälden eines Bonnard oder Monet gehört zum Glanz der Farben ein Appell gegen die Blindheit.

Ein Gedicht hält in seinen Worten das Nicht-Gesprochene fest. »Sprechen, ohne etwas zu sagen zu haben«, schreibt Paul Éluard in *Capitale de la douleur.* Der Gott des Unsichtbaren, ein blinder Gott wartet auf die Hilfe der Maler, um uns sichtbar zu machen, was er »sieht«, sagt Sam Francis. Die Musik von John Cage ist eine Hommage ans Schweigen. Die Kunst ist der Wunsch, die Seele möge dem Tod entgehen, den das Sinnliche ihr verheißt, und zwar gerade dadurch, daß sie in eben diesem Sinnlichen das feiert, was sie der Inexistenz entreißt. Genau diesen *double bind* beschreibt Burke. Die *anima* ist von Verlust bedroht: Sprache, Licht, Laut, das Leben fehlen auf einmal völlig. Das heißt *terror.* Und plötzlich ist die Drohung aufgehoben, der Schrecken außer Kraft gesetzt. Das heißt *delight.* Kunst und Literatur begnadigen die zum Tode verurteilte Seele, doch in einer Weise, daß sie ihr Urteil nicht vergißt.

Die zeitgenössische »Moderne« erwartet von der *αἴσθησις* nicht, daß sie der Seele den Frieden einer schönen Übereinstimmung bringt, sondern daß sie sie im letzten Moment dem Nichts entreißt. Man vergleiche einmal die Gelbtöne des *Kornfelds* von Van Gogh mit dem gedämpften Gelb der *Ansicht von Delft* von Vermeer. Im Laufe von zwei Jahrhunderten – und unabhängig davon, wie das Thema des Erhabenen diskutiert wird – entfaltet sich die nihilistische Problematik, aus der dieses Thema hervorgeht, in allen literarischen und künstlerischen Bearbeitungen des Sinnlichen. Der Nihilismus beendet nicht nur die Wirksamkeit der großen Emanzipationserzählungen, er bringt nicht nur den Zerfall der Werte und den Tod Gottes mit sich, wodurch die Metaphysik unmöglich wird. Er lenkt den Verdacht auf die ästhetische Gegebenheit. Das *αἰσθητόν* ist ein Ereignis; die Seele existiert nur, wenn sie durch es stimuliert wird; wenn es fehlt, löst sie sich auf im Nichts des Unbeseelten. Aufgabe der Werke ist es, diese wundersame und prekäre Verfaßtheit zu würdigen. Das Timbre, das

Idiom, die Nuance werden nicht um ihres vordergründigen Werts willen bemüht, nicht um der unmittelbaren Bedeutung willen, die Körper und Kultur ihnen beimessen. Sie haben unerbittliche Zeugen eines unmittelbar bevorstehenden und »verspäteten« Desasters zu sein, wie Duchamp sagte. Und es gibt weder eine Poetik, die Regeln für dieses Zeugnis aufstellen könnte, noch eine Ästhetik, die sagen könnte, wie es abzulegen sei.

Die *αἰσθητά* sind für die Seele, was die Tiere von Lascaux für den Menschen sind, der sie malt. Er lebt von ihrem Verzehr, er muß sterben, wenn er sie entbehrt. Aber der Höhlenmaler ist nicht der Mensch, der das Fleisch verzehrt. Er ist auch nicht sein Auge, das sich von Farben nährt. Er ist das Auge, das der Farbe die Seele verleiht, die er ihr schuldet und die sie ihm wieder nimmt. Er sieht sie nicht, sondern er erwacht durch sie und er wacht über sie. Der Blick des Malers ist die Vision der Abwesenheit einer Empfindung in deren Präsenz, des *Fort** im *Da**.

Das sinnlich erfahrbare Werk ist der sexuellen Praxis analog, die der Enkel Freuds von seiner Wiege aus vollführt. Die Spule am Ende des Fadens ist natürlich ein Simulakrum seiner Mama. Aber wie in Lascaux ist das, was sich in diesem Dispositiv abspielt, wichtiger als das, was es darstellt. Das Kind läßt das Objekt über den Rand der Wiege verschwinden und murmelt »fort«; es holt das Objekt jubelnd mit einem »da« zurück. Was sich hier abspielt, ist die Verwandlung des Sehens in eine Vision und der Erscheinung in ein Aufscheinen. Aufscheinen ist ein Erscheinen, das bereits von seinem Verschwinden gezeichnet ist. Die Kunst belegt das Sinnliche mit dem Siegel des Todes. Sie entreißt die Empfindung der Nacht und drückt ihr zugleich den Stempel der Finsternis auf.

Irgendwo gesteht Freud, daß er »das Sexuelle« zwar nicht bestimmen, aber auch nicht verwerfen kann. Die Seele ist ebenso sexuell wie sensibel; sie existiert nur, insofern sie einem Übergangsobjekt hörig ist und von der Vorstellung seines Verlusts geplagt wird. Im Spiel des Kindes kommt dieses Objekt – wie das *αἰσθητόν* im Spiel der Kunst – zur Wahrheit seines Aufscheinens. Schwebend zwischen Präsenz und Absenz, zeigt der unfehlbare Despot der Seele ihre Ohnmacht. Indem die Kunst die Linie einer Schwelle zieht, unterscheidet sie sich vom Symptom. Das Auge, das in Lascaux im Schein rußender Fackeln malt, entzieht die Farben dem hellichten Tag, wo sie sich unmittelbar darbieten. Es verbannt sie und verlangt nach ihrer Wiederkehr als verwandelten. Diese Geste der Brechung steckt einen Rand ab. Der Rand ist kein Rahmen (dieser tritt in der Geschichte der Malerei erst spät in Erscheinung), er ist der Stil, der das Werk vollständig in all seiner Raum-Zeitlichkeit durchdringt und zeichnet. Der Stil löst die Seele nicht aus ihrer Unterwerfung unter das Sinnliche; aber er belegt die sinnliche Gewißheit mit einem Zweifel. Er konfrontiert das Sinnliche mit sich selbst und konfrontiert dadurch die bereits eingeschlafene Seele, die die Erscheinungen billigt, mit einer bebenden Seele, die dabei ist, durch ein Aufscheinen zu erwachen.

Es ist wohl klar geworden, daß diese Beobachtungen den Werken alles und den verschiedenen »ästhetischen« Disziplinen fast nichts verdanken. Denn daß es in der Ästhetik Anästhesie gibt, dies erfahren wir zuerst von den Künsten. Den avantgardistischen Werken kommt hierbei ein Privileg zu, weil sie, wie gesagt, den der künstlerischen Geste innewohnenden Nihilismus – zumindest für uns – deutlicher akzentuieren als andere. Der Stil selbst ist ihr Gegenstand. Daher brauchen wir wohl kaum noch darauf hinzuweisen, daß die vom Stil geforderte Askese im Gegensatz zur Gefälligkeit der Manier steht, wie sie die zeitgenössische Kultur charakterisiert. Das einzige gemeinsame Motiv beider ist der Nihilismus. Aber das Kulturelle besteht darin, ihn zu verhehlen, das Künstlerische darin, ihn herauszuarbeiten.

Setzen wir dies einmal voraus, bleibt noch die durchaus nicht neue Frage, ob die Philosophie selbst Werke schafft. Philosophieren ist gewiß keine kulturelle Tätigkeit. In der Zeit nach Sokrates heißt Philosophieren Schreiben. Doch wie steht es mit dem Stil des philosophischen Schreibens? Wendet er sich jemals an die *anima?* Noch die stilisierteste Art philosophischen Schreibens, der platonische Dialog, verwirft ausdrücklich die Hommage, die dem Sinnlichen durch die Kunst erwiesen wird. Unterwirft sich das philosophische Schreiben zuweilen stilistischen Erfordernissen, so möchte man meinen, es geschehe ihm selbst zum Trotz. Diese Fehlleistung zeigt an, daß das vom Geistes-Denken ausgesonderte Körper-Denken auf jenes zurückwirkt und ihm widersteht.

Ästhetik wäre in der Philosophie aktuell, wenn die *αἴσϑησις* aufhören würde, im philosophischen Diskurs als ein Symptom zu erscheinen, das dieser Diskurs ignoriert. Um dahin zu gelangen, müßte dieser Diskurs sich nicht nur seine Amnesie eingestehen, sondern auch den Widerstand durcharbeiten, den in seiner eigenen Artikulation der *animus* der *anima* entgegensetzt. Doch man bearbeitet und kuriert den Räsonierzwang nicht durch Räsonieren. Auch nicht durchs Gegenteil. Vielmehr ist die Erscheinung der Worte und ihrer Verknüpfungen von ihrem Aufscheinen zu trennen. Diese Trennung vollzieht sich durch die Askese des Stils. Aus der Aktualität der Ästhetik folgt jedoch nicht, daß der Philosoph sich zum schreibenden Künstler machen sollte.

Um einem Interpretationsirrtum vorzubeugen, braucht wohl nicht hinzugefügt zu werden, daß die vorangehenden Überlegungen sich allein auf die *anima minima* beziehen, auf einen *jeweiligen* Affekt, der von Fall zu Fall aus einer *jeweiligen* sinnlichen Erscheinung erwächst. Ich nenne diese Seele minimal, weil sie – als Minimalbedingung der Ästhetik – in ihrem engsten Verständnis aufgefaßt wird. Man hat sie ohne Kontinuität, Gedächtnis und ohne Geist (weder Bilder noch Ideen) vorgestellt, um dem Mysterium der Empfindung so nah wie möglich zu kommen: Eine sinnliche Materie (Laut, Geruch, usw. – zu denen einstweilen und unter Vorbehalt auch das Wort und der Satz hinzuzufügen sind, wenn es denn stimmt, daß die Literatur sie als Sprachmaterial behandelt), eine sinnliche Materie erweckt einen Affekt. Ein kurzes Gefühl entsteht durch ein Ereignis, das seinerseits aus dem Nichts hervorgeht. Allein eine Hyper-Epoché der Empfindung vermag dies auszusagen: Sie enthielte sich nicht nur der Vorurteile der Gesellschaft, der Substanz und des Zeitflusses, sondern auch des Bewußtseins und des Lebens.

Übersetzt von Marianne Karbe und Wolfgang Welsch

# Hinweise zu den Autoren

AMMANN, Jean-Christophe, Jahrgang 1939; Studium der Kunstgeschichte, Christlichen Archäologie und deutschen Literatur in Fribourg; 1967 Assistent an der Kunsthalle Bern; 1968–77 Direktor des Kunstmuseums Luzern; 1971 Schweizer Kommissar, Biennale Paris; 1972 Co-Organisator der documenta 5, Kassel; 1973–75 Co-Organisator der Biennale von Paris; 1978–88 Direktor der Kunsthalle Basel; 1988 Direktor des Museums für Moderne Kunst, Frankfurt am Main; Organisator zahlreicher überregional bedeutsamer Ausstellungen in Luzern, Basel und Frankfurt.
Buchveröffentlichungen: Louis Moilliet (1880–1962). Das Gesamtwerk, Köln 1972; 50 Jahre Kunsthalle Bern, mit Harald Szeemann, Bern 1968; Rémy Zaugg, Conversation avec Jean-Christophe Ammann, Dijon 1991

BOEHM, Gottfried, Jahrgang 1942, Studium der Kunstgeschichte, Philosophie und Germanistik in Köln, Wien und Heidelberg; Promotion in Philosophie 1968 in Heidelberg; Habilitation in Kunstgeschichte in Heidelberg; 1975–79 Dozent und apl. Professor für Kunstgeschichte an der Ruhr-Universität Bochum; 1979–86 Lehrstuhl für Kunstgeschichte an der Justus-Liebig-Universität Gießen; seit 1986 Ordinarius für Neuere Kunstgeschichte an der Universität Basel.
Buchveröffentlichungen: Studien zur Perspektivität. Philosophie und Kunst in der frühen Neuzeit, Heidelberger Forschungen Nr. 13, Heidelberg 1969; Bildnis und Individuum. Über den Ursprung der Portraitmalerei in der italienischen Rennaissance, München 1985; Paul Cézanne, Montagne Saint-Victoire, Frankfurt a.M. 1988; Ellsworth Kelly. Form und Grund, Stuttgart 1992

BOHRER, Karl-Heinz, Jahrgang 1935; Promotion 1962; Habilitation 1978; seit 1983 Ordentlicher Professor in Bielefeld für Neuere deutsche Literaturgeschichte/Literaturwissenschaft.
Buchveröffentlichungen (Auswahl): Die Ästhetik des Schreckens. Die pessimistische Romantik und Ernst Jüngers Frühwerk, München 1978; Plötzlichkeit. Zum Augenblick des ästhetischen Scheins, Frankfurt a.M. 1981; Der romantische Brief. Die Entstehung ästhetischer Subjektivität, München 1987; Nach der Natur, München 1988; Die Kritik der Romantik, München 1989; Hrsg.: Mythos und Moderne. Begriff und Bild einer Rekonstruktion, Frankfurt a.M. 1983; Das absolute Praesens. Die Semantik ästhetischer Zeit. Frankfurt a.M. 1993; seit 1984 Herausgeber des Merkur

BONIN, Wibke von, Studium der Germanistik, Romanistik und Kunstgeschichte in Kiel, Berlin und Paris; Promotion 1965; 1965 Wissenschaftliche Assistentin an der Staatlichen Kunsthalle Baden-Baden; seit 1966 Redakteurin beim WDR-Fernsehen; 1985 »Goldene Kamera« für die Sendereihe »Hundert Meisterwerke aus den großen Museen der Welt«; 1988 DAI-Literaturpreis für Sendungen zur Architektur.
Veröffentlichungen: Hundert Meisterwerke aus den großen Museen der Welt, 4 Bände, Köln 1983–88; Fernsehfilme zur zeitgenössischen Kunst (Atelierbesuche, Werkportraits, Übersichten über Strömungen und Tendenzen)

BRANZI, Andrea, Studium der Architektur und des Design; bis 1974 Mitglied der Archizoom Associati; seit 1972 Entwürfe und theoretische Auseinandersetzung mit der Thematik des New Design; 1983 Gründung der Domus Academy, Vizepräsident der Domus Academy und der Domus Design Agency in Tokio; 1987 Verleihung des Compasso d'Oro Speciale für das Gesamtwerk als Designer und Theoretiker; 1991 Organisation der Ausstellung »Il Dolce Stil Novo (della Casa)« Florenz, Palazzo Strozzi im Auftrag von Pitti Immagine.
Buchveröffentlichungen (Auswahl): Moderno, Post-Moderno, Millenario, Turin 1980; La casa calda, Mailand 1984; Animaux domestiques. Le style néo-primitif, Paris 1988

BURKHARDT, François, Jahrgang 1936; 1968 Gründung der Gruppe »Urban Design«, Hamburg und Berlin; 1969–71 Leiter des Kunsthauses Hamburg; 1971–84 Geschäftsführer des International Design Zentrums (IDZ), Berlin; 1984–90 Direktor des Centre de Création Industrielle (CCI) im Centre Georges Pompidou in Paris; seit 1987 Professor für Designgeschichte und Theorie an der Hochschule für angewandte Kunst in Wien; seit 1992 Professor für Designtheorie und -praxis an der Hochschule der Bildenden Künste Saar, Saarbrücken.
Buchveröffentlichungen: Design. Dieter Rams &, Berlin 1980; Essen und Ritual, Berlin 1981; Cubismo cecoslovacco, Mailand 1981; Produkt – Form – Funktion. 150 Jahre deutsches Design, Berlin 1984; Moderne – Postmoderne, Paris 1985; Marco Zanuso, Mailand 1993. Ausstellungskonzeptionen: Künstler machen Pläne – Andere auch!, Hamburg 1970; Die Mode – das inszenierte Leben, Berlin 1972; Utopie et planification – documenta 5, Kassel 1972; Ettore Sottsass – Leben und Werk, Biennale Venedig 1976; José Plecnik, Paris 1985; L'aventure Le Corbusier, Paris 1987; Les nouvelles tendances, Paris 1987; Art et Publicité, Paris 1991; Capitales Européennes du Nouveau Design, Paris 1991; Robert Wilson, Paris 1992

FEYERABEND, Paul, Jahrgang 1924, Studium von Oper und Gesang in Wien, Theatergeschichte und -produktion in Weimar, Physik, Geschichte und Astronomie in Wien, Philosophie in Kopenhagen, Stockholm und London; seit 1959 Professor für Philosophie an der University of California in Berkeley; ab 1980 zusätzlich Professor für Philosophie der Wissenschaften an der ETH Zürich. Seit 1991 im Ruhestand.
Buchveröffentlichungen (Auswahl): Against Method, London 1975, Neufassung 1987, übersetzt in 17 Sprachen; Philosophical Papers, 2 Bde., Cambridge 1980/81; Farewell to Reason, London 1987; Three Dialogues on Knowledge, Oxford 1991

KAMPER, Dietmar, Jahrgang 1936; Promotion 1963; Habilitation 1972; 1973 Ordentlicher Professor für Erziehungswissenschaft an der Universität Marburg; seit 1979 Ordentlicher Professor für Soziologie an der Freien Universität Berlin.
Buchveröffentlichungen (Auswahl): Geschichte und menschliche Natur, München 1973; Zur Geschichte der Einbildungskraft, München 1981; Das gefangene Einhorn, München 1983; Zur Soziologie der Imagination, München 1986; Das Heilige. Seine Spur in der Moderne, Frankfurt a.M. 1987; Hieroglyphen der Zeit, München 1988

KERCKHOVE, Derrick de, Jahrgang 1944; Studium der Philosophie, Sprach- und Literaturwissenschaft in Sorèze, Ottawa, Toronto und Tours; seit 1990 Professor an der Abteilung für Französisch und Leiter des McLuhan-Programms für Kultur und Technologie an der Universität Toronto, Leiter der Strategic Arts Initiative.
Buchveröffentlichungen: Hrsg.: Understanding, 1984; Mithrsg.: McLuhan e la metamorfosi dell'uomo, 1984; Mithrsg.: The Alphabet and the Brain. The Lateralization of Writing, Heidelberg 1988; La civilisation videochrétienne, 1990; Les Transinteractifs, Paris 1990; Brainframes. Technology, Mind and Business, Utrecht 1991

KÜPPERS, Bernd-Olaf, Jahrgang 1944; Diplom in Physik, Promotion in Biophysikalischer Chemie, Habilitation in Philosophie, 1971–92 Grundlagenforschung am Max-Planck-Institut für Biophysikalische Chemie in Göttingen, seit 1991 Privatdozent für Philosophie an der Universität Heidelberg.
Buchveröffentlichungen: Molecular Theory of Evolution. Outline of a Physico-Chemical Theory of the Origin of Life, Berlin 1983; Der Ursprung biologischer Information. Zur Naturphilosophie der Lebensentste-

hung, München 1986; übersetzt in Englisch, Polnisch und Japanisch; Natur als Organismus. Schellings frühe Naturphilosophie und ihre Bedeutung für die moderne Biologie, Frankfurt a.M. 1992; Hrsg.: Leben = Physik + Chemie? Das Lebendige aus der Sicht bedeutender Physiker, München 1987; Hrsg.: Ordnung aus dem Chaos. Prinzipien der Selbstorganisation und Evolution des Lebens, München 1987

LEGGEWIE, Claus, Jahrgang 1950; Studium der Sozialwissenschaften und Geschichte in Köln und Paris; Professor für Politikwissenschaft an der Universität Göttingen; seit 1989 Professor für Politikwissenschaft an der Justus-Liebig-Universität Gießen.
Buchveröffentlichungen: MultiKulti. Spielregeln für die Vielvölkerrepublik, Berlin 1990; Alhambra. Der Islam im Westen, Reinbek 1993; Druck von rechts. Wohin treibt die Bundesrepublik?, München 1993

LYOTARD, Jean-François, Jahrgang 1924; Studium an der Sorbonne; Agrégation in Philosophie 1950; 1950–59 Gymnasiallehrer in Algerien und Frankreich; 1959–66 Assistent an der Sorbonne; 1966–72 Assistent und Lehrbeauftragter an den Universitäten von Nanterre und Vincennes; Habilitation 1971; 1972–87 Professor an der Universität Paris VIII; 1983 Mitbegründer (1984–1986 Präsident) des »Collège international de philosophie« in Paris; 1985 Kurator der Ausstellung »Les Immatériaux« am Centre Pompidou; 1987 Emeritierung; 1974–1993 Gastprofessuren in Europa, Nord- und Südamerika, Japan.
Buchveröffentlichungen (Auswahl): La phénoménologie, Paris 1954; Discours, figure, Paris 1971; La condition postmoderne, Paris 1979 (dt. Das postmoderne Wissen, Graz 1986); Le différend, Paris 1983 (dt. Der Widerstreit, München 1986); Tombeau de l'intellectuel et autres papiers, Paris 1984 (dt. Grabmal des Intellektuellen, Graz 1985); Le postmoderne expliqué aux enfants, Paris 1986 (dt. Postmoderne für Kinder, Wien 1987); L'enthousiasme. La critique kantienne de l'histoire, Paris 1986 (dt. Der Enthusiasmus, Wien 1988); Que peindre? Adami, Arakawa, Buren, Paris 1987; L'inhumain, Paris 1988 (dt. Das Inhumane, Wien 1989); Leçons sur l'Analytique du Sublime, Paris 1991 (dt. Lektionen über die Analytik des Erhabenen, München 1993); Lectures d'enfance, Paris 1991. Weitere Buchveröffentlichungen in deutscher Sprache: Das Patchwork der Minderheiten. Für eine herrenlose Politik, Berlin 1977; Intensitäten, Berlin 1978; Apathie in der Theorie, Berlin 1979; Essays zu einer affirmativen Ästhetik, Berlin 1982; Streitgespräche, oder: Sprechen »nach Auschwitz«, Bremen 1982; Ökonomie des Wunsches, Bremen 1984; Immaterialität und Postmoderne, Berlin 1985; Die Mauer des Pazifik, Graz, 1985; Philosophie und Malerei

im Zeitalter ihres Experimentierens, Berlin 1986; Die Transformatoren – Duchamp, Stuttgart 1987; Über Daniel Buren, Stuttgart 1987; Streifzüge. Gesetz, Form, Ereignis, Wien 1989

SCHMIDT, Siegfried J., Jahrgang 1940, Studium der Philosophie, Germanistik, Linguistik, Kunstgeschichte und Geschichte an den Universitäten Freiburg, Göttingen und Münster; Promotion 1966; Habilitation 1968; 1969 Wissenschaftlicher Rat an der Universität Karlsruhe; 1971 Berufung auf den Lehrstuhl »Texttheorie« an der Universität Bielefeld; 1973 Lehrstuhl für Theorie der Literatur an der Universität Bielefeld; 1979 Berufung auf den Lehrstuhl Germanistik/Allgemeine Literaturwissenschaft an der Universität Siegen; seit 1983 Gastprofessuren an der Kunstakademie Münster/Westf.; seit 1984 Direktor des Instituts für Empirische Literatur- und Medienforschung (LUMIS); 1986–89 Vorstandsmitglied der International Society for the Empirical Study of Literature (IGEL), seit 1989 deren Ehrenpräsident; seit den 70er Jahren Gastprofessuren an den Universitäten Hiroshima, Edmonton, Szeged, Leuven, Innsbruck, Lublin und Melbourne.
Buchveröffentlichungen (Auswahl): Hrsg.: Der Diskurs des Radikalen Konstruktivismus, Frankfurt a.M. 1987; Hrsg.: Kognition und Gesellschaft. Der Diskurs des Radikalen Konstruktivismus 2, Frankfurt a.M. 1992; KUNST: Pluralismen, Revolten, Bern 1987; Die Welt, der Kopf, die Kunst. Konstruktivismus als Theorie und Praxis, Wien 1992

SCHMIDT-WULFFEN, Stephan, Jahrgang 1951; Studium von Philosophie, theoretischer Sprachwissenschaft und Kommunikationsdesign in Köln, Konstanz und Wuppertal; 1982–88 Kunst- und Theaterkritiker; seit 1988 Dozent an der Hochschule für Bildende Künste in Hamburg; seit 1992 Direktor des Kunstvereins in Hamburg.
Buchveröffentlichung: Spielregeln. Tendenzen der Gegenwartskunst, Köln 1987

SEEL, Martin, Jahrgang 1954; Studium der Germanistik, Philosophie und Geschichte in Marburg und Konstanz; Promotion 1984; Habilitation 1990; seit 1992 Professor für Philosophie an der Universität Hamburg.
Buchveröffentlichungen: Die Kunst der Entzweiung. Zum Begriff der ästhetischen Rationalität, Frankfurt a.M. 1985; Eine Ästhetik der Natur, Frankfurt a.M. 1991

SYKORA, Katharina, Studium der Kunstgeschichte, Romanistik, Philosophie und Pädagogik an den Universitäten Würzburg und Heidelberg; Pro-

motion im Fach Kunstgeschichte 1983; 1983–85 Aufbaustudium Theater-Film-Fernsehen an der Universität Frankfurt am Main; 1985–88 wissenschaftliche Mitarbeiterin am Feministischen Archiv und Dokumentationszentrum in Frankfurt am Main; 1990–92 wissenschaftliche Mitarbeiterin an der Kunsthalle Mannheim; seit 1985 Lehrtätigkeit an wissenschaftlichen Hochschulen (Frankfurt am Main; Heidelberg, Marburg).
Buchveröffentlichungen: Das Phänomen des Seriellen in der Kunst. Aspekte einer künstlerischen Methode von Monet bis zur amerikanischen Pop Art, Würzburg 1983; Mithrsg.: Die neue Frau. Eine Herausforderung für die Bildmedien der Zwanziger Jahre, Marburg 1993; seit 1987 Mitherausgeberin der Halbjahreszeitschrift Frauen KunstWissenschaft, Marburg

WELSCH, Wolfgang, Jahrgang 1946; Studium der Philosophie, Kunstgeschichte, Psychologie und Archäologie an den Universitäten München und Würzburg, Promotion 1974, Habilitation 1982; 1985–87 Visiting Fellow am Institut für die Wissenschaften vom Menschen in Wien; seit Oktober 1988 Professor für Philosophie an der Otto-Friedrich-Universität Bamberg; Gastprofessuren an der Universität Erlangen-Nürnberg, an der Freien Universität Berlin und der Humboldt-Universität zu Berlin; 1992 Max-Planck-Forschungspreis.
Buchveröffentlichungen (Auswahl): Aisthesis. Grundzüge und Perspektiven der Aristotelischen Sinneslehre, Stuttgart 1987; Unsere postmoderne Moderne, Weinheim 1987, 4. Aufl. Berlin 1993; Postmoderne – Pluralität als ethischer und politischer Wert, Köln 1988; Ästhetisches Denken, Stuttgart 1990; La terra e l'opera d'arte. Heidegger e il Crepusculo di Michelangelo, Ferrara 1991; Ästhetische Zeiten? Zwei Wege der Ästhetisierung, Saarbrücken 1992; Hrsg.: Wege aus der Moderne. Schlüsseltexte der Postmoderne-Diskussion, Weinheim 1988; Mithrsg.: Ästhetik im Widerstreit. Interventionen zum Werk von Jean-François Lyotard, Weinheim 1991

WILDERMUTH, Armin, Jahrgang 1930, Assistant Professor St. John's University 1967, Associate Professor Central Michigan University 1971, seit 1973 Ordentlicher Professor an der Hochschule St. Gallen.
Buchveröffentlichungen: Wahrheit und Schöpfung. Ein Grundriß der Metaphysik des Gottfried Wilhelm Leibniz, Winterthur 1960; Marx und die Verwirklichung der Philosophie, Den Haag 1970; Wiederkehr der Bilder, Basel 1983; Jean-Charles Blais, Basel 1990; Hrsg.: Heinrich Barth: Erkenntnis der Existenz. Grundlinien einer philosophischen Systematik, Basel 1965; Mithrsg.: Gerechtigkeit – Themen der Sozialethik, Tübingen 1981; Mithrsg.: Die Entdeckung der Phänomene. Dokumente einer Philo-

sophie der sinnlichen Erkenntnis, Basel 1981; Mithrsg.: In Erscheinung treten. Heinrich Barths Philosophie des Ästhetischen, Basel 1990

ZIEHE, Thomas, Jahrgang 1947, seit 1988 Professor für Sozialpädagogik an der Universität Frankfurt am Main.
Buchveröffentlichungen: Pubertät und Narzißmus, Köln 1975; Narziß. Ein neuer Sozialisationstypus, Bensheim 1979; Plädoyer für ungewöhnliches Lernen. Ideen zur Jugendsituation, Reinbek 1982; Der sexuelle Körper. Ausgeträumt?, Berlin 1984; Zeitvergleiche. Jugend in kulturellen Modernisierungen, Weinheim 1991

PERSONENREGISTER